刑事実体法と裁判手続

法学博士 井上正治先生 追悼論集

九州大学出版会

法学博士 井上正治先生 御遺影

目次

《追想の部》

《論文の部》

執筆者一覧（執筆順、○は編集委員）

黒木　三郎　早稲田大学名誉教授
松尾　浩也　東京大学名誉教授
中山　研一　京都大学名誉教授
小田中聰樹　東北大学名誉教授
　　　　　　専修大学法学部教授
庭山　英雄　前専修大学教授
　　　　　　弁護士
木村　裕三　名城大学法学部教授
○内田　博文　九州大学大学院法学研究院教授
○西山　富夫　名城大学名誉教授
○井上　祐司　九州大学名誉教授
　　　　　　名古屋経済大学名誉教授
○坂口　裕英　福岡大学名誉教授
○吉村　德重　九州大学名誉教授

大國　仁　海上保安大学校名誉教授
　　　　　岡山商科大学法経学部教授
○江藤　孝　熊本大学名誉教授
　　　　　志学館大学法学部教授
井上　治典　立教大学法学部教授
吉村　弘　北九州市立大学法学部教授
植田　博　広島修道大学法学部教授
佐藤　雅美　大阪経済法科大学法学部教授
○土井　政和　九州大学大学院法学研究院教授
甲斐　克則　広島大学法学部教授
松生　建　海上保安大学校教授
大久保　哲　筑紫女学園大学講師

刑事実体法と裁判手続

――法学博士井上正治先生追悼論集――

追想の部

井上正治さんと私

黒木三郎

一

井上正治さんと私は、刎頸《ふんけい》の友であったとはいえない。畏敬する先輩であったことは間違いない。井上さんは大正九年二月山口県生れであるが、私は大正十一年二月福岡県福岡市で生れている。ちょうど二年上の兄貴分である。しかし、彼は四修で福岡高校に入学したから本来なら三学年上級であるが、入学直後に病気（肺病？）で一年休学されている。噂によればドイツ人の家に寄寓していたのだとも聞いた。とにかく、私が福岡中学を卒業して福岡高校に入学した時、三年生で文乙（独）に在学していたことは確かである。色浅黒く痩身で眼光鋭く口角泡を飛ばす態の秀才と思われたので、近寄り難い感じであった。私は陸上競技部にいたから放課後はいつもグラウンドにいたが、顔を合わせることはほとんどなかった。私が、九州帝大法文学部法学科に入学した時、井上さんは又も私の先輩であり、それ以後奇しき因縁ができたのである。その頃の学生時代は一年の上下でもそうであったが、二年も上級であることはもう格が違うといってもよかった。況して、私は昭和十七年四月に入学したばかりなのに、井上さんはもう七月に在学中で高等文官試験司法科試験に合格し、あっという間に九月に卒業し、同時に海軍法務官に志願して合格している。私は、昭和十八年十一月に仮卒業させられ、十二月にいわゆる学徒出陣で佐世保鎮守府相之浦海兵団に二等水兵として入団させられたのだから、その経歴の違いは雲泥の差である。もっとも、私たちは海兵団で予備学生と主計見習尉官に分けられたが、前年度まで大学法、経の学部を卒業後四ヵ月の経理学校在学ですぐ主計中尉という先例は破られ、予備学生と同等の待遇になった。それはむしろ当然であった。私は昭和十九年一月佐世保から東京の品川に移り、御台場岸壁の海軍経理学校品川分校に進んだ。私は主計の仲間では体格も良かったので運動にはすぐれ、とくにカッター競技は抜群であった。しかし、反ってそれが仇になり、四分隊三十二班の勝抜競技に最後まで残り、二位になった。その夜、背中が痛くて眠れない。翌朝、軍医の診断で、肺浸潤入室ということになった。昭和十九年五月である。卒業の日程も仲々決まらず十月頃に卒業式はあったが、私は病室に臥床のまま卒業した。皆が卒業後にそれぞれ任地に着任のため校門を出てゆくのを私たち数名の入室患者はただ羨ましいという思いだけで、じっと窓から見送った。翌昭和二十年三月初め東京大空襲の前日であったか、私たち病友三名は軽快のため佐世保鎮守府内の補充兵訓練部隊に配属させられた。私は松根伐出隊の駐屯する世知原派遣隊にいたから八月九日の長崎に落ちた新型爆弾の雲を遠くから眺望した。もう敗戦は秒読みの段階であった。

敗戦の翌年七月九日に山口県厚狭の旅行先で大喀血し、八月九日に九州大学附属病院に転院して二年以上も入院生活をしていたため、空襲で焼失した父の建てた唯一の遺産である家屋敷（福岡市長邸として貸していた）の焼跡を売って生活費の一部に当てざるを得なかった。九大医学部には医者の卵の学友が数人いた。かわるがわる病室に来てくれた。当時は全快して退院する病人はいなかった。何の治療方法もなく、私は右肺側から人工気胸をして安静にし栄養をつけるために食事療法をする以外になかった。ただ私の病室を訪ねる友人や先輩たちの客は多かった。井上さんも来てくれたが、不破武夫先生も何度かお訪ねいただき、「僕は九大を辞めて学習院に行くようになったが、君のことは井上君によく頼んでおいたからね」、と言っていただいた。戦後になってから病気する前に私は歩いて二十分ぐらいの不破先生宅によく行っていた。学部長だった先生は、私をいつも快く迎えてくれて、此れからの民主主義社会建設のこと、学生生活のことなど、話題は尽きなかった。私は、生活のためには就職も考えねばならないので、父の生前の知り合いを訪ねて九州電力の社長のところに行ったり、ジャーナリストを志して西日本新聞社の社長宅を訪ねたりした。九大の先生は田中定さんや高木暢哉さんら経済の先生と親しくしていたし、九大復帰が決っていた向坂逸郎さんの自宅を東京の等々力町に訪ねたりした。向坂さんは「九大の学生で一番初めに来てくれたのは黒木君だよ」とむしろ私を多くの先生方や学生に紹介してくれたりしていた。その後、私は二年三ヵ月の入院生活を終える時、改めて就職先を考えねばならなかった。西日本新聞社の入社試験を受けたが、X線検査ではねられた。退院は許可されたが、レントゲン検査に合格する程には病巣が固まっていなかったのである。

二

さて、(旧制)大学院の研究生になる道はないか、と思って田中定(経済学部教授)さんに相談したら、「ちょうど今、経済学部で助手を募集しているから応募したらいいよ、病後の就職には研究室が一番いい」、と言ってくれた。井上正治さんに相談したら「経済に行かなくてもいい。法学部でも此れから助手の募集があるぞ。君は何を研究し、誰につきたいか、刑法なら僕のところでもいいのだが、余りすきじゃないんだろ」と言う。正直に言って何でも、又誰のところでもいいのがほんねだった。「ところで民法の山中康雄さんはどうだね」と言う。私は入院中、山中さんの『市民社会と民法』を初版で読んで感動していた。法律学をこんな考え方で科学として研究できるなんて私にとっては夢のようだった。井上さんは言う「不破さんが九大をやめる時、君のことを頼まれたよ。よし、ちょっと待ってくれ」と言って、山中先生の研究室に飛んで行った。

「山中さんは『不破さんは京城時代から一番敬愛していた人だ。不破さんが仰言るなら一も二もないよ』と言われた。君さえよければ、助手採用試験を受けろよ」というあんばいである。経済学部の助手試験の方が一週間早かった。私は願書を出している以上応募したことになる。ところがである。私の推薦人であった田中定教授が出張して不在であった。私の人事は棚上げされた。田中定さんが帰ってきてから推薦の言葉を聞いてからにしよう、ということになった。そして一週間後、法学部の助手採用試験があった。教授会のような場所に呼び出されて私は一人で席に着いた。「君は長い間入院していたようだが、もう大丈夫かね。研究室は三階にあって、エレベーターは戦時中に供出したままだからないが、地下室から上れば四階まで本を十冊ぐらい持って上れるかね」と聞かれた。私は必死になって、「大丈夫です。もう病気はほとんどいいですから」と言った。X線写真や入院中の所見を採りあげられなかったから助かった。政治学の助手と法律学の助手各一人ずつが採用された。私は山中康雄先生に拾いあげられた、と思っている。そしてそのきっかけをつくってくれたのが井上正治さんであった。井上正治さんは私の命を救ってくれた、私の生活を援けてくれた、私にとってはまさにかけがえのないすばらしい恩人である。私の昔の友人たちは助手になる前から私の就職先を探してくれていた。当時、福岡で小さな月刊雑誌が幾つか出版されていた。「叡智」という総合雑誌が叡智社から出ていた。私はそれを知ってはいたが、右翼っぽい思想と文芸の特集号ばかりのような気がしていた。社長の趣味と交友関係もあり、そうなってはいたが、社長自身はそれに満足していたわけではない。もっと時代の要求にそった民主主義的な社会批評にしたかったにちがいない。私の友人は私に編集者にならないか、と言いにきてくれた。面接してみよう、ということになったが、アポイントの日に私の法学部助手採用が決っていた。社長に逢って、すぐその旨を伝えた。社長は、「編集といっても毎日一、二時間編集室に寄ってくれればいいし、助手になって研究室の帰りに寄れないか」、ということになり、これも決定である。社長はフル待遇しなくていいから反って助かるよ、とつぶやいた。私は「叡智」昭和二十三年十二月号から編集者になった。先ず私が依頼した巻頭論文は井上正治さんだった。「法主体としての労働者像」というテーマであったと思う。

三

井上正治さんの研究室は、いつも賑やかであった。私も健康であったら、一升瓶を下げて研究室を訪ねたであろうが、当時の私は酒はやめていたから、井上さんも私を誘って東中洲の飲み屋に行くことはなかった。昭和二十五年の初夏頃であったか、日本学術会議第二部の有権者会議が九大であった。山中康雄先生も当時会員であったから、来場の会員方の世話をされていた。自己紹介の席上で和田小次郎（早稲田大学教授）さんが山中先生のことを「山中鹿之助のような剣豪かと思っていた」と言われたら山中先生は、すかさず「和田先生は佐々木小次郎のようかと思っていました」といわれたので会場はどっとわいた。私はそのとき、井上正治さんは宮本武蔵だと思ったりもした。

昭和二十六年五月私は愛知大学に赴任したから、その後のことは知らない。所属学会が異うので、学会で顔を合わせるのは民科法律部会か日本法社会学会であった。年二回ずつあるが、井上さんと直接に学会で逢えたのは年一度ぐらいであったろうか。むしろ、九大の民法の友人に逢ったときに情報を聞いて井上さんの動静を知ることは多かった。もちろん、九大学長事務取扱として学内から合法的に選ばれたのに文部省が任命しない、ということを聞いたとき、怒ったのは九大の人たちと同様であった。それを機会に九大を辞めた井上さんは弁護士になった。極左的な学生の弁護を引受けたりしながらも派閥対立のためか、学生から頭を殴られて血を流し暫く東京で入院されていた。学生運動には或る程度の理解と愛情をもっておられたが、派閥対立の激しい全共闘各派の信条や戦略戦術のこと等細かい点までは分析していなかったようだ。

その後話は飛ぶが、私が愛知大学から早稲田大学に転じた後、九大の大先輩から九大法学部の同窓会をつくるように誘われて始めた同窓会に井上正治さんは出席するようになった。久闊をいやすように私は懐しさの余りもあって二次会を考えたりもしたが、むしろ二人だけで話し合う機会をつくりたかった。しかし、相かわらず顔の広い井上さんを囲んで、教え子らのグループがさらって消えてしまう。私の、もっとゆっくり井上正治さんと話したかったという思いや切なるものがあった。私の研究室時代に山中康雄先生からは「科学としての法学方法論」を勉強するように叩きこまれた。当時の法学界の風潮をリードした論争もあった。刑法学界は戦前から牧野英一の主観主義と小野清一郎の客観主義の対立があり、応報刑主義と教育刑主義の対立もあった。井上さんが刑法理論については常に時代の先取り的であったことは当然であったが、法学一般、法社会学理論についてどう考えていたか、あるいは山中康雄理論についてはどうだったのかを聞くチャンスがなかった。井上正治さんはマルキストでもないし、況してコミュニストでもないと思っている。しかし、社会主義に対してはどのような考え方をもっていたのか。別にどうでもいいことではあるが、聞いておきたかったのである。滝川幸辰先生の子息春雄さんとは随分親しい酒仲間であったらしい。その仲間に入れてもらう機会のなかったことも残念である。

井上正治先生を偲んで

松尾浩也

井上先生の年譜を拝見していると、筆者にも少年時代の想い出が渦巻く。先生は中学までを山口県で過ごされたが、高等学校（旧制）から大学にかけては、福高、九大と福岡での学生生活であった。筆者は熊本県の田舎町に育ち、昭和一五年の秋に小学校の修学旅行で初めて福岡を訪れた。一泊二日の旅で、福岡は光り輝く大都会に見えた。筥崎宮の強い印象は現在も脳裏に残っているが、今思えば、そのとき井上先生は、九州帝国大学法文学部の学生として、箱崎キャンパスを闊歩しておられたのである。

二〇歳になるまで九州の地から一歩も外へ出たことのなかった筆者は、昭和二四年春に上京し、東京大学法学部に入学した。井上先生のお名前に初めて触れたのは、翌二五年の暮れ、「法律時報」の学界回顧欄「刑事訴訟法」を読んだときだった。筆者の興味はすでに刑事訴訟法に向かっていたので、年間の学界の動きを鳥瞰するこの記事は、導きの星のように感じられた。九州大学助教授という肩書きも懐かしかった。井上助教授は、尾高朝雄、鵜飼信成、鈴木竹雄などの諸大家に伍して、昭和二七年までの三年間、学界回顧の執筆を担当された。その当時の主要な著作や雑誌論文の存在については、すべてこれによって教えられたといっても過言ではない。論議が集中しているのは訴因、証拠、上訴の三項目だということも、明示的に指摘されていたことが思い出される。

昭和二九年、筆者はようやく大学を卒業して助手になり、日本刑法学会に入会した。井上先生はすでに理事会のメンバーであった。実はその三年も前に、三一歳の若さで教授に昇任しておられたのである。むろん、理事会でも最若手の一人であっただろう。ご挨拶の機会を得て、九州の田舎者ですと申し上げたが、念頭に置いて下さったかどうかは心もとない。しかし、学会の都度お目にかかり、ときには何かお尋ねして教えて頂くようなこともあった。早い時期にアメリカ留学を果たされ、昭和三一年秋の学会では、平野龍一、B. J. George の両先生と同時にアメリカ刑事法に関する報告をされた。どちらかといえばドイツ法に力点を置いて勉強していた筆者にとっては、新鮮な刺激であった。

そのころ筆者が興味深く読んでいた井上教授の著作は、『刑事訴訟法の論点』と題する上下二冊、黄色い表紙の小冊子である。これは中央大学での講演ないし集中講義を収録したもので、聴衆は大部分が司法試験の受験生であり、講演の内容も学術論文的なものではない。にもかかわらず、それは力のこもった論述であった。新刑訴の「論点」が、第一審と控訴審の双方にわたって縦横に説かれていたのである。歴史と比較法への関心も示されていたし、民事訴訟法にもしばしば言及されていて、筆者はみずからの不勉強を反省する想いにも駆られた。

やがて、さらに魅力的な内容の書物が世に問われた。その題名は、『判例学説刑事訴訟法』という地味なものである。しかし、著者自身、むしろ「四季小品」とでも名づけたいと愛着を示しておられたとおり、平均すれば一編十三、四頁の小論文ながら、一つ一つが鋭い思索の跡を示すすぐれた作品であった。平野先生の『全集・刑事訴訟法』と同年の昭和三三年の出版で、ドイツ法とアメリカ法の双方に対する目配りが効いていた。しかし、一方では、判例に対する深い関心が見られた。これは、方法論として十分に意識されたもので、「わが国の法律学はドイツ法学の影響が強いためか、いささか理論に走り観念的に過ぎる嫌いがある。もっと実証的になるためにも、その一つの方法として、判例の意義を重視してもよさそうに思う」という感想も添えられていたのである（初版、一五九頁）。

その後、昭和三九年に『判例学説刑事訴訟法』は増補され、新版として刊行されたが、これらの研究を軸とする概説書は出なかった。それは、一つには早い時期に『新刑事訴訟法原論』を出版しておられたので、次を急ぐ必要はないと考えられたためかも知れないが、筆者などはやや残念な気がしていた。しかし、刑法の分野での研究業績は着々と増え、昭和三〇年代末までに、日本刑法学会選書の第一冊となった『過失犯の構造』を始め、『判例に現れた過失犯の理論』、『判例に現れた財産犯の理論』などが次々に出版された。また、雑誌「九州矯正」との関係で、刑事政策ないし犯罪者処遇の問題についての執筆も目立った。なお、刑法典の改正を目指した法制審議会刑事法特別部会には、昭和三八年の設置当初から二期四年委員を務めておられる。小委員会には所属されなかったが、部会の開催の際には上京して出席された。筆者は、少し遅れて昭和四〇年から幹事として参加し、部会の席で何度かお目にかかった。

昭和四〇年代は、今にして思えば疾風怒濤の時期であった。経済の発展は目覚ましく、少なくともオイルショックに見舞われるまでは、国民の所得は伸び続けた。そして、豊饒の時代は、かえって激しい批判者を生みだすのか、全国にわたる大学紛争を始め、よど号ハイジャック事件、連合赤軍事件など、前例のない事態が次から次へ発生した。一方、政治の分野では沖縄が日本に復帰し、また司法の領域では、尊属殺違憲判決に代表されるリベラルな判例が数多く出された。大正デモクラシーを連想させる時代風潮でもあった。しかし、九州福岡の地は決して平穏ではなく、エンタープライズの佐世保寄港、米軍機の墜落事件などが続いた後、井上先生は九州大学を辞して名誉教授となり、東京に居を移された。昭和四五年のことだったと思う。

ことの意外な推移に驚くほかなかったが、その後井上先生にお会いする機会が急増したのは、筆者にとっては幸いであった。当時、小野清一郎先生の主催される刑事判例研究会が、毎月開かれていたのである。井上先生はこの会に参加され、客分のような感じで自ずから重きをなされた。研究会の実質的なリーダーは平野先生で、小野先生とともに中央に座を占めておられるのが例であったが、あとは着席自由であった。しかし、どういうものか筆者は井上先生のお隣りに座ることが多く、いろいろとお話を伺うことができた。「松尾さん、証拠法の運用ってものは、本に書いてあるのとは随分違うんだよ」というようなことも、その席で聴いたお話の一つである。「昨日の法廷なんかでも、私は反対尋問をみっちり準備して、それなりの成果を挙げたんだが、その途端に三二一条一項二号でやられたよ。矛盾を感ずるねえ」と、先生はいかにも残念そうだった。

あれからもう二〇年ほどの歳月が流れ去った。ひところ若者言葉で「かっこいい」というのが流行ったことがあるが、井上先生は、まさに「かっこいい」先生だった。実は日本刑法学会の大会で、先生はこの言葉を使って、誰かの報告を批評されたことがある。筆者は、学問の世界とは無縁のように思われる俗語を巧みに操られたことに驚嘆を感じた記憶がある。その数年後の大会で、筆者自身が「私作る人、あなた食べる人」と繰り返し、大いに会場の顰蹙を買ったのは、この「記憶」の所産だったような気がする。むろんそれは井上先生の責任ではないのだが、そんなのんびりした話をいちど博多の中洲あたりで語り合ってみたかった。もう少し長生きして頂きたかったと切に思う。

論文の部

違法性の判断とその時期
――行為規範論に基づく事前判断説の批判――

中山研一

はしがき

本稿では、行為の「違法性」を判断するに当たって、その判断時期が争われる典型的な場合について、とくに「行為規範論」に基づく「事前判断」説を取り上げて、これに批判的な検討を加えてみたいと思う。

ここで取り上げるのは、第一は、いわゆる「誤想防衛」の性格をめぐる問題、第二は、「被害者の同意」の認識をめぐる問題、そして第三は、「不能犯」の成否の判断に関する問題である。

古典的には、「違法性は客観的に、責任は主観的に」という標語が妥当し、違法性は行為の客観的な要件の存在・不存在によって判断され、責任はその違法性の存在を前提とした主観的な要件として判断されるという原則が異論なく承認されていた。

しかし、違法性の判断時期については、とくに意識されることはなかったものの、それが客観的な存在である限り、「事後的」に判断されるべきことが一般に前提とされていたといってよいであろう。

しかし、いわゆる「行為無価値論」の台頭とともに、違法性と責任との関係が相対的に不透明となり、主観的違法要素の拡大を越えて、違法性自体を「人的違法」と捉える考え方が急速に広がり、その結果として、違法性の判断も次第に「事前的」な予測として相対化する傾向が強まり、むしろ通説化しつつあるという状況にある。

そして、この論議に拍車をかけたのは、刑法が「裁判規範」である前に、何よりも「行為規範」であって、国民に行動の指針を示すという機能があることを理由として、違法判断も「事前的」なものでなければならないとする論調が広まったことである。

しかし、もしその通りであれば、結果無価値論とそれに立脚する違法性の客観的性格、およびその「事後的」な判断という古典的な前提や枠組は、完全に崩壊し、その成立の余地を失うということになりかねない。そんなはずはないのでないか、というのが本稿の執筆の動機である。

一　行為規範論の問題

個別的な問題に入る前に、違法性の事前判断の一般的な前提とされている「行為規範論」について、概括的な検討を加えておきたい。

「規範論」には長い歴史があるが、刑法規範の論理構造としては、前段の法律要件として、たとえば「人を殺すな」という禁止を内容とする「行為規範」と、後段の法律効果として「違反者には当の刑罰を適用する」という命令を内容とする「裁判規範」が含まれているという認識には異論がなかった。それは、国民一般に対する行為規範と、裁判官に対する裁判規範とが合体して、刑法規範が形成されるものと考えられてきたのである。

しかし、規範論は、単に規範の論理構造の分析にとどまらず、規範を通じて社会生活をコントロールするという機能的な側面にも関連することが自覚され、そこから、刑法が国家の規範的評価を明らかにすることによって社会を規制ないし規律するという機能、法的に保護された利益（法益）を犯罪的侵害から保護するという機能、さらに処罰の根拠と限界を明らかにすることによって、犯人を含む国民を国家の刑罰権から守るという保障的機能を有することが、一般に承認されるに至った（中山『刑法総論』、一〇頁以下）。

しかし、行為規範と裁判規範との関係は、以上の叙述だけからは必ずしも明らかではない。実際には、むしろ「行為規範」の機能について、それが成文の規範なのか、不文の文化規範なのか、それは法益保護機能を超える社会倫理的な機能、さらには道徳形成的機能をも有するのか、といった点が問題となり、「裁判規範」としての側面、ないしその意義については、特別に注目すべき論議は展開されてこなかったといえよう。この点に関しては、刑法が具体的な事案への適用の過程で、「裁判所が裁判をするに際しての裁判規範としての機能」を有するといった指摘にとどまり、それは裁判確定後の執行の段階においてはもちろん、さかのぼって裁判前の捜査の段階においても、重要な機能を有するという形で、刑法の適用の一段階として理解されてきたといってよいであろう（団藤『刑法綱要総論第三版』、一五頁）。

ところが、目的的行為論の登場以来、「結果無価値」に対するものとして「行為無価値」の独自性が主張されるようになると、事前の禁止行為を示す「行為規範」は、事後の制裁に向けられた「裁判規範」から分離される傾向が生じ、それが最近の「積極的一般予防論」と結合することによって、事前に国民に行動の基準を示し規範覚醒を促すという点に「行為規範」の重要な役割が存在するという主張が、次第に顕在化するに至った。

たとえば、井田教授によれば、結果無価値論は、法の立場から望ましくない客観的事態が生じたことを事後的に確認するところに違法判断の意味があるとするが、その背景にあるのは、刑法が事後処理のためにあるとする見解であり、それは将来の犯罪予防を考えずに過去に生じたことへの対応のみを考える刑罰論に直結する。これに対して、行為無価値論は、行為の時点で違法・適法の限界を明らかにする提示機能・告知機能を重視して、罪刑法定主義の要請に応え、同時に規範による一般予防をはかろうとする見解であるというのである（井田「結果無価値と行為無価値」『現代刑事法』一号、一九九九年、八六頁）。

そして、このような対立状況は、前田教授によっても、基本的に承認され、以下のように整理されている。裁判規範と行為規範の考え方の対立は、刑法の裁判規範性を重視するか、行為規範性を重視するかの相違を反映したものでもある。刑法は現に生じた犯罪を裁く為の基準だとすれば、結果から遡って考察していくことにならざるを得ない。これに対して、刑法は国民に犯罪を犯さないよう行動の規範を指し示したものであるとすれば、行為をコントロールするには内心に働きかけねばならない以上、行為無価値論にならざるを得ないというのである（前田『刑法総論講義三版』、五六六頁）。

以上のような形での問題整理には、なお基本的な疑義が存在するが、その点は最後に再論することとし、ここでは、行為無価値論が「行為規範」と結びついて違法性の「事前判断」に、結果無価値論が「裁判規範」と結びついて違法性の「事後判断」に傾くという一般的な対応関係が指摘されている点を確認するにとどめる(1)。

二　誤想防衛について

「誤想防衛」は、違法阻却事由の錯誤といわれる場合の一つの典型的な場合であり、これまで、その性格と解決方法、およびその結論について、多くの論議がなされてきた。しかし、ここでは、それらの問題のうち、これを責任論のレベルを超えて違法性論のレベルで解決しようとする見解（藤木、川端）に焦点をあて、違法性の事前・事後判断の観点から分析してみたい。

誤想防衛については、これを違法であるとした上で、違法性を阻却する「事実の錯誤」として解決するという説

（故意説）、構成要件的故意の存在は否定できないとして、これを「違法性の錯誤」と解する説（厳格責任説）、のほかに、むしろこれを違法性のレベルで扱い、錯誤に相当の理由があれば、違法性が阻却されるという説（不法阻却説）も存在する（川端『刑法総論講義』、三六九頁以下）。

ここでは、最後の違法阻却説が注目される。すでに早く、藤木説は、急迫不正の侵害があると信ずることに客観的な理由があると認められる場合には、正当防衛と同様に扱うべきであるとし、その理由として、行為者の事前の状況判断がやむを得なかったのに、実は違法であったとするのは、市民に不正に対抗することを躊躇させ、正当防衛の社会的有用性を減殺させるものであると主張されていた（藤木『刑法講義総論』、一七二―三頁）。

そして、最近、川端説もこの考え方に同調し、その錯誤が一般人にとって回避不可能であったときは、行為の違法性の阻却を認めるべきだとされたが、ここではその理由に注目しなければならない。川端教授によれば、規範論の見地から、刑法は違法性の次元で一般人を名宛人とする行為規範として機能するのであり、したがって、物的違法論（客観的不法論）の見地からは当然視される「違法性の事後的客観的判断」も、人的不法論の立場からは「行為」規範の側面を看過し妥当でない。行為規範の観点からは、違法性の判断において事前的判断、つまり行為時基準判断をとるべきであるとされるのである（川端・上掲書、三七七頁）。

これは、行為無価値論の立場からの徹底した主張であるといえよう。しかし、不思議なことに、他の多くの行為無価値論者からの賛成は得られず、依然としてきわめて少数説にとどまる。それは、なぜであろうかという疑問が生じるのは当然である。

しかし、大塚説では、藤木説が相当な理由のある誤想防衛を積極的に違法阻却事由としての正当防衛にあたるとするのは疑問であるとするのみで、その理由は示されておらず（大塚『刑法概説総論三版』、三七八頁）、大谷説でも、錯誤に合理的理由のある誤想防衛でも、「正当防衛の要件を満たすものではない」ので、せいぜい違法性または責任の減免が考えられるにすぎないとされている（大谷『新版刑法総論講義』、三二一頁）。行為規範にもとづく「事前判断」との関係や整合性については、全く言及がない点で、上述の疑問は残されたままである。(2)

一方、井田説は、この問題に正面から立ち入っているが、その論理が今一つ明らかでないうらみがある。井田教授によれば、正当防衛もまた行為規範の内容に属するものである限り、正当防衛にあたる事実を誤って認識した誤想防衛においては、規範の要求にかなった事実を認識して行動したのであるから、これを故意不法とみることはできない。そこでは、故意による重い規範違反性は否定され、故意の可罰的違法性は認められないとする。これは、一見、藤木＝川端説への同調を思わせるが、しかし他方では、違法阻却事由にも正当化の結果の発生を要件とするものがあり、正当防衛では、不正な攻撃に対して正当利益を貫徹するという正当化結果が発生しない以上、刑法三六条を適用することはできないとし、したがって、誤想防衛においてその誤想が普通の人にとっても避けられない状況であったとしても、正当化の「結果」が欠け、いわば「正当防衛の未遂」にすぎないともいわれる。結論的には、相当な理由のある誤想防衛は、正当防衛として違法性が阻却されることはないとしつつ、しかし行為不法の欠如という理由で違法性が否定されるというのである（井田「違法阻却事由の理論」『現代刑事法』九号、二〇〇〇年、八四頁、一〇号、二〇〇〇年、一〇一頁）。

しかし、一方では、正当防衛には正当化の結果が必要である（したがって、急迫不正の侵害の存在が必要）としながら、他方では事前の規範要求にかなう行為として違法性が否定されるというのは、不可解な論理である。「正当防衛の未遂」は、正当防衛では違法阻却されないが、故意「不法」は否定され、適法になるという趣旨であろうか。(3)

ともあれ、誤想防衛で「事前判断」を貫徹することには、行為無価値論者の間でも、なお根強い反対と躊躇が見られることは、まぎれもない事実である。それは、違法性の判断が行為者の主観をも含む事前の判断につきるという「ドグマ」に強い反省を迫るものである。それは、違法判断の事実的な客観的存在性格をあいまいにし、違法性と責任の原則的な相違をも棚上げしてしまう危険があるというべきである。

三　被害者の同意について

「被害者の同意」も、違法阻却事由（ないし構成要件阻却事由）の一つとして、一般に認められてきたが、ここでも、その違法性判断の事前性と事後性、行為者の主観的認識と違法性との関係が、原則的な問題として問われてきたという状況がある。

被害者の同意に関しても、多くの問題があるが、ここでは、さきの「誤想防衛」に対応する形で、行為規範論にもとづく行為無価値論からのアプローチ、とくに違法判断の事前性という点がいかに根拠づけられてきたかという点に注目しなければならない。

まず、その前提として、正当防衛と比較した「被害者の同意」の違法阻却事由としての性格の相違に関する論点が存在する。この点について、概括的にいえば、行為無価値論は「目的説」ないし「社会相当性説」（木村、団藤、大塚、福田）に立脚するのに対して、結果無価値論が「利益不存在の原則」（佐伯、平野、内藤）から説明するという基本的な対立が存在していたといってよい。ところが、最近では、この対立が崩れて、行為無価値論者も、後者の「利益不存在の原則」に移行する傾向が次第に顕著になりつつある（大谷、井田）。しかし、いまだこの点が違法性判断や同意の認識と錯誤の解決にとって決定的であるとは、必ずしも意識されるには至っていないといえよう(4)。

さて、誤想防衛の際に問題になった点と比較して見ると、被害者の同意の場合には、かなり問題点と論議の状況に相違があることに気がつく。しかし、できるだけ両者を対応させながら、行為無価値論からのアプローチを分析してみたい。

被害者の同意が、違法性の判断の時期との関連で論じられるのは、同意の認識が必要かという点と、同意が存在するのに存在しないと誤認した場合の解決方法である。

まず、前者の「同意の認識」については、これを正当防衛の認識の問題と対応させることができる限り、行為無価値論からの解答は単純明快に「被害者が同意していることを行為者が認識していることを必要とする」という結論に一致するはずである。そして、大部分の学説はこれを「主観的正当化要素」として認めてきたのである（木村、団藤、大塚、福田）。その理由は、違法阻却事由も行為規範である限り、これにあたる事実を認識しながら行為するのでなければ、行為不法を阻却することはできないという点に求められることになる（井田「違法阻却事由の理論」『現代刑事法』九号、二〇〇〇年、八六頁）。

しかし、この点についても、大谷説は改説し、「被害者が行為者の行為および法益侵害の結果について同意している以上、被害者に保護すべき利益は存在しないから、行為者は、被害者の同意の存在を認識している必要はない」と明言されるに至った（上掲書、第二版、二六二頁、新版、二七六頁）。これは、正当防衛の認識とは全く違った帰結を意味するが、ここで重要なのは、行為規範性にもとづく違法の事前判断性というテーゼが完全に欠落してしまうということの問題性である。そこには、行為無価値論にとって、深刻な矛盾が露呈しているといえよう(5)。

次に問題にされているのは、同意の錯誤に関連して、被害者の同意が存在するのに存在しないと誤認した場合の解決方法である。しかし、実は、この錯誤は、正当防衛論との関係では、いわゆる「偶然防衛」との対比という性格の問題であって、上述した「誤想防衛」の問題と対応するものでないことに注意しなければならない。

ただし、同意があるのにないと誤認した場合においても、それは上述の同意の認識の問題とパラレルに解決されるので、行為無価値論からは、主観的正当化要素を欠くから既遂犯が成立するという多数説に対して、最近では未遂犯説も登場したのが注目される（野村、井田）。しかし、ここでも大谷説は改説して、無罪説に移行した（上掲書、第二版、二六二頁、新版、二七六頁）。なぜ、偶然防衛の場合と結論が異なるのかという疑問が提起され、ここにも内部矛盾が現れている（井田「被害者の同意」『現代刑事法』一四号、二〇〇〇年、九四頁）。

問題は、「誤想防衛」に対応する場合、つまり被害者の同意がないのにあると誤認して行為した場合であるが、なぜかこの点に関する論議はほとんどなされていない。しかし、この場合には、行為規範にもとづく事前判断の問題性のほかに、相当な理由にもとづく錯誤が違法か適法かという問題にも関連する点で、より重要性が高いはずである。

行為無価値論の立場からの「誤想防衛」論を前提とすれば、被害者に同意がなかったが、行為者は同意があるものと信じており、その誤認に相当な理由があるような場合には、その行為は行為規範にかなったものである以上、被害者の同意として、またはこれに準じて、さらには被害者の同意には当たらないが、行為不法を欠くという構成方法も考えられるであろう。それは「被害者の同意の未遂」であるとも主張される可能性もある（井田）。しかし、実際には、そのような主張はなく、ここでは現実に同意がないので違法性は阻却されず、違法阻却事由の錯誤論のレベルで、故意または責任の成否として解決するのが一般であるといってよいであろう。

ここでも、「同意」が現に存在しなければならず、同意があると思い、同意があると一般に思われるような状況が事前にあっただけでは足りないことが予定されているのであって、これを事前の「違法性判断」に引き上げるのは、行為規範論に立脚する行為無価値論からの「論理的帰結」ではあろうが、行為無価値論者の中でも一致した賛成を得るのは難しいであろう。「被害者の同意」は、「正当防衛」以上に、行為規範からする違法性の「事前判断」という「ドグマ」を貫徹し難い問題領域であるといえよう(6)。

四　不能犯について

「不能犯」についても、すでに多くの論議がなされているが、ここでは未遂犯としての違法性の事前判断性を行為規範を根拠にして貫徹しようとする行為無価値論の論理とその結論を問題にする。

不能犯論においては、行為無価値論は、古い抽象的危険説（木村）を除けば、「具体的危険説」に立脚するという点で全く異論は見られないといってよいであろう。それは、行為の当時、行為者がとくに認識していた事情、および一般人が認識し得たであろう事情を基礎とし、客観的見地から、事後予測として犯罪の実現される危険性の有無を判断し、それが肯定されれば未遂犯、否定されれば不能犯であるとする立場である（大塚・上掲書、二五二―三頁）。ここで重要なのは、それが「事前」の判断であって、行為後に判明しまたは発生した事情は、危険性の有無の判断にあたって全く考慮されないという点である。それは、「故意」を主観的違法要素とするとともに、事前の一般人の判断（危険感）を基準とするために、実際上の帰結としては、いわゆる「迷信犯」以外に不能犯とされる例はほとんど認められないことになる(7)。

問題は、その実質的な根拠である。それは、結果発生の現実的危険性が、必ずしも物理的・科学的なものでなく、一般人の見地から判断した類型的危険性と解すべきであるから、刑法が行為規範として、このような危険な行為を禁止し、未遂犯として処罰する理由があるとする（大谷・上掲書、四〇〇頁）。同様の趣旨として、刑法が行為規範であることを前提とする限り、一般人を名宛人とする行為規範として、一般人の見地および行為時の事情がきわめて重要であり、結果の違法性も行為時の事情を基礎にして判断されるべきであるといわれるのである（川端・上掲書、四七九―八〇頁、佐久間「不能犯論」『現代刑事法』一七号、二〇〇〇年、四四頁）。

ここでも、事前判断の根拠は、結局のところ、刑法が「行為規範」であるという前提からの論理的な帰結として基礎づけられていることは明らかである。しかし、これは、違法阻却事由の事前判断以上に、構成要件該当性・違法性自体の事前判断として、より深刻な問題を内在させているといわなければならない。

この見解の決定的な問題性は、不能犯論では、構成要件要素である「客体」や「方法」、さらには「主体」に至るまで、現実に「存在する」ことは必ずしも必要でなく、「存在すると思われること」で足りることになる点にある。客観的には「死体」であっても、事前に一般に「死体と思われるもの」であれば、「生体」に対する殺人未遂になるというのである。これは、「死体」を「生体」と誤認し、その誤認に相当な理由があれば、「違法」な未遂犯が成立するというもので、違法性判断の前提である構成要件要素の「客観的存在」自体を規範化し、主観化する点に、基本的な疑義が存在する。(8)

このように、行為無価値論者による具体的危険説は、行為規範論を根拠として、違法性の事前判断に固執するのであるが、しかしその内部でこの原則に対する重大な修正の試みが現れた。それは、ここでも大谷説の改説に起因する。大谷教授は、最初は「客観的危険説」の支持者であったが（中編『論争刑法』、一三二頁）、体系書の初版では、明確に「具体的危険説」に改説され、行為時における一般人の社会心理的な危険判断に依拠すべきであるとされた（大谷・上掲書、初版、三八七頁）。しかし、第二版以降は、具体的危険説に立脚して、事前の一般的な危険がある限り未遂犯の構成要件には該当するとしながらも、実質的な違法性の判断において可罰的違法性が認められない場合もあるという叙述が付け加えられた（第二版、三五四頁、新版、四〇六頁）。しかも、本稿との関連で重要なことは、「違法性の判断は裁判時に明らかになった全資料を基礎に事後的に行うべきである」と明言されたことである。(9)

この新説を文字通り解すると、構成要件該当性の判断は「事前」に、しかし違法性の判断は「事後」にという二元的な解決になるであろうが、これに対しては、構成要件段階で具体的危険説を採用した意味がなくなり、体系的整合性のない彌縫策で結論の不当性を糊塗しようとするものにすぎないとし、「構成要件における危険判断は事前的判断であるが、違法性における判断は事後的判断であるというドグマは、論証されていない」との批判が提起されたのである（山中『刑法総論Ⅱ』、六九六、七〇七頁）。

また、このような構成は、行為無価値論の内部からも批判を免れないであろう。上記の井田説も、川端説も、違法性判断について、主観的違法要素（正当化要素）を考慮した「事前判断」を一貫して主張しており、構成要件の判断と区別するという発想は見られない。大谷説は、具体的危険説の判断公式を修正するものとして非難されているのである(10)（佐久間「不能犯論」『現代刑事法』一七号、二〇〇〇年、四七頁）。

こうして、行為無価値論は、行為規範論を根拠として、構成要件においても違法性においても「事前の」判断に帰一するのが論理的な帰結であることが判明した。そこで、最終的にはその根拠とされる「行為規範論」にこそ批判の目を向けなければならない。

むすび

そこで、最後に、大前提とされていた「行為規範論」の意味を改めて問い直して見なければならない。

たしかに、結果無価値論は、「行為規範」の機能を特別に論じることをしないが、しかし刑罰論としては、応報刑論よりも目的刑論（抑止刑論）の立場をとり、刑法の「一般予防」機能を承認する。ただし、その場合にも、行為の無価値を示す「評価規範」（違法性）と、命令・禁止を示す「決定規範」（責任）を分離することによって、適正で謙抑的な法定手続の保障を目指すべきものとされる（佐伯『刑法講義総論』、六頁以下）。したがって、犯罪論の体系も、裁判官の思考を整理し、その判断を統制するための手段として存在するといわれるのである（平野・上掲書、八八頁）。

この立場からは、「違法評価の原則的事後性」が主張される。その理由としては、違法性にとって決定的なものはその行為が惹起する結果＝法益の侵害であるが故に、裁判官は、違法性の判断については、公判審理の結果明らかになったところに従って判断すべきであって、みずから行為の当時にいあわせたと仮定して、どのような判断に到達したであろうかによるべきではないとされるのである（佐伯・上掲書、一八一頁）。その結果、誤想防衛が、たとえ相当な誤信であっても正当防衛になることは決してないことになる。

これに対して、「行為規範論」は、刑法が国民一般に行動の基準を与えるものである限り、行為の違法性の判断も、行為当時の行為者および一般人の判断を基準とした「事前判断」でなければならないというのである。しかし、「行為規範」が一般国民の行動の基準として機能しているとしても、それは、行為当時の行為者ないし一般国民の判断であって、「錯誤」を伴うことは避けられない。また、それが犯罪行為を取り締まる側の警察官の行動の基準であると考えた場合にも、その判断には「誤認」の可能性がある。それらの事前判断の正しさを客観的な証拠によって事後に判断するのが裁判官の役割であって、その事後判断がなければ、行為の「違法性」は終極的には確定できないことになっているのである。

たしかに、行為者や警察官は、行為当時の状況判断から「行為規範」を想定して行動するのであるが、行為者の主観や一般の危険感を考慮すると、双方とも適法となったり違法となったりして収拾がつかないことがあり得る。これを事後的に適法・違法と判断するのが裁判官の役割であり、その判断を適正にするために、構成要件・違法性と責任の区別とその判断の順序、未遂と既遂の区別、錯誤の効果などが論じられてきたのである。

もちろん、行為規範論者も、裁判官による犯罪成否の判断を念頭において、その判断が事前の行為者の主観や一般人の危険感によるべきだと主張しているものと思われるが、問題は、刑法が「行為規範」であるから裁判官の違法性判断も事前判断であると速断してしまうところに、短絡性と問題のすり替えがあるように思われる。「行為規範論」の「ドグマ」からの解放が求められているというべきであろう。(11)

注

(1) 結果無価値論が、罪刑法定主義や一般予防まで犠牲にするといった指摘は、誇張以上に不正確であるといわざるを得ない。むしろ、事後の適正な処罰は、事前の適正な告知を必須の前提とするものであって、両者は決して矛盾するものではないからである。ここでの問題は、「行為規範論」から何故に「違法性の事前判断」が根拠づけられるのかという点にこそある。この点についても、個別の問題を検討した後に、最後に総括する。

(2) 行為無価値論を標榜する木村説も、誤想防衛の「行為が違法なることはいうまでもない」とし(木村『刑法総論増補版』、二六四頁)、福田説も、「違法性が阻却されないことはもちろんである」とし(福田『刑法総論三版』、一五七頁)、西原説も、「違法性を阻却されるものでないことは明らかである」とするのみで(西原『刑法総論』、二一二頁)、違法阻却の可能性に全く言及していない。ただ、そこまで違法を主観化すれば、これに対して正当防衛ができなくなるという不均衡も指摘されている(佐久間『刑法における事実の錯誤』、二三二頁)。これは正論というべきであるが、他方では、故意・過失のない行為は適法であるとする人的違法論の一般的な前提と整合するのかという疑問が生じることは避けられないであろう。

(3) 「正当防衛の未遂」といわれるものの実体と効果が不明確である。正当防衛はその既遂しか正当化しないというのであれば、錯誤論(責任論)による解決しか体系的にはありえないはずである。もっとも、行為無価値論からは、「許された危険」(社会相当性)による違法阻却が適用されるとする趣旨のようにも理解し得る。しかし、このような法益侵害の相手方に正当防衛が許されないことの不均衡という疑問は残ることになる。相手方も、規範に合致した認識を理由に「正当防衛の未遂」として違法でないということになるのであろうか。

(4) 大谷説では、最初は、違法性が法益侵害性だけでなく行為の反規範性をも内容とするので、被害者が単に法益を放棄しているというだけでは違法性阻却を基礎づけることはできないとしていたが(『刑法総論講義初版』、二七九頁)、しかしその後、保護法益の不存在に根拠を求めるという立場に明確に改説された(同、二版、二五九頁)。しかし、改説の理由には全く言及がない。また、井田説も、その根拠が個人の自己決定権の思想にあるとするが、それは行為の時点で違法の限界を明らかにして行動の基準を示すという行為無価値論の本質と矛盾するものではないといわれる(井田「被害者の同意」『現代刑事法』

一四号、二〇〇〇年、八七頁）。ところが、川端説においては、利益不存在の原則は、違法をもっぱら法益侵害に求める結果無価値論からの帰結であるとし、人的不法論の見地からは不当であるという原則的な姿勢が依然として維持されている（川端・上掲書、三〇三頁。同旨、佐久間『刑法講義総論』、一八六頁）。そこに、すでに内部矛盾とジレンマを見ることができよう。

（5）大谷説の改説の背景には、正当防衛と被害者の同意との間の違法阻却の根拠の違いが意識されているように思われるが、この点については、上述したように、井田説も従来の目的説や社会相当説をとらず、自己決定権による法益処分という点に違法阻却の根拠を求めつつ、しかし、それはなお行為規範としての行為時の違法性判断とは矛盾しないとされる点に、大谷説との見解の分かれ目があるといえよう。これは、単なる説明の相違といった次元を超えた本質的な問題であり、内部論争を期待したいが、行為無価値論の立場を堅持する限りは、被害者側の同意だけでは足りず、行為者の違法性は行為時の行為者の意思を含めて判断するのが正道というべきであろう。ただ、行為規範論からの事前判断という「ドグマ」が被害者の同意の問題では貫徹しにくいというジレンマがあるところに、内部で見解が分かれる理由があるように思われる。

（6）井田教授によれば、違法阻却事由には正当化結果の発生を要件とするものと、正当化結果の有無にかかわらず違法性を阻却するものがあり、正当防衛は前者に属するといわれる（『現代刑事法』九号、二〇〇〇年、八六頁）。しかし、それが同じく行為規範に属するとされながら、なぜ正当化の「結果」が必要なのかという点についての論証はない。被害者の同意も、「結果」が必要な類型とされているのであれば、誤想防衛と同じ論理と帰結が予定されるはずである。たしかに、「推定的同意」の場合には、被害者の同意があるとの事前の合理的な推定があれば、事後に被害者の意思と一致しないことが判明しても、なお違法性が阻却されると考えられている限りにおいて、事前の違法性判断によって決せられる「挙動犯的違法阻却事由」であるともいい得よう。しかし、そこにはすでに「許された危険」の法理が予定されているのであって、この論理を押し進めれば、行為規範（ルール）に適合する行為であれば、被害者の同意も、正当防衛も、事前の合理的な判断による違法阻却として構成することが可能となるであろう。しかし、違法性の事後判断を徹底させる立場からすれば、合理的な推定的同意の場合でさえも、推定の「錯誤」として構成する方法も残されているのである（中山・上掲書、三二五―六頁）。

（7）もっとも、基本的に具体的危険説に立ちながらも、「主体」の欠缺は不能犯であるとしたり（団藤・上掲書、一六五頁）、自己の財物を他人の財物と誤信して窃取する場合などは、本来、犯罪を実現する危険性がないとして除外する見解も存在し（大塚『刑法概説総論改定増補版』、二三六頁）、具体的危険説の間でも、個々の問題の帰結においては必ずしも一致は見られず、かなりの幅とバリエーションが存在する。

（8）この論理を裏返せば、構成要件要素があるのにないと誤認した場合にも、その誤認に相当の理由があれば違法ではないということになるであろう。それは、本人の主観的認識とその合理性を違法性の基準とすることに帰着することになる。具体的危険説は、主観説や抽象的危険説を批判するが、危険（感）の事前判断という点において共通の性格を有し、結論的にもほとんど相違がないのである。なお、この点に関して想起すべきは、具体的危険説に立ちつつも、違法な事実があると思っただけでは処罰されず、一四歳の少女を一三歳未満と思って性的に関係した場合、あるいは、盗品でないものを盗品だと思った場合に、かりにそれらしく見える場合でも、未遂犯とすることには問題があるという指摘である（平野『刑法総論II』、三二九、三三一頁）。これは、単純な事前判断の貫徹に反省を迫るものであるといえよう。

（9）新大谷説から、可罰的違法性のない「不能犯」として不可罰になるのは具体的にどの範囲なのかが問題となる。しかし、想像妊娠の婦女の堕胎と主体の不能が例示されているものの、その他の場合はどうなるのか不明である。「違法性が事後判断だ」というテーゼからは、その他の場合も「不能犯」になる可能性が高く、それなら何のために「具体的危険説」をとるのかという実益にも疑義が生じることになるであろう。

（10）もっとも、大谷説には、被害者の同意論における「同意が存在している以上」は同意の効果を認めるという発想と、不能犯論における「事後的に観察すれば法益侵害の危険性は全くない」という発想との間には、共通性があるともいえよう。しかし、それは、もはや行為規範にもとづく事前判断から離れて、事後判断（結果無価値論）に接近することを意味し、本来の出発点と矛盾することになるであろう。なお、具体的危険説の論者が、とくに最近、「構成要件（事実）の欠缺」論の意義を軽視ないし無視する傾向にあるが、その真の理由は、それが構成要件要素の「存在」と欠缺を問題にし、事後判断の基準を含んでいるからであって、その再評価こそ必要であることを指摘しておきたい。

（11）「規範論」を徹底させれば、命令規範を前提とする「主観的違法論」に至るのが論理の筋道であり（宮本、竹田）、さらに行為者の主観を強調する「主観主義」者が、犯罪の要件として違法性を責任よりも後に位置づけ、犯罪を「有責違法の行為」と定義したことがあったことも忘れてはならない点である（牧野『刑法総論上巻』、二六二頁）。また、いわゆる違法二元論（事前判断と事後判断）も有力であるが、事後判断が事前判断を制約しきれないところでは、事前判断が違法性の基準として残り、それが「行為規範論」から「行為無価値論」につながる限り、同様な問題性を含んでいるというべきである。

刑事法制の変動と憲法的近代刑事原則

小田中聰樹

一　刑事法制の現代的変動とその特徴

一　本稿の課題は、いま刑事法制に生じつつある変動、変化を、憲法との関連を意識しつつ統治構造変動の一環として捉えて検討し、その根本的特徴である警察依存化傾向について検討するとともに、その中に潜む矛盾と克服方向とについても考察を及ぼすことである。

この課題と関連し、かつて私は一九九八年の初頭までの状況の歴史的推移と現状との分析を踏まえつつ、刑事法制の現代的変動の本質を基本的に規定している現代治安政策・治安法との絡みで一定の分析・検討を試みたことがある（「民主主義刑事法学の課題と方法――『現代的』治安法との対抗状況を中心に――」竹沢哲夫先生古稀祝賀記念論文集『誤判の防止と救済』現代人文社、一九九八年。拙著『人身の自由の存在構造』信山社、一九九九年に収録）。

その論文において私は、戦後治安政策の展開過程を四期に分け、第一期（一九四〇年代後半）を「天皇制」治安法解体期、第二期（一九五〇、六〇年代）を「政治的」治安法形成・整備期、第三期（一九七〇、八〇年代）を「市民的」治安法現象化・展開期として特徴づけてフォローした上で、一九九〇年代について、若干の補足を混じえて要約すれば、次のような指摘を行った。

二 (1) 日米軍事同盟化進展と規制緩和・諸改革推進とをテコとして、国家・社会・個人をごく少数の国内外の巨大企業の独占的利潤追求装置に徹底的に再編成する統治政策が全面展開されていること。

(2) その結果としてこれまで個人や社会の共存・共生を支える機能を営んできた国家（行政）的、社会的システムが次々に解体、崩壊、縮小し、一般市民は生活的にも思想的にも「弱肉強食」「弱者淘汰」の市場原理の波にさらされていること。その結果として、治安面では、政治権力、行政権力（とくに警察権力）、大企業、そしてこれらと深部で癒着しているとみられる暴力組織などによる権力的犯罪が益々多発し構造化していること。それだけでなく、一般市民の逸脱的行動や抵抗行動が多様な形態をとって蔓延し浸透していること。そのため、一般市民の間に市民的安全への危機感が強くなっていること。

(3) この状態を利用し、国家（警察権力を中核とする治安当局）は、市民的安全の確保を中心的なスローガンとする擬似的「市民主義」的なイデオロギー的粉飾を施した治安政策を積極的に展開しつつあること。その結果生じている主な事象として次のようなものがあること。①警察による地域的コミュニティ掌握の徹底化（一九九四年警察法改正による「生活安全」警察の展開など）。②警察行政の積極化（青少年保護条例改正＝ポルノコミック規制、拡声機条例制定＝騒音規制、環境美化条例＝ポイ捨て規制、一九九一年暴力団対策立法〈一九九七年改正〉など）。③組織的犯罪対策を名目とする刑罰権・捜査権限拡大強化（コントロールド・デリバリーやおとり捜査の銃刀事犯への拡大、組織的犯罪対策立法による盗聴導入やマネー・ロンダリング処罰への動きなど）。④刑事基本法制の「市民的」治安法化の動き（少年法改正による少年審判の刑事裁判化＝少年審判検察官立会への動きなど）。⑤有事立法の動き。⑥司法のビジネス化、迅速・効率化へ向けた司法改革の動き（刑事では免責証人制度、アレインメント、司法取引等の導入、事前争点整理強化、参考人出頭強制への試みなど)。

(4) これらの事象は、一九七〇、八〇年代における「市民的」治安法の特徴を受け継ぐものだが、それと同時に次のような「現代的」特徴を持っていること。①治安政策・治安法が擬似的「市民主義」的イデオロギー性を一段と強化・巧妙化し、「市民」の要望・要求を積極的に掘り起こしこれに応える形で立法や施策を進めるスタイルを強めていること。②治安政策・治安法が、企業活動や政治・立法・行政・司法などが市民的公共性を縮小・後退・解体しているその隙間・空白を埋めこれに代位する積極的な位置・役割を与えられ始めていること(コミュニティ・ポリシング、警察の「総合政策官庁」化)。③反社会的と目する団体・組織・分子に対する事前・早期の抑圧システムが、組織的犯罪対策の名の下に、その枠組を超える、より一般的な形で構築され始めていること(組織犯罪対策立法の動きなど)。④上記の動きの中で、警察消極原則、罪刑法定主義、刑法謙抑主義、令状主義、無罪推定、司法の独立及び人権保障性など、憲法の保障する近代的刑事原則(以下、憲法的近代刑事原則という)に大きな構造的ともいえる変動・修正が生じ始めていること。

(5) 総じて一九九〇年代以降の現代治安政策・治安法は、〝擬似的「市民主義」的な外装、形態、イデオロギーを持つ治安政策、治安法、警察権力による市民社会の監視、掌握、抑圧、支配が、憲法的近代刑事原則の修正・変容を伴いつつ一段と進行している〟として特徴づけ得ること。

二 最近の立法的事象

一 前記論文執筆後、一九九八年中葉から本稿執筆時点の二〇〇一年七月末頃にかけて、右の特徴を持つ状況は、一層深化、進展している。このことを示す立法的事象を主として制定年月順に年表風に概観すれば次の通りである。(1)

(1)　刑罰権及び警察の取締・捜査権限（警察権力）の拡大強化が、組織的犯罪対策の面のみならず、一般市民生活上生起する諸事象への対策の面でもさらに拡大された（以下に括弧内に記したのは、各立法事象の全容ではなく、本稿の課題との関連で注目される点である）。

①　児童買春・ポルノ処罰法の制定（一九九九年五月）（児童買春、同周旋、同勧誘、児童ポルノ頒布、同販売等の処罰など）

②　組織的犯罪対策三法の制定（同年八月）（組織的殺人等の重罰化、マネー・ロンダリング等の処罰、疑わしい取引の規制、盗聴＝通信傍受権限の新設など）

③　ストーカー規制法の制定（二〇〇〇年五月）（ストーカー行為の処罰、公安委員会・警察の反覆禁止・防止命令への違反等の処罰など）

④　児童虐待防止法の制定（同年五月）（児童虐待が行われているおそれがある場合の児童福祉関係機関の立入調査権、及びその際に警察官の援助を求める権限の新設など）

⑤　配偶者からの暴力の防止及び被害者の保護に関する法律（ＤＶ法）の制定（二〇〇一年四月）（被害者の申立に基づく地裁のＤＶ、威迫、探索、接触、住居立入、接近、面接交渉等を禁ずる保護命令への違反の処罰など）

⑥　刑法改正（同年六月）（クレジットカードその他支払用カードの電磁的記録の不正作出等の処罰など）

⑦　道路交通法改正（同年六月）（ひき逃げ、共同危険行為、飲酒運転、無免許運転等の重罰化など）

(2)　また団体規制が破壊活動防止法（破防法）を超えて拡大された。

⑧　団体規制法の制定（一九九九年一一月）（破防法上の暴力主義的破壊活動として無差別大量殺人行為を行った団体に対する公安調査庁・警察による観察処分、再発防止処分等の規制措置の新設など）

(3)　刑事・少年司法の処罰機能の強化が追求され、その一部が犯罪被害者保護立法や少年法改正に於いて実現をみた。

⑨　犯罪被害者保護立法（二〇〇〇年五月）（性犯罪告訴期間制限の撤廃、証人尋問の際の遮蔽及びビデオ・リンク方式の採用、被害者への意見陳述権の付与、被害者への公判中の訴訟記録閲覧等の許容など。なお、二〇〇一年四月の犯罪被害者給付法改正により、民間被害者援助団体への警察情報（被害者の住所・氏名・事件概要など）の提供が行われることになった）

⑩　少年法改正（同年一一月）（①検察官逆送年齢制限の撤廃（一六歳以上→一四歳以上）、②殺人・（故意による）致死事件について一六歳以上の少年の原則的逆送、③重大事件（死刑・無期・短期二年以上）についての検察官（及び国選付添人）の審判立会と、検察官の抗告受理申立権制度の新設、④合議制の導入、⑤観護措置期間の上限延長（四週間→八週間）など）

⑪　司法制度改革審議会意見書発表（二〇〇一年六月）（刑事裁判の迅速化・効率化に向け、事前準備・争点整理強化、連日的開廷、訴訟指揮強化、制限的証拠開示等の立法化。アレインメント導入の検討。公的被疑者弁護制度導入と、これと抱合せの刑事弁護活動規制強化及び刑事弁護公営化。刑事免責制度導入、参考人協力確保方策（＝参考人出頭強制？）の検討。重大犯罪についての裁判員制度の導入。警察・検察一体化の促進など）

(4)　強制調査権限を持つ警察類似機関（警察協力機関？）の創設への動きが具体化しつつある。

⑫　人権擁護推進審議会答申発表（二〇〇一年五月）（個人や公権力やマスメディア等による差別、虐待等の人権侵害行為の排除・被害回復・被害防止・再発防止等のための簡易・積極的救済に向け、相談、あっせん、指導、調停、仲裁、勧告・公表、訴訟援助に加え、強制的な質問調査権、文書提出命令権、立入調査権を持つ「独立」の「人権救済機関」の創設の提唱）〔**追記**　人権擁護法案が国会審議中―二〇〇三年七月一五日現在〕

(5)　個人情報保護を名目とする言論規制の動きも具体化しつつある。

⑬　個人情報保護法案（国会継続審議中）〔**追記**　二〇〇三年五月二三日成立〕

二　右に年表風に列挙した立法事象は、いずれも現在日本の社会において重大化、深刻化している犯罪現象に対処、対応するためのものであり、しかも市民の要望、要求に応える形をとっているものがほとんどである。とりわけ①児童買春・ポルノ処罰法、③ストーカー規制法、④児童虐待防止法、⑤DV法は民間諸団体や世論の強い要求・要望を背景として議員立法されたものであり、また⑨犯罪被害者保護立法も犯罪被害者関係団体や世論の強い要望を受ける形で立法された。⑩少年法改正にも、少年非行の厳罰化やその司法的処理方式の刑事裁判化ないしそれへの接近を求める世論が強く作用していたことは否定できない現実である。また、オウムや組織犯罪への対策絡みで立法された②組織犯罪対策三法（とくに盗聴法）や⑧団体規制法にしても、市民の安全要求を踏まえる形で立法された。さらに⑫人権擁護推進審議会答申や⑬個人情報保護法案も、マスコミ等による一般市民のプライバシー侵害の救済保護を強化する形をとっている。

このように最近の立法のほとんどは、内容的にみれば、児童、女性、犯罪被害者など、社会的に弱い立場にある者の人権や利益の保護を強化しようとするものであって特定の政治的、国家的権益の保護や一般市民の人権や利益の抑圧・規制を直接の狙いとするものではない。

これらのことを考慮するとき、これまでみてきた事象（①〜⑬）を全部一括して治安政策の所産であり治安法的本質を持つものとみることはもとよりできない。しかし、これらの事象にはほぼ共通して備わっている顕著な特徴があり、これが前掲立法事象を治安政策・治安法の外縁に位置せしめる結果となっている。その特徴とは、警察権力・刑罰権への依存化傾向（以下、警察依存化傾向ともいう）である。

この傾向は、いずれの立法事象についても大なり小なりみられ、その著しいものについては学界はもとより世論も厳しい批判を加え、その抑制への努力を払ってきた。例えば、組織的犯罪対策立法（とりわけ盗聴立法）、団体規制法、少年法改正などがその例である。(2)

しかし、このような批判が強く加えられなかったものについても、同種、同類の傾向に基づく問題点が含まれているものがある。その例として、主に③ストーカー規制法を取り上げてみることにしたい。

三 近時刑事立法の警察依存化傾向

一 (1) ストーカー行為が社会問題化したのは一九九〇年代後半からといわれるが、警察は被害者から相談を受けても「民事不介入」を理由に消極的に対応する傾向があったといわれる（なお、「つきまとい行為等の絡む事件」の検挙件数は、一九九九年一九〇件で、その罪種は殺人、傷害、暴行、脅迫、住居侵入、強要、軽犯罪法違反（追随等、窃視など）、迷惑防止条例違反であるという）。(3) この状況を打開しストーカー行為取締強化に向け立法化されたのがストーカー規制法であり、桶川市女子大生刺殺事件が契機となり、短期間で議員立法された。(4)

(2) この法律の主な内容は、大別すると、警察によるストーカー行為規制及び処罰と、被害者への援助・支援とであるが、前者に圧倒的力点が置かれ、後者は警察による被害者援助にしても国・地方公共団体・民間支援組織等による支援にしても実効性の乏しい「努力規定」を盛り込んだものに過ぎず、いかなる組織・体制がいかなる権限を持つのか、一切不明である。

では、警察による規制及び処罰のしくみはどのようなものとされているか。その大要は次の通りである。

① 「ストーカー行為」とは、同一の者に対し、「つきまとい等」を「反覆」することである（但し、後述②(イ)

～(ニ)については「身体の安全、住居等の平穏若しくは名誉が害され、又は行動の自由が著しく害される不安を覚えさせる方法により行われる場合」に限る)。

②「つきまとい等」とは、特定の者に対する恋愛感情その他の好意の感情又はそれが満たされなかったことに対する怨恨の感情を充足する目的で、その特定の者やその配偶者等に対し、(イ)つきまとい、待ち伏せ、進路立ちふさがり、見張り、住居押しかけ、(ロ)行動監視告知等、(ハ)面会・交際等要求、(ニ)著しく粗野又は乱暴な言動、(ホ)無言電話、連続電話等、(ヘ)汚物・動物死体送付等、(ト)名誉侵害事項告知等、(チ)性的羞恥心侵害事項告知等、を行うことである。

③「何人も、つきまとい等をして、その相手方に身体の安全・住居等の平穏若しくは名誉が害され、又は行動の自由が著しく害される不安を覚えさせてはならない。」(〝「つきまとい等」による不安惹起〟禁止)

④この法律は以上のように規定(定義)した上で、(i)「ストーカー行為」の処罰(六月以下懲役又は五〇万円以下罰金)(親告罪)、(ii)「禁止命令等」(但し後述の反覆禁止命令に限る)違反の「ストーカー行為」の処罰(一年以下懲役又は一〇〇万円以下罰金)、(iii)「禁止命令等」(但し後述の反覆禁止命令に限る)違反の「つきまとい等」による「ストーカー行為」の処罰(法定刑は(ii)に同じ)、(iv)「禁止命令等」(但し反覆禁止命令に限る)違反の処罰(五〇万円以下罰金)、という処罰規定を置いている。

⑤それでは「禁止命令等」が出されるしくみについて、この法律はどのように規定しているのだろうか。

(i)警察本部長等は、「つきまとい等」をされたとして「警告」を求める申出に基づき、反覆のおそれがあると認めるときは、反覆禁止の「警告」を出す。

(ii)「警告」を受けた者が、〝「つきまとい等」による不安惹起〟をした場合で更に反覆のおそれがあると認めるときは、公安委員会は、反覆禁止又は反覆防止必要事項の命令(「禁止命令等」)を発する。その際、行政手続法上の聴聞を行わなければならない。

(iii) 警察本部長等は、「警告」の申出を受けた場合に、聴聞・弁明抜きで反覆禁止の「仮の命令」を出すことができる（効力一五日）。その発令の要件は、〃「つきまとい等」（但し②(イ)に限る）による不安惹起〃がありかつ更なる反覆のおそれがあり、身体安全、住居平穏、名誉、行動自由の侵害の防止上「緊急の必要」があると認められることである。公安委員会は、「仮の命令」違反があり、「仮の命令」が不当でないと認めるときは、聴聞抜きの「意見の聴取」のみで「禁止命令等」を発することができる。

(iv) 警察本部長等は、「警告」「仮の命令」を発するに当たり、必要な限度で〃「つきまとい等」による不安惹起〃をした者その他の関係者に対し報告・資料提出を求め、又は警察官をして質問させることができる。

(3) 上記のような内容を持つストーカー規制法は、「拙速」と評されるほどに短期間に議員立法された経緯を反映してか、不整理、不明確な点が目立ち、極めて分かりにくいものとなっている。さらに、「ストーカー行為」、「つきまとい等」、〃「つきまとい等」による不安惹起〃、「反覆のおそれ」などの概念が、定義づけの形で人工的に次々に作り出され、しかも相互間の関係がよく整理されないまま、「警告」「禁止命令等」や処罰規定に持ち込まれている。そのため、どういう場合にこれら「警告」等が発出ないし作動することになるのか、一読して理解し難い。とくに処罰規定については、前示(2)④(ii)(iii)(iv)の各規定（一四条一、二項、一五条）の間の構成要件上の区別がどこにあるのか判然としない。このような分かりにくい立法が、一般市民の要求・要望を受ける形で立法されたことには、アイロニカルという以上のものを感じさせずにはおかない。この点も含め、もう少し立ち入ってこの法律の主な問題点をみれば次の通りである。

(a) 第一に「つきまとい等」にせよ「ストーカー行為」にせよ「反覆」や「不安」にせよ、そして「恋愛感情その他の好意の感情」「それが満たされなかったことに対する怨恨の感情」にせよ、これらを犯罪構成要件としてみる場合には不明確さ、曖昧さが大きく、規制対象外の通常の日常的行為との区別がつきにくく、罪刑法定主義に反しているとみざるを得ない（「著しく粗野又は乱暴な言動」（前示(2)②(ニ)）がその例）。

(b)　単純な「ストーカー行為」の処罰と並んで、「禁止命令等」違反の「ストーカー行為」の重罰、さらには「禁止命令等」違反の処罰をも規定している。しかし、警察関係機関が司法的抑制を全く受けることなしに一方的な裁量に基づき発する命令が何故命令違反の「ストーカー行為」に対する重罰の理由となるのか、理論上も実質上も理解し難い。また警察関係機関の発する「禁止命令等」違反をそれ自体として処罰する規定を置くことは、白地規定を置くに等しく、罪刑法定主義に実質上違反する疑いが強い。

(c)　「警告」「禁止命令等」の発令の権限が警察関係機関に付与され、司法的抑制を一切受けないシステムとなっている点も問題である。これまでみたように「警告」「禁止命令等」は、一般市民の日常的行為の制限に広く及び、表現や行動の自由を強く束縛し、その違反に対しては刑罰が科せられる。このような強い効力、効果を持つ発令権が警察関係機関の裁量に委ねられていること、しかも「仮の命令」が聴聞・弁明の機会を与えることなく発せられることなどの点において、適正手続に違反するものである。

さらに警察関係機関が「警告」「仮の命令」「禁止命令等」を発するに当たり関係者から報告もしくは資料の提出を求め、質問する権限を与えられたことも、二重の意味で警察権限＝捜査権限の拡大を意味するものとして重大である。警察は「つきまとい等」をされたとの申出がありさえすれば、全くの裁量的判断でこの権限を行使できるし、しかもこの権限は犯罪未発生ないし発生未確認の段階でも行使し得るからである。

(4)　このようにみてくると、ストーカー規制法には主として人間関係のもつれが昂じて発生する「ストーカー行為」を犯罪化して警察の取締りにその解決を委ねる発想・コンセプトが余りにも強く、その結果として罪刑法定主義違反、適正手続違反の疑いが強く付着することを否定し難い。

なお、ストーカー規制法の宮城県内の運用状況につき宮城県警がまとめたところによれば、二〇〇一年一月から六月迄の相談（認知）件数九七件のうち、八四件（八七パーセント）が元交際相手、知人、元夫婦、同僚・元同僚など身近な関係にあった者による加害であり、その大半が口頭注意で処理され、文書による警告は四件、脅迫・傷害等の刑法犯摘発は九件だったという（河北新報二〇〇一年七月七日夕刊）。

この運用状況は、ストーカー行為の「犯罪化」が警察による裁量的＝恣意的処理権限の付与・拡大に帰結しつつあることを示しているように思われる。

二　警察権限拡大の点では児童虐待防止法やＤＶ法にも問題がある。[5]

(1)　児童虐待防止法は、児童虐待問題の深刻化に即応するため児童福祉法の特別法として議員立法されたものであり、①児童虐待の早期発見・通告、②児童相談所による安全確認・一時保護、③立入調査・警察官援助、④児童福祉司指導を受ける義務等を定めたものであるが、問題は③である（九条）。

この規定により児童福祉関係機関の立入・調査・質問の権限は、その行使の要件が大きく拡大された。すなわち、従前は児童福祉法（二八条）により〝保護者が、その児童を虐待し、著しくその監護を怠り、その他保護者に監護させることが著しく当該児童の福祉を害する場合であって、親権者等の意に反する里親等への委託・入所の措置をとるため必要があると認めるとき〟に限られていた。ところが今回の児童虐待防止法は、これを、「児童虐待が行われているおそれがあると認められる場合」へと拡大したのである。この拡大は、そもそも司法的抑制の欠如の点で問題があるが、それのみならず、立入・調査・質問への拒否・妨害・忌避や不答弁・虚偽答弁等が処罰されるしくみとなっていること、おそれという要件のあいまいさがその認定の恣意性を誘起する危険があることなどともあいまって、立入・調査・質問による人権、プライバシー侵害の危険を発生させる。

それに加えてこの法律は、安全確認、一時保護、立入・調査・質問の職務執行に際し「警察官の援助」を求めることができるとしている。ここでも「児童虐待のおそれ」のみの、犯行未発生ないし発生未確認の段階での警察権の発動が根拠づけられている。しかも「援助」の中身は無限定なのである。

(2) 二〇〇一年一〇月より施行されるDV法においては、警察官に対し「暴力の制止・被害者の保護その他の配偶者からの暴力による被害の発生を防止するために必要な措置」を積極的に講ずる義務を課するとともに（八条）、被害者の申立による地裁の保護命令（六ヵ月間つきまとい・はいかい禁止、二週間住居退去など）を設け、その違反に対し刑罰（一年以下懲役、一〇〇万円以下罰金）を科する制度をとっている（一〇条以下）。裁判所による口頭弁論に基づく保護命令というしくみとなっている点で、DV事件の難しさに応じた一定の配慮がみられるが、しかし命令権者が家裁でなく地裁とされている点、緊急の場合の口頭弁論、審訊ぬきの書面審理のみに基づく発令のシステムが用意されている点、「被害者の身辺につきまとい」又は被害者の住居、勤務先その他「その通常所在する場所の付近」を「はいかい」することの禁止など、あいまいな概念が用いられている点などに疑問が残っている。

なお、DV法は、前述の保護命令及び命令違反処罰の外、これに先立つ形で国・地方公共団体のDV防止・被害者保護責務を定め（二条）、都道府県に配偶者暴力相談支援センターの設置を定め、相談、指導、一時保護、自立促進・施設利用関係情報提供等を行うものとしている（三条以下）。しかし、同センターは、売春防止法により保護更正施設として各都道府県に一ヵ所設置された婦人相談所やその他の施設がその機能を果たすものとされ、独立の専門施設ではなく、権限も不明確である。しかも、同センターと民間シェルターとの関係、民間シェルターの権限も明らかにされず、一切が行政的措置に委ねられる形となっている。そのためもあって、二〇〇一年一〇月施行を前にしても組織、態勢、手続の整備が進んでいないといわれる（二〇〇一年七月二八日朝日新聞）。

そうしてみると、DV法がさし当たり実際的意味を持つのは、通報等によりDV現場に赴いた警察がとる被害発生防止措置（八条）と保護命令とであろうが、前者には第三者の通報のみで令状なしに住居に立ち入り法律上は無限定同然の防止措置をとる権限を付与している点で大きな疑問が持たれる（後者については前述）。

三　右にみたように、最近の刑事立法に共通するのは、ストーカー、児童虐待、DVなど一般市民間で生起する暴力的事象について、早期発見、早期処理・解決、被害防止・回復等をめざし警察権力の早期介入に向け法制度を整備する傾向、すなわち警察権限拡大傾向、警察依存化傾向であり、その結果として罪刑法定主義や適正手続など憲法的近代刑事原則が後退、侵害に直面していることである。

四　憲法的近代刑事原則の意義

一　このように警察権力の早期・積極的介入を求め依存化する立法傾向には、一般市民の日常的な犯罪被害の重大化への危機意識と、これを軽視し「民事不介入」原則の陰に隠れて犯罪摘発を怠りがちな警察に対する不満とが反映している。

たしかにストーカー行為、児童虐待、DVが犯罪を構成する場合、捜査権限・刑罰権が適正に行使されるべきことは当然である。しかし、だからといってこれらの早期発見、早期処理・解決等を急ぐ余り、警察権力に対し安易に過剰な期待を抱き、早期積極的介入に向け警察権限を拡大強化することは危険である。

そもそも警察権力は、いかに権限を拡大強化されたとしても、事件が警察的観点からみて関心を惹く対象とならない限り権限を発動しようとしない組織であり、逆に事件が関心の対象となれば違法介入、過剰介入を辞さない組織である。このことは、国家権力の中枢機構を形成している警察権力の本質に関わる事柄であると同時に、歴史と現実の教える経験的事実である。

もっともこの本質と事実は、一般市民の人権意識や民主主義運動の力量、その反映としての統治構造や統治権力の民主性・人権性の程度に応じ、その強弱に差があり得る。しかし、現代日本の統治構造、統治権力は、民主性においても人権性においても極めて劣悪な状態にあり、わけてもその窮極の要をなす警察権力は最も劣悪な状態にある。このことは、一九九九年秋から次々に露呈した「警察不祥事」(腐敗と人権侵害)が雄弁に語っている。これに対する対策として行われた「警察制度刷新」をスローガンとする警察法改正(二〇〇〇年一一月)も、結局のところ現状糊塗的なものに終り、効果を上げていない。警察権力は、その本質において市民不在、人権抑圧の存在であることを依然として変えていない(6)。

そうである限り、警察権力の早期・積極的介入に対し無警戒的態度や楽観的態度をとることはできない。逆に、夫婦、親子、家庭、学校、地域をはじめとして、これまで市民社会が自律、自治に秩序維持機能を委ねてきた領域における諸問題については、ぎりぎりのところまで警察権力介入を抑制し、已むを得ず介入せしめる場合でもその条件設定に当たり工夫をこらすべきである。そうせずにルーズな条件の下で警察権力に裁量的・恣意的介入を許すことは、その濫用に道を開くだけでなく、かえって問題解決をこじらせ、社会の自律的解決能力を衰退させる危険をもたらすのである。

その意味で私は、警察権力に早期・積極的介入の権限を与える警察依存の立法傾向に対し批判的にならざるを得ず、この傾向を防ぐ意味で警察消極原則、刑法謙抑主義、罪刑法定主義や適正手続をはじめとする近代的刑事原則の厳守を強く主張したいと思うのである(7)。

二　なお、戒能民江教授は、児童虐待、ストーキング、DVなどの問題に警察権力が積極的に介入する姿勢をみせ始めたことを当然としつつも「警察権の肥大化と濫用への危惧がある」ことを指摘し、警察の権限及び手続の明確化と枠付けとともに、専門部署設置、教育・訓練、女性警察官職員配置を求めている[8]。

私は、戒能氏の問題意識を理解し、児童虐待等が重大な問題であることについての認識を共有した上で、なおこれらの問題についても警察消極原則が厳守されるべきであると考える。本文でも述べたように、警察権力組織の本質・実態、治安政策の動向などからみて、警察権力に積極的介入・規制・取締の権限を付与することは、人間社会の最も基礎的単位である親子・夫婦など、愛情を中心とする人間関係に対する警察権力の直接的介入・支配（情報収集、監視、取締、政策展開など）を公認することを意味する。しかし、このような状況下で形成される人間関係は、好むと好まざるとを問わず、また求めると求めざるとを問わず、警察権力を背後に意識した、いびつで歪んだものとならざるを得ない。そしてこのような人間関係の変化・変質は、社会を変え、児童虐待等の問題を一層深刻化、拡大化していくのではないだろうか。そうだとすれば、児童虐待等の痛ましい実態を直視しつつその防止・解決に向けて営まれるべき思索や行動は、警察消極原則、刑法謙抑主義、罪刑法定主義、適正手続などの憲法的近代刑事原則の厳守を前提として行われるべきであると考えるのである。

結びに代えて

一　以上に述べてきたことと、刑事司法改革の動き（これについては紙数の関係がありほとんど触れられなかったが、別の機会に述べてきたことを参照して戴きたい[9]）とを併せ考えつつ、現在生じつつある刑事法制変動の実相・実態を一言で表現すれば、「警察権力・刑罰権の拡大強化と刑事司法の迅速・効率化・処罰機能強化」ということになる。

この変動は、直接的には現代治安政策、窮極的には現代統治政策の生み出しているものであり、統治構造変動の一環を形成している。警察権力の肥大化、強力化と、刑事司法及び司法制度（司法権力）の処罰機能強化、独立性弱化への動きとは、その端的な表れにほかならない[10]。

そしてこの変動は、憲法的近代刑事原則の修正・変容・相対化を促し、これに支えられつつ進行し、一見治安政策とは無関係にみえる分野をも包摂しつつあるのである。

二

問題は、このような刑事法制変動の実相、実態をどう評価すべきかである。この変動が市民の安全要求に応え市民生活上の安全保護をめざす形をとって推進されていることとも絡み、どういう視角と原則とに立って評価に向うべきかについて一定の困難さのあることは否定できないが、私は累述してきたように「警察権力・刑罰権の拡大強化と刑事司法の迅速・効率化・処罰機能強化」、すなわち警察依存化が社会の自律的解決能力を衰退させる危険を重視し、次の三点を指摘しておきたい。

第一に、人間の長い歴史的体験と智慧の結晶である憲法的近代刑事原則が依然として、いや正確に言えば現代でこそ大きな基底的意義を持っていることについての認識が広く共有されるべきことである。

第二に、もし憲法的近代刑事原則の修正・変容・相対化を容認し刑事法制変動の流れに棹さすならばどのような危険な事態が生ずるかについての現実分析が深められ、その認識が広く共有されるべきことである。

第三に、深刻化しつつある犯罪・非行問題についてもその原因・対策を広く社会的に究明・策定し、警察力・刑罰権に依存する解決を極力回避する方策を探ることの社会的有用性の認識を広く共有することが重要だということである[11][12]。

注

(1) その後の組織的犯罪対策三法制定の事態を踏まえて執筆した「現代治安政策と盗聴法(上下)」『法律時報』一九九九年一一、一二月号を参照せよ。なお、二〇〇〇年における刑事立法の動きを概観したものとして後藤弘子「刑事政策」(学界回顧)『法律時報』二〇〇〇年一二月号がある。

(2) 例えば、盗聴法については、小田中ほか『盗聴立法批判』(日本評論社、一九九七年)、特集「盗聴法と市民的自由」『法律時報』一九九九年一一月号、奥平康弘・小田中聰樹監修『盗聴法の総合的研究』(日本評論社、二〇〇一年)など、団体規制法については、川崎英明・三島聡「団体規制法の違憲性――いわゆる『オウム対策法』の問題性――」『法律時報』二〇〇〇年三月号、少年法改正については、団藤重光ほか『「改正」少年法を批判する』(日本評論社、二〇〇〇年)が批判的文献の代表的なものである。また、犯罪被害者保護立法については川崎英明「犯罪被害者二法と犯罪被害者の権利」『法律時報』二〇〇〇年八月号をみよ。

(3) 『警察白書』平成一二年度版、九五頁。

(4) 滝川雄一「ストーカー規制法の概要」『法律のひろば』二〇〇〇年七月号、園田寿「ストーカー規制法の成立とその背景」『法学教室』二三九号、桧垣重臣「『ストーカー規制等に関する法律』について」『警察学論集』二〇〇〇年七月号、岡田久美子「ストーカー行為等規制法」『法学セミナー』二〇〇〇年一〇月号など。

(5) 岩井宜子「児童虐待の防止等に関する法律の制定と今後の課題」『警察学論集』二〇〇〇年一〇月号、中司光紀「児童虐待防止法の概要」『法律のひろば』二〇〇〇年七月号、特集「児童虐待の実態と対策」『現代刑事法』二〇〇〇年一〇月号など。

(6) 「警察不祥事」続発を契機とし「警察刷新」をスローガンとして行われた警察法改正(二〇〇〇年一一月)は、公安委員会の警察への監察指示制度の整備、苦情申出制度の新設、警察署協議会の設置などを行ったに止まり、何らの抜本的改善策を含んでいない。また各警察署に置かれた警察署協議会にしても、委員は公安委員会により委嘱され、しかも警察署長の諮問に対し意見を述べる権限しか与えられていない。なお、同協議会は二〇〇一年六月より全国一、二六五警察署に設置され、計一万一、〇六五人が委員に委嘱された。委員の選任は、警察が提出した候補者資料や地方自治体の推薦などに基づくものが大半で、一部公募が僅か三県で行われたにすぎない。しかも出身分野別では、企業経営者、自治会、交通安全・防犯活動団体関係者らが上位を占めているという(二〇〇一年六月一日河北新報)。これでは「身内のお手盛り協議会」という印象が強い。

なお、「検証　刷新会議提言一年――警察改革長き道――」(二〇〇一年七月一三日朝日新聞)は、不祥事根絶の成果を上げていない警察刷新の実態の一端を伝えている。

(7) 足立昌勝「現代社会と刑法——近代刑法諸原則の有効性——」夏目文雄先生古稀記念論文集『刑事法学の新展開』(二〇〇〇年)、同『近代刑法の実像』(白順社、二〇〇〇年)も、刑法学者の立場から本稿とほぼ同旨の主張を展開している。

(8) 戒能民江「警察の介入姿勢の『変化』と『法は家庭に入らず』の維持」『法学セミナー』二〇〇〇年一〇月号。なお、同「DV防止法 目立つ不備、見直しが必要」二〇〇一年五月一七日朝日新聞「私の視点」欄参照。

(9) 拙著『司法改革の思想と論理』(信山社、二〇〇一年)、拙稿「今般の司法制度改革の『逆改革』的本質」『法と民主主義』三六〇号(二〇〇一年)を参照せよ。また、田淵浩二「刑事裁判はどうなる」『法の科学』三〇特別増刊号特集「だれのための『司法改革』か」(二〇〇一年)が刑事部分について包括的検討を加えている。村井敏邦「刑事司法の改革について」『法律時報』二〇〇一年六月号をも参照せよ。

(10) 前掲拙稿「現代治安政策と盗聴法(下)」『法律時報』二〇〇〇年一月号参照。

(11) 内田博文「『市民的治安主義』の拡大」『法の科学』二九号(二〇〇〇年)、佐々木光明「少年警察活動の展開とその射程——『地域創造』による市民的治安主義——」沢登俊雄先生古稀祝賀論文集『少年法の展望』(現代人文社、二〇〇〇年)を参照せよ。

(12) 本稿は、『法律時報』二〇〇一年五月号掲載の拙稿「刑事法制の変動と憲法」につき、二〇〇一年七月末の時点で加筆・修正を加えたものである。なお、本稿末尾の〔追記〕を参照せよ。

〔追記〕 本稿執筆後二年余の間に生じた、本稿テーマに関連する事象については、拙稿「市民の安全要求と人間的・社会的連帯の回復——監視社会と刑事法——」田島泰彦ほか編『住基ネットと監視社会』(日本評論社、二〇〇三年七月)において検討しているので、参照のこと。

刑事司法改革と公設弁護人制度

庭山英雄

はしがき

各種の報道によれば、被疑者国選弁護がいよいよ実現しそうである。刑事訴訟の当事者主義化の理念からすれば大変喜ばしいことであり、日本弁護士連合会の労を多としたい。同連合会は十数年前から手弁当で当番弁護士制度を運用してきており、最近、当番弁護士の派遣を希望する被疑者が激増していると聞く。公費による弁護士費用の補助がなければ、折角の当番弁護士制度も遠からず破綻に瀕するであろう。当番弁護士制度の提唱者の一人としては「ほっとしている」というのが正直なところである。

被疑者国選弁護実現のキャンペーンの過程でいくつかの外国の実情を調査した。その中で本稿の主題との関係で有意義と思われる二つの国の模様を紹介し、それらを参照しつつ、わが国における国選弁護の将来を考えてみたいと思う。

一　アメリカ

よく知られているように、アメリカは連邦と州との二元制度の国であり、公設弁護人制度にも連邦のそれと州のそれとの二種がある。ここでは州と同レベルの制度を持っているニューヨーク市の制度に焦点を当てる。

ニューヨーク市では公設弁護人制度は独立の法律扶助協会によって運営されている。公設弁護人という市の公務員となることは弁護人の自立性・独立性を害すると解されたのである。全国的状況を見ると公設弁護人が公務員になっているとは限られないので、これは少し考え過ぎのようにも思われるが、地域ごとにそれなりの歴史的事情があるので、それはそれでよいであろう。

ニューヨーク市はマンハッタン、ブロンクス、クイーンズ、ブルックリン、リッチモンドの五つの郡（カウンティ）にわかれる。それぞれに弁護士会があり、それらと並行してそれぞれに法律扶助協会がある。マンハッタン地区の北部のハーレムには、近隣法律事務所というのもある。これは特定の弁護士が市と直接に契約を結んで創設した特殊な貧困者弁護制度であり、法律扶助協会とは別系統である。もともと法律扶助協会のやり方に飽き足らない弁護士らによって始められた制度であるので、市の法律扶助協会から異端視されている感じもしないではない。

ニューヨーク市には法律扶助協会所属の弁護士のほかにパネル弁護士と呼ばれる弁護士たちがいる。これが日本流にいえば国選弁護人である。登録制であるのでパネル弁護士と呼ばれる。全市で約三千人いると推測される。これら弁護士はふだんは市井の弁護士として個人もしくは共同で法律事務所を経営している。ちなみに全米の弁護士数は現在百万人を超えるといわれる。

1　法律扶助協会の活動

ニューヨーク市の法律扶助協会は非営利法人の一種であり、一八七六年以来、経済的余裕のない市民にたいして良質の法的サービスを提供してきている。同協会は理事会の管理のもと約九〇〇名の専従の弁護士を抱える。彼らは市のすべての裁判所、州と連邦との控訴裁判所、合衆国最高裁において年間三〇万の人々に法的サービスを提供している。刑事弁護部、連邦弁護人部、青少年権利部、刑事上訴部、死刑弁護班は政府基金によって運営されており、民事部とボランティア部とは政府基金と寄付金とによって支えられている。同協会はアメリカ全土で最古にして最大の法的サービス機関であり、従業員の数は一、八一七名、そのうち弁護士の数は九四三、補助職員の数は八七四である。

これら従業員が大きな市法律扶助協会の中核をなし、弁護士以外の職種としては、ソシアルワーカー、調査員、パラリーガル、メッセンジャー、法的サービス助手、ワープロ操作者、データ入力係、コミュニティ保護職などがある。これらの人たちが弁護士を支えている。すなわち、弁護士が貧困者のために弁護活動をすることを可能にしており、弁護士の技能、献身、経験と相俟って協会の業績を支えている。年間一億三千万ドルの予算で約三十万件を処理している。

刑事弁護、民事事件、少年司法といった領域で弁護士会の指導的地位にある同協会は、年間二二万五千件以上の貧困者の刑事事件を扱う唯一の機関であり、四万人以上の子供たちのため法的な保護者の役割を務め、同じく四万人以上の個人、家族、地域社会組織を代理して種々の民事訴訟（追い立てや住宅問題、福祉や無能力の問題など）を行い、さらに多数のホームレスの家族、福祉受益者、貧困老人、既決・未決の囚人に代わって主要な集団訴訟を闘っている。協会職員の約二〇％は非白人であり、彼らの在職年数はほぼ四―五年である。雑誌フォーブスの近時の寄金調査によれば、同協会の達成度は最高位にある。

以上はニューヨーク法律扶助協会の一九九六年度の年報（1996 Annual Report by the Legal Aid Society）を基本とし、協会配布のリーフレットによって若干補ったものである。

2　ハーレムの近隣法律事務所

一九九〇年にベラ司法研究所はハーレムに公設弁護人事務所を設けた。これが近隣法律事務所と呼ばれるものである。同事務所は州と市との双方から財政的援助を受けている。ただし、同事務所のサービスエリアはハーレム地区に限られている（以下、同事務所提供の資料にもとづく）。

近隣法律事務所が創設された理由はこうである。貧困な被告人らは裁判所によってつけられた公選弁護人にしばしば不満を抱いた。その種の弁護人のやり方に依頼人は納得がいかなかった。公選弁護人は有罪答弁の方向で依頼人にプレッシャーをかけるのが常であった。弁護人の側にも理由があった。一つは報酬の安さであり、もう一つはあまりにも事件数が多くて期日が入れられないという点であった。ケースが長引くと弁護人が何人も代わった。そして代わるたびに引き継ぎが十分に行われなかった。被告人から見ると、弁護人のやり方はその場凌ぎであって、弁護人が正義の味方とはとうてい思えなかった。

これに対し近隣法律事務所の弁護士は依頼人と地域とのことをよく知っていた。弁護のやり方も従前の弁護士のやり方とは違っていた。彼らは依頼人の個人的問題や家庭的問題にも快く相談に乗った。また、近隣法律事務所の弁護士は個人的に行動せず、チームを組んで問題に対処した。調査員や事務所職員がこれをよく助けた。しかもコンピュータを駆使して総合的であった。近隣法律事務所のやり方には次の長所があった。①弁護士と依頼人とが互いによく知り合い、協力して事件に対処できた。②調査もしくは捜査中に依頼人の家族、友人、近隣の人たちとより緊密なコンタクトが取れた。③チームを組んでの弁護活動なので幅広く資源を活用でき、かつ継続性を確保できた。

近隣法律事務所の弁護のやり方で最も特徴的な点は、担当チームが早期に調査にとりかかれる点である。依頼人の半数は彼らが罪状認否をする前に弁護士と相談できた。事件が早期かつ綿密に分析されるので、公判前に解決されることもある。従来、ほとんどの弁護人は依頼人が最初に裁判所に出頭したときに初めて会い、したがって、初期の情報は検察もしくは警察から提供してもらうほかなかった。

近隣法律事務所は、創設以来すでに五千人以上の依頼人を扱い、今や裁判所や地域にもはっきりとその存在を印象づけている。同事務所のスタッフは現在三〇名、三つのチームが組織され、各チームはそれぞれ常時一八〇―二〇〇件を抱えている。近隣法律事務所扱いの依頼人が自由拘束される期間は、法律扶助協会のそれと比べて約三分の二である。しかしそれが理解されず、予算に反映されなくて遺憾である。

近隣法律事務所のアイデアは、一九八〇年代の初期に当時ハーバードの学生であったクリス・ストンがあるハイスクールで教え始めたときに生まれた。ストンの回想によれば、「子供たちは年中逮捕されていた」「裁判所に行って弁護士に会ったが、弁護士は自分の生徒の名前さえ知らなかった。だから子供たちのために自分が弁護士になるほかないと思った」。こうしてストンはイェールロースクールに行き、そのあとワシントン市の公設弁護人事務所で修業した。そこで分かったことは、公的弁護の問題点は組織よりも各人にあるという点であった。それを試す機会が一九九〇年にやってきた。それが彼を責任者とするハーレムにおけるベラ研究所の実験であった。

近隣法律事務所が軌道に乗った一九九四年ころニューヨーク市の財政状況が悪化し、市当局は種々の合理化案を打ち出してきた。ジュリアーニ市長の基本政策であった。近隣法律事務所も標的の一つとされた。そこで同事務所は自らの存続をかけてキャンペーンを行った。一九九六年発行のリーフレットはほぼ次のように述べている。

当事務所は地域に根差した二四時間営業の公設弁護人事務所であり、マンハッタン上部地区の住民に良質の法的サービスを提供している。ニューヨークの市と州とは貧困者弁護の新しいシステムをテストするために当事務所を発足させた。したがって当事務所は依頼人の利益のためにできるだけ早期に仕事に取り掛かり、かつチーム方式を採用して弁護業務に取り組んできた。近時、当事務所は市と州との双方から財政的援助を受けているが、これはいずれにおいても不必要な身柄拘束を除くことを目標としていると思われる。

昨年（一九九五年）、ニューヨーク市は法律扶助協会で受任している事件の一部をわれわれに受任するよう言ってきた。市当局が期待している弁護方式は総合的アプローチではないので、当事務所は業務停止の脅威にさらされている。当事務所が存続できるのは、州と市双方からの援助があってこそである。当事務所への公的援助がどうして必要か。その理由を以下に具体的に示す。

(1) 当事務所は、ハーレムの三地区、ワシントンハイツ、インウッドの住民にサービスを提供している。この地区のラテン系と黒人との住民がニューヨーク郡（マンハッタンの正式名称）の裁判所に起訴される者の約三〇%を占めている。同地区はニューヨーク市の七地区の一つに過ぎないが、そこの住民が州の施設に収容されている者の七五%を占めている。当事務所はこの地区の住民のニーズに応え、そこに住む人たちの信頼を獲得してきている。

(2) 当事務所は、被疑者の裁判所出頭以前に弁護業務を提供している、ニューヨークで唯一の弁護士集団である。当事務所は逮捕の時点から、必要に応じて逮捕以前でもサービスを提供している。また、当事務所は、法的問題が解決したずっと後でも、依頼人がその区に定着できるようアフターサービスを提供している。就職訓練、住宅問題解決、その他住民の生活安定に役立つ努力を行ってきている。このような総合的アプローチを実施している組織は外にない。

(3) 当事務所はニューヨーク市における弁護業務の改善に貢献した。法律協会は当事務所のやり方を、一般の組織的弁護、少年の多面的法的代理、大学でのインターン教育において採用した。クイーンズ法律協会の弁護士らはわれわれのやり方に似た共同作業方式を採用し、ブルックリン弁護士会は地域住民に配慮した弁護業務を提供し始め、さらにブロンクス弁護士会は当事務所の経験を基盤として新しい方式を開拓した。

(4) 当事務所は青少年に刑事司法制度への尊敬を教えている。当事務所の拡大・教育関係のスタッフは、父母や他の住民グループのために「あなたの権利を知ろう」と名付けられた勉強会を組織し、刑事司法関係のトラブルに関連する住民の権利と責任とに対する理解を促進している。高校生のための「警察官とつきあう方法」といったコースではわれわれのスタッフが一〇代の若者に、しばしば街頭で起きる警察官とのトラブルを避ける方法を教えている。中学生に対する、一対一もしくはグループ方式の相談会は、多くの少年たちに刑事司法システムを理解させ、自らの責任を自覚させてきた。

(5) 当事務所は年間二、四〇〇万ドルの税金を節約している。当事務所は重罪を中心として一年に二、五〇〇件を処理している。それに要する費用は年間三八〇万ドルであるが、この一件あたりの経費は市の法律扶助協会が重罪一件あたりにかけている費用と同じである。また最近のベラ研究所の調査によれば、われわれの依頼人が拘束された日数は公選弁護人への依頼人のそれよりも平均して一〇〇日も少ない。こうしてわれわれの活動は年間二、四〇〇万ドルの経費節減を生み出していることとなる。このように比較的少ない予算で効果を挙げている公的弁護制度を閉鎖すべき根拠はない。

二　オーストラリア

一九九五年秋、私はイギリスに当番弁護士の実態調査に行った。その調査の過程でイギリスにも公設弁護人の導入問題が起きていることを知った。法律扶助による公的弁護には限界があり、俸給制弁護士（Salaried Lawyer）の出現は必至だとの事であった。驚いた私はいろいろと調べて、オーストラリアには法律扶助制度と公設弁護人制度とが併存している事実がわかった。機会をえて早速調査に出掛けた。以下はその記録の一部である。

1　ニューサウスウエールズ州の公設弁護人

ニューサウスウエールズ州（NSW）では一九四一年に公設弁護人制度がスタートした。最初は驚くべきことにたった一人だったという。一九五三年に二人となり、三人体制となったのは一九六五年のことであった。これら公設弁護人は行政決定で任命されていたので、公益事業局の監督下におかれ検察官のような独立性を持たなかった。そこで一九六九年に公設弁護人法が作られた。同法のもとでは独立の公設弁護人は評議員会の議決を経て州知事によって任命された。また資格もバリスターに限られていた。

一九九五年法によってソリシターも公設弁護人となれることとなった。現職の人数は首席、首席代理を除いて一七名、うち女性は五名。全体的には一九名中五名が女性であり、弁護士会の女性の比率一〇%を越える。その構成のもう一つの特徴は、検察庁への出向、検察庁からの出向、各一名がいることであり、法曹一元の面目躍如である。

一九六九年法のもとでは公設弁護人の機能は、刑事訴追を受けている者（上訴を含む）で法律扶助を受けている者の援助に限られていたが、一九九五年法のもとでは大幅に拡大され、上述の仕事のほか「副次的仕事」も扱えることとなった。例えばパロール委員会に出席でき、精神保健審判所にも出廷できるようになった。なお、特別の救済手続きのためには最高裁判所にも出廷できる。

首席弁護人は公設弁護人らを監督し、彼らに仕事上の助言を与え、法務長官にたいし刑事法改定について勧告できる。その業務遂行のためガイドラインを策定できるが、部下の仕事の独立性を侵してはならない。結局、首席公設弁護人は公設弁護全体の運用に対して責任を負い、法務長官に報告する義務を有する。

公設弁護人は重要な事件を担当するだけでなく、刑事事件の専門家として弁護士会や地域社会において指導的な役割を果たす。以下その模様を同事務所の年次報告書（1997 Annual Review）に見てみよう。

(1) 上訴関係

法律扶助を欲する者がすべてそれを受けられるわけではない。公設弁護人が点検する。公設弁護人が上訴の意義がないと判断するなら、上訴の法律扶助は拒否される。さきの年次報告書によれば、高等法院への一〇件、控訴裁判所への六〇件についてアドバイスがなされた。その結果、上訴許可は控訴裁判所の五三件のみとなった。

公設弁護人は、高等法院や控訴裁判所に代理人として出廷する。上訴は有罪判決や量刑、あるいはその両者に対してすることができる。公設弁護人が法形成に対して貢献できるのは、これら上訴を通してである。実際、四件が判例集に登載された。

(2) 事実審関係

公設弁護人は州にある多くの上位裁判所に出廷した。事実審関係二九件、量刑関係一件であった。量刑関係では終身刑を再考して欲しいというのが一三件もあった。ある上位裁判所の公判は四ヵ月も続いた。事件が複雑なためであった。ベテランと新人との二名が受任したが、新人にとっては格好のトレーニングの機会となった。

シドニー地区裁判所では一三一件が公設弁護人によって処理された。三人の公設弁護人が配置されていたが、うち一人は八ヵ月にわたり一つの事件にかかりきりであった。全体として受任の件数は増加したが、量刑関係は減少した。

司法取引ないし答弁取引は弁護の重要部分であるが、公設弁護人はこれに積極的で技術的にもすぐれており、裁判の迅速と費用の節約とにおおきく貢献している。

(3)　スタッフその他

公設弁護人事務所には書記のほか調査官、速記官、受付、タイピストなどの補助スタッフがおり、公設弁護人を助けている。バリスター協会の伝統の一つとして後輩の育成という仕事があるが、公設弁護人は次のような種々の形で責任を果たしている。

①　論文の公刊
②　会議やセミナーへの報告書提出
③　会議への出席
④　経験交流会への参加
⑤　弁護士の継続教育
⑥　各種委員会への参加
⑦　刑事法改正意見の具申

2　市民向けリーフレット

前章で公設弁護人の歴史、機能および業績について記したが、よりよく理解してもらうために「公設弁護人――刑事裁判所における、法律扶助を受けた依頼人のための有能な代理人」と題された小冊子の内容を紹介する。

(1)　なにをお手伝いできるか

公設弁護人は、重大事件で刑事責任を追及され、しかも法律扶助を受けている人たちの法的代理人となることができる。また、公設弁護人は刑事裁判の理論と実務とについてソリシターとバリスターとに助言する。

(2)　なにをする人たちか

公設弁護人は経験豊かな刑事専門のバリスターであり、法律扶助を受けている依頼人のために出廷し、助言を行う。彼らは月給をもらっている弁護士であるが、雇用者たる政府からは独立して職務を行う。一九九四年から九五年の会計年度に公設弁護人は七三〇件を超える事件において書面を作成し、一〇〇件以上の上訴審に出廷し、約一八〇件の上訴事件で法的助言を行った。

(3) その業務内容は

上訴、公判、罪状認否、刑宣告および殺人罪公判付託手続きについての法的助言。あらゆる刑事問題についての法的助言。専門的な教育と訓練（学生と新米弁護士とに対し調査研究や講義などを通じて）。法解釈と法改革（上訴を通じ、または法務長官の部局その他の機関への助言と上申とを通じて）。刑事司法システム内での委員会参加。

(4) なにをしてもらえるか

ある人が法律扶助を受けたなら、公設弁護人は法律扶助委員会、アボリジニ法的助言組織、その他のサービスグループ、または開業ソリシターを通じて受任し、準備書面を作ったり、法廷に出たりする。あなたの担当ソリシターは公設弁護人を頼めるかどうかにつき、公設弁護人事務所書記に問い合わせてくれる。できるだけ早めに依頼した方がよいが、比較的短い期日で返事がもらえるであろう。

(5) 郡部まで出向いてくれるか

州のどこに住んでいても公設弁護人を利用できる。同弁護人はシドニー以外にも各地に駐在し、田舎の仕事も引き受けている。

(6) サービスのレベル

公設弁護人は、依頼人に最善の結果をもたらすような良質の代理と助言とを提供できるように努力する。提供される情報は正確で、よく研究され、かつ最新のものでなければならない。要注意の資料は秘密厳守で扱われる。すべての来信は直ちに回答されるか、週日の一〇日以内に返信されるかする。電話による質問は直ちに、または週日の二日以内に応答される。すべての手紙と電話とに対しては連絡先が明示される。

われわれの依頼人は、すべて礼儀正しく平等に扱われる。あなた方の意見はわれわれにとって貴重である。それゆえもしあなたにわれわれの応対について意見があるなら、ぜひ知らせて頂きたい。そうすれば、われわれは依頼人にとって十分満足のいくサービスを継続して提供できるであろう。

以上が公設弁護人事務所のリーフレットの概要であるが、そのサービス精神旺盛なのには驚かされる。記録映画『日独裁判官物語』（片桐直樹監督、一九九九年）を見た時にも驚かされたが、日本でもこのような方向に変わらなければいけないと心から思う。

三　日　本

公設弁護人制度の研究の歴史は古い。大正時代の中期にすでに穂積博士によって同制度の導入が示唆されている。同論文によれば、類似の制度がアメリカ以外でも次の各国に先例が見られると言う（参照、穂積重遠「裁判所の簡素化（四）」『法学協会雑誌』三八巻七号、一九二〇年、五九頁以下）。スコットランド、ニュージーランド、イタリア（ローマ市）、アルゼンチン、ノルウェー、デンマーク。

続いて小野清一郎「公設弁護人の制度に就いて」（『法学志林』二七巻三号、一九二五年）が出された。同論文は、検察官の客観義務の純化の目的で、公設弁護人に無罪証拠の収集を行わせようとするものであった。必ずしも弁護権の強化をねらいとするものではなかったが、やがて押し寄せてきた全体主義の流れの中では完全に無視された。

戦後わが国において最初に公設弁護人について論じたのは、平野龍一「弁護人に依頼する権利――アメリカの制度を中心として」(『自由と正義』八巻四号、一九五七年)であった。同論文はアメリカにおける弁護人依頼権の発展を概観したのち、公務員による公設弁護人の制度が官選弁護人制度の種々の弊害を克服するために生まれたものであることを的確に指摘していた。しかし、公設弁護人制度のわが国への導入については、アメリカの公設弁護人への批判は数倍してわが国の公設弁護人に対して加えられるであろう、として消極的であった。

一九六四年に「臨時司法制度調査会意見書」が発表された。同意見書は陪審や法曹一元にも触れていたから、法曹界・学界双方の関心は弁護士のあり方にも及んでいたと思われる。そのゆえか、六〇年代には実務家の公設弁護人に関する論文が相次いだ。その中で注目すべきは、半谷恭一「米国における“Defender System”について」(『司法研修所創立一五周年記念論文集(下)』、一九六三年)だと思われる。結論から先に言えば、貧困な被告人の弁護問題を人権擁護と裁判の公正との見地から論じたすぐれた論文であった。

同論文は、貧困者のための刑事弁護制度のあらまし、官選弁護人制度と比較してのその利害得失を論じた上で正面きって日本への導入問題を検討する。まず、公設弁護人制度とは実は弁護士、補助機関および物的設備を包含した営造物たる「弁護施設」を提供する制度だと指摘する。次いで、そのような制度の導入は、近代社会の発展に伴う弁護士業務の近代化、つまり専門の分化、組織化、公共性の深化といった発展の必然的顕現だと鋭く指摘する。全く同感である。

七〇年代には、内田剛弘「パブリック・ディフェンダー制度の概要と国選弁護制度改革の方向」(『講座現代の弁護士3』、一九七〇年)が出た。著者はまず、アメリカが貧困被告人にどう対処してきたかを辿り、一九六四年刑事司法法に注目する。同法において公設弁護人制度は連邦法の一般的制度としては成立しなかったが、各州に大きく影響を与えた、と指摘する。次いで著者は、公設弁護人制度についての賛否両論を紹介したのち、わが国の国選弁護制度改善の方向を次のように提示する。

①　**大幅の報酬・費用の増額**　具体的には、時間あたりの対価という発想が導入されるべきだ。平均的弁護士像を設定して、都心のビルの事務所の維持費、平均的生活費を算出して時間あたりの報酬額を決定すべきである。

②　**国選弁護受任者の専門化**　被告人としては刑事弁護に精通している弁護士を期待して当然であるから、各弁護士会は国選弁護受任希望者の名簿作成に当たって刑事弁護に慣れた弁護士を選ぶべきである。

③　**調査権限・能力の拡充**　検察官の圧倒的に強い証拠収集権限に対抗して、実質的当事者主義に少しでも近づくために弁護人の調査権の強化が図られるべきだ。

④　**被疑者段階での選任の必要性**　被疑者として身柄拘束されている間にすべてが決まってしまうようなわが刑事裁判の現状では、少なくとも勾留中の被疑者には国選弁護人が付けられるべきである。

八〇年代といえば、著名事件の再審開始決定が相次いで出た年であった。このような誤判との関係で弁護に関心が持たれたのか、刑法学会（立命館大学）において公設弁護人についての講演が持たれた。それを活字にしたのがローク・M・リード著、井上正仁訳「弁護人の援助を受ける権利と公設弁護人制度」（『刑法雑誌』二六巻二号、一九八四年）である。著者は首都ワシントンで公設弁護人を体験したそうであるが、著者の体験談で印象的だったのは、今やわれわれは「組織化された集団的活動の時代」に生きていると実感した、という点であった。

九〇年代に入っていち早く、学界での公設弁護人への関心に火を付けたのは、当時、一橋大学にいた村井敏邦教授であった。同氏は一九九三年三月に横浜弁護士会主催の講演でほぼ次のように述べた。当番弁護士制度の母国イギリスでも公設弁護人制度導入の動きがある。イギリスでは一九八六年に検察制度が発足したが、弁護士集団としてはこれに対抗するためにどうしても調査能力を持つ専門家集団の創設を必要とした。そこで思い至ったのがアメリカその他の国にある公設弁護人制度であった。

最後に概説書の動向に簡単に触れておく。まず松尾教授は、アメリカでは大都市を中心に公設弁護人が生まれている、と的確に指摘しているが、国情の違いからして当面、日本への公設弁護人の導入には反対のように見える。しかし被疑者国選弁護には賛成しているから、先に記したオーストラリア方式の導入なら賛成してくれるであろう（松尾浩也『刑事訴訟法（上）補正第二版』、一九八七年、一〇七頁参照）。次に故田宮博士は国選弁護への弁護提供の問題点を指摘した上で「いわゆる『刑事弁護ばなれ』は避けえない傾向なので、公的資金を多量に注ぎこんだ有志弁護人ないし公設弁護人（パブリック・ディフェンダー）により、ある程度専門化された刑事弁護集団を形成する方向が、模索されるべきであろう。」（田宮裕『新版刑事訴訟法』、一九九六年、三五頁）と示唆する。慧眼である。田口守一『刑事訴訟法　第二版』（二〇〇〇年、一一五頁）は公設弁護人制度の存在を紹介しているが、被疑者国選弁護制度について国際人権規約の容認するところ、と述べているので条件さえ整えば同教授もオーストラリア方式には賛成してくれるであろう。

おわりに

すでに見たごとく、アメリカでは私選弁護人、公選弁護人、公設弁護人が競合して当事者主義の充実に一定の成果を挙げている。オーストラリアでも法律扶助と公設弁護人とを並立させて成功させている。わが国の司法改革においては、今回は被疑者公的弁護の実現で満足しなければならないが、いずれはオーストラリア方式の採用を迫られるであろう。集団的弁護や上級審の実情を見るにつけ切実にそう思う。

参考文献

庭山英雄「ニューヨーク市の公的弁護の実際」『専修大学法学研究所紀要』二三号、一九九八年、三頁。

同「オーストラリアの公設弁護人制度」『専修法学論集』七三号、一九九八年、一四三頁。

同「公設弁護人制度を邦語文献にさぐる」『同』六九号、一九九七年、六九頁。

同訳・エド・ケープ著「イギリスにおける当番弁護士制度」『同』六七号、一九九六年、七七頁。

日弁連刑事弁護センター『アメリカの刑事弁護制度』現代人文社、一九九八年。

岡田悦典「パブリック・ディフェンダー制度論に関する一考察」『福島大学行政社会論集』一〇巻三号、一九九八年、九七頁。

（03・7・13校）

少年司法制度と修復的司法
――イギリスの少年司法を中心にして――

木村裕三

はしがき

わが国の少年司法制度は、大きく変貌を遂げようとしている。新たな社会状況の中で、少年の健全な保護、育成と社会の安全を考えた場合に、一体、どのような制度がよいのか研究者や実務家による研究だけでなく、多くの人々の関心の的となっている。

第二次世界大戦の敗戦を契機として、英米的な制度の影響を色濃く受けながら、少年の保護、福祉を充実することによって、犯罪や非行を防止するという基本理念が強化徹底され、現在の少年法が制定、実施されてきた。その結果は、わが国にとってよい少年司法制度として評価され、大方の市民により肯定的に考えられてきた。これは、敗戦による混乱した社会状況の中で、現行法の制定を勇気をもって積極的に進めた人々や非行や犯罪の防止に献身的に貢献した多くの研究者や実務家の活動に支えられた結果であった(1)。

しかしながら、この保護、福祉的な少年司法制度についての基本理念には、導入の当初から少なからず異論もあった。これらの不協和音は、わが国の順調な経済発展の影に隠されて、大きな声とはならなかったのである(2)。わが国の状況と同様に、このような少年司法における福祉優先の傾向は欧米の多くの国々においても、第二次世界大戦直後の疲弊した社会を建て直すための総合的な社会政策の一環として、一九七〇年代まで続いた[3]。そこでは、一応の平和が続き、社会の豊かさを享受した人々は、それぞれの生活スタイルの尊重を要求して自由を謳歌した。しかし、価値観の多様化は自由社会においては社会の融和という方向へと進まず、逆に時として種々の衝突を生み、社会的連帯感の欠如やモラルの危機をもたらした[4]。このような状況に疑問をもつ人々によって、一九八〇年代から、犯罪者や非行者の保護、福祉もさることながら、われわれが安全に暮らせる社会の保護を優先すべきであるという主張が高まった。そして、これらの考え方はその生活の基本的信念として一層徹底した人権の尊重と個人主義をめざした。国連における各種の人権条約の成立などはこのことを物語るものといえる[5]。

少年司法制度の動きも、これらの動向と同じ軌跡を示している。人権の尊重と個人主義の徹底という考え方は、不満足ながらも福祉化の一段落した社会において、司法手続の尊重と個人責任の原則を覚醒させることになった。その結果として、司法手続の遵守は制度の司法化をもたらし、個人責任の原則は行為者の行為責任を求めることになる。少年司法制度においては、このことを司法化または厳罰化と呼んでいる。これまでの福祉化という考え方と対比されている[6]。

しかしながら、司法主義をとろうが福祉主義をとろうが、これらの考え方には一長一短があり、論争は依然として終息していない。そこで、第三の道として、西欧ならびに英語使用圏諸国では修復的司法（restorative justice）という考え方が注目されてきた[7]。この考え方の基本は、ケルト族、マオリ族、サモア島の部族、その他の原住民の伝統的な紛争解決方式にあるといわれる。それゆえ、マオリ司法などとも略称される。この方式は、これまで、司法制度の蚊帳の外に置かれていた被害者を含めて部族会議を開き、加害者だけでなく被害者の主張も聴いて、より合理的な地域社会の修復的な解決方法を求めるというものである[8]。

イギリスの少年司法制度は、戦後、目まぐるしく改正を繰り返してきた。一九九七年の総選挙の結果、保守党から、労働党に政権が代わった。労働党の現政権は、保守党時代からの司法重視の姿勢を維持しながら、修復的司法を導入しつつあるといわれる(9)。

本稿では、わが国の少年司法制度の改革を念頭に置きながら、依然として、流動的な状態にあるイギリスの少年司法制度の動向を素描し、その問題点に言及して、若干の考察を試みる。

一　イギリスの少年司法制度の変遷

イギリスの少年司法制度は、一九〇八年の児童法に基づく少年裁判所（juvenile court）の設置により確立された。この裁判所は、創設の当初から刑事的な略式裁判権をもつ治安判事裁判所（magistrate court）の一つとして発足した。そして、この裁判所は、犯罪を行った児童少年ならびに観護や保護の必要な児童少年に対して、訴追を審理し、保護の要否を判定し、さらに必要な処分を命令するなどの権限を行使したのである。少年裁判所は、治安判事により構成され、一般に三人の判事で審判が行われた。可能ならば、その中の一人は女性にすべきであると定められていた。その後、現在に至るまで、少年に関わる裁判所の基本的な枠組は変わっていない(10)。それは、一八九九年に世界に先駆けて少年裁判所を創設したアメリカのイリノイ州の制度の考え方と同種であった。イギリスはこれらの理念を少年司法制度を通じて具体化することに、その後、多くの時間を必要としたのである。大雑把にいえば、第一次世界大戦を含む今世紀初頭における混乱を克服し、児童少年の保護、育成を促進するために一九三三年の児童少年法（Children and Young Persons Act 1933）を制定した。さらに、第二次世界大戦後の社会福祉政策充実の一環として、イギリスは非行や犯罪を行う問題児に対して有効かつ効果的に対処するために一九六九年の児童少年法

（Children and Young Persons Act 1969）を作ったのである。その後、一九七〇年代ならびに一九八〇年代には、少年司法政策における理念論争において「司法」か「福祉」かの論争をめぐり混迷の時代を過ごした[11]。一九九〇年代に至り、英語使用諸国圏における大方の趨勢に従い、犯罪者や非行者の保護、福祉よりは社会の保護を優先すべきであるとする考え方の下に、イギリスの少年司法政策は司法主義へと向かったのである。その結果、保護、福祉一本槍の少年裁判所制度は改革された。つまり、一九九一年の刑事裁判法（Criminal Justice Act 1991）により、これまでの少年裁判所は、青少年裁判所（Youth Court）と家事手続裁判所（Family Proceeding Court）とに区別され、前者は主に犯罪少年の裁判を行い、後者は観護や保護の必要な児童少年の事件を審判することになったのである。保護すべき児童少年は家事手続裁判所により保護を徹底し、執拗に犯罪や非行を行う少年に対しては青少年裁判所において適正な裁判を行い刑事責任を問うという方向へ進んだ[12]。一九九〇年代に入り、保守党政権は、「法と秩序」の回復を掲げて、多くの法律を作り、積極的に社会の保護に力を注いだ。

一九九七年に至り、一九七〇年代から相当長期にわたり政権を担当してきた保守党に代わり、ブレア党首が率いる労働党が政権を握った。少年司法政策の基本理念は、変更されることはなかったが、新政権になって以来、つまり、一九九八年以降においては、先に指摘したように「犯罪と秩序違反法（Crime and Disorder Act 1998）」や「少年司法と刑事証拠法（Youth Justice and Criminal Evidence Act 1999）」などが制定され、修復的司法の影響を窺わせる種々の変化が現れている[13]。

二　少年司法政策と修復的司法

一九九〇年代の後半におけるイギリス保守党下の刑事司法政策は、司法的アプローチにより厳格な姿勢を打ち出していたといわれる。それは、少年犯罪者を対象とする「ブート・キャンプ（軍隊式訓練施設）」制度の導入、早期釈放制度の廃止、「三振バッターアウト（three strikes and you're out）」方式の導入を含むアメリカ型の犯罪者を社会から閉め出す政策に強く影響を受けていた。しかし、これらの政策は、刑務所人口を上昇させ、刑事施設の民営化を迫り、それゆえに政府の歳出増加の原因にもなった。その後、先の総選挙後、保守党から労働党に政権政党が交代したことにより、過剰な刑罰主義的政策の実施は見送られることになった。J・ストロウ（J. Straw）内務大臣は、修復的司法に賛成し、その実践を公約した。ブレア首相も、また、地域住民主義原則へ関心を示し、ならびに修復的司法アプローチへの明確な支持を表明したのである(14)。

少年司法政策においても、このような状況の中で、多くの新しい計画が発表され、順次、それらが実施に移されている。それは、修復的司法支持者が賛成する方法である。イギリスでは、これらの考え方は相当に古くからあったけれども実施されることがなかったといわれている。それでは、この修復的司法という用語は、一般的にどのような意味で使われているのであろうか。過度な言葉の平易化の危険をあえて冒すことになるが、以下において手短に述べる。それは、行為者の犯罪責任を伝統的な刑罰の行使を通して問うというよりも、より建設的な方法で犯罪に対応することを求めている。修復的司法の基本になっている原理は、「責任（Responsibility）」、「修復（Restoration）」、「再統合（Reintegrate）」という「三つのR」という言葉により要約されている。この考え方の主な目的の一つは、犯罪者に、犯罪者の犯罪による被害者の痛みを認識させることである。二つ目は、犯罪の直接の被害者（同意があれば）または広く地域社会に対して、加害者である犯罪者がその損害回復を行うための準備を奨励し、促進させることである。三つ目は、このことが達成される際に、被害者と加害者との和解を求め、仮にそれが不可能であっても、全体として、犯罪後の地域社会内において、被害者と加害者両者の再統合を図ろうと努めることである。これらの目的を達成するために、さまざまなアプローチがなされてきている。よく知られた修復的手段の一つは、種々の形式をもつ「被害者・加害者間調停（victim offender mediation）」である。これは、調停役により統括される対面会談か、または対面会談が受け入れられないか不適切である場合には、調停者の役割は「仲介者（go-between）」として間接的に、当事者の意見や感情を伝える「シャトル式調停（shuttle diplomacy）」の形式をとることになる。犯罪行為に対する一層の責任を犯罪者に求めることで、被害者と加害者の和解を促し、損害回復の行動を容易にし、被害者・加害者間の調停は、それにふさわしい話し合いの場として位置付けられる。しかし、地域全体として両者間の再統合を図る意味からは、このような方式が十分な機能を果たすか否か不明な点もある。修復的司法は、一九九七年の総選挙後に、刑事司法制度にとって重要なものであるとして定着してきた。(15)

修復的司法は、マオリ族からの贈り物といわれ、マオリ司法とも呼ばれている。制度的には、一九八〇年代後半から、ニュージーランドとオーストラリアに始まり、それ以来多くの人々の興味を引きつけてきた。このアプローチの中心は、「地域社会協議会（community conference）」とでもいわれる「家族集団協議会（family group conference）」としてよく知られている。様々な方式はあるが、刑事司法制度内で行われている協議の多くは、単なる被害者・加害者間の調停に尽きるものではない。まず、その名称が示すように、協議体の構成は被害者と加害者ばかりでなく、両者の家族集団、利害関係人、その他の地域社会の構成員、ならびに有識者も含まれる。そして、その協議に出席する者は、積極的に犯罪の再発予防を考えて、地域社会の利益と保護のための行動計画を立てることを期待されている。協議会は、国家によって裁判官と同様の権限が委任されている。(16)

三　修復的司法の影響と問題点

労働党政権による少年司法への政策的提案は、修復的司法の支持者が好む提言をしている。一九九七年の労働党の声明書により、前政権からの「法と秩序」を維持することを前提にして、対応が困難な犯罪と非行問題に対して一層強化された総合的対策を発表した。そこでは、犯罪者の個人的責任が確認され、新政権の支持する方法により社会的な損失を救済し、犯罪の発生原因を克服すると述べられている。(17)

① 少年犯罪の防止活動のために警察の「警告」処分の改善を行う。
② 一四歳未満の児童の責任無能力（doli incapax）推定規定を廃止する。
③ 再犯防止のために賠償、刑罰、改善を結合して新しく賠償活動命令を作る。
④ 犯罪や非行などの反社会的行為を行う少年の親に対して、適切な援助と支援をするため親権者命令を作る。
⑤ 犯罪を含んで危険な状況にある一〇歳未満の児童を保護するための児童保全命令を作る。
⑥ 夜間放任されている一〇歳未満の児童を保護するために外出禁止命令を作る。
⑦ 犯罪を行うことを防止し、警備厳重な閉鎖施設において改善と刑罰を行使するため拘禁と監督を組み合わせた拘禁訓練命令を作る。
⑧ 少年犯罪者を取り扱う特別な総合的少年犯罪防止機関を作る。
⑨ 国家的な立場から、少年司法制度を評価、検討して助言するための新しい少年司法委員会を設置する。
⑩ 刑事司法制度における裁判の遅延を回避するための措置を実施する。

イギリス労働党のこの総合的非行犯罪対策の枠組みの決定を受けて、新たな少年司法政策が新政権の発足後、一九九七年の九月に白書「もう許さない（No More Excuses）」としてその基本的方針が発表されたのである。(18) 一九九七年の白書は、その基本的改革目標を以下のように述べている。

① 犯罪とその再犯防止のための対策を明確にすること。
② 犯罪の責任を取るために、そして犯罪者とその親に少年の行った犯罪と対面させること。

③　少年が最初に犯罪を行うときに、より早く、より効果的に介入すること。
④　逮捕から判決への手続をより速く、より効率的にすること。
⑤　よりよく、より早期に制度を実施するためにすべての少年司法機関間の協力を得ること。

これらの基本目標の下で、効果的に、効率的に少年司法政策を実施するために、次の三つの政策目的を強調した。第一は、犯罪とその再犯防止のための明確な対策の確立である。法律的にも、制度的にも、このことを自覚して進めるというものであった。第二は、政府は、少年は自分の犯罪の責任を取るべきであるという。少年犯罪に対する安易な容赦をやめるということである。そのため、責任無能力の推定規定を廃止したのである[19]。また、被害者への賠償を少年に行わせるために賠償命令を導入する。さらに、親の責任を自覚させ、それを実行できるように支援するため、親の子どもの養育に責任を持たせるための親権者命令を新設する。第三は、より早期の、より効果的な介入を説いている。地方当局、警察、裁判所に対して、犯罪や反社会的な行為を行う者に対するために、一〇歳未満の者に対しても、児童保全命令や児童外出禁止命令を行う権限を与える。警察には、最終警告命令の権限を与える。また、地方当局には、刑罰と賠償と改善の内容を結合した新活動計画命令ができる権限をもたせる。

この白書の内容が、新しい「犯罪と秩序違反法」の一部として法律になったのである。すでに、わが国の研究者によりこの法律の内容は紹介されているが、一九九八年の犯罪と秩序違反法は、一二一の条文と七つの付則からなっている。この法律は、いくつかの特色をもつ。まず、第一に、民事的差止命令などの権限を行使できるようにその権限を刑事裁判所に認めている。第二に、地域社会の犯罪防止をどのように行うかを考案するために、地方当局、警察、保護観察委員会、その他地方の関係各諸機関が共同して対処する制度を設置した。第三に、一〇歳から一三歳までの児童に対する責任無能力推定規定を廃止した。第四に、国務大臣が任命する一一名ないしは一二名の委員により新しく国家レベルの少年司法委員会が設置され、少年司法制度の運営、業務を監視し、適切な助言を行う。第五に、その他、裁判手続の遅延を避けるための規定、ならびに少年に対する拘禁処分や非拘禁処分の規定を改正した。

さらに、少年司法に対する種々の新しい対応手段を盛り込んだ改正が、一九九九年に「少年司法と刑事証拠法」として成立した。この法律は、犯罪行為を防止するために、初めての犯罪者に対しての効果的な介入を行い、ならびに個人責任、賠償、家族や友達の役割を強調し、その他、その地域の人々の役割を自覚させるための新しい方法を導入した。これらの対応手段の下においては、自己の有罪を認めた初めての犯罪者と拘禁刑を求められない少年犯罪者は、少年犯罪防止班（youth offending team）により対処されることになり、地域社会において構成される少年犯罪委員団へ委託命令（referral order）によりその処遇が任される。委員団は犯罪や非行を防止するために、その原因を発見し、少年犯罪者とその両親による誓約を作成させ、さらなる犯罪や非行を防止することに努める。この対応策が適切でなければ、つまり少年が新たな犯罪を行ったりした場合には治安判事裁判所または青少年裁判所へ委託され、裁判を受け、拘禁処分を受けることになる。

イギリスでは、少年司法へのこのような対応策は、以前から素朴な計画として存在はしていたのであるが、法的正義（legal justice）にのみ終始することなく社会的正義（social justice）も考慮しながら、犯罪者、被害者、地域社会の修復をめざして、犯罪と非行対策の可能性を進化させようとしている[20]。

四　少年司法制度と修復的司法の将来

新しい政権は、一九九八年の「犯罪と秩序違反法」と一九九九年に「少年司法と刑事証拠法」とを制定した。そして、この二つの法律の成立により、イギリスの少年司法制度はこれまでと異なる様相をいくつか示してきた。主な変更点は、すでに指摘したように、①警察の行う「警告」制度を強化したこと、②一四歳未満の児童の責任無能力推定規定を廃止し、刑事責任年齢の下限が一〇歳に固定されたこと、③これまでの戒護訓練命令を改正して、一〇歳から一七歳までの者に最高二年の拘禁訓練命令（detention and training order）ができるようにしたこと、④全国組織として、少年司法制度を評価、検討して助言するための新しい少年司法委員会を設置すること、などである。

これまでのことを要約すれば、第一に、少年に対しては犯罪が軽微であったり、その犯罪事実を争わない場合には、少年司法に関係する諸機関は相互に協力して、少年問題に早期に介入し、その解決を図るというものである。その際に、少年自身に地域社会において少年の行った犯罪と対面させ、さらにその少年の親に子どもの行った犯罪や非行の責任を自覚させ、早期に少年の非行や犯罪を阻止することである。この段階における児童少年の非行や犯罪行為には、これまでの防止対策を見直し、修復的司法の考え方を取り入れながら、関連する諸機関の協力の下で全国規模の非行犯罪の防止活動を行うことになった。第二に、犯罪を行った児童少年には、戒護訓練命令が強化された以外はこれまでとそれほど変化なく、厳しい拘禁処分などにより対処するということであり、そのため一四歳未満の児童に認められていた責任無能力推定規定は廃止された。

一九九八年の「犯罪と秩序違反法」と一九九九年の「少年司法と刑事証拠法」は、修復的司法の考え方を随所に有する法律であるとされるが、その主たる特徴と今後の動向を見ることにする。第一の問題は、イギリスにおいてこれまで警察が中心になって試行的に行われてきた「修復的協議（restorative conference）」についてである。この協議には被害者、加害者、地域社会の人々ならびに警察などが参加することになるが、警察官が中心となるような協議は果してイギリスの少年司法制度の中心になり得るのか懐疑的であると指摘されている。また、修復的司法の持つ力の一つは、柔軟性と順応性であるが、修復的手続の他に従来の少年司法における方式を踏襲すれば、その中心的な価値観が希薄化されることもあるといわれている。

第二の問題は、損害回復命令（reparation order）についてである。白書「もう許さない」によれば、損害回復命令は少年犯罪者を自己の行為の結果や発生させた害悪に直面させ、考えさせる価値ある方法とされている。また、改善と更生のための触媒であるともいわれている。この命令は、一〇歳以上の犯罪者に適用されるために導入された。一般的には金銭的回復を目ざすよりは、謝罪の手紙を書くこと、被害者に謝罪すること、落書きを消したり、損傷を補修することが想定されてきた。しかし、この命令は裁判所の命令によるものであり、修復の重要な鍵となる加害者の同意を必要としないものである。しかし、修復手続を司法と福祉の専門家の手に委ねるより、主要な当事者間の協議に移すべきであろうという指摘がある。

第三の問題は、行動計画命令（action plan order）についてである。この命令は修復的司法の特徴を示す新しいものであるとされる。この命令は、刑罰、改善、損害回復を束ねたものとして位置づけられている。この命令の実施は、地方少年犯罪防止班（local youth offending teams）の活動に依存することになる。しかし、この命令は中間的処遇措置のような以前の監督命令（supervision order）と大差のない処遇として見られている。この命令も、この意味でいま試されているのである。

修復的司法を標榜するイギリスの司法制度の今後は、「鰻登りに増える刑務所人口」への適切な対応と「犯罪に対して厳しく対応するという姿勢」を掲げながら、いわば矛盾する目標をいかに融合するかという難しい舵取りを迫られることになる。少年司法においても、非拘禁的処遇の充実の名の下に、従来の警察の警告処分を強化し、地域社会の保護という名目により少年犯罪対策委員団（youth offender panels）が早期に介入する計画などに、果して裁判所の治安判事が賛成するか否かが問題となろう。(21)

五　むすびにかえて

労働党政権の下でのイギリスの少年司法制度は、まだ、動きだして間がない。修復的司法を標榜する制度はいま試されている時期である。その動向は、わが国の少年司法制度の改革の動きとともに注目される。

一九六〇年代から、イギリスの少年司法制度を見てきたA・モリス（A. Morris）は、以下のように述べている。一九九八年の犯罪と秩序違反法で導入された修復的司法のパッケージについての実際は、これまでの少年司法政策を主張してきたわれわれを遠ざけるものではないが、少年司法制度の多くの段階で特別な方式が発展してきた。被害者、加害者、家族、支援者などの参加者全員がそれぞれどのような責務を果たし得るかは、依然として明らかでないという。被害者は、最近になってほとんど司法制度の部外者扱いをされなくなったが、その関与は今後もさして重要視されないであろうと述べる。また、損害回復命令は、再犯の防止を果たすという論文も証拠も何もこれまでにないという。イギリスでは、少年司法制度において伝統的な価値観が、多くの場所や段階において修復的司法に道を譲らない限り、政治家、政策立案者、実務家の善意と熱意があっても、修復的司法の影響力は弱いままで終始するのではないかと鋭く指摘している。(22)

イギリスは、ブレア政権になって以来、保守主義でも社会主義でもない「第三の道」をめざしている。しかし、この政策によって保守層の支持を伸ばしたが、伝統的な労働党支持者からは「恩恵を実感できない」との批判を受けている。それゆえに、社会からはこのズレを批判されて首相の悩みは深い。理念と実際の政策との間で今後も困難な綱渡りを迫られそうだ。しかしながら、かつて井上正治博士も社会科学の問題を扱う上での一般論として言われたように、イギリスではいま困難な社会状況にあっても、伝統的慣行や習慣を性急に「否定」するのではなく、それらを良くするための「改革」へと向かわせるために厳しい批判が行われつつあるといえよう。少年司法政策も、このような政治、社会状況の中で司法と福祉のどちらに軸足を置き、現実的対策を進めるのか明確ではない。いまのところ、修復的司法という第三の道を歩み始めているように見える。しかし、イギリスはプラグマティズムの国である。前記指摘のように修復的司法理念を一部導入しながら、重大な犯罪に対しては厳しく対処し、しかし全国的な立場から地域社会に根付いた保護、福祉的な少年非行対策も充実すべく地域社会における非行対策の確立とその啓蒙活動を成功させるであろう。わが国においても、参考になる動向であると考えられる。なお、本稿を脱稿した平成一二年一一月一日、新聞はわが国の少年法の改正案が衆議院を通過して、保護中心の現行法の精神を維持しながらも少年の非行や犯罪行為を重視し、かれらの内省を促す方向への改正がなされ、来年四月から施行されるという見通しであることを伝えている。少年事件を担当する裁判官と実際の少年処遇に携わる実務家の責務がますます重くなることになろう。

注

（1）田宮・廣瀬編『注釈少年法』（有斐閣、平成一〇年）五頁。澤登・谷・金頭・中原・関共著『展望少年法』（敬文堂、昭和五三年）一―二頁。
（2）澤登・谷・金頭・中原・関共著、前掲書、一〇―一三頁。
（3）Kevin Haines and Mark Drakeford, *Young People and Youth Justice*, 1998, p.38.
（4）Sheila Brown, *Understanding youth and crime*, 1998, p.38.
（5）H.M.S.O., *Edinburgh, The Kilbrandon Report*, 1995, p.xvi.
（6）Sheila Brown, *op. cit.*, p.64.
（7）Kevin Haines and Mark Drakeford, *op. cit.*, p.229.
（8）Allison Morris and Loraine Gelsthorpe, "Something Old, Something Borrowed, Something Blue, but Something New?

A comment on the prospects for restorative justice under the Crime and Disorder Act 1998," *Criminal Law Review*, January 2000, p.18.

（9） "January 1999" The Crime and Disorder Act, *Criminal Law Review*, January 1999, p.2.

（10） 木村裕三『イギリスの少年司法制度』（成文堂、一九九七年）四一頁。

（11） H.M.S.O., *Belfast, Report of the Children and Young Persons Review Group*, p.35. イギリスの一九六九年の児童少年法をめぐる福祉か司法かの論争は、Marcel Berlins and Geoffrey Wansell, "Caught in the Act-Children, Society and the Law," 1974. などに簡潔に述べられている。

（12） H.M.S.O., *Crime, Justice and Protection the Public; The Government's Proporsals for Legislation*, Cm.965, 1990. A. Ashworth, et al., The Youth Court, 1992.

（13） 横山　潔訳「特集イギリスの刑事法」『外国の立法』二〇五号、二〇〇〇年、一四六頁。城下裕二「イギリスにおける刑事立法の動向」『刑法雑誌』三八巻二号、一九九九年、二四一頁。Rechard Power, The 1998 Crime & Disorder Act Explained. H.M.S.O., 1999, Chapter 23, Youth Justice and Criminal Evidence Act 1999,（http://www.hmso.gov.uk/acts/acts1999/19990023.htm）.

（14） James Dignam, "The Crime and Disorder Act and the Prospects for Restorative Justice," *Criminal Law Review*, January 1999, pp.51-52. この文献の他に、Tony F. Marshall, "Restorative Justice: An Overview," *A reported by the Home Office Research Development and Statistics Directorate*,（http://www.homeoffice.gov.uk/rds/publf.htm）. などの修復的司法に関する簡潔な解説がある。

（15） James Dignam, *op. cit*., p.48.

（16） Allison Morris, Gabrielle M.Maxwell,and Jeremy P.Robertson, "Giving Victims a Voice: A New Zealand Experiment," *The Howard Journal Criminal Justice*, Vol.32, No.4, p.304, 1993.

（17） Labour Party, *National Policy Forum Report 1999*, "Crime and justice," p.55.

（18） H.M.S.O., *No More Excuses—A New Approach To Tackling Youth Crime In England And Wales*, Cm.3809, p.1.

（19） Sue Bandalli, "Abolition of Presumption of Doli Incapax and the Criminalization of Children," *The Howard Journal Criminal Justice*, Vol.37, No.2, p.144, 1998. なお、少年の刑事責任論については Glanvile L.Williams, "The Criminal Responsibility of Children," *Criminal Law Review*, 1954, p.493. などを参照されたい。

（20） Charles Pollard, "Victims and the Criminal Justice System: A New Vision," *Criminal Law Review*, January 2000, p.

5.

(21) イギリスの少年司法制度の状況は依然として流動的である。特に、地域社会に於ける少年の犯罪と非行対策は全国的な基本的な制度の確立という点においてはなおさら不確定なところが多い。内務省のホームページにより最近の状況をご覧いただきたい。たとえば、(H.M.S.O., *Tackling Youth Crime*, http://www.homeoffice.gov.uk/cpd/jou/tyc.htm)、(H.M.S.O., *Juvenile Offenders Unit (JOU),* http://www.homeoffice.gov.uk/cpd/jou/tyc.htm)、(H.M.S.O., *Youth Justice Board-Who?,* http://www.homeoffice.gov.uk/who/index.html) があり、参考になるであろう。

(22) Allison Morris and Loraine Gelsthorpe, *op. cit*., pp.29-30.

刑事立法過程の研究について

内田博文

はじめに

周知のように戦後のわが国の法律学は日本国憲法の制定に伴い、立法論をもその研究対象とすることができるようになった。刑事法学においてもそれは同様で時々の政府法案等が刑法学会でも取り上げられ、理論的な角度からの検討が重ねられた。この検討は法制審議会などを通して間接的ながら現実の法案審議にも影響を与えてきた(1)。ただ内容面のものが中心で、立法過程自体に焦点を当てたものはそれほど多くはなかった。刑事立法過程の現状については暗黙のコンセンサスができていたといえるかもしれない。

しかし最近ではこの現状に重大な変化が生じ始めている。「官」主導から「政」主導へという流れがここでも認められる。それは法制審議会の役割の見直しの議論にも及んでいる(2)。国民主権の見地からは歓迎すべき傾向のようにも一見映る。しかし民主主義には多数決原理などの量の側面のほか、質の側面も看過しえない。とりわけ人権や基本的自由に関わる立法については質の側面が重要で、前述の変化についてもこのような観点からのより掘り下げた分析が必要になろう。

質を問題とする場合、次の二点がさしあたり論点となろうか。一つは突発事件のショック等の故に国民の声が天動説の過ちに陥らないためにも実質的で科学的な議論が十分に保障されているかどうか。たとえば公正で中立な独立機関等を設け、議論の共通の土俵作りのための調査や材料集めなどを行い、これらにもとづいて合意形成を図るといった方法などが採用されているかどうかという点である。自治を保障された専門家、なかでも研究者には議論の内容面での先見性だけでなく、このような手続面での活躍も期待されているといえよう。二つめは少数の反対意見をどのように扱うのかという点である。少数意見の切り捨ては迅速な立法のためにときにはやむをえないといえないこともない。しかし初めに結論ありきだけではかえって将来に大きな禍根を残すことにもなりかねない。合意形成のために少数意見にどこまで配慮すべきかは難問であるが、難問性を理由に等閑視することはできない。市民的基盤の欠如などをはじめ反対運動側の抱える問題点も含めて、法社会学的及び比較法的な研究に基づく論議の積み重ねが必要であろう。

もとより論点は以上に尽きない。法制審議会の議論を公表すべきかという点も既に論点とされて久しい。しかし最近の立法過程における重大な変化が学説の役割に大きな、それも消極的な影響を及ぼしつつあることだけは誰しも異論のないところといえよう。対判例実務においてのみならず対立法においても学説は大きな曲がり角にある。

一　通信傍受法の場合

一九九〇年代後半からの刑事立法としては一九九九年八月一二日の通信傍受法など組織犯罪対策三法（法律第百三十六号）、一二月七日の無差別大量殺人行為を行った団体の規制に関する法律（法律第百四十七号）、二〇〇〇年五月一八日のストーカー行為等の規制等に関する法律（法律第八十一号）、五月一九日の児童虐待の防止等に関する法律（法律第八十二号）、刑事訴訟法及び検察審査会法の一部を改正する法律（法律第七十四号）、犯罪被害者等の保護を図るための刑事手続に付随する措置に関する法律（法律第七十五号）、などがある。このほか少年法の改正も大きい。これらの刑事立法のうち通信傍受法、少年法改正、そしてストーカー行為等の規制等に関する法律の三つを以下では取り上げ、その立法過程をみていくことにしたい。

まず初めは二〇〇〇年八月一五日から施行された通信傍受法である。法務大臣が法制審議会に諮問したのは一九九六年一〇月八日のことである。翌年の一九九七年七月一八日には刑事法部会が要綱骨子（案）を可決し、同総会も同年九月一〇日に可決し、法務大臣に答申した。

刑事法部会が採決した骨子（案）は審議入り直後に法務省が部会に提出した参考試案に部分的な修正を加えたものので、試案の骨格部分は骨子（案）でも受け入れられている。たとえば傍受対象犯罪が一般犯罪にも大きく拡大され、合計して約一〇〇ヵ条の犯罪にも及んでいること。犯罪発生前の事前傍受が許容されていること。事後的な司法抑制抜きに無令状の別件傍受が認められていること。無差別的な予備的傍受が認められていること。立会人による無関連会話排除の手続が設けられていないこと。事後通知や不服申立制度も実効性は極めて薄いこと。このような点がそれである。

刑事法部会における修正は後にみる三党修正案と比べても部分的なものにとどまっているといわざるをえない。小田中教授によれば刑事法部会の良識的抑制機能が不全状況[3]と評される所以である。問題はその原因である。既に多くの論者によって指摘されているように、刑事法部会の委員構成が学者一〇名、裁判所関係者五名、法務検察関係者九名、弁護士会関係者五名、警察関係者二名、内閣法制局関係者一名というように偏っていたこと。委員、幹事の任命権を法務省が掌握していたこと。事務局を法務省が独占したことなどが大きく与っていると思われる。しかし学者委員の態度の影響も見逃すことはできないとの批判も少なくない。一部の委員を除いて試案を批判的に検

討する態度を示さず、むしろ法務省以上に積極的に通信傍受法の正当性や必要性を擁護し、論証しようと動いたからである。(4)

一九七四年の改正刑法草案の答申に至る刑法全面「改正」作業において平野龍一博士をはじめ研究者が果たした役割(5)を想起すると隔世の感があろう。これまで賛否の大きく分かれる刑事立法問題においては刑事法学者の多くは若干の差はあるものの批判的抑制機能を果たしてきたからである。ちなみに小田中教授によれば刑事立法に対して慎重な批判的姿勢を堅持するのが刑事法学者の役割だとされる。(6)

法制審議会の答申を受けて与党も組織的犯罪対策法協議会を設置し、協議を開始した。二二回の協議によってもまとまらなかったために協議会座長は与党政策調整会に賛否両論併記の座長報告を行った。しかし自民党は一九九八年三月に協議会で指摘された問題点は未解決のまま組織的犯罪対策三法案を単独で国会に提出した。組織的犯罪対策三法案の国会審議は一九九八年五月から衆議院で始まったが、継続審議が続いた。事態が急変したのは自自公の連合が成立したことによってであった。公明党修正案を事実上丸飲みした自自公三党修正案が一九九九年五月二七日に法務委員会に提出された。そして同日と翌二八日の二日間、与党委員による形式的な質問が行われただけで質疑が強引に打ち切られ、強行採決された。その後は一九九九年六月一日に衆議院本会議で採決、可決、六月二九日に参議院で審議入り、八月九日に法務委員会で強行採決、八月一二日に参議院本会議で採決、可決、法律成立という形で急速に進んだ。

ちなみに三党修正案による修正点とは次のようなものであった。傍受対象犯罪を薬物、銃器、集団密航、組織的殺人に限定したこと。傍受令状の請求権者を検事総長が指定する検察官及び国家公安委員会等が指定する警視以上の警察官に限定したこと。令状発付権者を地裁裁判官に限定したこと。立会人の立ち会いを常態化し、意見陳述権を新設したこと。別件傍受対象犯罪を傍受対象犯罪又は死刑、無期、短期一年以上の懲役、禁固に当たる罪に限定化し、裁判官による事後的な司法審査制度を新設したこと。捜査官による通信秘密侵害罪を新設したこと、などがそれである。

法制審議会刑事法部会による修正と比べると評価すべき点もある。しかしこの修正によって法案の違憲性や人権侵害性が払拭しえたかというと否といわざるをえない。

それにも増して重要だと思われることは審議時間があまりにも短いという点である。通信の秘密やプライバシーの侵害等の危険について十分な阻止システムが用意されていないのではないかという議員の質問に対し、通信傍受の必要性が語られるだけで政府側委員から説明らしい説明がなされていないという点である。国会審議の空洞化は同じく問題立法とされた破壊活動防止法の国会審議と比較しても驚くべきものがある。破防法の場合、周知のように、政府側委員は野党側の批判に真っ正面から受けて立ったからである[7]。国会審議においても通信傍受法の問題点は手つかずのままであった。

政府の世論対策に関わって法務省による報道規制や報道機関抱き込み工作があったことも既知事項として触れておかなければならない。一九九九年六月一日、法務省はマスコミ各社に対し盗聴法と表記ないし呼称するのは不適切であって、傍受法と表現すべきであるとの内容を記載した文書を配布した。また審議が参議院に移った八月に同省は傍受の対象から報道機関を原則として運用上除外する旨を表明したこと、などがそれである[8]。このようなこともあって新聞協会が通信傍受法に対し批判的な態度を表明することはなかった。問題点が国民・市民に知らされることはついになかった[9]。

二　少年法「改正」の場合

次は同じく法務省所管の少年法の改正についてである。一九九八年七月九日、法務大臣は法制審議会に対し少年法改正の要否を諮問した。ただし同諮問は検討の範囲を「保護手続における事実認定の適正化」に限定した。また同年一一月までに答申するようにとの異例の要請が付けられていた。

この諮問を受けて法制審議会の少年法部会は一九九八年七月二八日から審議を開始した。法務大臣の要請に沿うかのように約四ヵ月のスピード審議の結果、一二月一一日に要綱骨子（案）を賛成多数で採決した。そして法制審議会総会も翌年の一月二一日に同案を賛成多数で採決した。

要綱骨子（案）は裁定合議制の導入、検察官及び弁護士付添人が関与する審理の導入、観護措置期間の延長、検察官への抗告権の付与、保護処分終了後における救済手続の整備、審判結果等の被害者等への通知などから組み立てられていた。現在の少年審判の基本構造を維持したまま、これに検察官を関与させようとするもので、少年非行や子どもの教育を巡る様々な問題に取り組んできた市民の間からは憂慮の念が示された[10]。骨子（案）採決後は、反対の声が日増しに高まった。約一年で六二万を超える反対の署名が寄せられた[11]。日本弁護士連合会及び各単位弁護士会も、反対の意思を表明した[12]。

ここでも指摘しておかなければならないことは法制審議会の良識的抑制機能の不全状況ということである。少年法の改正を求める「世論」に加え自民党法務部会の少年法に関する小委員会報告書[13]（一九九八年一二月二一日）など[14]による法制審議会の廃止要求という政治の圧力があったことなどの事情は割り引かなければならないとしても、学者委員の態度はやはり問題だといわざるをえない[15]。

要綱骨子（案）を受けて一九九九年三月、少年法等の一部を改正する法律案が国会に上程されたが、衆議院の総選挙などのために廃案となった。しかし殺人や傷害致死等の罪については検察官送致を原則とするとともに、検察官送致年齢を現在の一六歳から一四歳に引き下げるなどのより踏み込んだ内容の改正案が、二〇〇〇年の九月に議員立法という形で再度国会に上程され、一一月二八日に参議院で可決、成立したことについては改めて説明するまでもなかろう。少年の凶悪犯罪の激増や低年齢化といった神話がマスコミ犯罪報道などの影響のもとに醸成され、多くの国民及び与野党を重罰主義化を推進、あるいは支持する側に追いやった結果である。

三　ストーカー行為等の規制等に関する法律の場合

ストーカー行為等の規制等に関する法律の場合、通信傍受法や少年法改正法案の立法過程にみられるような法制審議会やこれに類するような審議会の関与は認められない。ストーカー規制法案を事実上所管する警察には法制上審議会は置けないことになっている。(16)

問題は刑事立法過程からみてこれをどのように評価すべきかである。警察段階における法案作成過程の不透明さは置くとしても同過程における良識的抑制システムの恒常的不在はやはり大きいといえよう。昨今の国会審議にみられる空洞化現象と重ね合わせると警察官等に認められる強力な権限の濫用防止装置が正しく挿入されるためのシステムが欠如していることをそれは意味するからである。

全会一致で採決された法案の場合も同様である。実質的な審議が省略される結果、問題点が顕在化しないままに終わることも少なくない。本法もその例外ではない。(17)

本法によって警察官等に認められた規制手段は警察本部長等による反復して「つきまとい等」の行為をしてはな

らない旨の警告と仮の禁止命令、公安委員会による「つきまとい等」の行為の禁止命令等とである。罰則も設けられており、「ストーカー行為」（同一の者に対する「つきまとい等」の行為のうち一定のもの）をした者は六月以下の懲役又は五〇万円以下の罰金、禁止命令に違反して「ストーカー行為」をした者は一年以下の懲役又は一〇〇万円以下の罰金となっている。禁止命令違反そのものも処罰の対象とされ、五〇万円以下の罰金が科されている。

このような規制手段の系譜であるが、これまた全党一致で可決成立した暴力団員による不当な行為の防止等に関する法律（一九九一年）にそれを求めることは誤りではなかろう。画期的ともいうべき公安委員会による暴力的要求行為に対する中止及び再発防止のための仮命令と命令、そして命令違反に対する刑罰（一年以下の懲役もしくは一〇〇万円以下の罰金）がこの防止法で規定されたからである。[18] 事前予防のための監視的な予防方法、すなわち行政機関による一種の対人的な保安処分が導入されたものといえよう。ストーカー行為等の規制等に関する法律で認められた公安委員会による禁止命令もこのような積極的な予防方法の延長線上に位置づけることが許されよう。注目されるのは暴力団員不当行為防止法より踏み込んでいる点で、警察官による警告の部分がそれである。警察官等による被害者への「援助」措置[19]も最近の潮流に乗るもので、被害者保護の緊急性の強調がこのような踏み込みを正当化せしめたものと思われる。

ストーカー行為等の被害者の救済の必要性と緊急性は誰しも異論のないところである。[20] 問題はそれを専ら警察等に依存する形で対応することの当否で、掘り下げた検討が必要となろう。たとえばパリ原則で認められたような国内人権機関を国連規約人権委員会の勧告[21]に沿う形でわが国でも立ち上げて、同機関にこのような役割を果たさしめるということも十分に検討に値しよう。[22] しかし被害者保護のための一連の警察立法においてこのような本質的な論議が国会で行われたふしは窺えない。議員立法という形の警察立法の場合、国会審議の空洞化は法務省立法の場合以上のものがあるといえよう。国民主権の形式的な理解の下にこの問題に蓋をすることはできない。

四　これらの刑事立法の特徴と問題点

若干の刑事立法を取り上げて、その立法過程を駆け足でみてきた。民主主義の質という観点からみた場合のこれらの過程に共通の特徴とはどのようなものであろうか。次のような特徴を挙げることが許されようか。

国際公約や突発事件のショックに便乗する形で専門家不信に由来する「素人」議論にもとづいて法律がスピード成立しているということが第一である。初めに結論ありきで可決成立までの迅速性・効率性のみが重要視され、権限濫用防止のための安全装置の挿入に関わる少数意見はこの迅速性等を阻害するマイナス要因として無視ないし切り捨てられている。実質的で科学的な論議は不在に近いといえよう。立法事実についての誤認も少なくない。このような状況の中で学問研究及び学会の影響力は著しく減退化している。これまで研究者は法制審議会等に学者委員として加わり、審議等を通して立法に一定の役割を果たしてきた。しかし近年これら学者委員のなかには一種の自己規制等の現象も起こっている。主観的には影響力を確保するための苦渋の選択といえないこともないが、その果たしている客観的な役割については批判を免れがたいように思われる。

特徴の第二は、「官」主導から「政」主導へという流れのなかで法制審議会の良識的抑制機能の不全状況や国会審議の空洞化現象といった民主主義の質からみて看過しえない事態が進行しつつあるという点である。議員立法という形の警察立法の場合には審議会等の関与がないためにこのような傾向はより強いものがある。法務省立法においても官邸や与党からの政治的な圧力を受け入れようとする姿勢が生まれている。法制審議会においてもスピード審議の兆候は顕著なものがある。

特徴の第三は、反対運動に関わる。超スピード審議や立法過程が十分に可視化されていないことなどもあって、問題点が明らかとなって反対運動に取り組もうとしたときにはもう法案は可決成立してしまっているという点である。そして、それは反対運動に対して次のような課題を提起しているといえないであろうか。一つは、市民的な研究会等を前もって立ち上げておき、これで問題に対応するという課題である。二つは、国会の関係委員会への判断材料の提供という課題である。三つは、立法後の検証、見直しという課題である。

終わりに

最後に触れておかなければならないことは、既に多くの論者によって分析されているように刑事政策における重要な質的変化がこのような刑事立法ラッシュの背景にあるという点である。市場主義や福祉の切り下げ、切り捨てなどによる社会矛盾の激化に対応するために国の治安の確保の任務が中央省庁改革関連法により内閣総理大臣直属の内閣府に与えられるとともに、省に準じた位置づけで国家公安委員会がこの内閣府に属せしめられる結果、治安政策はこれまで以上に国家的、中央集権的な性格を強め、その担い手としての警察は「政」主導の刑事立法においてますます重要な役割を果たすことになる。

広義警察による事前規制、前段階規制の追求、拡大の動きが刑事基本法との溝を解釈によっては埋めがたいほどに拡げたことによって刑事基本法の見直しが具体化しつつあることもここで触れておかなければならない。これらは実質的には憲法「改正」の意味を持つが、問題は実質的な憲法「改正」の範囲を超えて、憲法そのものの「改正」の動きも具体化している点である。一九九九年八月、衆・参両院における憲法調査会の設置と「改正」審議入りなどの動きがそれである。

触れておかなければならないことの第三は市民的治安主義である。刑事立法ラッシュとそこにみられる治安政策の変化を国民・市民の側における市民的治安主義が下支えしており、またこの下支えにおいて犯罪被害者の保護の問題が重要な役割を果たしているという点である。すなわちいわばハードな治安政策の強化・拡充が国民・市民にはソフトなそれに映っているという点である。このような動きの刑事法学に与える影響も見逃すことはできない。かつての新派刑法学を成立せしめた社会的背景と類似のものが生まれつつあるかのように思われる。社会にとって「危険な階層」に対する特別予防的な治安政策の正当性と必要性という考え方の広がりがそれである。司法改革の進行に伴って強まると予想されるアメリカの犯罪論の影響も見逃すことはできない。「社会防衛論」の復興、再生に寄与するものと考えられる。

過ちを繰り返さないために何をなすべきか。学問研究の成果が正しく立法に反映されるためにはどうすればよいのか。いま我々、研究者はこのような極めて重大で深刻な課題に直面している。立法後の検証ないし見直しの視点も重要であろう。しかし現状はこのような視点が欠落し、むしろ反対に立法の一層のエスカレーションの傾向がみられる。

注

(1) 福田平「刑事立法と法制審議会」ジュリスト一一四七号(一九九八年)六八頁などを参照。
(2) 「特集・法制審議会と立法のあり方」ジュリスト一一四七号六三頁以下などを参照。
(3) 小田中聰樹「現代治安政策と盗聴法・上」法律時報七一巻一二号(一九九九年)一四頁など。
(4) 小田中聰樹「『盗聴』要綱骨子の審議過程の一分析」『松尾浩也先生古希祝賀論文集 下巻』(有斐閣、一九九八年)二〇三頁など参照。
(5) 平場安治・平野龍一『刑法改正の研究1・2』(東京大学出版会、一九七二・七三年)など参照。
(6) 前掲「現代治安政策と盗聴法・上」一五頁など。
(7) 破防法の国会審議については、羽仁五郎『破防法といかに闘うか』(三笠書房、一九五二年)など参照。

（8）田島泰彦「盗聴立法とメディア――ジャーナリズムの視点からみた通信傍受法」法律時報七一巻一二号（一九九九年）二七頁以下、丸山昇「〝盗聴法〟成立へ向けて法務省がみせた異例づくめのマスコミ対策」放送レポート六〇号（一九九九年）八頁以下、山下幸夫「盗聴法（組織的犯罪対策三法案）をめぐる情勢とマスコミの対応について」マスコミ市民三六八号（一九九九年）七頁以下など参照。

（9）通信傍受法の立法過程については、前掲・小田中論文の外、佐々木光明「『盗聴法』立法過程の検証」法律時報七一巻一二号（一九九九年）一三頁以下など参照。

（10）検察官関与に反対し少年法改正を考える市民の会編『少年法　私たちはこう考える――厳罰化では解決しない――』（現代人文社、一九九八年）など参照。

（11）「子どもの視点からの少年法論議を求める緊急請願署名の会」の活動（http://kodomonoshiten.net/）など参照。

（12）一九九九年一二月一一日の「法制審議会少年法部会の要綱採択に関する会長声明」など参照。

（13）石塚伸一「少年法一部改正法律案の刑事立法政策学的一考察――少年法『改正』の隠れた論点――」犯罪と刑罰一四号（二〇〇〇年）一二七頁の注（8）など参照。

（14）団藤重光・村井敏邦・斉藤豊治編『ちょっと待って　少年法「改正」』（日本評論社、一九九九年）三五頁など参照。

（15）法制審議会における審議については、前掲、石塚論文など参照。

（16）国家行政組織法及び警察法などを参照。

（17）本法案は二〇〇〇年五月一六日の参議院地方行政・警察委員会において同委員会の委員長提案として参議院本会議に提出されることが議決され、翌一七日に参議院本会議に提出、可決された。そして翌一八日に衆議院で可決、成立した。なお桧垣重臣「『ストーカー行為等の規制に関する法律』の概要について」現代刑事法二巻九号（二〇〇〇年）七一頁以下など参照。

（18）内田淳一「暴力団対策と『暴力団員による不当行為の防止等に関する法律』」法律のひろば四四巻九号（一九九九年）三三頁以下など参照。なお、これを批判的に考察するものとしては、村井敏邦「暴力団・麻薬立法の問題」法律時報録三巻七号（一九九一年）二頁以下など。

（19）前掲の桧垣論文七五頁によれば国家公安委員会規則で定めることとされているこの措置の具体例としては「電話録音や行為者の行動の記録等の方法の教示、行為者との交渉を行う場として警察施設を利用させること、防犯ブザー等の防犯器具の貸し出しなど」が考えられるとされる。

（20）佐藤優・河村浩城「国内人権機関の設立」自由と正義五〇巻四号（一九九九年）四四頁以下など参照。

（21）シルビア・ブラウン・浜野「規約人権委員会による日本政府報告書審査の意義」自由と正義五〇巻四号（一九九九年）五二

頁など参照。

(22) 二〇〇〇年七月二九日の朝日新聞（西部本社版）朝刊第一面によれば人権擁護推進審議会は独立性を持った人権救済機関の設置を提言する方向で検討を進めていると大きく報じられた。

（二〇〇〇年夏、脱稿）

脱稿から約三年が経過した。刑事立法をとりまくその後の政治、経済、社会の変化は著しいものがある。司法における総動員体制、教育における総動員体制といった分析視角もみられるようになった。刑事政策における総動員体制という問題も注目されるが、別稿に譲ることにしたい。

類推解釈と判例

西山富夫

一

憲法三一条および三九条、さらに七三条六号と三ヵ条にもわたって罪刑法定主義関連の条項を採用しているわが国においては、その派生的原則である類推解釈禁止の原則は、当然尊重さるべきであろう。ただ、判例についてはなおこれを検討する必要がある。

戦前の判例では、(a)電気窃盗事件（大判明治三六年五月二一日刑録九輯、八七四頁）と、(b)ガソリンカー事件（大判昭和一五年八月二二日刑集一九巻、五四〇頁）が代表的なものとして常に問題になった（この点の詳細については、拙稿「刑法解釈の論点」『名城法学』四三巻一・二合併号、一八五頁以下を参照されたい）。戦後の判例についても、代表的なものを二件取り上げて、これを検証してみようと思う。

「事例その一」　昭和五八年一一月二四日最高裁決定（公正証書原本不実記載、同行使、偽造私文書行使被告事件刑集三七巻九号、一五三八頁）

〈事実の概要〉　本件は、T自動車販売会社調布営業所の所長と従業員が昭和四六年三月から七月にかけて自動車を購入した顧客のうち、自動車の保管場所を有しないか、あるいは他県に居住しているため、自動車の新規登録をすることが困難な者多数のために、同営業所が業務用として借りていた調布市内の宅地を、それらの客が車庫として借りているようにみせかけた虚偽の自動車保管場所使用承諾書を作り、所轄警察署長から車庫証明書の交付を受けたうえ、東京陸運事務所多摩支所に虚偽の自動車新規登録を申請して自動車登録ファイルに不実の記載をさせた行為が有印私文書偽造、同行使、公正証書原本不実記載、同行使にあたるとして起訴された事案である。

原判決（東京高判昭五七・四・二〇）は、各有印私文書偽造等については、被告人両名と他の共犯者（実行行為者）との間に共謀がされたと認めるに足りる証拠がないとして無罪としたが、自動車登録ファイルに虚偽の内容の記載をさせた行為については、公正証書原本不実記載、同行使が成立するとして五万円と二万円の罰金刑に処した。

原判決に対しては、被告人らから上告申立があったが、本決定は、論旨はいずれも適法な上告理由にあたらないとして、本件各上告を棄却した。

〈判決要旨〉　上告棄却。判例違反の点は、事案を異にし本件に適切でなく、その余は、すべて事実誤認、単なる法令違反の主張であって、いずれも刑訴法四〇五条の上告理由にあたらないとしたのち、次のように判示する。「なお、道路運送車両法に規定する電子情報処理組織による自動車登録ファイルは刑法一五七条一項にいう『権利、義務ニ関スル公正証書ノ原本』にあたり、右自動車登録ファイルの『使用の本拠の位置』又は『使用の本拠の位置』及び『使用者の住所』についての虚偽の記載は同条項にいう『不実ノ記載』にあたると解すべきであり、これと同旨の原判断は、正当である。」

谷口正孝裁判官の補足意見の要旨――多数意見は、コンピュータの磁気ディスクが「公正証書ノ原本」にあたることを認めたが、その文書性については格別の判断を示していない。コンピュータの磁気ディスクは、刑法上一般に承認された文書概念からは、その文書性を肯定することはできないが、昭和四四年の改正後の道路運送車両法六条一項、自動車登録令七条は、コンピュータの磁気ディスクを改正前の道路運送車両法にいう自動車登録原簿に代わるものとして、公権力によって自動車に関する権利義務についての内容を確定し公証する方法として法が認めたものであり、本件コンピュータの磁気ディスクは文書性を欠くところがあっても、刑法一五七条にいう公正証書の原本たる資格を備えるものと解される。このような解釈は右刑法の条規の明文から離れ、法の創造につながるとの非難もあろうが、前記の如く他の関係法令をもって、特にある証明手段を権利義務に関する公正な証明の具として認める所以が明定された以上、文書性を害うことがあっても、これを右刑法の条規にいう公正証書の原本に取り込むことは、他の法令によって刑法の構成要件が補充修正されたものとして許されると考える。

〈解　説〉　本決定は、電子情報処理組織による自動車登録ファイルと刑法一五七条一項の「権利、義務ニ関スル公正証書ノ原本」との関係および「不実ノ記載」にあたるかどうかについて、最高裁として初めての判断を示したものであり、その根底にあるものはコンピュータ磁気ディスクの文書性であるが、この点については、これを肯定するものか否かは必ずしも判文上明らかとはいえない。それにもかかわらず被告人らの行為は、公正証書原本不実記載、同行使にあたるとして、刑法一五七条一項が適用された。従って、この適用は類推適用ではないか、検討の必要があるのである。

まず、当時の事情を見てみよう。従来の自動車登録原簿と刑法第一五七条一項との関連の経緯は次のとおりである。自動車の登録制度は、最初は単に車両保安という行政目的（自動車の分布状態の把握）のためのもので、刑法前条項との関連はなかった（旧道路運送法、昭和二二年法律第一九一号、および車両規則、昭和二二年運輸省令第三六号)。しかし、その後の社会経済状勢の推移に従い、昭和二六年に道路運送車両法(法律第一八五号)と自動車抵当法(法律第一八七号)が制定された。これらは、自動車の登録制度を整備充実して、自動車を目的とする所有権を自動車登録原簿に登録してその得喪変更を公示する制度を新たに採用するとともに、この登録制度によって、動産としての自動車を占有を移さないで債務の担保に供するといった自動車に関する動産信用制度の導入が可能となり、動産抵当としての自動車抵当制度が新設され、それにともない右の自動車登録原簿に自動車を目的とする抵当権の得喪変更をも登録して公示するという制度を新たに採用したものである。結局、この時点において自動車登録制度は、最初の自動車の分布状態の把握という行政目的のほかに、自動車の盗難防止の徹底、および自動車を目的とする私権の安全確保という多目的を併有する新制度として発足したことになる。従って、この制度の下における自動車登録原簿が、刑法第一五七条第一項にいう「権利、義務ニ関スル公正証書ノ原本」に相当することは、疑問の余地がなくなったといえよう。以後は、争を起こそうとすれば、その内容を問題にするほかはない。昭和四五年二月二一日大阪地裁の判決では、「権利、義務ニ関スル公正証書ノ原本」に不実の記載をなさしめるとは、その記載部分が重要な部分でなければ刑法第一五七条第一項に該当しないと思うが、自動車登録原簿において「使用者の本拠の位置」という記載事項は重要な部分とは言い得ない、との弁護人の主張が争われた。これに対して大阪地裁は、「道路運送車両法の制度により新しい制度として発足した自動車登録制度は、その目的の一つである私権の安全確保の面において、所有権の得喪変更の対抗力を付与するにとどまらず、同時に制定された自動車抵当法により、抵当権の得喪変更の対抗力をも付与することになったのである。周知のように、自動車抵当制度は動産としての自動車を占有を移さないで債務の担保に供するものであるから、自動車の占有状態の把握が抵当権者(債権者)にとって最大関心事であるが、この自動車の占有状態を登録原簿上知り得る手がかりが『使用者の氏名又は名称』、『使用者の住所』(以上二つは必要記載事項ではない)と並んで『使用の本拠の位置』という記載事項であるといえよう。

してみると、自動車登録原簿における『使用の本拠の位置』という記載事項は、弁護人のいうような『重要な部分』でないとはいえないのであるから、これが『重要な部分』でないと前提する弁護人の無罪の主張は採用できない。」（『判例タイムズ』二五五号、二七八頁）とした。また、その後に起こった論争点（昭和五二年一月二七日、名古屋高裁金沢支部判決、判例時報八五二号一二六頁）、すなわち、「仮に、これらが公正証書に該るとしても、本件のような自動車移転登録に際して虚偽の申請をした場合は、道路運送車両法一〇九条一項二号により処罰すべきであって、刑法一五七条一項によるべきではない」という弁護人の主張についても、「両者は構成要件の内容を異にするのみならず、その保護法益を全く同じくするものとも解し得ないから道路運送車両法の処罰規定が特別法として右刑法の適用を排除する趣旨のものとは認められず、本件行為の犯罪構成要件該当性を刑法独自の観点から考察すれば、公正証書原本不実記載の罪の成立を肯定すべきものと思料される。」という判決は当然である。なお、自動車の新規登録についての虚偽申請については、右の道路運送車両法には何ら罰則を設けていないことをも考え合わせると、この論争点は意味がないものと思われる。かくて、従来の自動車登録原簿が、刑法第一五七条第一項の「権利、義務ニ関スル公正証書ノ原本」に当り、もしそれに不実の記載をなさしめると公正証書の不実記載罪が成立することは、問題の余地がなかった（原田『研修』三三二号、七〇頁、吉田『警察学論集』三〇巻一二号、一七五頁、大越『刑法判例百選Ⅱ各論第二版』、一八〇頁）。

ところが、昭和四四年法律第六八号により、道路運送車両法の一部改正がなされ、自動車の登録はこれまで自動車登録原簿により行われていたが、改正後は電子情報処理組織すなわちコンピュータ・システムを利用した自動車登録ファイルへの登録に変更された（道路運送車両法六条）。そしてこの登録は、自動車登録令七条により、オンライン・リアルタイム処理方式によることとなり、電子情報処理組織への入力はマークシートにより行い、その出力は印字をすることによって行うこととされたため、マークシートにより入力された磁気ディスクが自動車登録原簿の代替的存在となったのである。変更の理由は、自動車台数の激増に伴い、自動車の登録等の業務が膨大かつ複雑化してきたからである。従来の登録原簿は一両の自動車につき一用紙を備えるものと定め、それが文書であることは明らかであるが、磁気ディスクとなると「プラス・マイナス」の磁気を帯びている物体（電磁的記録物）であるので、問題が再燃することになった。

最初に問題となったのは、昭和四九年一二月四日福岡地裁久留米支部の判決（判例集未登載、原田「コンピュータ磁気テープの文書性」『研修』三三二号、六九頁）である。事件の概要は、いわゆる「車庫とばし」の事件である。この判決は、被告人らの行為について公正証書原本不実記載・同行使罪の成立を認めたが、特に理由を付していないので、磁気テープの文書性を正面から認めたのか、又は本件補足意見のように道路運送車両法第六条で、コンピュータによる磁気ディスク等を公正証書の原本とする旨を法が宣言したと解して、刑法上も公正証書の原本として取扱うという趣旨であるのか、不明である（原田、前掲書、七五頁）。

次いで、昭和五二年一月二七日、名古屋高裁金沢支部の判決は、一歩踏み込んだ見解を示した（『判例時報』八五二号、一二六頁）。事件の概要は、自動車移転登録に際し、虚偽の申請をし、その結果公正証書不実記載罪に問われたものである。一審判決は、自動車登録ファイルが刑法一五七条一項にいう公正証書原本に当たるとして有罪の判決を言渡したのに対し、弁護人が、刑法一五七条一項にいう公正証書とは、重要な権利義務に関する公文書に限定すべきところ、本件自動車登録ファイルはこれに該当しないなどを理由として控訴した。したがって、右自動車登録ファイルの公正証書原本性の本質である文書性自体を正面から争ったものではないが、この判決は、原判決には何ら法令適用の誤りはないとして控訴を棄却する理由の中で、自動車登録ファイルの文書性について踏み込んだ見解を示したのである。すなわち、「原本である自動車登録ファイルへの登録が、電子情報処理組織すなわちコンピュータ・システムの電磁的記憶装置によって行われている点から、その文書性が問題となるが、電磁的記録物もコンピュータ特有の記号（ランゲージ）によって表示される人の意識内容の記載で、法律上重要性を有するものであり、かつ、右電磁的記録はラインプリンターによりプリント・アウトすれば文書として再生されることと不可分的な関連を有するものであるのに加え、前記自動車登録制度の機能並びに昭和四四年法律第六八号による道路運送車両法改正の経過からみて、従前の一車両一葉主義のもとにおける自動車登録原簿とその本質を異にするものとは考えられない点など総合考察すると、これが文書性を肯定するのが相当である。」というのである。

続いて翌年九月二九日、広島高裁の判決（『判例時報』九一三号、一一九頁）が出された。事案は、自動車の新規登録に際し、その所有者の氏名等について虚偽の申立てを行い、電磁的記録物である自動車登録ファイルに不実の記録をさせた上、これを行使したというものである。判決は、磁気ディスク等の電磁的記録物は、将来の自動車登録原簿に代わるものであることを強調したうえ、電磁的記録物はラインプリンターと一体不可分の関連にあることから、「このように、自動車登録ファイルにおける記録物は、それ自体が可視的、可読的とはいえないが、人の意識内容の記載であり、一定の機械的装置を使用することにより必ず可視的、可読的な文書として再生されて客観的通用性を具備するに至るものであって（マイクロフィルムなどと実質的に差異がなく、再生されるものが音声である録音テープとは異なる）、前示自動車登録制度の沿革、とくに、昭和四四年の道路運送車両法の改正によって自動車登録の目的や重要性に変更が生じたものとは解されないこと、さらに、そもそも公正証書の原本は、公的機関がその内容を確定し公証する方法として、これを公務所に備え付け、関係者にはそのアクセスを認めることを目的としているものであって、それ自体が転々流通する通常の文書とは異なる性質を有すること等を併せ考えると、本件自動車登録ファイルについては、少なくとも公正証書としての文書性を肯定するのが相当であり、このように解したからといって、罪刑法定主義に反するものとはいえない。」としている。

結局、下級審の判例の主流は、磁気ディスクとラインプリンターを一体不可分のものとみて、広く一般に文書性を肯定しようとするものである。当時、多くの学説[1]もまた、コンピュータという新しい機器を前にして、その導入気運が盛んで、下級審の見解を支持した。果たして最高裁がどのような態度をとるか、久しく待たれていた。しかしその結果は、頭書の〈判決要旨〉の通りである。「電子情報処理組織による自動車登録ファイルは刑法一五七条一項にいう『……公正証書ノ原本』にあたり」と判示するだけで、なぜそうなるのかは、明確でない。恐らく許される範囲内の類推適用と考えざるを得ない。私は、この判例の出た翌年、『判例時報』（一一二三号、『評論』三〇八号、二二六頁）で評釈したことがある。時代的な感覚を考えて、必要な部分を引用することにする。

従来、学説・判例は、刑法一五七条一項の「公正証書ノ原本」については、「証書」という用語や本罪の規定が文書偽造罪の章の中に公文書偽造罪と一連の犯罪として位置していることから、原本が文書であることを当然の前提としてきた。……磁気ディスク等に文書性を認めれば、刑法一五七条一項の文言に抵触することがないために、問題は生じない。問題は、コンピュータ磁気ディスク（テープやドラムの場合もある）の文書性である。わが国の下級審の判例や学説の多くは、これを肯定している。その際、磁気ディスクとラインプリンターが一体不可分にあることを強調する。一体不可分という意味においても、磁気ディスクに入力されている磁気それ自体と、ラインプリンターによりプリント・アウトされ、可視的な文書として再現されたものとが全く同一体のものということか、機器的装置として両者は切り離しえない一体不可分のものということか、二通りの考え方がある。もし前者の意味だとすると、プリント・アウトされ文書になったものに手を加え内容を偽造したり、それを毀棄すると、文書偽造罪や文書毀棄罪とならねばならないが、その元となる磁気ディスク自体の磁気の状態は真正のまま、毀棄もされずに残っているために、偽造罪や毀棄罪の成立は不可能になる。それでは一体不可分の意味がない。又後者の機器装置の意味ならば、物体性が強く、文書の意味から離れ過ぎているし、ラインプリンターの機器を損壊しただけで、器物損壊罪（三年以下）ではなく文書毀棄罪（公文書三月以上七年以下、私文書五年以下）になってしまう。両者の一体不可分を強調することは、文書犯罪に対する解釈に一大混乱を惹起する恐れがある。やはりマイクロ・フィルム等との根本的な相違を認識する必要がある。

そこで、磁気ディスクそのものの文書性はどうか。例えばオフィス・コンピュータの磁気ディスクは、直径一〇センチメートル位の薄い一枚の円盤に通常の文書にして一八〇頁ないし二〇〇頁に及ぶ内容のものが記憶・記録されるもので、そのため通常の文字や記号ではなく、プラス・マイナスの磁気が用いられている。又将来の技術的進歩により、その内容や方式は更に変化することが予想される。従って、これまでの文書概念とはかなりかけ離れたものであって、これを強いて古い文書概念に押し込むことは、かえってコンピュータ自身が迷惑することになるかも知れない。……結局、電磁的記憶装置を保護する必要があれば、ドイツ方式にならって立法的解決をすることがもっとも望ましい。

以上が最高裁の判決に対する当時の私の批評であるが、この判決の多数意見が一歩踏み込んで一般的に文書性を認めるという見解をとらなかったために、それ以後は、学界においても磁気ディスクの文書性に反対する学説が多くなった。

結局、この問題の解決は、昭和六二年法律第五二号により部分改正が行われ、立法的解決により決着した。

二

「事例その二」

〈事実の概要〉　被告人甲は、昭和三三年から同三九年まで日本窒素肥料株式会社代表取締役社長の職にあり、被告人乙は、昭和三一年から同三五年まで同社水俣工場の工場長の職にあったもので、ともに同工場の業務全般を統括し、操業およびこれに伴う危険発生防止等の業務に従事していた。同工場では、かねてより各種の工場廃水を水俣湾に排出していたが、やがて同湾の魚介類を摂取していた周辺住民の間に原因不明の疾病が多発し、昭和三五年五月にはいわゆる水俣病として問題化した。その間、昭和三三年七月の厚生省公衆衛生局長作成の関係機関あて文書などによって、水俣病と同工場廃水の関連が指摘され、すくなくとも、そのころ、甲・乙は、同工場廃水に水俣病の原因となる有毒物質が含有されていることを認識しうる状況にあった。したがって、甲・乙には、遅くとも同月以降、その安全が確認されるまで、水俣湾河口海域に排出していた工場廃水を同湾に排出しない措置を講ずべき業務上の注意義務があった。それにもかかわらず、甲・乙は、右注意義務を怠り、漫然、昭和三三年九月から同三五年六月末ころまでの間、同工場のアセトアルデヒド製造工程で副生した塩化メチル水銀を含有する廃水を水俣川河口海域に排出した過失により、同海域の魚介類を右塩化メチル水銀により汚染させ、同海域から捕獲された右魚介類を摂取するなどした多数の人を水俣病に罹患させ、死傷に致した。そのうち、右魚介類を直接摂取した五名（全員死亡）及び母親の胎内において母親が摂取した右魚介類の影響を受け、いわゆる胎児性水俣病に罹患しつつも出生した二名（このうち一名は存命）の計七名につき、公訴が提起された。

一審判決（熊本地判昭和五四・三・二二、『判例時報』九三一号、六頁）は、右のような事実認定をしたうえで、胎児性水俣病に罹患しつつも存命している一名を含めた被害者五名に関する業務上過失致死傷罪については、公訴時効が完成しているとして免訴の判断を示し、残りの被害者二名（うち一名は直接摂取により死亡、他の一名は胎児性水俣病により死亡）についてのみ業務上過失致死罪を認め、甲・乙両名を各禁錮二年、執行猶予三年に処した。その判旨は次の通りである。「業務上過失致死罪が成立するには、構成要件要素としての客体である『人』の存在が必要であり、通常、これが実行行為の際に存在するのを常態とする。しかしながら、構成要件要素としての客体である『人』の存在が欠如する場合に業務上過失致死罪が成立しないとされるのは、客体である『人』が絶対的に存在しないため、究極において、構成要件的結果である致死の結果が発生する危険性が全くないからである。

ところで、胎児性水俣病は、母体の胎盤から移行したメチル水銀化合物が、形成中の胎児の脳等に蓄積して病変を生じさせ、これによる障害が出生後にもおよぶものであるから、胎児の脳等に病変を生じさせた時点においては、構成要件要素としての客体である『人』は未だ存在していないといわざるを得ないが、元来、胎児には『人』の機能の萌芽があって、それが、出生の際、『人』の完全な機能となるよう順調に発育する能力があり、通常の妊娠期間経過後、『人』としての機能を完全に備え、分娩により母体外に出るものであるから、胎児に対し有害な外部からの侵害行為を加え、『人』の機能の萌芽に障害を生じさせた場合には、出生後『人』となってから、これに対して業務上過失致死罪の構成要件的結果である致死の結果を発生させる危険性が十分に存在することになる。

従って、このように人に対する致死の結果が発生する危険性が存在する場合には、実行行為の際に客体である『人』が現存していなければならないわけではなく、人に対する致死の結果が発生した時点で客体である『人』が存在するのであるから、これをもって足りると解すべきである。業務上過失致死罪において、その実行行為に際して、客体である『人』が存在しているのが常態ではあるけれども、実行行為の際に客体である『人』が存在することを要件とするものではない。

これを実質的にみても、業務上必要な注意義務を怠って、人に対して致死の結果を発生させた場合に、その原因となる行為が胎児である間に実行されたものであっても、あるいは、人となった後に実行されたものであっても、これを価値的にみて、その間に格別の径庭はないのであり、また、人に対する致死の結果を招来させた原因が胎児のうえに生じたものであっても、それは人に対する致死の結果に至る因果の過程を若干異にするだけであって、その間に刑法上の評価を格別異にしなければならないような本質的な差異はないというべきである。

これを本件について検討するに、被告人両名は昭和三三年九月初旬から昭和三五年六月末ごろまでの間、水俣工場のアセトアルデヒト製造工程において副生した塩化メチル水銀を含有する排水を水俣川河口海域に流出させた過失行為によって、Ａ（被害者）の胎生八ヵ月前後ごろに胎児であった同人の『人』の機能の萌芽に障害を生じさせ、よって同人が本来持ち合わせてしかるべきはずであった健康状態・機能を奪い、胎児性水俣病の疾患を持った先天性の障害児として出生させ、もって右胎児性水俣病に基因する栄養失調・脱水症により死亡させたのであるから、業務上過失致死罪が成立することになる。」というものである。

控訴審判決（福岡高判昭和五七・九・六、『高刑集』三五巻二号、八五頁）は、基本的に一審判決を是認し、甲・乙の控訴を棄却した。その際、次のような論旨を付加している。「なお、Ａが人として傷害を受けて死亡するに至ったものと認めることの可否につき、原説示のほか一言付加するに、被告人らの本件業務上過失排水行為はＡが胎生八ヵ月となるまでに終ったものではなく、とくに、その侵害は発病可能な右時点を過ぎ、いわゆる一部露出の時点まで、継続的に母体を介して及んでいたものと認められる。そうすると、一部露出の時点まで包括的に加害が認められる限り、もはや人に対する過失傷害として欠くるところがないので、右傷害に基づき死亡した同人に対する業務上過失致死罪を是認することも可能である。」

各被告人がこの二審判決を不服として上告し、その結果、最高裁はかねてから多くの議論をよんでいた胎児性致死傷の問題にはじめてその見解を示したのである。

〈決定要旨〉　「現行刑法上、胎児は、堕胎の罪において独立の行為客体として特別に規定されている場合を除き、母体の一部を構成するものと取り扱われていると解されるから、業務上過失致死罪の成否を論ずるに当たっては、胎児に病変を発生させることは、人である母体の一部に対するものとして、人に病変を発生させることにほかならない。そして、胎児が出生し人となった後、右病変に起因して死亡するに至った場合は、結局、人に病変を発生させて人に死の結果をもたらしたことに帰するから、病変の発生時において客体が人であることを要するとの立場を採ると否とにかかわらず、同罪が成立するものと解するのが相当である。」

〈解　説〉　最高裁は、この問題に関する第一審の見解にも立たず、また第二審の見解も排除し、独自の見解を示した。要約すると次の通りになる。(1)胎児は母体の一部であるから、胎児に傷害を負わせることは、母体の一部に傷害を負わせること、すなわち、「人」に傷害を負わせることにほかならず（母体侵害説）、また、(2)胎児が出生し「人」となった後に死亡すれば、「結局、人に病変を発生させて人に死亡の結果をもたらしたことに帰するから、病変の発生時において客体が人であることを要するとの立場を採ると否とにかかわらず」業務上過失致死罪が成立する、というのである。

この最高裁独自の見解に対しては、殆どの学説が反対している。[2] まずその(1)は、胎児傷害が母体傷害であるとすると、妊婦が自己の身体の一部を傷害する自己堕胎は自傷行為として不可罰であるべきである。しかし、二一二条はそれをも処罰しており、現行法は、胎児を母体とは独立の存在と位置づけているといわざるをえない。そうすると、母体侵害説は現行法の前提と矛盾しており、支持しえない。またその(2)は、最高裁の法定的符合説に類似した理由付けも支持できない。法定的符合説によれば、Aに傷害を加えた弾みにBにも傷害を加え死亡させた場合には、行為者にBに対する傷害致死の罪責をも問うことができる。しかし、それは、Aに傷害を加えた時点で加害対象たる「人」としてのBがすでに存在している場合に限られるのである。本件は母体傷害の時点では、胎児しか存在しない以上、法定的符合説の論理によっても、傷害をうけた胎児が出生後に死亡した場合にまで傷害致死罪を認めることは無理であるといえよう（西田典之『刑法各論』、二一七頁参照）。

第一審の判決は、西ドイツ（一九七〇年）におけるサリドマイド有罪判決で有名になった人の機能の「萌芽説」

が採用されている。それは、胎芽ないし胎児に有害な作用を及ぼし障害を与えるという方法によって、完全な健康状態を備えた子供として生まれるはずの「人」が本来持ち合わせてしかるべきであった健康状態を奪って、先天性の障害児として出生させる行為は、結局、生まれた「人」を傷害したものといえるのであり、傷付いた子供を出生させることは生まれた子供を傷付けたのと価値的に同視してよい、とするものである。しかしこの見解には次のような欠陥がある。現行刑法は過失堕胎を処罰していないから、例えば妊婦が誤って転倒し、①胎児が母体の中で死亡した場合には不可罰であるが、逆に②早産した結果母体外で胎児が死亡した場合は過失致死が成立することになり、当罰性の点でまったく同一の行為を異なって扱うことになってしまう（斉藤誠二「人の始期と終期」『刑法基本講座第六巻』、六頁）。さらに、刑法は胎児傷害自体を処罰する規定を置いていないが、この見解によると、胎児に加えられた傷害が出産までに母体内で治癒してしまったというきわめて例外的な場合を除き、胎児に傷害を与えるほとんどの場合が傷害罪を構成することになり、胎児傷害を不可罰とした法の趣旨を没却することになってしまう（斉藤、前掲、五頁）。

さらに、業務上過失致死罪は、被害者が傷害の結果死亡した場合には、当然に、傷害の段階で「人」が存在していなければならないが、水俣病の事案で傷害の結果が発生し、かつ終了したのは、胎児の段階であった。確かに、実行行為のときに客体が存在している必要はない。しかし、少なくともその行為の侵害作用が及ぶ時点では、客体が存在していなければならない。これに対して水俣病の事例では、侵害作用が及ぶ時点では胎児しか存在していない。それゆえ、業務上過失傷害・同致死罪の成立を認めることはできないのである（西田、前掲書、二七頁）。

第二審判決は、有機水銀による侵害が、被害者が母体より一部露出する時点まで継続的に母体を介して及んでいたことを理由に有罪の結論を維持した。しかし、傷害は状態犯であり、結果発生と同時に犯罪が完成する。そうだとすれば、胎児に既に侵害が及んだ以上そこに既遂時期を認めないのは不自然である（前田雅英『刑法演習講座』、二二二頁）、という意見が妥当する。そして、本件の場合、侵害の作用は「胎児」の段階で終了し、その状態が出生後もつづいているにすぎない（平野龍一『犯罪論の諸問題(下)』、二六五頁参照）。それにもかかわらず、その状態をとらえて「傷害」の成立を認めようとするならば、すくなくとも状態犯である傷害罪を継続犯として構成しなおさなければならないことになろう（内田文昭「胎児傷害」『刑法判例百選II第四版』、一一頁）。サリドマイド事件では有罪を認めたドイツ裁判所（一九七〇年）も、最近では、本件と同じ事案で、過失致死罪を否定している（BGHst, 31, 348）ことも、参考になる。

第一審、第二審の判決がこのような状況にあるので、最高裁がこれら下級審の論旨を捨てて独自の見解を示したのは当然であった。しかし、その最高裁の見解に対しても、すでにのべたように、反対意見の学説が多いようである。このままでは、許されない類推解釈が多くなることが懸念される。結局、学説の多くは、胎児性致死傷の問題は、立法に委ねる以外、早急な解決方法はないであろう、ということである。

注

（1）　本文中に引用したもののほか、西原春夫「コンピュータの導入と刑事法上の諸問題」（『ジュリスト』四八四号）三七頁、名和吉四郎「コンピュータ犯罪と捜査」（『警察学論集』二八巻三号）六六頁、戸田信久「コンピュータ犯罪の防止」（『警察研究』五三巻九号）三五頁、板倉宏「コンピュータ犯罪と刑事法」（『ジュリスト』七〇七号）一四五頁。

（2）　西田典之『刑法各論』（弘文堂、一九九九年）二六頁、曽根威彦『刑法の重要問題各論』（成文堂、一九九六年）五頁、林幹人『刑法各論』（東京大学出版会、一九九九年）一八頁、前田雅英『刑法演習講座』（日本評論社、一九九七年）二一八頁、内田文昭「胎児傷害」（『刑法判例百選II各論第四版』）一〇頁、福田平「胎児傷害」（『刑法判例百選II各論第二版』）一六頁、萩原滋「類推禁止の原則と判例」（『愛知大学法学部法経論集』第一四一号、一九九六年）一四六頁。

因果関係・再論

井上祐司

一　米兵ひき逃げ事件（最決昭42・10・24刑集二一・八・一一一六）に関して、私はこれまで二つの論稿を発表してきた。「介在事情と判断基底の問題――刑法における相当因果関係説の検討」（法政研究三六巻二―六合併号、一三一―一八八頁。後に、『行為無価値と過失犯論』一六五頁以下に収録）と、「行為後の事情と相当性説――刑法における因果経過の相当性について」（法政研究五一巻一号、一頁以下。後に『刑事判例の研究（その二）』第三六論文に収録）である。[1][2]

私は、右の第一論稿で、最高裁の決定とは逆に、本件被告米兵の最終結果、つまり被害者の病院での早朝の死亡につき、被告米兵の行為の因果関係は及ぶものであって、最高裁決定が、中途の、跳ね上げ後、自動車の屋根の上に人事不省の状態で横たわった状態までで因果関係を切り、業務上過失傷害罪に止めたのは、因果判断を誤ったものであるとした。私は、この最高裁の決定の因果判断には反対であるとしたのである。

「被告人が状況のすべてを了解したのにかかわらず、同乗者に何ら特別の指示を示すことなく、減速運転を続けるとすれば、その被告人の行動は、同乗者にいかなる行為動機を与えるであろうか。……同乗少年が被害者の身体の引き落としを、無言のうちに被告人が要請しているものとかりに受取ったとしても、敢て不思議ではないとさえ想像される」（法政研究一五六頁及び『行為無価値と過失犯論』、一八九―一九〇頁）。

二　この点、その後に書いた、「刑法における因果関係」（法学セミナー一九一号、四八―五一頁）の方の論稿につき正田元判事は引用されつつ、批判されることになる。法学セミナー誌上から次の部分が引用されている。

「はねた行為と、ふりかえってすべてを了解したのにそのまま減速運転を続けたこと（不作為）と二つの被告人の行動がある。この二つの行動のそれぞれに相当性の判断をたてることも一つの方法であるが、後の行動は、それまでの情況から強制された行動で、新しい完全に自由な意思にもとづくとはいえない。やはり最初のはねた行為だけが評価の対象となり、事後の経過は、被告人の不作為をふくめて、因果経過の一こまとみるべきであろう」（法学セミナー、五一頁）。

右に「後の行動」というのは、被告米兵が第一現場で自転車乗りを跳ねあげ、事故を起こしたのに、現場から逃走中であって、そのことを、「それまでの情況から強制された行為」とよんだものである。現在は、これらの点をふくめて、もっと違った見方をしているが、その点はあとでふれることにする。正田元判事は、右の点につき、

「あまりにも故意犯的な見方であり、後の行動を強制的なものと解する点も首肯し難い」（法曹時報二五巻四号、四一頁、注（3））。

そして、正田元判事は、中山研一教授の交通事故判例百選及び、刑法判例百選（二版）の、

「同僚が自動車の屋根から被害者を引きずり降ろすことは、同じ自動車に乗っていて当然わかったはずとみられ、それにもかかわらず、車をとめなかった点も問題である。結論として、全く突飛な不可抗力による事故というには疑問が多すぎるように思われる」（一九九頁及び二五頁）。

を引用されつつ、正田元判事は、米兵ひき逃げ事件に関し、最高裁決定とは反対に、

「私は、この事件で最も重視しなければならない点は、被告人が同乗者Mの挙動を目撃しながら停車するなり注意を与えるなりして結果防止の挙にでるべきであるのに、それをしないで、いったん速度を時速一〇キロに落しながらMのなすがままにまかせ、再びスピードをあげ運転を継続し逃走した事実であると思う。

被告人には最初に自転車をはねたという、結果惹起に対するかなり高度の蓋然性のある過失態度があり、次いで、同乗者Mの無謀な行動を容認し、結果発生の危険を助長するような運転続行の過失があり、両者（はねた過失と運転続行の過失）が合して一個の過失原因事実を形成し、そこにMの行為が介入し結果を惹起したものであって、……被告人の右過失と被害者の死亡との間には相当因果関係があるとみるのが素直な見方ではないであろうか」（法曹時報二五巻四〇号、四〇頁）。

正田元判事が本件につき、被害者の死亡につき相当因果関係を認めるべきだとの結論に対し、私は賛意をおしまないものである。しかし、元判事は次のようにも指摘されている。

「自動車の屋上に被害者がはね上げられていたことに気づき同乗者がこれを路上に引きずり降ろしているのを知りながら、そのまま逃走するということも、人の態度としてありがちなことで、日常の経験上稀のことといい切れるかどうか、むしろここに問題の要点があるのではあるまいか」（同上誌、四一頁、注（3））。

これは最高裁決定とは反対の判断である。中山教授の「全く不可抗力による事故というには疑問」とされる態度を裏づけられている。

正田元判事の、私の主張に対して、「故意犯的である」とされる、その意図は、残念ながら、私には不明である。中山研一教授の交通事故判例百選や刑法判例百選での主張に賛意を示されており、結論として、少年兵にも被害者の病院での死亡について、一半の責任を認められるようである。

私はこの点については、少年兵は道交法上の救護義務違反と保護責任者遺棄罪にとめておくのが正しい見方ではないかと思う。

私は、米兵ひき逃げ事件のキー・ポイントは、第二現場における被告米兵と、いやいや事件にまきこまれた少年兵との関係にあると考えている。ハート＝オノレの因果用語を用いれば、それは「仕向ける（inducing others to act）」行態に当るものである。

少年兵が叫び声をあげたので咄嗟に被告米兵は車の時速を一二キロ（人の速足の程度）にさげ、自分も運転席から後部ガラス窓をふりむくと、そこに人の頭がのぞいているのである。さきに跳ねた被害者がボンネットに当りそのまま自車の屋根にのっていたのである。事の次第をやっと理解したのである。ところが被告米兵は、さきの時速一二キロをそのまま持続しつつ、少年兵には言葉一つかけることなく運転を続行するのであり、「被害者を早く何とかしろ！」と無言のうちにそそのかしているものとさえ考えられる。少年兵は、いやいやこの無言のそそのかしに動機づけられ、引き落としにかかったものと思われる。

米兵ひき逃げ事件のキー・ポイントを、第二現場における被告米兵と少年兵との関係――「仕向ける」行態にあるとする、私の本件解釈は、このようなものである。

正田元判事が「故意犯的である」とされる私の本件理解は、このようなものであって、そこには、被告米兵の無言のそそのかし、それにこたえてのいやいやの引き落としという諸事実が、被告米兵の「仕向け」行態を示していることになるのである。

三　林陽一「刑法における相当因果関係」（法協一〇三巻七号、一頁、同巻九号、七二頁、同巻一一号、二二頁、一〇四巻一号、七三頁）は、新しく「一般的生活危険」という概念を用いて、ひき逃げ事件に迫られる。

「同乗者の引きずり降ろす行為に出る心理的過程が判断の焦点になる。……一般的生活危険か否かの判断では、介在行為の質が問題になる。屋根の上にいる人間が行為者の犯した衝突事故によってはねあげられたものであるか、（浮浪者が屋根の上で昼寝をしているのに気づかずに発車したときのように）他の原因でそこにいるものであるかによって、介在の可能性に増減を生ずるかどうかに注目すべきであると思われるのである。衝突事故の犯跡をくらますためであるならば、因果関係は認められ、驚愕、狼狽または憤激からなしたのであれば、被害者が屋根の上に乗った原因にかかわりない行為と考えて、因果関係を否定すべきではなかろうか」（法協一〇四号、一一四頁）。

なお、同乗者の引きずり降ろす行為に出る心理的過程が判断の焦点になる、とされるに至ったのは、次の事件理解がある。

「従来の相当性判断では、同乗者が右行為に出る可能性が問題とされた。しかし、そのような可能性の推算は極めて困難であり、相当か否かを分けることも容易ではない」（同上誌、一一四頁）。

また、林教授の事件理解には、次の点の指摘もある。

「走行中の自動車の屋根から人を引きずり降ろして地面に激突させる行為の物理的危険性は屋根の上に乗った原因が衝突

事故であり失神しているという事情の有無にかかわらず、死亡結果をもたらしうるものと考えられる。従って、物理的危険性の部分では、行為者の衝突行為によって危険が増減させられることはないといってよかろう」（同上誌一〇四巻一号、一二六頁、注（54））。

同乗者の引き落とし行為の法的評価については、本件についての海老原震一調査官の評価と同一とみてよい。引き落とし行為に、死亡結果との、それほど強い関係を認めるのであれば、相当性説の評価では、当然そこで因果関係は断絶することになろう。

しかし、既にみたように、中山研一教授や正田元判事の評価では、引き落とし行為にそれほどの強い因果力を認めるものとなっていないといってよい。

私は、右の「刑法における因果関係」（法学セミナー一九一号、四八頁以下）において、

「被告人の行為じたいのもつ危険性の大きさ、介在事情じたいのもつ危険性の大きさ、介在事情が介入する時点におけるそれまでの因果経過と介入との関係（それまでの因果経過から強制的に、また自然、必然的に介在事情が現れたのか、またはまったく独立、新規に、偶然に介入するに至ったのか）、この三つの契機が全体の因果経過の経験的な通常性を決定することになる」（同上誌、五〇頁）。

右は、因果経過の通常性を判断する、相当性説の第二の構造部分を一般的に述べたものである。そこには、のちにとりあげる「寄与度」論の影があるし、それはそれとして、中山研一教授や正田元判事と同様に、私は同乗者の引き落とし行為に、因果関係を断絶してしまうほどの、強い関係はおいていない。

ただここで問題なのは、林教授の米兵ひき逃げ事件の全体的な理解についてである。右にみてきたように、同乗者の引き落とし行為に、本件被害者の死亡を齎らす「物理的危険性」を認め、この因果経過の断絶を認めた上で、

この引きずり降ろす行為の心理的過程が判断の焦点となるとされ、そこに「一般的生活危険か否か」という「介在行為の質」が問題になるとされる。そして林教授にとって決定的基準であるところの、「介在の可能性に増減を生ずるかどうか」が注目されることになる。

林教授がここで、「屋根の上にいる人間が行為者（被告米兵）の犯した衝突事故によってはねあげられたものであるか、他の原因でそこにいるものであるかによって、介在の可能性に増減を生ずるかどうか」を注目せよという。その上で、「衝突事故の犯跡をくらますためであるならば因果関係が認められ、驚愕・狼狽または憤激からなしたものであれば、被害者が屋根の上に乗った原因にかかわりない行為と考えて、因果関係を否定すべきではなかろうか」と。

既に同乗者の引き降ろし行為に、因果経過を断絶する程の強い関係を認められるのであれば、いわゆる相当性説によれば、この介入行為者の行為は「経験上、普通、予想」し得られない介入行為となるわけであるから、それで、本件因果経過は、その点で不相当となり、衝突事故を起こした被告米兵の過失と、同乗者の引き降ろし行為は、二つに分断されることになる。そうなれば、事の正否は別としてここでの問題は解決していることにならないであろうか。

ところが、ここから更に林教授の本来の「一般的生活危険」の判断が始まるのである。引き降ろし行為と対比される「驚愕・狼狽その他憤激という他の原因（浮浪者が屋根の上で昼寝をしていたのに気づかず発車したときのように）」、との対比の、われわれからすれば唐突と思われるこの対比である。しかも、そのような対比に基づいて、「介在の可能性に増減を生ずるかどうか」が問題とされる。

本件において当時運転席にいたのは被告米兵であり、当初衝突事故を起こしたのも、その米兵である。その意味で衝突事故を起こしてもいない同乗者が「衝突事故の犯跡をくらますため」という情況になぜにおかれるのか。そのためであれば「因果関係は認められる」とされる。既に前述したように、われわれは、介在行為によって因果関係が切れるとする最高裁決定に反対の立場、つまり被告米兵の跳ね上げ行為と同乗者の引き落とし行為とは「経験上、普通、予想」しうる関係にあるとしている（中山研一、正田元判事そして、私）。ところが、林教授は、「一般的生活危険」という基準を媒介にして、同乗者の引き降ろし行為の「因果関係」を認められる。しかし、ここで問題になっているのは、介在行為によって、米兵の跳ね上げの過失行為と同乗者のひき落とし行為との、病院での被害者の死亡との間の因果関係である。ところが、林教授は同乗者の引き降ろし行為に、因果関係を断絶する程の強い関係を認められる以上、そこでの「因果関係」とは、林教授自身認められているように（法協一〇四巻一号、一二六頁、注（54））、介在行為者の行為の物理的危険性は「死亡結果を齎らしうる」ということであって、介入以前に、被告米兵が被害者を跳ねたという過失とは、全く関係のないことになる。

「物理的危険性の部分では、行為者（被告米兵）の衝突行為によって、危険が増減せしめられることはないといってよかろう」（同上誌一〇四巻一号、一二六頁、注（54））。

林教授の説明によれば、被告米兵の跳ね上げの過失があっても、そのことによって「一般的危険は増減せしめられることはない」ということになるようである。

さきにも一言したように、私たちは反対なのであるが、被告米兵の跳ね上げの過失と同乗者のひき落とし行為とを分断してしまえば、つまり最高裁決定の通りであれば、私たちが問題としている、本件跳ね上げに始まる被害者の病院での死亡という、本件特有の因果問題など始めから存在しないのである。

社会生活のなかでは、他人に尻のもってゆきようのない、自ら背負わなければならぬリスクがあるであろうことは、理解できるところである。しかし、本件のように、自転車乗りを跳ねたり、屋根の上の被害者を路上にひき落としたりする行為が、被害者が自らに背負うべきリスクだなどとは到底考えられない。被告米兵も、同乗者も、当然責任を問われなければならない。

林教授によれば、被告米兵を過失傷害に、同乗者を傷害致死ないし殺人に問擬できると考えておられるのであろう。しかし、そのために、同乗者の引き降ろし行為が、被告米兵の跳ね上げの過失と、全く無関係、「介入の可能性に増減を生じない」という、むずかしい判断を経由しなければならないのか、理解困難というほかはない。

ところが、林教授は、最後につぎのようにいう。

「判例の事案では、同乗者が叫び声をあげたのち、運転手たる行為者は時速一〇キロに減速し、同乗者の引き降ろし行為を促すような作用を及ぼしているので、行為者のこの行為まで含めれば因果関係を認めるべきであったといえよう」（法協一〇四巻一号、一二七頁、注（56））。

被告米兵のこの「作用」といわれるものを、私は今ではもっと強い意味をもつものと考え、ハート＝オノレのいう「仕向ける（inducing others to act）」と意味づけている。それは後述する。しかし、最後に、林教授が、こういう形で被告米兵の跳ね上げ行為と、被害者の病院での死亡との間に因果関係を認められたことは、誠に心強いというほかはない。

四　ハート＝オノレ共著『法における因果性』（井上祐司、真鍋毅、植田博　共訳）は、その第一三章において、人相互の交渉（interpersonal transactions）、つまり、相手をして行為せしめる、あるいは、行為すべく仕向け、援助し、激励し、あるいは許容することが、刑事答責性に対する十分な根拠とされている場合をとりあげている。

「せしめる（causing）」は、教唆者による「勧める（counselling）」、「命令する（commanding）」および「招来せしめる（procuring）」と、決して同一視されえないと思われる。というのは、相手をして行為「せしめる」という観念は、特定の方法で振舞うように「せしめられた」人の行為が決して十分に有意的なものというように達していないということを含んでいるからである。それに反して、「勧める」とか「招来せしめる」という観念は……十分に有意的であるところの主犯行為と両立しているのである。……ある人をして行為「せしめる」ことは、「仕向ける（inducing）」あるいは「けしかける（instigating）」という属の中の一つの種に属すること、すなわち被告人が第二行為者をして特定の方法で行為させるために、脅迫、虚言あるいは権限を用いる諸事件に関連するということ、そして「勧める（counselling）」は他の種に属するということ、である」（訳、六七四頁）。

「権限、強制あるいは欺罔が用いらるべしということの要件は、被告人が有罪であるとするならば、介在者の行為は十分に有意的であってはならないということを暗に含んでいる。そしてまさにこのことが、「せしめる（causing）」を、助言する（advising）、説得する（persuading）等、他の仕向ける事件から区別するのである。尤も、ウイルソン事件（R. v Wilson. (1856) LTMC 18.）の判決は反対ではあるけれども」（訳、六八四―六八五頁）。

しかし、他方、ハート＝オノレは、次のようにも述べている。

「われわれがここで提案しようとする解釈原理が厳格なものであることは意図されていないということを留意されたい。それら諸原則は、制定法がつくられた状況や、それが考慮した目的に照らして修正を行うことに対して、疑もなく開かれている」（訳、六七三頁）。

右にあげた、ハート＝オノレの、「仕向ける（inducing others to act）」という主張内容の、米兵ひき逃げ事件への転用という、ここで初めて私が展開しようとする作業も、一応の仮定にとどまることをまずおことわりしておきたい。

また、ロクシンの「正犯と行為支配」(Täterschaft und Tatherrschaft. 4Aufl. 1984)に、間接正犯としての意思支配という思想がある。それも、偶然三つの形態に分れる。「強制による意思支配(Die Willensherrschaft kraft Nötigung)」、「錯誤による意思支配(Die Willensherrschaft kraft Irrtums)」、「組織された権力機構による意思支配(Die Willensherrschaft kraft organisatorischer Machtapprate)」である。

恥かしい次第ながら、私はロクシンに関して全く無知の状態である。唯かつて、中義勝教授の、右の著書の紹介に接した際(中義勝＝クラウス・ロクシン『正犯と行為支配』関西大学、㈠七二頁以下、㈡七九頁以下、㈢九二頁以下)、「仕向ける(inducing others to act)」の行為態様の分析における「強制、欺罔、権限の行使」という行為手段の要求と、この両者、ロクシンとハートとの類似性に気づいた程度である(法律時報三七巻一二号、昭四〇年、学界回顧刑法)。従って、ドイツ共犯論の大家ロクシンと、イギリス経験哲学のハートとの、本格的な比較対照は、これから先の仕事というほかはない。ここでは、この程度の前提で、ハート＝オノレの「仕向ける(inducing others to act)」の、米兵ひき逃げ事件への適用という大胆な作業を試みたいと思う。

五　林教授が被告米兵の第二の態度を「同乗者の引き降ろし行為を促す作用」と規定されたのに勢いを得て、私は、敢えて、被告米兵の第二の態度(第一は被害自転車を跳ね上げた行為)が、同乗者に対して被害者を引き落とすべく、「仕向けた」と考えるわけである。

まず、判決文のなかから指摘できることは、被告米兵が同乗者の叫び声におどろいて、ブレーキをかけ、時速一〇キロ程度(人の早足で歩く程度の速さ)におとして、自らも自動車の後ろの窓にたれ下っている人の頭をみて、さきほど跳ねた被害者が自車の屋根の上にのっていたことを自覚するに至るのである。ところが被告米兵は、運転席で前方をみつめたまま、同乗者に言葉一つかけず、減速運転を続行するのである。冒頭にあげた「介在事情と判断基底の問題」の論稿では、右の文章に続いて次のように書いた。

「……その被告人の行動は、同乗者にいかなる行為動機を与えるであろうか。……同乗少年（起訴時）が被害者の身体の引き落としを、無言のうちに被告人が要請しているものと、仮に受取ったとしても、敢て不思議ではないとさえ想像される」（拙著『行為無価値と過失犯論』、一九〇頁）。

しかし、ここには、未だ被告米兵が同乗者に無言のうちに、「引き落とし」を「仕向けた」という把握はしていなかった。今、敢て、被告米兵の第二の態度を、「仕向けた」と解するに至った理由をあげねばならない。

まず、遠い事実としてであるが、本件についての東京高裁判決によれば、

「これら無免許運転、業務上過失致死及び救護、報告義務違反の各犯行の動機、態様の悪質性、被害者致死の結果の重大性にかんがみ、被告人の罪責は重いものといわなければならない。しかも被告人は、右犯行後自首したとはいえ、その後三たび自動車の無免許運転罪を犯して所属軍事裁判所の制裁を受けているのであって、その遵法意識の欠如は極めて顕著である」（高刑集二一巻八号、一一二七頁）。

被告米兵に遵法意識が欠如していると指摘された当の米兵が、第一審東京地裁八王子支部の判決によれば、本件自動車の所有者でもあった「同乗者」（同乗者の私物、シボレー）が、立川基地と新宿の大体半分位の位置にある調布市内において、「M（同乗者）の依頼をうけて被告米兵が交代して右自動車を運転し」となっている。東京高裁はこの点にはふれるところがない。しかし、東京高裁の指摘するところでは、「被告米兵は、一九六四年（昭和三九年）一月一一日以降日本国駐在期間中その有する運転免許を停止する処分を受け」ていたとされている。そして

同乗者も、この処分のことを充分に熟知していたと思われる。そういう事実を熟知しているMが、本件事故当日（昭和四〇年八月四日午後八時頃）隊門を出る時には、さすがに自ら運転せざるを得ないが、自動車の運転を渇望している被告米兵が、隊からの追及のおそれがないと思われる地点で、むしろ被告米兵が要請して、運転を交替したと考えることもできる。本件事件後も、三度も、無免許運転を繰り返している有様である。

次に、被告米兵は、横田基地勤務の米空軍無級兵、同乗者のMは、起訴時少年であるが、空軍三等兵である。軍籍上の階級は、おそらく同乗者の方が上であろう。しかし、事実上、被告米兵の方が同乗者が少年であるという事実のほかに、人間的に被告米兵に従属的であったと考えられないであろうか。

前述のように、被告米兵は、それまでの事件の経過をすべて自覚したにかかわらず、同乗者に言葉一つかけず時速一〇キロを維持、運転を続行している。同乗者が被害者を引き落とすや否や、待っていたといわんばかりに時速をあげ、六〇キロにして第二現場を逃走するのである。この被告米兵のこの際の態度そのものが、「被害者（証拠）を何とかしろ、引き落とせ」と、暗に「仕向け」ているといえないであろうか。第二現場における被告米兵のこのような態度の推移のなかに、被告米兵の「仕向け」と、同乗者の引き落としの動機づけ、被告米兵の犯跡隠蔽への、いやいやの協力としての「引き落とし」が実行されたと言えないであろうか。

ハート＝オノレは、「仕向け」に当っては被告米兵が特定の行為手段をとる必要があるとしている。「強制、欺罔、権限の行使」である。本件で最も近いのが「権限の行使」である。私は、被告米兵に対する同乗者の日頃の一種の従属関係が、第二現場における被告米兵の態度の推移のなかに現れていると言えるのではないか、と考えている。

それが本件について、被告米兵の「仕向け」と、それに動機づけられた同乗者の引き落とし行為、と理解できるのでは、と考えている。(注2)(注3)

六　最近、最高裁は、因果関係に関連した三つの判決を出している。第一は、柔道整腹師事件（最決昭63・5・11、刑集四二・五・八〇七）[注4]であり、第二は、大阪南港事件（最決平2・11・20、刑集四四・八・八三七）[注5]であり、第三は、スキューバダイビング事件（最決平4・12・17、刑集四六・九・六八三）[注6]である。

曽根威彦、「相当因果関係と最高裁判例」（研修第五四九号）において、相当因果関係説の判断内容を総括されている。行為の相当性と因果経過の相当性の二本の柱からなる。

そして、後者の因果経過の相当性につき、次のように、要約されている。

「(一)　介在事情が経験上予見可能であれば、これを相当性の判断基底に乗せ、

(二)　不可能であれば、これを判断基底から排除して、行為から結果に至る因果経過の相当性判断を行うことになる。」

ここで「判断基底に乗せる」とか、「判断基底から排除して」とか、されるその意図は何であろうか。経験判断の対象は、常にあるがままの事実の流れが、これを形成する。判断基底は、例えば、客観説なり、折衷説なりにより選び出されるが、一般論として「乗せる」とか、「排除する」とかの操作が行われる必要はあるまいと思う。

そして、その上で、曽根教授は「経過の相当性判断」の内容を、四つの類型に分けて説明される。

《第一類型》

「行為じたいはそれ程危険ではなかったが、予見不可能な事情が介在したために結果が発生してしまった場合には（介在事情の寄与度が高い）、介在事情を取り除いて考えると、当該行為からそのような重大な結果が発生することは相当と考えられないので、因果関係が否定されることになる（例えば、柔道整腹師事件における一審判決の論理）。」

その介在事情が被告人にとって予見できないということであれば、その介在事情から流れるそれから先の事実経

過も、同様に被告人にとって予見できない訳であるから、結果の予見は不可能となる。このことを「介在事情を取り除く」と表現される曽根教授の意図は、われわれには理解しにくい。

《第二類型》

「行為の危険性が重大である反面、介在事情の結果に対する寄与度が低い場合には、

㈠　介在事情が予見可能であるとしてこれを判断基底に乗せた場合（例えば、スキューバダイビング事件における指導補助者および受講生の行動）はもとより、

㈡　予見不可能であるため、介在事情を判断基底から、外した場合（例えば、大阪南港事件における第三者の暴行）にも、当該行為からそのような結果が発生することは、相当と考えられるので、因果関係が肯定されることになる。」

ここでも、「判断基底に乗せる」とか、「判断基底から外した」とか語られる。しかし、スキューバダイビング事件において、指導補助者および受講生の不適切な行動は現に存在し、その事実は被告潜水指導者の見失い行為から、「経験上、普通、予想」しえられるものである。大阪南港事件では、死因は被告人の加えた暴行から生じた内因性橋脳内出血であり、第三者の頭部への角材による攻撃は、右の内因性内出血とはかかわりがなく、死期を幾分か早めたにすぎない。

《第三類型》

「行為者の行為と介在事情が重畳的に作用して結果を発生させた場合には、

㈠　介在事情が予見可能であれば、判断基底に取り込まれて相当性判断が行われ、行為から結果が発生することが相当と考えられるときは、因果関係が肯定され（例えば、柔道整復師事件における最高裁決定認定の事実）、不相当と考えられるときは、因果関係が否定される。反対に、

㈡　介在事情が予見不可能であれば、判断基底から排除され、当該行為のみからそのような重大な結果が発生することは相当とはいえないから、因果関係は否定されることになる。」

ここでも、「判断基底に取込む」とか「判断基底から排除する」とかされるが、最高裁決定は、被告人の施術が被害者側の突飛な態度を「誘発した」とする。

《第四類型》

「行為の危険性は重大であったが、これとは異る因果系列から生じた介在事情によって結果が発生してしまった場合、通常そのような介在事情は予見不可能であり、したがってこれを取除いて考えた場合、当該行為からそのような形で結果が発生することは相当と考えられず、因果関係は否定されることになる。

例えば、甲の行為により致命傷を負った乙が救急車で病院に運ばれる途中、赤信号を無視して突き込んできたダンプカーに衝突して死亡したという場合、乙が瀕死の重傷を負っていたとしても、甲の行為と乙死亡との因果関係は否定されることになる。」

右の説明は、中に判例をはめこみつつ説明されているが、右論文ではその直前に、因果経過の相当性判断に関し、次のように要約されている。

「介在事情が経験法則上予見可能であればこれを①相当性の判断基底の上に乗せ、②不可能であれば判断基底から排除して、行為から結果に至る因果経過の相当性判断を行うことになる。そして更に、判断基底に上った介在事情について、

㈠　それ（介在事情）が行為と結合することによって、単に行為の危険性を増大、促進したにとどまり、行為の危険性が介在事情に飲み込まれることなく結果に実現したとみることができる場合（結果発生に対する寄与度が低い場合）には、因果経過の相当性が肯定される（結合的付加原因）。

これに対し、

(二) 介在事情が結果の発生に対し圧倒的な影響力をもったため、当初の行為の効果を中性化ないし凌駕しこれを妨げたとみることができる場合（介在事情の寄与度が高い場合）には因果経過の相当性が否定されるのである（中性化的付加原因ないし凌駕的因果関係）。」

そして、相当性説が行為の危険性と因果経過の相当性の二つの柱からなるという点では「曽根威彦『刑法総論』（新版、一九九一年、七六―七七頁）」が引用され、介在事情が経験法則上予見可能、不可能以下最後までは、曽根『刑法における実行・危険・錯誤』（一九九一年、四三頁）と、林陽一「刑法における相当因果関係（四・完）」（法協一〇四巻一号、一〇〇頁以下）の、いわゆる「一般的生活危険」の関係部分が引用されている。

七 塩見淳教授は、『法学教室』一五七号のスキューバダイビング事件の「解説」において、柔道整腹師事件の最高裁決定が「誘発された」かどうかに着目しているが、最高裁が「誘発」という表現を用いたのはこれが初めてではなく、最判昭46・6・17、刑集二五・四・五六七にもある（下宿代を払いすぎたと思って取戻しにいった被告人が下宿の老母に拒否され、老母をおし倒して、顔面あたりを夏布団でおしつけているうちに、老母自身も気づいていなかったかくれた心臓疾患があって急死した事件。傷害にとどまり、致死の責任はまぬかれた事例）。

ただ、塩見教授によれば、大谷直人調査官の大阪南港事件の解説（ジュリスト九七四号、五八頁）が、相当性説の規準はきわめて不明瞭であり「実務における思考方法とマッチしない」という批判を契機に、学説の努力（林陽一「刑法における相当因果関係（四・完）」法協一〇四巻一号、九六頁以下）と相まって、問題の介在事情が行為の危険性を単に媒介し、あるいはせいぜい増大、促進したにとどまるか、それとも、先行する行為とは無関係な独立の危険源として捉えられるかを以て因果関係を判断する見解が関心を集めていたからであるとされ、そこに、「曽根威彦『法セ』四三七号、一二二頁、山中敬一『平成二年度重要判例解説』、一四三頁、さらに、井田良「因果関係の『相当性』に関する一試論『法研』六四巻一一号、一頁以下」が引用されている。これを塩見教授は「有力説」とよんでいるが、大谷調査官が詳細な事実認定のもとでは、結果への寄与度という形で、危険の実現は自ずから判明しているとするが、これを疑問とされ、むしろ、この「有力説」を「原因説」への復帰であるとして、警戒されている。

塩見教授はいう。

「相当性説とは、事実（条件関係）のレベルでは各条件を等価値と解し、相当性判断において事実に対する規範的評価を加えることにより条件間の価値の相異を認めるとの構造をもつからである。」

と規定され、経過の相当性の判断については、町野朔『犯罪論の展開Ｉ』、一三三一頁の説明を引用しつつ、「判断基礎から排除されるものをどのように選ぶかが決定的な重要性をもつ」とする。

私は「判断基礎とされた事情をすべて考慮すれば必然であり、どれかを取り去れば具体的結果は常に不発生となる」とされる、町野朔教授のそのような理解が私にはよく解らないのである。例えばさきの最判昭和四六年の老母急死事件を例にとれば、かくれた重篤の、本人も知らなかった心臓疾患という事実を「考慮すれば」急死は必然であり、被告人は勿論、被害者も自覚していなかった事実だとして、これを取り去れば、具体的結果は常に不発生となる、ということなら理解できる。これは、判断基底をどのように構成、選び出すかの、主観説、客観説、折衷説というそれぞれの立場が決定する。介在事情が第三者の行為からなるときも、介入する直前の諸事情を、三つの説のいずれかで判断することになろう。しかし、町野教授がそのような主張を、この「展開Ｉ」で述べられていると は信じられない。

また、塩見教授は、「一般的生活危険」概念につき、「因果関係の否定を導く介在条件を、一般人が通常予見できないような事情というか、社会生活において無視できる程度の危険というかは……実質的な差異を含んでいるとは考えられない」とする。

折衷説も、客観説も、判断基底を選定するに当り、「一般人が通常予見しうる事情」を基礎とする。それが予見できない事情なら、判断基底から排除される。さきの昭和四六年の老母の急死において、隠れていた心臓疾患の問題がこれに当るであろう。しかし、次の塩見教授の説明はわかりにくい。

「社会生活上存在する、裏を返せば、存在しても社会生活は遂行可能な程度の低い危険は、当該事案における因果連鎖の必然的結合においては、偶然の原因として異質な性格を有し、従って、規範的にみて独立のものと評価できるという点に、結果に対する独立の原因性を肯定できるという意味だ」と。

折衷説や客観説において「一般人が通常予見できる」とか、「できない」とかいう問題と、右の「低い危険は偶然の原因として異質だから規範的に独立のもの」という説明がどういう意味内容なのか理解することができない。

ただ、塩見教授のこの解説で、もっとも強く印象に残る主張は、本スキューバダイビング事件の最高裁決定が、諸条件の間に事実的な力の差を承認する、克服された原因説への途を示唆するものであるならば、それがどれ程『実務における思考方法とマッチ』していようとも、断固反対さるべきだと思われる、とされている点である。

伊東研祐「死亡結果発生時期を幾分か早める第三者の暴行の介在した場合でも、当初の暴行と死亡との右の因果関係が認められるとされた事例」（大阪南港事件）については、判例評釈（判例評論三九一号、六〇頁以下）は、林教授の「結合的付加原因と中性化的付加原因の区別をする立場、及び曽根『法セ』四三七号、一一二頁、「因果関係」、「刑法における危険・実行・錯誤」（二一頁以下）の類型化の視座とも共通性を有するとしつつ、原判決の立場は、極めて原因説的なものである、とする。

八　私も曽て、「判断基底」の論稿のあと、発表した「刑法における因果関係」（法学セミナー一九一号、昭四六年・一二月）において、

「被告人の行為じたいのもつ危険性の大いさ、介在事情じたいのもつ危険性の大いさ、介入事情が介入する時点における それまでの因果経過と介入との関係（それまでの因果経過から強制的に、または必然的に介在事情が現れたのか、または まったく独立、新規に、偶然に介入するに至ったのか）、この三つの契機が全体の因果経過の経験的通常性を決定するこ とになる」（法学セミナー一九一号、五〇頁）。

ここに「三つの契機」と書いたが、因果経過の相当性の問題についていえば、その最後の部分、つまり「介入事情が介入する時点における、それまでの因果経過と介入との関係（それまでの因果経過から強制的に、または必然的に介入事情が現れるのか、または、まったく独立、新規に、偶然に介入するに至ったのか）、この部分が、因果経過の相当性にとって決定的となろう。「必然的に」と「偶然的に」とは対立概念であるが、日常経験に照らして、「近いか」あるいは「余りにも遠いか（too remote）」という形で判断されることが多いであろう。当初の行為の危険性じたいがかりに大きいとしても、また、他方、介入行為じたいの危険性がいかに大きくても、そのことは、直ちに「介入」を近くに介在させることにはならない。当初の行為と介入との関係を示す、新たな経験則（その具体的内容は、次のダンプカー事件について示されることになる）が判断の根拠になる。そういう意味で最後の部分の契機が重要なのである。「経験的に、普通、予想」し得られるか否かが、その新しい経験則によって決められることになる。一般的な抽象的な判断内容としては、そう表現するしかないように思う。あとは、実例ないし仮言命題として例証するしかないことになる。

米兵ひき逃げ事件では、結論として、被告米兵の跳ね上げの過失から、同乗者の引き落とし行為は、「経験上、

普通、予想」し得られるものだということになる。

九　曽根教授のあげた《第四類型》の設例、ダンプカー事件について問題性を明らかにしたい。

この設例では、結局、甲は殺人未遂にとどまるところに意味がある。それはこの設例じたいに示されているように、「赤信号を無視してダンプカーが救急車に突き込んできた事故により、乙が救急車のなかで死亡した」という点である。甲が殺人未遂にとどまるのは、ダンプカーの運転手の「重大な過失」が、そこまで進んできた因果の流れを切断するからである。因果系列が互いに独立していることが重要なのではない。ダンプカー運転者の「重大な過失」が因果を断絶することを忘れるべきでない。乙の死に決定的に「寄与」したのは、ダンプカー運転者の「重大な過失」であって、「寄与」の程度というよりも、こういう事故を起こした、ダンプカー運転者の重大な過失という、「内容的規定性」、「質的規定性」なのである。そこから、甲の殺人未遂と、ダンプカー運転者の重大な過失致死が結論される。米兵ひき逃げ事件を例にとれば、この全経過は、被告米兵の被害自転車乗りの跳ね上げ行為と、その犯跡隠蔽のために同乗者によってなされた「引き落とし行為」の中に一貫して流れている本件因果経過の中心部分である。同乗者の引き落としの動機づけ、その実行という形での被告米兵への協力という過程は、右の一貫した流れの一部を形成している訳であるが、この第二現場での被告米兵の新しい行動が「経験的に、普通、予想」しえられるところの同乗者の協力を伴いつつ、「跳ね上げの過失とその犯跡隠蔽」という、本件の本質が、つまり質的規定性が貫かれているのである。

いわゆる「寄与度」論は、相当性説では、当初の行為の危険性（結果を招来する力）及び介在事情が人の行為である場合には、介在行為の危険性（結果を招来する力）として把握されることになろう。しかし、さきに見たように、当初の行為と介在行為とをつなぐ、新しい経験法則（ダンプカー運転者の重大な過失が因果を断絶するという経験則）が、両者の因果経過の相当性を決定するのであるから、当初の行為の危険性それじたい、及び介入行為の危険性それじたいは、右の新しい経験法則の登場をまたずしては、因果経過の相当、不相当、つまり「経験上、普通、予想」しうるか否かはきまらないことになる。

「寄与度」論では、恰も「寄与の程度」という量的判断が比重をもちすぎているといえるのではないだろうか。因果経過の相当性を判断するためには、さきにふれたように、経過の「質」を見きわめ、例えば、米兵ひき逃げ事件では被告米兵の「仕向け」行動と、それに応ずる同乗者の動機形成、実行という因果連鎖が成立し（本件上告弁護人は、「原審においては、被告人の行為によって死の結果を誘発したか否か詳細に検討することなく」、と述べている）、曽根教授のダンプカー事件では、ダンプカー運転者の重大な過失がそれまでの因果流れを断絶するという、「質」の問題が重要なのである。

「寄与度」論にいう「寄与」は、相当性説のいう「行為の危険性」ないし「介入行為の危険性」の問題に対応していること、当初の行為と介入との因果的相当性については、そこに新しい経験法則が必要となり、それが経過の相当、不相当を決定する。そして、ここでは「寄与の程度」というよりも、ダンプカー運転者の重大な過失がそれまでの因果流れを断絶するという当該因果経過の「質的規定性」が重要であることを主張したいのである。

注

（1）この最高裁決定が因果関係論に及ぼした影響は大きかったといえよう。この決定に関しては、㈠中山研一「因果関係——他人の行為の介入があった場合に、刑法上の因果関係が否定された事例」、『交通事故判例百選』一九八頁、『刑法判例百選（第二版）』一二五頁。㈡大塚仁「業務上過失致死傷罪と因果関係」、『判例評論』一一七号、一四四頁。㈢海老原震一『判例解説、法曹時報』二〇巻二号、一九六頁。㈣石原明「他人の行為の介入があった場合に刑法上の因果関係が否定された事例」、

『法学論叢』八三巻四号、八七頁、㈤岡野光雄「他人の行為の介入があった場合に刑法上の因果関係が否定された事例」、『早稲田社会科学研究』五号、一〇七頁。㈥斉藤金作「因果関係」、『刑法演習［総論］増補版』五五頁、㈦町野朔「他人の行為の介入があった場合に刑法上の因果関係が否定された事例」、『警察研究』四一巻二号、一〇九頁。

（2）芸娼妓稼動契約に関する預金返還請求事件（最判昭30・10・7民集九・一一・一六一六）において、最高裁は、戦前の大審院の立場を変更し、実質、身売りであって、芸娼妓稼動契約じたいが公序良俗違反の法律行為であって無効であることは当然であるが、その際にかわされた消費貸借名義の前借金も、一体として無効であるとする見解を、戦後初めて明らかにした。当時の民法研究者からもこの判決は高く評価された。ただそのなかで我妻栄教授は、本判決を高く評価されつつも、世間には、娘を喰いものにする親もあることに留意しつつ、本判決を受取る必要があることを指摘された。この民事事件の三年後、刑事事件として詐欺被害事件（最決昭33・9・1刑集一二・一三・二八三三）があった。最高裁は、いわゆる前借金詐欺は、前借契約の民事的効力いかんの問題にかかわりなく、詐欺罪を構成するとして、「着物が入質してあって、質受けするのに要るから貸してくれ。本人が働いて返す」旨、申し偽り、本人が接客婦として働く意思もなく、又金員返済の意思も能力もないのに、相手を誤信させて前借金名下に騙取し、合計六件同様の手口で一五万五千円を騙取した事案である。西山富夫教授は、「不法原因給付や禁制品には、国家的に保護された所有権なり、利益は存在しない」として、菊地「前借詐欺は訴追さるべきか」（法律時報二八巻四号、四八頁）と結論を同じくされ、本件判旨に反対されている（井上正治編・判例研究刑事法〔上巻〕、一九九頁以下）。

しかし、本件事案の騙取者と彼に伴われていった女性との関係を仔細にみると、恰も女性を道具として、相手を騙していったに過ぎず、男のいわれるまま、その都度偽名をつかわせられ、本人としては働く意思はあったのに、話が済むと実際に働きに出させることもせず、次の騙取へと向うだけであった。男は、本件女性を、さきに我妻教授の指摘された「娘を喰いものにする親」と全く同様の扱いをしている。女性を従属的地位において意のままにあやつっていたに過ぎない。そこに、ハート＝オノレのいう、「仕向ける（inducing others to act）」という、行為態様をみることができる。この男は、本件女性を詐欺行為へと動機づけ、実行せしむべく、「仕向けた」と考えることができる。

また、四国巡礼窃盗事件（最決昭58・9・21刑集三七・七・一〇七〇）において、最高裁は、「自己の日頃の言動に畏怖し意思を抑圧されている一二歳の養女を利用して窃盗を行ったと認められる判示の事実関係においては、たとえ同女が是非善悪の判断能力を有する者であったとしても、右利用者につき窃盗の間接正犯が成立する」とした。上告弁護人は、同女の是非善悪の判断能力を根拠に、「窃盗の教唆」を主張して争ったが、最高裁は原審認定通り、「間接正犯」でよいとしたものである。また、この巡礼窃盗事件の最高裁決定につき、内田文昭教授は、「『正犯の背後にいる正犯（Täter hinter dem Täter）』

を肯定する態度へと踏み出したものとして、高く評価さるべきである」（判例タイムズ五三〇号六五頁）とされ、斉藤誠二教授も、「この『正犯の背後の正犯』という考えをとれば、この事件の被告人の行為は、たやすく間接正犯とすることができるであろう」（法学教室四四号九四頁）とされる。

私は、ここでも、少女を暴力を背景に、又は年長者としての権限を行使して、「窃盗」へと少女を「仕向けた」と見る余地があろうと考えている。

法の一般理論としては、「教唆関係」と似ているが、それとは全く行為構造を異にするところの、「仕向ける（inducing others to act）」という行態を明確にしたところに、ハート＝オノレの理論の新しさがあるといえよう。しかも、「教唆関係」においては、教唆する側と被教唆者との関係は、ともに「十分に有意的な関係（full voluntary）」であって、その間には因果関係はない。説得、利益誘導などが行なわれることが多いであろうが、被教唆者の「造意行為」により、新しい因果連鎖がそこから始まる。

ところが、「仕向け」関係においては、背後者は、強制・欺罔・権限行使を行為手段として、相手を特定の行為へと仕向けるのである。これら行為手段が用いられることにより、相手（少年兵）の行為は、最早「十分に有意的な行為」とはいえず、背後者（被告米兵）の仕向ける方向へと、その行為の因果連鎖は受けつがれてゆくのである。「仕向ける」行為構造は間接正犯の全体像を明確にしたものといえよう。

わが米兵ひき逃げ事件を解説された海老原震一調査官は、本件少年兵の介入を「殺人に類する行為」と把握されるが、にわかに信じ難いところである。当時の自動車の時速（約一二キロ、人の速足程度）、被害者の背中のあたりをつかんでの引き落とし、少年兵の手には血なぞついておらず、被害者は人事不省の状態だったこと等を考え合せると、下級審が少年兵につき道交法上の救護義務違反、保護責任者遺棄罪にとめているが、その方が正確な認定であったろう。

海老原調査官は、さらに、かつて平野龍一教授が、本件自動車が時速六〇キロに戻して現場から逃げているのであるから、自車の上にのせて走っている車上から自然にすべり落ちることもありえたろうとされていたのに対し、同調査官は、「すべり落ちることはない」と断定されているが、その理由はあきらかにされていない。

（3）　トルストイの小説「アンナ・カレーニナ」〈上〉北御門二郎訳（東海大学出版会）一七三頁下段。「……まだ二月の頃、彼（レーウィン）は、マリヤ・ニコラエウナから、兄のニコライの健康が悪化したという、だのに彼が治療を受けようとしないという手紙を受取り、そのためレーウィンはモスクワの兄の所にゆき、うまく彼を説き伏せて、医者にかかり、外国の温泉へ転地旅行にゆくように仕向けた（傍点—井上）。こうして実にうまく説得でき、旅費も兄をおこらせないように貸してやることができたので、その点彼も大いに満足だった。……」

ここ、トルストイの原文では、“…успел уговорить его посоветоваться с доктором и ехть на воды за границу…”とある。兄をうまく「説得する」(уговорить)よう、「仕向ける」という直接の言葉はないが、最初の“успеть”(好成績をあげる、…する間がある)という語にそのような意味を含意せしめたものであろう。中央公論社の訳(原卓也)では「首尾よく説き伏せた」とのみあって、特に「仕向けた」という訳語はつかわれていない。

(4) 柔道整腹師事件については、私は、第一審松江地裁の無罪判決が正当であったと思う。整腹師側の因果流れと、患者本人側の因果流れとは、お互に独自に進行している二つの流れが、偶々、同時進行したにすぎないと考えている。整腹師の施術は、それ自体として進行し、被害者の自己の体力の自己過信に加え、被害者側家族の異常ともいえる落度が重なって、被害者の死亡に至るのである。その点で、大谷実・法学セミナー四〇六号、一一四頁の意見に賛成である。最高裁決定を支持する臼木豊、警研六一・一・五八頁、曽根威彦、判例評価三六〇号、五五頁、永井敏雄、ジュリスト九一四号、一三一頁、同・法曹時報四一巻一〇〇号、二七九頁、内田文昭、ジュリスト九三六号、六三年度重要判例解説、一四一頁には賛成しかねる。

(5) 大阪南港事件(最決平2・11・20刑集四四・八・八三七)については、決定の趣旨に賛成できる。しかし、伊東研祐、判例評論三九一号、六〇頁以下は、曽ての大谷直人、ジュリスト九七四号、五九頁、井田良、法学教室一二八号、九〇頁、山中敬一「因果関係――相当説の流れと介在事情の数型化――」、芝原邦爾編『刑法の基本判例』一二頁以下らの主張――いわゆる寄与度論――の立場から、むしろ批判的にとりあげ、「本件は、原判決が示すように、原因説的な立場からの説明の極めて適合的且つ説得力を有する事案類型であった」とし、「個々の行為が結果発生に対する如何なる程度の危険を有するのか、それぞれの危険がいかなる程度まで実現されたのか、結果はいずれの危険の実現と目すべきか、結果発生への各危険の寄与の質・量は如何なるものか、ということの検討は、客観的帰属論、そしてその内部での類型的帰属規準の展開への視座・手掛りをも実質的に与えてくれるものといい得よう」とする。

本文の塩見淳教授の、スキューバダイビング事件の「解説」は、右のような寄与度論、原因説的な理解に対して、強く反撥するものである。なお、大谷直人、ジュリスト九七四号、九五頁、同、法曹時報四四巻四号、一三五頁以下、山口厚、警研六四巻一号、四三頁、井田良、法学教室一二八号、九〇頁、曽根威彦、法学セミナー四三七号、一二二頁、の、本件決定に対する解説参照。

(6) スキューバダイビング事件(最決平4・12・17刑集四六・九・六八三)につき、井上弘通、ジュリスト一〇二五号、八九頁、塩見淳、法学教室一五七号、九四頁、山中敬一、法学セミナー四六八号、五三頁参照。

なお、因果論の最近の研究として、井田良「因果関係の『相当性』に関する一試論」法学研究六四巻一一号、一頁以下、西原春夫「行為後の介入事情と相当因果関係」研修四〇〇号、八頁、曽根威彦、因果関係、法学教室一〇三号、一〇四号、一〇五号、同、「過失犯の構造（下）」法学セミナー一九八八（昭六三）年七月号、同、「因果関係論の展開」法学教室一八五号、四頁以下、植田博「過失犯における因果関係――過失犯の構造との関連で――」修道法学第一三巻一号、五九頁、同、「過失犯における因果関係について」、『中山研一先生古稀祝賀論文集』（第三巻）一二三頁、井上祐司『行為後の事情と相当性説――刑法における因果経過の相当性について――』法政研究五一巻一号、一頁以下参照。

反証の必要と黙秘権、人格責任論など

――井上、平野両博士の刑法と刑事訴訟法の理論――

坂口裕英

一　反証の必要と黙秘権

一　井上正治博士の刑事訴訟法における「証明責任の分配」についての大胆な提唱と、(1)平野龍一博士のいわゆる「アッサリした起訴」(2)というテーゼは、いずれも捜査機関の強制取調べ権を否定し、被疑者には取調べに対する「受忍義務」はないとする立場から、戦後の「当事者主義」刑事訴訟法理論を、確立するためのものであった。それには当然のことながら、いずれも通説に対する根本的な、痛烈な批判が伴っていた。ここでは、この線の上に、あらためて「起訴と有罪のモデル」を提示することにしたい。

二　まず、この起訴と有罪の証明のモデルには、二つの対立するモデルを考えることができる。その第一は、通説のそれであって、検察官は、起訴するには、起訴のはじめから、すでに有罪の証明に十分な証拠を持っていなければならず、被告人側が有罪判決を阻止するためには、公判において、その証拠の証明力を争わねばならないとするモデルである。第二のものは、平野博士と同じく、起訴のために必要な証拠の量は、逮捕するために必要な証拠の量、すなわち、「有罪を証明する相当程度の証拠」がそろっていれば足りるとするものである。

第一のモデルでは、検察官の十分な立証に対し、被告人側の反証が必要となり、反証による検察官側の証拠の弾劾が成功するかどうかが、有罪か無罪かの決め手となる。ところが、この反証の必要という点では、第二のモデルについても同じで、検察官の相当な立証に対し、やはり同じく被告人側には、それに対する反証の必要があり、その反証ができなければ、被告人を有罪にすることができると、するのである。つまり、第二のモデルでは、検察官の立証プラス被告人側の反証の結果によって、検察官の有罪の立証は、相当程度の有罪の立証から、有罪に十分な立証に、証明力が高まることがあり得るとするのである。

三　有罪に相当程度の証明が、なぜ十分な証明に変わるのかということは、第一のモデルを信じる人にとっては、マジックとしか思えないかも知れない。すなわち、有罪になるには、相当の証明では、勿論不足で、十分な証明があってはじめて、被告人側には反証の必要が生じるのであり、相当な証明に対しては放置しておけばよく、反証の必要など、まったくあり得ないというのが、刑事訴訟法における長い間の「証明責任の理論」であったのである。したがって当然のことながら、第二のモデルがモデルになり得るには、この第一のモデルの証明の理論が、理論的に変わらなければならない。

公判過程での証明の程度が、公判における訴訟当事者間相互の証拠の弾劾をめぐる攻防によって変化するという考えは、しかしながら決して目新しいものではない[3]。証明というものは、動かないものではなくて、当事者相互の「弁論と立証」によって強くもなり、弱くもなるということは、もともと訴訟の基本に横たわっているといってよいものであろう。その意味で、証明責任、その中でとくにこれまで「主観的、形式的」証明責任といわれてきた、「証明の必要」というのは、その立証が相当の程度の立証の場合にも、立証に応じて相互に移ることを認めなけれ

ばならない。証拠の弾劾という証明過程を抜きに、証拠の理論も、また証明ということも、あり得ないというべきである。(4)

四 さてここで、「黙秘権」を思い出してみよう。被告人に、「反証の必要」があるということは、「黙秘権」がある以上、認めることができないという考えも一概に無視できないからである。しかしながら、この論争は、すでに終わっているといってよい。すなわち、すでに大方によって、黙秘にも、「有罪の推認」があることが承認されているからである。(5) しかしながら、それは、以上述べた反証の必要を、裏からいったことなのである。反証の必要というのは、必ずしも供述義務を課すことではない。しかも反証と黙秘権とは、パラレルに、それぞれ異なったものであって、検察官の証明に対する反証の必要があるということは、黙秘権に反することではない。むしろかえって、上に述べた反証の必要という以上に、黙秘じたいに「有罪の推認」を認めることは、理論的にみて難点がある。(6)

二 「人格責任論」と「やわらかな決定論」
――その同一性――

一 井上博士は、つとに、師匠である不破武夫先生譲りの「人格責任論」を唱えた。(7) これに対し、平野博士は、後になって、有名になったいわゆる「やわらかな決定論」を採り、自らの責任論は、いわば「実質的意思責任論」であるとされた。(8) 井上博士も、團藤重光博士の「人格(形成)責任論」とは一線を画し、それとは異なる考え方であることを強調した。

井上博士によると、外部に生じる「行為」は、行為の客観的部分であり、その主観的部分である内部の「意思」

とは、しかしながら、むしろ一体となっている。すなわち、「行為は、主観・客観の全体である」。それと同時に、その行為は、行為者の人格と重なる。「行為は、人格の必然的ほとばしりである」。

井上・平野両博士とも、行為時に、行為者が、他の行為を、その意思によって選択できると考える、いわゆる「自由意思」を否定する。いずれも「決定論」に立ち、その意思を決定する条件のなかに、外部的条件と、行為者に属する内部的条件があるとし、この内部的条件を「人格」とするのである。このことから、いずれも、「行為が人格に相当するから」、行為者に責任ありとするのである。そうすると、理論において、井上博士も平野博士も、両者はまったく同じであり、平野博士の「実質的意思」とは、「人格的意思」といってもよいことになる。にもかかわらず、平野博士は、その論文の中で、一言も井上博士の上のような「人格責任論」には言及していない。

ただ、「やわらかな決定論」が、「自由意思論」と、「意思決定論」との間の長年の対立に決着をつけたこと（人格に条件づけられることが、行為者には意思が自由であると意識される）、そして行為者の人格に、「条件づける」ことが、外部的条件を操作することによって可能となることを明らかにしたことは重要であった。

二　われわれは、いたずらに、「行為」、「意思」、「人格」という概念を、抽象的に観念的論理の上で、もてあそんではならない。

さて、それでは、その実体に迫ればどのようになるかである。

人間の行為が、素質と環境の産物であるということは、古くから言われてきた。人格とは、その素質を核に、意識と無意識のすべて、人間の内面にある、肉体的、生物的、性的、生理的、さらに病理的なものも、心理的、正常か異常かを含めて、とくに精神的、霊的（オカルト）なものの全体である。その人格には、このようにして、遺伝、性格、欲望（それは本能的と考えられがちだが、それ以上に文化的なもの）、教育、知能、年齢、知識、経験、能力、思想、美意識、才能などが含まれる。この人格が、意思を形成するうえで、とくに特長的といえるのは、善いとか悪いとか、好きとか嫌いとか、正邪、美醜など、すぐれて社会の文化によって、後天的に条件づけられている価値判断を、行為者に特有な性癖、あるいは性向、もっと分り易い言葉としては、「気質」というべきか、とでもいうべき資質上の個性が、理性によるよりも、感情的に行うということであり、この価値判断が意思の基礎になって、行為実行の意思を決定しているということである。

以上が、「人格相当」ということを、経験的事実として、すなわち経験科学的に把握したときの内容であり、そこでは、行為者の人格それ自体が、上にあげた諸々の要素、および外部的条件によって、決定されていることが、重要である。そして、それらの条件が変われば、人格もまた可変的であることも、また重要である。

三

人格の意思決定の働きが、経験的、事実的なものであることから、人格責任論は、理論として、実践的犯罪対策論に役立つ。それは、「犯罪論」だけでなく、「刑罰論」、「刑事政策」、「行刑学」、さらには「刑事訴訟法学」（たとえば、刑訴法二四八条のいわゆる起訴便宜主義、ほかダイバージョン）など、「刑事法学」全体の中心となる地位にある。井上博士の「現代における刑罰思想」は、このような観点から、現代の多様化する犯罪に対する処遇を検討したものであった[9]。

三　むすび

一　井上博士は、以上扱った「証明責任論」、「人格責任論」のほか、とくに「過失論」、「一事不再理論」などでも、野心的な、新しい理論を展開された。いずれも発表当時は、それまでの通説を、百八十度転換せんとするものであった。たとえば、過失論では、それまでの過失の主観説（注意義務違反）、心理説（予見可能性）から、結果回避義務違反による客観説に、(10) 既判力論では、それまで一体とされていた「実体的確定力（判断の基準性）」と、「一事不再理 ne bis in idem」とを切り離すことによって、「不利益再審禁止の効力」を、それぞれに鮮やかに説明することができたのである。(11) それらについては、注(10)(11)の文献に譲る。

二　ただ最後に言っておくべきことは、平野博士の年来の主張である、日本の刑事訴訟が、「捜査においては、自白を強要し（いわゆる糾問的捜査観）、公判においては、そこで採られた自白調書によって有罪を言い渡す（調書裁判）」である、という批判である。この批判に応えるには、ここで述べた、被告人側による反証の必要という理論の上で、さらに、刑事訴訟法三二一条一項二号の検面調書、およびとくに同三二二条の自白調書について、その証拠能力を、法三二八条の弾劾証拠としてのみ許容するという解釈をとることが必要である、ということである。

さて、あらためて振り返ってみると、井上、平野両博士の戦後五十年にわたる学界に対する貢献には、以上のほか多大なものがあった。しかも、いずれも、生き方はリベラルで、考えはラジカル（根本的）であった。われわれは、これら二人の天才による恩恵を、いつまでも忘れることはないであろう。

注

（1）井上正治「刑法における主観的要素の証明」瀧川幸辰先生還暦記念　現代刑法学の課題（下）（一九五五年）有斐閣、四五一頁。
（2）平野龍一「現代刑事訴訟の診断」團藤重光博士古稀祝賀論文集四巻（一九八五年）有斐閣、四〇八頁。
（3）たとえば、田村　豊「立証（証明）責任と証明の程度」裁判上の証明（一九六〇年）法律文化社、八〇頁は、裁判上の証明のこの動態の過程を図式化したものである。
（4）したがって、刑事訴訟法第三〇八条は、きわめて重要な意味を有する条文といわねばならない。
（5）田宮　裕「被告人・被疑者の黙秘権」変革のなかの刑事法（刑事訴訟法研究（六））（二〇〇〇年）有斐閣、一七九頁。
（6）黙秘することは、有罪の主張・立証を否認しているのであって、それによって、有罪が推認されるということは、それを否認でなくて「承認」として扱うことに他ならない。これは黙秘権に反することである。わが国の最近の判例が、取調べに対し黙秘することが、有罪の情況証拠にならないとするのは、このことをいう（札幌高判平成一四・三・一九、判タ一〇九五号、二八七頁）。福井厚・刑事訴訟法講義二版（二〇〇三年）法律文化社、四四頁。なお平野「黙秘権」刑法研究三巻、捜査と人権（一九八一年）有斐閣、八三頁は、この問題を扱っていないが、あえていえば、博士は、以上と同じ考えであろうと思う。このことと、公判において、検察官の立証に対し、被告人側が反証しないこと、反証をしても再反証により反証に失敗することにより、有罪の心証が生じることとはまた別のことであるといわなければならない。
（7）不破武夫「刑事責任論」（一九四八年）弘文堂、不破・井上　刑法総論（一九五五年）酒井書店、井上正治　刑法学　総則（一九五一年）朝倉書店、一一〇頁以下。井上博士は、はじめから、ちなみに私が講義でそのことを聞いたのは、昭和二五年の春であったが、團藤博士の考えと違うところは、「私の責任論は、人格責任論といっても、論理からすれば意思責任論であり、行為責任である」と説明されていた。
（8）平野龍一「意思の自由と刑事責任」、「人格責任と行為責任」、刑法の基礎（一九六六年）東京大学出版会、三頁以下。
（9）井上正治「現代における刑罰思想」現代法一一（一九六五年）岩波書店、一九九頁以下。
（10）拙稿「過失と因果関係の証明」井上正治博士還暦祝賀　刑事法学の諸相（下）（一九八三年）二二一頁、「民事の過失と刑事の過失―井上正治博士の過失論による過失の定式―」名城法学四一巻別冊柏木還暦記念（一九九一年）四八一頁。ちなみに、平野博士は、過失については、あえて井上博士に反対の立場をとり、旧態を脱しようとはされなかった。
（11）拙稿「既判力と再審」鴨良弼編　再審の研究（一九八〇年）成文堂、一九九―二〇八頁。

比較民事紛争処理手続の分析視角

吉村徳重

はじめに

本稿の表題の一部である「比較民事紛争処理手続」は、筆者が平成七年四月から勤務した西南学院大学法学部において担当した講義課目の科目名の一つである。これは同学部に国際関係法学科を新設する際に設けられたユニークな講義題目であり、筆者は、就任以来、平成一四年三月に同大学を退職するまで七年間にわたって、楽しみながらこの講義を続けてきた。そこで、この講義で言いたかったことのエッセンスをまとめてみたいと考え、本稿の表題を最終講義の題目としたのである。したがって、本稿は筆者の大学における最終講義に最小限の加筆をしたものに過ぎないが、個人的には永年にわたり民事手続法の比較法的研究をしてきた過程で考えてきたことを、いわば巨視的な視点からまとめた比較民事紛争処理手続の鳥瞰図（a bird's-eye view）である。ここに深い感謝の想いをこめて本稿を恩師井上正治先生の霊前に捧げさせていただくことにした次第である。

一　各国民事紛争処理手続の比較法的検討の視角

ここに、「比較民事紛争処理手続の分析視角」と名づけたのは、各国の民事紛争処理手続を比較法的に分析するについて基本的な視角となるものを提示し、その視角から見た各国民事紛争処理手続の比較法的特徴を検討したうえで、今後のわが国民事紛争処理手続のあるべき方向を展望しようという趣旨である。そこで、そのような分析視角となるものを提示することから始めることにする。

1　民事紛争処理手続の伝統的・法文化的特徴と国際的平準化（グローバリゼーション）の傾向

各国の民事紛争処理手続を比較法的に検討するについては、その伝統的法文化的特徴を明らかにすることがその出発点となる。各国の法制度はそれぞれに異なった歴史的伝統や法文化を持っているところから、相互に共通する基本的な特徴を持ついくつかのグループを分類する法圏論ないし法家族論によって比較法的にその特徴を明らかにする方法がとられるのが一般である。(1)民事紛争処理手続についても、この法圏論によってその伝統的法文化的特徴を明らかにした上で、近年における国際化の流れの中で民事紛争処理手続もまた国際的に平準化（グローバリゼーション）の傾向があるという視点を提示したい。もちろん、各国の民事紛争処理手続もまた永い伝統に根ざした法文化の所産であって、その歴史的特徴が根本的に払拭されることはないといえるが、少なくとも表面的には、一定の範囲で平準化の傾向がみられるのである。この視角は、後述の2、3、4のテーマにおいて、具体的に展開されることになるが、要するに、この伝統的な法文化的特徴と平準化の傾向がどのような形で相互に絡まりあいながら進行しつつあるのかということがここでの視角である。(2)

1−2　伝統的法文化的特徴としての法圏論（法家族論）による、英米法（アメリカ法）、大陸法（ドイツ法）、極東法ないし社会主義法（中国法）と日本法の位置づけ

こうした視角によって民事紛争処理手続を比較法的に検討するについては、まず、その出発点として伝統的法文化的特徴を示す法圏論ないし法家族論によって、いくつかの典型的な民事紛争処理手続を取り上げる必要がある。そこで、英米法の典型としてのアメリカ法および大陸法の典型としてのドイツ法を取り上げ、これらとは対照的な特徴を持つ手続として極東法ないし社会主義法と位置づけられる中国法を対比することにしたい。日本法は、民事紛争処理手続全体としては極東法と位置づけられながら、民事訴訟手続としては明治民訴法におけるドイツ法の継受に始まり、戦後はアメリカ法の影響も受けたといわれるように、法圏論的にもさまざまな歴史的特徴を持つといえる。法制度の比較法的検討をする一つの目的が、各国の法制度の特徴を比較法的に対比することによって、日本法の比較法的特徴と課題を明らかにし、その将来を展望することにあるとすれば[3]、ドイツ法、アメリカ法及び中国法を各法圏ないし法家族の典型として抽出し、これらの制度との対比の上で日本法を位置づけることが重要であると考えるからである。

2　裁判外紛争処理（ADR）を含む民事紛争処理手続全体の比較法的特徴、ことに西洋法と極東法の分類の検討

民事紛争処理手続を裁判手続だけでなく裁判外紛争処理（ADR：Alternative Dispute Resolution）をも含む民事手続全体として捕らえ、その比較法的特徴を対比すれば、中国法を中心とし日本法を含めた極東法という一種の法圏を分類することができるという見解がある[4]。法律に準拠した裁判手続を中心とする西洋法に対して、伝統的に必ずしも法律にこだわらない調停や和解を重視する極東法は基本的に異なるという視角である。このような分類は果

たして正しいのか？　また、どのような歴史的背景や根拠によってそのような差異が生まれたのか？

2-2　裁判外紛争処理手続の歴史的変容、ことにアメリカ法を中心とした西洋法におけるＡＤＲの展開と中国法（極東法）における判決重視の傾向

歴史的に見れば、法圏論として西洋法に対して極東法を分類することは正しかったとしても、近年この裁判重視の西洋法に対する調停重視の極東法という特徴が変わりつつあるということが指摘できる。つまり、裁判外紛争処理手続の活用につき歴史的変容が生じており、特にアメリカを中心として西洋諸国においても、ＡＤＲ、つまり裁判に代わる紛争処理手続が、調停（mediation）を中心とする様々な裁判外手続として、活用されるようになっていることがその一つである。(5)

他方、中国法においては、従来は裁判手続外の人民調停（調解）だけでなく、裁判手続においても法院調停（調解）が重視され、判決ではなく調解によって解決できる割合の高い裁判官が優秀であると評価されてきた。しかし、近年、特に市場経済導入後には裁判手続において調解（日本での訴訟上の和解に近い）を追求して判決をしない（久調不決）のではなく、むしろ調解不調のときは速やかに法に従った判決をすべきことが強調されている。(6)要するに、調停重視の極東法と裁判重視の西洋法とを対置してきた分類の仕方にある種の平準化が生じているのである。

3　訴訟手続における審理原則の比較法的検討　その一　当事者主義と職権主義の対立

民事紛争処理手続の中で裁判手続ことに訴訟手続に焦点をあててみると、その審理手続の方式つまり審理原則について、当事者が主導性を持つ当事者主義に対して裁判所が主導権をもつ職権主義を対比することができる。アメリカ法の当事者対立主義（Adversary System）は、審判の対象の特定とその判断資料である事実や証拠の提出につ

いては、ドイツ法と日本法の処分権主義（Verfügungsmaxime）・弁論主義（Verhandlungsmaxime）と同様に、ともに当事者が権限と責任をもつ当事者主義であるのに対して、中国法の職権探知主義は裁判所がこの点についても権限をもつ全面的な職権主義であると分類することができる。(7)

他方、訴訟手続の進行については、中国法が裁判所の権限とするのは当然であるが、さらに、ドイツ法と日本法でも裁判所が権限と責任を持つとする職権進行主義がとられている。これに対して、アメリカ法の当事者対立主義のもとでは手続進行をも対立当事者の主導性に委ねることを原則とする点で当事者進行主義をとっているといえる。(8)

3-2 その平準化の傾向　中国法における当事者の証拠提出責任の強化（当事者主義化）とアメリカ法における裁判官の訴訟管理者としての権限強化（職権進行主義化）

比較法的には相互に対極にあるといえる中国法の職権探知主義とアメリカ法の当事者対立主義との双方にそれぞれその緩和化の傾向が見られるという視点である。すなわち、一方、中国法においては、特に市場経済導入に伴う経済紛争の増加に対応して、民事訴訟における証拠の収集提出については、当事者の挙証責任（証拠提出責任）が強調され、裁判所の職権探知はその補充にとどめるべきであるとする傾向が見られるようになった。(9) これは事実や証拠の収集・提出について、職権探知主義から当事者主義への移行を示すものであり、職権探知主義と当事者主義（弁論主義）との間の一定の平準化であるといえよう。

他方、アメリカ法では民事訴訟の審理運営について、審判の対象である請求や事実・証拠の提出だけでなく、手続進行についても当事者主導を重視するところに特徴があるといわれてきたが、近年においては、事件処理の効率的運営（Case Management）のために、裁判官の管理者的役割（Managerial Judge）が強調され、手続進行についての権限が強化される傾向が見られる。(10) これは当事者進行主義と職権進行主義との間の一定の平準化であるといえる。

4　裁判手続における審理原則　その二　集中審理（英米法）と並行審理（大陸法）の比較法的特徴とその国際的平準化

最後に、英米法の集中審理と大陸法の並行審理の対立とその平準化の傾向という視点である。英米法では訴訟審理は陪審制を原則とするところから、トライアル（Trial）は必ず集中的に行わなければならない。これに対して、大陸法では、陪審制をとらないところからその必要はないとしていわゆる並行審理が行われてきた。[11] これは同一の裁判所が同時にいくつもの事件につき並行的に審理を続けていく方式であって、同一事件については何回も期日を繰り返しながら審理を続けるという意味で五月雨式審理といわれてきた。これも近年の改正によって、大陸法でも集中審理方式を取り入れる傾向があり、平準化の傾向が見られるという視点である。[12]

注

（1）法圏論ないし法家族論について、大木雅夫・比較法講義（一九九二年）一一五頁以下、ツヴァイゲルト＝ケッツ、大木雅夫訳・比較法概論　原論（上）（一九七四年）一〇七頁以下参照。

（2）谷口安平「比較民事訴訟法の課題・序説」京大法学部百周年記念論文集第三巻（一九九九年）五一九頁以下参照。谷口教授は、比較民事訴訟法における多様なアプローチを検討したうえで、世界の民事訴訟における価値の同一化の傾向がある一方、各国の法律家のあり方を含めた法文化の違いを看過すべきでないとしている。

（3）谷口前掲論文注（2）五三八頁以下は、これを比較法の実用的側面として理由があるとするが、同時に、いずれの法制度もその社会の文化と不可分に結びついていることに留意すべきであると説く。

（4）ツヴァイゲルト＝ケッツ、大木雅夫訳・比較法概論　原論（下）（一九七四年）六四五頁以下参照。

（5）後述二2(3)西洋法における裁判外紛争処理手続の変容参照。

(6) 後述二2(4)① 裁判手続における調停重視から法による裁判重視への移行参照。
(7) 後述三1(1)① 処分権主義・弁論主義と職権探知主義の対立参照。
(8) 後述三1(2)① 当事者進行主義と職権進行主義の対立参照。
(9) 後述三1(1)② 中国法における当事者の証拠提出責任の強化と審判方式改革の動き参照。
(10) 後述三1(2)② アメリカ法における裁判官の訴訟管理者としての権限強化の傾向参照。
(11) 後述三1(3)① 集中審理と並行審理の対立参照。
(12) 後述三1(3)② ドイツ民事訴訟法の改正による集中審理の実現、日本民事訴訟法については、三2(2)① 準備手続の整備と集中証拠調べ参照。

二 民事紛争処理手続の伝統的法文化的特徴と国際的平準化の傾向

1 伝統的法文化的特徴としての法圏論による各国紛争処理手続の歴史的背景

(1) 法圏論による英米法（アメリカ法）と大陸法（ドイツ法）の分類の歴史的背景

そこで、民事紛争処理手続の伝統的な特徴と平準化の傾向が、具体的にどのように交錯しながら展開しているのかを検討したい。そのためには、伝統的法文化的特徴としての法圏論によって各国の民事紛争処理手続を分類する必要がある。第一に、英米法と大陸法の分類がその歴史的な背景を異にする点にあることはいうまでもない。英米法は、判例法として形成された法の体系であって、歴史的には、イギリス国王のコモンロー裁判所（King's Court）による判例法が、イギリス国家全土に共通する普通法（Common Law）として形成され、これが近代資本主義経済の進展に伴う近代法として妥当するようになった法体系である。これは同時並行的に、イギリスの衡平法裁判所（Court of Chancery）において形成された判例法である衡平法（Equity Law）によって補充され、やがてイギリスの旧植民地全体に拡がり、現代の英米法を形成するに至ったのである。ことに、裁判手続については、十九世紀に入って普通法と衡平法を融合して合理的な訴訟手続を形成する改革運動が起こり、アメリカのニューヨーク州におけるフィールド法典（一八四八年）の制定をきっかけとしてアメリカの各州やイギリス（Judicature Act, 1875）においても近代的な統一訴訟手続が形成された。これは普通法におけるトライアル（Trial）前のプリーディング（Pleading）が訴訟方式（forms of action）ごとに異なった複雑な手続を要したことなどの難点を解決するための改革であって、近代資本主義国家の法にふさわしい当事者主義による予測可能な合理的訴訟手続が成立したのである。アメリカにおける民事紛争処理手続の中核をなす裁判手続も、このような歴史的背景をもつ英米法の典型的な訴訟手続の一つである。(1)

これに対して大陸法は、欧州大陸各国がローマ法の継受を経て、国家全土に共通する補充法としての普通法（Gemeines Recht）を形成し、これが近代資本主義経済の進展に伴い一定の改革を経て、近代法にふさわしい法典法として形成された市民法の体系である。大陸法のなかでもドイツ法系とフランス法系とでは、伝統的法文化をはじめ近代法としての法典化の時期や経緯の違いなどによる相違はあるが、近代法典法の体系としての基本的枠組は共通であるといえる。ことに、一八七七年に成立したドイツ民事訴訟法典（CPO）は、ナポレオン法典としてのフランス民事訴訟法典（code de procédure civile, 1806）の強い影響を受けたドイツ各邦（Land）の立法や統一法典草案を踏まえて制定された。(2) この立法過程からみても、ドイツ民事訴訟法は近代法としての当事者主義的手続を基本とする大陸法の典型的な訴訟手続法の一つである。

(2) 大陸法（法典法）の一変容としての社会主義法であるソ連法の形成と社会主義法と伝統的紛争処理手続の融合としての中国民事裁判手続法

第二に、欧州大陸において法典法として形成された大陸法の一変容として、ソビエト連邦においては社会主義法、つまり、社会主義経済国家の法としての法典法が形成された。社会主義経済が国家的計画経済であることと対応して、その基本的経済構造に関する紛争については国家の行政機関による処理に委ねられたが、民事裁判手続も検察機関の監督的関与を認めるほか、裁判所の職権による積極的関与を認める職権主義的裁判手続が形成された(3)。この社会主義法は、ソ連邦崩壊までは東欧やアジアの社会主義諸国を含む社会主義法圏を形成してきた(4)。

中華人民共和国（一九四九年建国）の法制度も、基本的にはこの社会主義法圏に属するといえるが、特に紛争処理手続については、中国の伝統的紛争処理方式と融合した職権探知主義をとる裁判手続となった。すなわち、中国の伝統的裁判の観念によれば、裁判とは当事者を説得し心服させる（説理＝心服）という儒教教義の伝統に根ざした教諭的調解手続であるとされてきた。この伝統的な裁判手続は、建国前解放区時代の「紛争の現場に入り、紛争を調査し理解して、調解を主として解決する」という「馬錫五審判方式」や建国後の「大衆により、調査研究を行い、現地で解決し、調停を主とする」という十六文字方針（依拠群衆、調査研究、就地解決、調解為主）の経験を経て、社会主義的な職権探知主義と融合し、現在の中国民事裁判手続が形成されたということができる。その結果、現代の中国民事裁判手続では裁判所の積極的な職権探知による真実解明（事実求是）を背景として、当事者を説得して教諭的調解（人民内矛盾の解決）を目指すことが目的とされてきた(5)。他方で、共同体的紛争解決のための調解手続も、やはり儒教の影響をうけた伝統的な裁判外の民間調停として活用されてきたし、現代でもいわゆる人民調解を中心とする多様な調停手続として活用され続けているということができる(6)。

(3)　日本の民事裁判手続はドイツ法の継受によって成立し、戦後アメリカ法の影響により当事者主義的な手続構造を徹底した。

現代日本の民事裁判手続は明治二三（一八九〇）年制定の民事訴訟法に始まるが、これはドイツ民事訴訟法（一八七七年）の継受によって成立した。したがって、日本民事訴訟法は、大陸法のドイツ法系として、処分権主義や弁論主義の当事者主義的な手続構造をもつが、大正一五（一九二六）年の大幅改正では、職権進行主義をより徹底することになった。さらに、戦後の昭和二三（一九四八）年には、アメリカ法の影響をうけて、職権証拠調べを廃止し、証人の交互尋問制を採用するなどにより当事者主義的な手続構造をより徹底した[7]。しかし、他方、民事紛争処理手続全体を見れば、裁判所における裁判上の和解（起訴前の和解と訴訟上の和解）や民事・家事調停だけでなく、裁判所外での様々な裁判外紛争処理を重視するという伝統的な紛争処理手続を依然として維持してきたという特徴を持つといえる[8]。

2 民事紛争処理手続全体の比較法的特徴と国際的平準化の傾向

そこで、こうした歴史的な背景を前提として、まず、裁判外手続を含む民事紛争処理手続全体の比較法的特徴はどういうものかを見ていきたい。

(1) 民事紛争処理手続としての裁判手続と裁判外紛争処理手続

まず、ここで民事紛争処理手続というのは裁判手続と裁判外手続を含む手続であって、一方の裁判手続は客観的な法規範に従った裁判による法的な紛争処理手続であり、他方の裁判外紛争処理手続（ＡＤＲ）は必ずしも法規範にはこだわらない、様々な手段による非法的な紛争処理手続ということができる。この裁判外紛争処理手続には、裁判所内で行われる民事・家事調停や裁判上の和解のほか、裁判所外における紛争当事者間の示談や和解、さらには、第三者の関与する仲裁、調停、あっせん、相談など多様な手続がある[9]。

(2) 西洋法に対する極東法の分類

そこで、第二の視角として前述した西洋法に対置して極東法を分類する見解を検討する。比較法学者によれば、欧米を中心とする西洋法では、法治主義、法と法律家への信頼、法に従った裁判による紛争処理を重視するのに対して、中国を中心とし日本を含む極東法では、徳治主義、法と法律家への不信、裁判に代わる調停による紛争処理を重視する特徴があるとして、西洋法に対して極東法という法圏を分類する見解が有力であった[10]。民事紛争処理手続としては、法に従った裁判手続によって紛争を解決することを重視する西洋法圏に対して、裁判によって決着をつけるよりは裁判外の調停手続によって円満な解決を図ることを重んずる極東法圏を対置する立場である。そして、極東法圏のこうした特徴の根拠として、法規範よりは儒教の影響により社会的地位に応じた「礼」の規範を重視する伝統的法文化をあげるのが一般である[11]。また、日本法については、ドイツ、アメリカ法などの影響による法制度を整備してきたのに、並行的に調停手続が重視される背景につき、その前近代的法意識や義理人情重視の国民性などを指摘する見解もあった[12]。他方こうした根拠付けに対しては一面的に過ぎるとする反論も有力である[13]。たしかに、近代化の流れの中で、権利意識の高揚を恐れた為政者が、裁判手続を利用しにくいままに放置しながら、明治初期の「勧解」やその後の調停の制度化により、調停重視の方向に誘導してきたことも否定できない。裁判制度を利用しやすくする必要があるという問題は、日本で現在進行中の司法制度改革の直接的な根拠でもあった[14]。いずれにしても、極東法圏とされる中国や日本において、裁判手続に代わって、あるいは裁判手続と並んで、調停手続が活用されてきたことは紛れもない事実である。

これに対して、西洋法圏では、裁判手続が民事紛争処理の中核となる手続であるが、裁判手続に代わる裁判外手続としては、伝統的に仲裁手続が利用されてきた。ことに、十九世紀末から二十世紀にかけて欧米の仲裁手続制度は急速な進歩を遂げたといわれる[15]。これは当時の欧米における経済活動の急速な進展につれて、通常の裁判所では十分な経済的・専門的知識を欠いていたために、絶えず分業化・専門化する経済生活に対応できず、商人階級の実際的要求を満足させることができなかったためであるといわれる。そこで、商人仲間において、各職業部門における専門家・経験者を仲裁人として、その判断に委ねる仲裁手続制度が整備され活用されるようになった。ただ、こうして発展した仲裁手続制度としての常設的仲裁裁判所は、各種商人団体が専門家を仲裁人としてその判断を裁判に代えることにした制度であって、調停手続に比べれば、むしろ裁判手続に近い紛争解決制度であるといえる。その意味では、裁判外手続としても、調停を重視する極東法圏とはやはり対照的であるということができる。

(3) 西洋法における裁判外紛争処理手続の変容

① アメリカにおける調停を中心とした多様な裁判外紛争処理手続（ＡＤＲ）運動の展開

ところが、この三〇年位の間に、このように西洋法と極東法とを法圏として対置してきた状況が劇的に変動しつつあることを指摘したい。それは一九七〇年代以降の欧米、ことにアメリカにおいて、調停（mediation）を中心とした多様な裁判外紛争処理手続（ＡＤＲ）を活用する運動が拡がっていったことに始まる。(16)

(a) その背景　この動向の背景としてどのような状況があったのであろうか？　それは六〇年代末から七〇年代にかけて、アメリカにおいて裁判所に持ち込まれた訴訟事件が激増したという状況による、といわれている。つまり、訴訟事件の急激な増加のために大幅な訴訟遅延をきたすこととなり、これが紛争当事者にとっても弁護士費用を含む訴訟費用の高騰をもたらし、ひいては裁判手続の利用をも困難にした。そこで、裁判外紛争処理の活用によってこのような難点を解消しようとしたのである。

しかし、さらに、このような動向が七〇年代のアメリカで顕著になったことの社会的な背景として、次のような新しいタイプの訴訟の急増を生み出した産業構造の変化をあげることができる。その一つは大量生産大量消費の進展につれ、消費者訴訟や環境訴訟などのいわゆる現代型訴訟が続発するようになったことである。もう一つは、産業化の進展につれ共同体（community）の崩壊現象ないし都市化現象がますます進行し、従来は共同体内で処理されてきた紛争の多くがもはや内部では処理できなくなったことである。その結果、家事紛争、借家紛争、学校内紛争、近隣紛争などの共同体内の紛争が多数裁判所に持ち込まれるようになった。このような新しいタイプの紛争は、従来の裁判手続による法律至上主義や白黒決着型の処理によっては必ずしも適切な解決をえられないこともあって、調停（mediation）を中心とする裁判外紛争処理が要望されたのである(17)。

(b) その展開　そこで、まず、この要望に対応する形で、一九六〇年代末から七〇年代にかけてアメリカの各地において近隣紛争処理センター（NJC：Neighborhood Justice Center）と呼ばれるボランティアによる共同体内の紛争処理センターが作られるようになった。そういう状況をみた連邦司法省が四年間に限って財政的な支援（LEAA：Law Enforcement Assistant Administration）をしたこともあって、この種のNJCが、名称は様々であるが、アメリカの各地に増設され、財政支援終了後もさらに拡がっていった(18)。

この非営利型のADRは、従来から存在したアメリカ仲裁協会（American Arbitration Association）のように大規模なADR組織によるものもあるが、多くは中小規模の特定分野や特定地域を対象とする組織であって、地域内での近隣紛争、学校紛争、家事紛争、借家紛争、消費者紛争などを調停によって解決するものが多い。一九七〇年代後半から盛んになりその半数以上は八〇年代以降に設立された。一九九〇年代には全米で四〇〇を超える程に急増したということである(19)。

このように裁判外紛争処理（ADR）運動は、当初はボランティアによる非営利型のものから出発したが、ついで、一九七〇年代中期以降には商業ベースで紛争処理サービスを提供する営利型のADRが生まれてきた。そこでは、調停や仲裁のような伝統的な処理手続に限らず、当事者が双方の弁護士の弁論を聞いたうえで解決をするミニ・トライアル（mini-trial）や私設裁判官による擬似裁判をするプライベット・ジャッジ（private judge）などの様々な裁判外処理手続も提供する。とりわけ、一九八〇年代になるとかなり大規模なADR企業も急増し、これを利用するものも多様かつ多数になっていった。例えば、企業も企業間紛争の解決のために、費用のかさむ裁判の代わりにこの営利型ADRを利用することも多いといわれる。

さらに、一九八〇年代中期以降には、裁判所に付設されたADRが各地の州裁判所に取り入れられるようになり、やがて連邦地方裁判所にも拡大されることになった。ADRを裁判所に導入するには様々な方法がとられた。財政的に苦しんでいる私設ADRを裁判所に取り込む方法、裁判所自らが開発する方法、既存の訴訟手続を活用する方法などである。すでに、七〇年代後半から裁判官の訴訟管理者としての積極的な役割が強調され、プリトライアル・カンファレンスにおける和解の推進が図られていた。その結果、訴訟事件の九〇%がトライアル前の和解によって解決されるようになったといわれる。一九八〇年代半ば以降の裁判所へのADRの導入はその流れに沿うものであり、そこでは和解だけでなく、調停、仲裁、ミニ・トライアル、早期中立評価など多様なものが試みられるようになった。こうした様々な裁判所付設のADRがまず各州の裁判所に導入されるようになり、やがて連邦地方裁判所にも拡大されることになった。ことに一九九〇年の民事司法改革法(Civil Justice Reform Act)および一九九四年の連邦ADR法の制定によって包括的に連邦地方裁判所にADRを導入することになったのである。(20)

(c) ADR運動の理念の変遷　このようにして展開したADR運動は、一九六〇年代末から一九七〇年代にかけての草創期においては、従来の裁判手続では対処できない家庭内紛争や近隣紛争などの共同体紛争を共同体と一体となって解決するという理念に基づくものであった。近隣紛争処理センター(NJC)のなかでも、例えば、サンフランシスコ共同体委員会(Community Board Program in San Francisco)のように、ボランティアによるコミュニティ・ベースでこの理念を忠実に貫こうとして、寄附金だけによって運営をしようと努力をしたが、次第に伸び悩むようになっていったものも多い。その結果、多くのNJCは州政府や地方自治体の財政的援助を受けるか、裁判所と何らかの形で連絡を取り、ついには裁判所の訴訟手続の中に取り込まれていくものも出るようになった。さらに、営利型ADRなどの多様なADRが展開するようになって、当初の共同体の再生ないし活性化による共同体紛争の解決という理念から、裁判所の過重負担軽減ないし裁判の時間や費用の効率化などの多様な価値実現を理念とするものに変遷していったということができる。(21)

② ＡＤＲのアメリカにおける定着と他の西洋諸国（英・仏・豪州）への波及

いずれにしても、こういう形でアメリカでのＡＤＲ運動はアメリカ全土に着々と拡がり定着していったといえる。そして、この現象は、さらにアメリカだけではなく、他の西洋諸国、イギリス、オランダ、フランスなどにも拡がり、さらに、オーストラリア・ニュージーランドの豪州でも調停を中心としたＡＤＲが活用されているということである。(22) したがって、裁判外紛争解決手続として調停を活用する点に西洋法に対する極東法の特徴があるとする従来の法圏分類はもはや通用しなくなっていることを意味するのであって、これは一種の平準化と呼ぶことができる。

(4) 中国法における法による裁判手続の重視と仲裁手続の整備

① 裁判手続における調停重視から法による裁判重視への移行

他方、中国法においては調停重視の伝統的な紛争処理がその特徴であることは既に指摘した。すなわち、裁判外の調停手続として人民調停をはじめとする多様な民間調停が活用されているだけではなく、裁判手続においても法院調解により「調解を主とし」、「調解を重んじなければならない」とする伝統的調停重視の原則がとられてきた。「調解を主とした」裁判手続は前述した「馬錫五審判方式」や「十六文字方針」以来の伝統であり、一九八二年に実施された中華人民共和国民事訴訟法（試行）においては「調解を重んじなければならない」（同六条）と明文化されることになった。裁判の実務においても民事訴訟事件の七〇％から八〇％は法院調解により解決されていたといわれ、調停で解決できる裁判官が最も優秀であると評価されるようになった。(23)

しかしこの調停重視の傾向は多くの問題を生むことにもなった。まず、裁判官は調停による解決率を追求し、明らかに調停に適しない事件でも調停を繰り返して、手続を長引かせて判決をしない（久調不決）という状況が続くようになった。また、裁判官が調停を成立させるために強引に調停案を当事者に強制して、一方当事者の利益を損なうこともしばしばであるともいわれた。このような状況は法院調解や裁判官に対する不満や不信感を生むことにもなった[24]。

そこで、一九九一年に制定された現行民事訴訟法は、「調解を重んじる」という文言を削除し、「自由意思と合法の原則に基づく調解」を宣言し、「調解が成立しないときは、すみやかに判決を下さなければならない」と規定したのである。この法改革は、さらに、基本的には、次のような背景によるものであったと考えられる。すなわち、一九七八年の改革解放後の市場経済導入によって、次第に、取引経済が普遍的な拡がりをみせるようになった結果、経済紛争が増大し、裁判所に持ち込まれるようになった。従来の国家計画経済のもとでは経済的な紛争は基本的には国の指導によって解決されることが原則であって、私人間の紛争として裁判所に持ち込まれることはほとんどなかった。ところが市場経済の導入によって、経済紛争が多発して、それをめぐる訴訟事件が急増することになった。これは後で述べる、裁判手続における審理原則の改革問題にも関連するが、調停重視の傾向に対しても、調停をまとめようとして手続が長引き一向に判決がなされない（久調不決）という状況が続くのは困る。経済紛争は法に従った判決によってできるだけ早期に解決し、実務上も予測可能な透明性のある紛争処理ルールを確立すべきであるという要求が背景となったと考えられる[25]。

② 仲裁手続の整備とその活用

他方、これまでは欧米における裁判外手続の特徴であった仲裁手続が中国でも整備されることになった。従来も仲裁委員会と呼ばれる多様な仲裁機関があったが、国際経済貿易紛争仲裁委員会（民間仲裁）のほかは、それぞれの所轄の行政管理局に属する仲裁委員会による仲裁であって、当事者の合意を前提としない行政庁による強制仲裁（行政仲裁）であった。この仲裁判断に対しては、人民法院への上訴が認められたが、官僚主義的な問題が出てきたといわれる[26]。

一九九五年に施行された中華人民共和国仲裁法は、これまで行政庁ごとに分散していた強制的仲裁（行政仲裁）

に代わり、仲裁の合意を前提とする統一的な仲裁制度（民間仲裁）を確立することになった。これによって、社会主義的な市場経済の発展のために経済紛争の公正で迅速な解決をはかることが目指されたのである。この統一的な仲裁機関を持つ新しい仲裁手続は、国家機関などの干渉を受けない自立性と独立性の保障された公正な民間の仲裁手続であって、国内仲裁、渉外仲裁ともに取り扱う終審的な紛争解決手続である。この新しい仲裁手続によって既にかなり多くの紛争が解決されているといわれる。これは仲裁人の忌避制度を整備していることや仲裁人を著名な専門家の兼任制としていかなる干渉や指導も受けないよう配慮していることなどによって、その公正さに対する信頼があるからであるといわれている。(27)

③　人民調停を中心とした民間調停の状況

法院調停以外の調停手続にはさまざまなものがある。人民調停委員会による人民調停の他にも、そのような組織をもたない近隣間の大衆調停、行政機関内部の職員・労働者間の紛争を調停する行政調停、社団内部の成員間の紛争を調停する社団調停、仲裁手続で行われる仲裁調停などがある。(28)

その中でも人民調停がもっとも活用されていることはいうまでもない。人民調停委員会の組織は広範であり、百万余りの調停委員会が全国各地に存在し、調停員は一千万人余りにも及ぶといわれる。彼らは本来すべて自ら志願し無償で活動するボランティアであり、紛争当事者からも費用を取ることはない。もっとも、市場経済の浸透につれて、一定水準の調停委員を無報酬で確保することが難しいという問題が生じているようである。いずれにしても、人民調停はすべての民間の紛争を対象にし、当事者の申立がなくとも紛争に介入して調停を行うが、当事者の合意がなければ成立しない。自発的に介入するのは調停が紛争の発生ないし激化を予防することを目的とすると考えられているからであるといわれる。いずれにしても、調停により紛争を解決するという伝統が脈々として民衆の中に生き続けていることは確かである。(29)

(5) 民事紛争処理手続の国際的平準化の傾向とその限界

① 国際的平準化の傾向

このように各国の民事紛争処理手続をその全体的な広がりからみてくると、それぞれの国でその具体的な背景は異なるが、裁判手続だけではなく、裁判外手続、しかも調停を中心とした多様な裁判外手続が並存して展開しつつあることを指摘することができる。その意味では、もはや裁判重視の西洋法と調停重視の極東法という対置は意味を失い、西洋法においても調停手続が活用され、東洋法においても裁判手続の重要性が強調される傾向にあることは明らかである。しかもこの傾向は、その典型としてのアメリカ法と中国法においてみたように、それぞれの国における経済構造の深化や市場経済の国際的浸透を背景とする側面があることも否定できない。このような意味においてこれを民事紛争処理手続の国際的平準化の傾向と見ることができると考える。

② 法文化的背景の差異による紛争処理実態の相違

(a) 裁判外紛争処理の多様化傾向と比較法的特徴　しかし、このような国際的平準化の傾向を指摘できるとしても、そこには自から限界があると思われる。それぞれの国にはそれぞれに伝統的に固有の法文化的背景があり、紛争処理の内容も国に従って違っている。具体的には裁判外紛争処理といっても、例えばアメリカで行われているADRは、仲裁や調停にかぎらず、ミニ・トライアルやプライベット・ジャッジのように、正式の法廷ではなくて当事者の合意に基づくADRとしての簡単な審理手続を経た裁判予測に立った合意形成によって紛争処理をするものなど様々である。これらの手続は対審的な構造をとり、両当事者やその代理人が相対席して審理をする手続をとるのが一般である。調停手続でも、アメリカでは、まず当事者対席の下に手続をはじめ、必要に応じて交互面接を入れることもあるが、原則として当事者対席の手続によって自律型の調停をするのが一般である[30]。自律型の調停とは当事者の自律的な判断による合意形成を尊重し、調停員はそのために当事者の話し合いを促進する役割を果たす調停のことである。これに対して、日本や中国の調停手続は交互面接によって行われることが多く、調停員は当事者を説得して調停をまとめる説得型の調停をすることが多い[31]。

説得型と自律型の対比は、さらに規範型と非規範型の対比に連なるといえる。規範型とは、調停委員が法規範や社会規範を説きながらこれを説得の手段として合意を図ろうとするやり方である。中国ではむしろ積極的にそうした規範的な判断を示して教育することによって当事者を説得して合意を図ることが奨励されているようである。これに対して、アメリカのコミュニティベースのＮＪＣにおけるボランティアによる調停では、調停員は非法律家であることが多いが、法律家であっても法的判断は示さないのが原則であるとされている[32]。もっとも、ミニ・トライアルやプライベット・ジャッジのように法的判断を示す裁判予測により当事者間の合意を図るＡＤＲでは、規範的自律型のＡＤＲということになる。日本では、調停員が法律家であるか否かで対応は異なると思われるが、規範的な判断を示して説得する規範的説得型の調停が多いといえる[33]。

(b)　西洋法における米・独の相違　　このように同じ裁判外紛争処理手続でも、その具体的な内容は国々によって様々であり、平準化といっても国際的な傾向としての外形上の平準化であって、個別具体的な内容までも平準化されているわけではない。これはそれぞれの国が独自の伝統的法文化をもつところからみて当然のことであると考える。例えば同じ西洋法であっても、アメリカ法とドイツ法では、裁判手続の審理原則については英米法と大陸法の伝統的違いによる相違があることは後述するが、裁判外紛争処理手続の利用状況も全く異なるといえる。アメリカにおいてＡＤＲ運動が急速な展開を示し多様な裁判外手続が活用されていることは既に述べた。これに対して、ドイツにおいても裁判外紛争処理手続（ＡＤＲ）として、各種職業団体の調停所（Schlichtungsstelle）や大都市にある公共情報＝和解所（Öffentliche Rechtsauskunfts- und Vergleichsstelle）などの多様な裁判外紛争処理機関がある。しかし、例えば医療紛争についての医師会の鑑定＝調停所（Gutachter- und Schlichtungsstelle）などの一部を除いては余り活用されているとはいえない状況にある。これはドイツの裁判手続が利用しやすいこと、裁判による権利保護を求める国民性があること、ＡＤＲに手続保障や公正さなどの問題があることなどの様々な原因によるとの指摘がされている[34]。いずれにしても、ドイツでは裁判手続が紛争解決の中心的な役割を果たしているのであって、裁判外手続がこれに劣ることのない紛争解決機能を果たしているとはいえないように思われる。このように、同じ西洋法圏においても、民事紛争処理手続として裁判手続と裁判外手続とをともに備えていても、その活用状況はそれぞれに異なってくるということができる。

注

（1）以上の経過の詳細につき、吉村徳重「英米法における法典訴訟の歴史的形成」法政研究三〇巻三号（一九六三年）七五頁以下、同「アメリカにおける訴訟物論の展開」民訴雑誌一一号（一九六四年）三〇頁以下参照。

（2）Vgl. Rosenberg-Schwab-Gottwald, Zivilprozessrecht, 15. Auf. (1993) S. 20ff.

（3）藤田勇・概説ソビエト法（一九八六年）一頁以下、とくに、ソ連法の紛争解決機構と民事裁判手続につき、八三―一一三頁および三一三―三一七頁参照。

（4）ツヴァイゲルト＝ケッツ、大木雅夫訳・比較法概論　原論（下）（一九七四年）五四一頁以下、特に、その司法制度については五八三―五九九頁、福島正夫編・社会主義国家の裁判制度（一九六五年）一頁以下など参照。

（5）王亜新「中国民事裁判における職権探知方式とその変化（一）（二）」民商一〇二巻六号、一〇四巻二号（一九九一年）同・中国民事裁判研究（一九九五年）（所収）一頁以下、高見沢磨「中華人民共和国における紛争と紛争解決（一）〜（八）」（一九九五年・一九九六年）同・現代中国の紛争と法（一九九八年）（所収）一五頁以下、七九頁以下、斎藤明美・現代中国民事訴訟法（一九九一年）一―一八頁、四三―八一頁など参照。

（6）楊栄馨「中国の調停制度―主として民間の調停を中心として―」シンポジウム・現代中国における仲裁と調停、法政研究六八巻二号（二〇〇一年）四四頁以下、王亜新「中国の人民調停と弁護士」第二東京弁護士会編・弁護士会仲裁の現状と展望（一九九七年）四三頁以下、高見沢前掲論文注（5）一五頁以下、特に現行人民調停制度については、同三二頁以下参照。

（7）兼子一・民事訴訟法体系（一九五四年）五八頁以下、同・民事法研究第二巻（一九五四年）一頁以下参照。

（8）比較法的視点から、日本法のこうした特徴を強調するツヴァイゲルト＝ケッツ前掲書注（4）六六〇頁以下参照。

（9）この点につき、吉村徳重「裁判外紛争処理の現状と将来」民事訴訟法の争点（新版）（一九八八年）五四頁、同「民事紛争処理の多様性と訴訟の機能」法政研究五一巻一二号（一九八四年）一五三頁参照。

（10）ツヴァイゲルト＝ケッツ前掲書注（4）六四五頁以下参照。Cf. René David, Introduction to the Different Conception of the Law, International Encyclopedia of Comparative Law, vol. 2, chap. 1, 1975, p. 3 et. seq.

（11）これは、中国法についての比較法の古典的文献である、エスカラ・谷口知平訳・支那法（一九六五年）以来、その影響による西洋比較法学者の通説的立場であるといわれる。大木雅夫・日本人の法観念（一九八三年）一五頁参照。

（12）川島武宜・日本人の法意識（一九六七年）一五頁以下、cf. Y. Noda, The Far Eastern Concept of Law, International Encyclopedia of Comparative Law, vol. 2 chap. 1, 1975, pp. 120-137.

（13）J. O. Haley, The Myth of the Reluctant Litigation, Journal of Japanese Study Vol. 4 No. 2 (1978) pp. 359-390（加藤新太郎訳「裁判嫌いの神話（上）（下）」判例時報九〇二号、九〇七号）、大木雅夫前掲書注（11）二一五頁以下参照。

（14）「司法制度改革審議会意見書」（二〇〇一年六月）ジュリスト一二〇八号一八五頁以下、とくに一九〇頁など参照。

（15）中田淳一・訴訟及び仲裁の法理（一九五三年）三〇一頁以下参照。

（16）吉村徳重「裁判外紛争処理の動向とその分析」法政研究五一巻三＝四号（一九八五年）二五一頁以下、小島武司・調停と法―代替的紛争解決手続（ＡＤＲ）の可能性―（一九八七年）三五頁以下、六七頁以下、一八九頁以下、山田文「裁判外紛争解決制度における手続法的配慮の研究―アメリカ合衆国の制度を中心として―（一）～（三）」法学五八巻一号四五頁・二号六五頁・五号九九頁（一九九四年）など参照。

（17）以上につき、吉村前掲論文注（16）二五二―二五四頁参照。

（18）吉村前掲論文注（16）二六〇―二六四頁参照。

（19）三木浩一「アメリカ合衆国連邦地裁における訴訟付属型ＡＤＲ」石川・三上編著・比較裁判外紛争解決制度（一九九七年）七三頁。以下の叙述についても同論文七六頁以下参照。

（20）連邦地裁における司法改革によるＡＤＲの展開について、古閑裕二「アメリカ合衆国における民事司法改革―Civil Justice Reform Act of 1990を中心として―（上）（下）」法曹時報四五巻一一号一頁、四五巻一二号一頁（一九〇〇年）、橋本聡「紛争処理の柔軟化と多様化―アメリカ合衆国連邦地方裁判所を例に―（一）（二）」民商一〇五巻三号六六頁・四号四九頁（一九九二年）、連邦ＡＤＲ法との関係については、山田文「アメリカにおけるＡＤＲの実情（上）（下）」ＮＢＬ七一八号四〇頁・七二〇号七一頁（二〇〇一年）参照。

(21) 三木前掲論文注(19)七八頁以下、理念変遷の具体的な背景につき、吉村前掲論文注(16)二六〇頁以下参照。なお、コミュニティ・ボードの紹介として、竜崎喜助「地域社会の私的紛争解決制度―アメリカ合衆国のコミュニティ・ボードの例」判例タイムズ五五七号(一九八五年)(同・証明責任論二九三頁以下所収)参照。

(22) アニー・デ・ロー「イギリスおよびオランダにおける最近のADRの発展についての諸考察」石川・三上編著前掲書注(19)六一頁以下、赤羽智成「オーストラリアMediation制度の概要とその問題点」同書一四一頁以下参照。

(23) 高見沢前掲書注(5)四四頁以下、斎藤前掲書注(5)五二頁以下、周康「中国における法院調解制度の検討」石川・三上編著前掲書注(19)二〇三頁以下、江偉・李浩・王強義・中国民事訴訟法の理論と実際(一九九七年)一一〇頁以下など参照。

(24) 高見沢前掲書注(5)四六頁、八三頁、斎藤前掲書注(5)五四頁、江偉他前掲書注(23)一一三頁など参照。

(25) 江偉他前掲書注(23)一二七頁、斎藤前掲書注(5)五四頁参照。なお、王亜新「中国の民事裁判における実体法規範の役割について(一)〜(四)」民商一〇七巻一・二・四＝五・六号(一九九二年・一九九三年)同・前掲書注(5)八三頁以下は、この現代中国における裁判手続の傾向を調停重視による個別了解モデルと法による判決重視の一般妥当性モデルのアンビバレンスとして分析する。また、季衛東「調停制度の法発展メカニズム―中国法制化のアンビバレンスを手がかりとして―(一)〜(三)」(一九九〇年)民商一〇二巻六号四五頁・一〇三巻一号四六頁・同二号一六頁は、両者を近・現代中国における法規範発展の重層的プロセスとして統一的に理解しようとしている。

(26) 楊栄馨「中国における仲裁の立法と実務」前掲注(6)シンポジウム・現代中国における仲裁と調停、法政研究六八巻二号(二〇〇一年)二一七頁以下参照。

(27) 文正邦「『仲裁法』と市場経済下の裁判制度改革」アジア法研究センター編「中国の仲裁法と仲裁制度」立命館法学二四六号(一九九六年)六九三頁以下、楊前掲論文注(26)三〇頁以下参照。

(28) 楊前掲論文「中国の調停制度」注(6)四四頁参照。

(29) 楊前掲論文注(6)四五頁以下、高見沢前掲書注(5)三二頁以下参照。なお、田中信行「人民調停と法治主義の相克」岩波講座現代中国第一巻(一九八九年)二七九頁以下は、人民調停の歴史的変遷を論じ、市場経済導入後の法治主義の確立への対応を問題としている。

(30) NJCにおける調停手続のマニュアルについて、吉村前掲論文(16)二七二頁参照。もっとも、実態としては交互面接も頻繁に行われているとの報告もあり、一概に断定できないようである。笠井正俊「比較法的視点からみたわが国ADRの特質―アメリカ法から」ジュリスト一二〇七号(二〇〇一年)五七頁、六二頁以下参照。

（31）調停手続における第三者機関の判断・説得・誘導・強制機能や交渉促進機能などの役割について、棚瀬孝雄「裁判外の紛争処理機関」新実務民事訴訟講座（一）（一九八一年）一二九頁、一三五頁以下、吉村前掲「裁判外紛争処理の現状と将来」注（9）五六頁参照。

（32）小島前掲書（16）二五六頁以下（日米調停制度の比較）参照。もっとも、この点についても退職裁判官や弁護士の行う調停は、法的評価を示す傾きがあるといわれる。笠井前掲論文注（30）六二頁以下参照。

（33）棚瀬孝雄「裁判外紛争処理の理念と実践」小島武司・伊藤真編・裁判外紛争処理法（一九九八年）一四頁以下、山田文「裁判外紛争処理と交渉」同書二〇四頁参照。なお、調停の類型化について、棚瀬孝雄「法化社会の調停モデル」法学論叢一二六巻四・五・六号一二二頁参照。

（34）ハンス・プリュッティング「ドイツ側からみた裁判外の紛争解決（ADR）」石川・三上編著前掲書注（19）一九頁以下、三上威彦「ドイツの裁判外紛争解決制度（ADR）について」同書三五頁以下、同「比較法的視点からみたわが国ADRの特質―ドイツ法から」ジュリスト一二〇七号（二〇〇一年）六五頁参照。

三　民事裁判手続における審理原則の比較法的特徴と日本法の位置

1　審理原則の比較法的特徴　その一　当事者主義と職権主義の対立とその平準化

(1)　処分権主義・弁論主義と職権探知主義の対立とその平準化

①　処分権主義・弁論主義と職権探知主義の対立

ところで、裁判外手続とともに紛争処理の中心的な役割を果たしている裁判手続には国によって様々な審理原則があるが、今度は、その審理原則の比較法的特徴は何かを検討する。まず、審判の対象となる請求の特定とその判断資料となる事実や証拠の提出の場面、ついで、訴訟手続進行の場面とを区別して考察する。それぞれの場面で、裁判所と当事者のどちらが主導的な役割を果たして訴訟審理を行うのかという問題である。

まず、審判の対象と判断資料についての主導性の問題であるが、審判の対象となる請求を誰がどういう範囲に限定するのか、その請求について判断する資料となる事実や証拠を誰が提供するのかという問題である。この点については当事者が主導性をもつ当事者主義と裁判所が主導性をもつという職権主義の対立がある。わが国では、この当事者主義の原則は、ドイツと同様に、さらに、処分権主義と弁論主義と呼ばれている。処分権主義によれば審判の対象となる請求は当事者によって特定される。また、弁論主義によって審判の対象について裁判をする判断資料としての事実や証拠は当事者が提出したものしか考慮できないことになる。いずれについても当事者にその権限と責任があるという原則である。この審理原則は基本的にはアメリカの裁判手続でも妥当する。もっとも、処分権主義の中心である申立主義に関してはアメリカでは当事者の申立を超過する認容も許されるとされているし、弁論主義の内容である事実の主張についても不意打ちにならない程度の認定の食い違いは許されるという違いがある。そういう若干の相違はあるけれども、基本的には審判の対象とその資料となる事実や証拠は当事者の提出したものによって審理裁判されるという点ではアメリカもドイツ・日本も共通である[1]。

これに対して中国の裁判手続は、前述した十六文字方針以来の伝統的な審判方式によれば、裁判官が職権によって審判の範囲を決め、事実や証拠を収集し、当事者や証人を尋問する全面的な職権主義的審判方式によるものであった。処分権主義と弁論主義のまさに対極にあったものといえる。一九八二年に建国後初めて成立した民事訴訟法（試行）においては、「当事者は自分の提出した主張について証拠を提出する責任がある」との規定をおいたが、同時に「人民法院は法定の手続にもとづいて、全面的、客観的に証拠を収集し、調査しなければならない」と規定した（同五六条）。当事者の証拠提出責任と裁判所の職権探知とを結合して、真実発見を目指したものであったが、裁判実務においては、当事者の証拠提出は殆ど期待できず、裁判所の調査と証拠収集に全面的に依存するという伝統的慣行はそのまま続くことになった。その結果、裁判官は証拠の調査と収集に時間をとられて負担過重となり、訴訟手続が遅延するだけでなく、証拠の公正な審査や評価をすべき裁判官の客観的立場を危うくする危険もあった。とりわけ、裁判官の職権探知のほとんどが開廷審理前に行われたために、実質的な審理は開廷前に殆ど完了し、開廷審理は形だけのものとして形骸化することになった(2)。

② その平準化——中国法における当事者の証拠提出責任の強化と審判方式改革の動き

一九九一年に実施された中国の現行民事訴訟法は、処分権主義や弁論主義の対極にあった中国の伝統的な職権主義的審判方式を改革し、当事者主義的要素を一部取り入れたものといえる。ことに当事者の証拠提出責任を強調し、「当事者は自己の提出した主張について証拠を提出する責任がある」ことを原則とした(同六四条一項)。裁判所は、「当事者およびその訴訟代理人が客観的な原因により自ら収集できない証拠、又は人民法院が事件の審理に必要であると認める証拠を調査し収集しなければならない」と規定して(同六四条二項)、裁判所の職権探知を例外的に認めることにしたのである。さらに、当事者の処分権についても、一定の範囲でこれを認めるとする規定を置いている(同一三条)(3)。

この法改革の背景には、前述したように中国における市場経済導入以後の社会状況の変動があったといえる。すなわち、市場経済が浸透していくにつれ、経済紛争が多発して裁判所に持ち込まれるようになると、裁判所は今までのように職権で事実を探し回って証拠を収集する余裕がなくなってきたのである。元来、社会主義社会の国家計画経済のもとでは、経済紛争が私的利益をめぐる紛争として裁判所に持ち込まれることは予想されておらず、社会主義的理念に基づく職権探知による審理方式ではもはや対応できない事態となったといえよう(4)。

しかし、現実の裁判実務の実態は、現行法が例外的と位置づけた裁判所の職権探知に依存する従来の伝統的審理方式から容易に脱却できず、依然として開廷審理前の職権探知によってすでに実相は解明され決着がついている場合が多いといわれる。それは当事者の力量不足などの社会的背景によるところが大きいが、さらに、現行法の規定自体が必ずしも明確ではなく、開廷前の職権による証拠の調査収集義務（同一一六条）や必要と認めた証拠の職権探知義務（同六四条二項）を規定することにより、当事者主義と職権探知の混在状況にあるなど多くの問題を含んでいることにもよるといえる。(5)

そこで、現代中国における裁判実務をめぐる様々な問題を解決するために各地で行われている審判方式改革運動は、市場経済の拡大による経済紛争の激増に応えるために、当事者の主体性を前提とした当事者主義的審理を試みるものが多い。もともと、当事者主義的審理原則は、近代資本主義経済の発展過程の中で形成された近代国家法としての近代民事訴訟法の特徴であった。したがって、これは資本主義的な市場経済に対応した裁判の審理原則であったといえる。すなわち、市場経済のもとでは経済的な権利や利益については私的自治の原則が認められ、私人の自主的判断による自由な処分に委ねられる。私的利益をめぐる紛争の処理手続である裁判手続でもこれを反映して処分権主義や弁論主義の原則がとられているのである。中国社会においても、市場経済が浸透するにつれ、経済紛争をめぐる裁判手続の審理原則が当事者主義化していくことは歴史の必然のように思われる。事実、中国における審判方式改革の動きのほとんどが当事者主義の徹底を目指していることは、その将来的展望を象徴的に示すものであるといえる。(6)

(2) 当事者進行主義と職権進行主義の対立とその平準化

① 当事者進行主義と職権進行主義の対立

次に、いわゆる、西洋法圏のなかでも英米法と大陸法の典型としてのアメリカ法とドイツ法の裁判手続では、訴訟進行についてはは異なった原則をとっている。アメリカの当事者対立主義（Adversary System）では手続進行の主導性も当事者に委ねる当事者進行主義であるのに対して、ドイツでは裁判所に委ねる職権進行主義である。もっとも、大陸法でも当初フランス民事訴訟法がナポレオン法典として成立した時には手続進行についても当事者の主導に委ねていたが、裁判手続が著しく遅延したこともあって大陸法では職権進行主義に転換することになったのである。[7] 従ってこの点では英米法と大陸法では顕著な違いがある。

まず、アメリカ法のトライアル前の手続（Pre-trial Proceedings）とこれに対応するドイツ法の主要期日（集中審理）前の準備手続では、アメリカ法は当事者進行主義であり、ドイツ法は職権進行主義である。具体的には、アメリカ法では、まず、当事者は訴状や答弁書等の書面を裁判所に提出し、これが相手方当事者に送達されることによって、請求の提示や事実の主張およびその認否をするプリーディング（Pleading）手続が進行する。さらに、事実や証拠の開示・収集手続は当事者間の直接の手続であるディスカバリー（Discovery）によって進行する。いずれの場合にも、当事者双方のイニシアティブによって請求の提示と事実の主張・認否および証拠の開示・収集手続が進行するのが原則であって、当事者の異議申立によってのみ裁判所が介入し裁定を下すにとどまるのである。もっとも、そのうえで、裁判官の指導のもとで当事者双方のプリトライアル・カンファレンス（Pre-trial Conference）を行い争点と証拠を整理する段階では、手続進行は裁判官によることになる。[8] これに対して、大陸法であるドイツ法や日本法では、当事者が訴状を裁判所に提出すれば、裁判所は職権でこれを審査して必要な補正を命じこれに従わなければ訴状を却下する（日民訴法一三七条）など、相手方の申立がなくとも職権で介入する。事実や証拠の収集手続も、例えば当事者が手元にない文書を相手方から提出させたいときには、アメリカでは直接相手方に文書提出を求めるディスカバリー手続を行うが、日本やドイツでは当事者の申立により裁判所が相手方に提出命令を出すことによって文書が提出されることになる（日民訴法二一九条以下、ZPO §§ 421・425）。要するに、日本やドイツでは常に裁判所が中心であって、裁判所の職権により（訴状審査など）、あるいは、当事者の申立による裁判所の裁定（証拠調べの決定など）によって、裁判所が手続進行を主導するのに対して、アメリカの場合には、一方当事者の異議申立がない限り当事者間の直接的な手続によって手続が進行していくのが原則であるという点で顕著な違いが

あるのである。(9)

さらに、準備手続終了後の集中審理手続においても、アメリカとドイツでは手続進行の主導性を持つものが異なる。アメリカのトライアル（Trial）においては、まず、裁判官の導入的説明ののち、当事者（弁護士）が冒頭陳述を行い、当事者の提出した証人の尋問も当事者の主尋問と相手方の反対尋問からなる交互尋問により進行するのが原則であり、最終弁論も当事者が行う。(10) これに対して、ドイツの主要期日（Haupttermin）においては、裁判所が準備手続において争点や証拠を整理した結論を要約したのち、主要争点についての集中審理を行う。証人尋問も裁判長の尋問によって進行し、当事者は裁判長の許可によって尋問を補充できるだけである。(11) このように、手続進行について主導性をとるのが裁判所か当事者かについても顕著な対立がある。

② その平準化——アメリカ法における裁判官の訴訟管理者としての権限強化の傾向

アメリカ法の当事者対立主義のもとでは、訴訟手続において積極的な役割を果たすのは対立当事者（弁護士）であり、裁判官は中立的な判定者（Umpire）として受動的な立場にとどまると考えられてきた。それは審判の対象である請求の特定や事実・証拠の提出だけでなく、手続進行についても貫く原則であった。手続進行も基本的には対立当事者間の直接手続に委ねるが、ただ、当事者間の手続がルールに反したときには、一方当事者の異議申立による裁判官の裁定にしたがって、さらに当事者間手続が進行するのである。これはプリーディングだけでなく、その機能を補完する役割を果たすことになったディスカバリーについても妥当し、対立当事者の主導性に委ねられた。さらに、同じ機能をもつプリトライアル・カンファレンスも、裁判所の指導によるとはいえ、当初は当事者の協議によりトライアルについての当事者間の合意を目指すものであった。(12)

ところが近年、手続進行を当事者主導のみに委ねていたのでは訴訟が遅延し手続費用が増加することになるとして、事件処理の効率的運営を図るために、裁判官の管理者的役割を強調して、手続進行についての裁判官の権限を強化する傾向がみられる。その一般的な背景としては、一九六〇年代以降、訴訟事件が急増してきたこと、現代型訴訟などの複雑訴訟が多発してディスカバリーが広範に利用され長引くようになったこと、ことに、一九七〇年の連邦規則改正によってディスカバリーが広く許容されることになり「証拠漁り」などのために濫用され、肥大化する傾向があったことなどが指摘できる。そこで、こうした弊害を除去し訴訟遅延を防止するために、訴訟実務では、裁判官の指導によるプリトライアル・カンファレンスを活用し、訴え提起後の早い段階から、ディスカバリー実施の計画など、公判前手続のスケジュールをたてることにより迅速かつ効率的な事件処理のための訴訟運営が試みられるようになった(13)。

一九八三年の連邦民事訴訟規則の改正はこうした実務の動向を承認・強化するものであった。この改正によって、ディスカバリーを制限し、その濫用にわたる一定の場合には、裁判所が関与してこれを制限できるとした（同二六条）ほか、プリトライアル・カンファレンスが単に当事者の協議によるトライアルの準備手続だけでなく、裁判官の事件管理のための手続でもあることを明確にした（同一六条）。一九九三年の改正もこの裁判官の訴訟管理者としての役割をさらに強化するものであった。その結果、裁判官は訴状提出後の早い段階から、当事者との協議によりスケジュール命令を出し、プリーディングの修正、ディスカバリーの終了、プリトライアル・カンファレンスなどの期日スケジュールをたてることなどにより、裁判官による早期かつ継続的な手続コントロールが目指されることになった（同一六条（a）（b））。さらに、数回にわたることのあるプリトライアル・カンファレンスでは、ディスカバリーのコントロールやスケジュール、和解の可能性や裁判外紛争処理手続（ADR）の利用などを検討してその処置をとるほか、最終的には、争点や証拠の整理に基づいてトライアルの計画を立てることになる（同一六条（c）（d））。裁判官はこれらの協議による措置を取らせるプリトライアル命令を出すことによって手続を管理し、これに服しない当事者には制裁が科されることになった（同一六条（e）（f））。

こうした訴訟管理者的裁判官像に対しては、伝統的立場からの批判もあったが、訴訟事件の急増や現代型訴訟などの複雑訴訟の増加に対応するために、裁判官の積極的な訴訟管理を求める改正の方向を支持するのが大勢の赴くところであるといえる。その結果、アメリカの民事訴訟におけるトライアル前手続は、伝統的な当事者進行主義から一定の範囲で職権進行主義に移行したということができる。その限りで、これに対応するドイツ法の主要期日のための準備手続（ZPO § 275）や日本法の集中証拠調べのための準備手続（民訴法一六四条以下）における争点・証拠の整理手続が裁判所の主導により進められる職権進行主義であることとの間に一定の平準化が認められる。

(3)　審理原則の比較法的特徴　その二　集中審理と並行審理の対立とその平準化

①　集中審理と並行審理の対立

しかし、歴史的にみれば、ドイツ法や日本法で主要期日（ZPO § 278）や集中証拠調べ期日（日民訴法一八二条）における集中審理とその準備のための争点・証拠の整理手続が整備されるようになったのは、後述するようにごく近年のことであった。それまでは、英米法では、公判の集中審理と公判前の準備手続とが明確に区別されるのに対して、大陸法では、攻撃防御方法の随時提出主義によって、事実主張や証拠提出手続と証拠調べ手続とが必ずしも明確に区別されずに審理期日が重ねられて弁論終結に至るという手続が続けられていた。後者は同一裁判所が多数の事件を同時並行的に何回も期日を繰り返して審理をするという意味で並行審理と呼ばれた。そこで、こうした対立の生まれた背景とその平準化傾向についても言及したい。

まず、英米法においては、歴史的にコモンローでは陪審制をとってきたところから、エクィティとの融合後の裁判手続において陪審を選択しないときも、裁判官が陪審に代わり事実認定をするだけで、同じ手続によって審理される。そこで、陪審である素人を長い間拘束することはできないところから、必然的にトライアルにおける審理は集中的にならざるを得ない。従って集中的なトライアル手続とこれを準備するトライアル前手続とが明確に区別されることが英米法の裁判手続の伝統的な特徴である。これに対して、大陸法では陪審制をとらないから、公開法廷における審理を集中的に行う必要があるという制約がない。だから、長い間、ドイツや日本では同じ事件について何度も弁論期日や証拠調べ期日を繰り返して、じっくりと時間をかけて審理をする慣行があった。すなわち、裁判所は職権進行主義によって、訴状提出後の早い段階に第一回期日を開いたのち、引き続いて準備書面を引用するだけの弁論期日と証拠調べ期日を繰り返すことによって、次第に事案を解明するという審理がなされてきた。その結果、口頭弁論が形骸化しただけでなく、訴訟遅延の大きな原因となった。(14) 日本ではこれを五月雨式審理あるいは漂流型審理と呼び、その改革が課題とされてきたのである。(15)

② その平準化——ドイツ民事訴訟法の改正による集中審理の実現

しかし、こうした審理方式では必ずしも適切な審理ができない。審理がだらだらと長く続き手続が遅延するだけでなく、折角の口頭弁論による口頭主義や直接主義などの審理原則によって、新鮮で直接的な印象による審判ができるという利点を生かすこともできないなどの批判があった。そこで、まずドイツでは、シュトットガルト・モデルと呼ばれた実務の実験を経て、(16) 一九七七年の簡素化法の制定による民事訴訟法の改革によって、準備的な争点・証拠の整理手続と主要期日とを区別する改正を行った。この改革は非常な成功をおさめ、審理期間は短縮され弁論も活性化したと言われている。(17) このようにして、大陸法の典型であるドイツ法において、主要期日における集中審理とその準備手続としての争点・証拠の整理手続が整備されたことは、一定の形でアメリカ法の審理手続との平準化があったものといえる。ことに、前述のように、アメリカ法におけるトライアル前の手続が裁判官の積極的な職権進行主義に移行した側面をもつ点でも両者の接近があったところから二重の平準化であるといえるようである。

ただ、ドイツ法は準備手続においてアメリカ法のディスカバリーを採用したわけではなく、主要期日において当事者による証人の交互尋問を採用したわけでもない。平準化といっても、一応の外形的平準化であって、両者の基本的手続構造にはなお相当の隔たりがあるといわざるを得ない。

2 日本裁判手続の比較法的位置

(1) 旧民事訴訟法形成の比較法的背景

以上の民事裁判手続の比較法的検討を前提として、それでは、日本の裁判手続は比較法的にどのように位置づけることができるのだろうか？ 日本の旧民事訴訟法は明治二三（一八九〇）年にドイツ民事訴訟法の継受によって成立した。したがって、当時のドイツ民事訴訟法（一八七七年）の審理原則であった処分権主義、弁論主義、職権進行主義がわが国にも受け継がれたが、その後大正一五（一九二六）年の改正では、当事者の合意による休止の制度を廃止したことなどにより職権進行主義をさらに徹底することになった。この改正では一九八八年のオーストリー民事訴訟法の影響がみられる。

戦後の昭和二三（一九四八）年の改正によって、アメリカ法の影響をうけ当事者主義的要素がより徹底されることになった。つまり、当時までなお残っていた職権証拠調べを廃止するとともに、証人尋問については裁判所主導によっていた制度を排除して、当事者主導による交互尋問制度を導入することになった。このような形でアメリカ法の当事者対立主義の一部を取り入れたことになる。

(2) 新民事訴訟法の比較法的特徴

平成八（一九九六）年に成立した新しい民事訴訟法は、カタカナの文語体であった旧法をひらがなの口語体に変えるなどの新しい装いのもとで、旧民事訴訟法を全面的に改正したものとなった。世界各国の比較法的検討を踏まえた全体の流れの中で行われた改正といわれているが、なかでもドイツ法とアメリカ法の影響が大きいといえる。(18)

① 準備手続の整備と集中証拠調べ

新しい民事訴訟法では訴え提起後の早い段階で争点や証拠を整理するための準備手続を整備し（民訴法一六四条以下）、それに基づいて集中的証拠調べ（同一八二条）をすることによって集中審理を実現することが目指された。これが今回の民訴法改正における眼目の一つであったといえる。[19]その背景としては、旧法の準備手続制度が実務上は殆ど利用されないまま、法律上の制度ではない「弁論兼和解」と呼ばれた実務慣行によって和解の勧試とともに争点や証拠の整理が行われていたという状況があった。この「弁論兼和解」の問題点を解消し、旧法の準備手続をより利用しやすいものに改正して実務上の定着を図ったものが新法の準備手続である。そして、その際に比較法的視点からドイツ簡素化法の準備手続やアメリカ法の公判前協議手続が参照されたことはいうまでもない。ことに、一九七七年の簡素化法によって改正されたドイツ民事訴訟法の準備手続と主要期日による集中審理手続が、実務上も審理の促進化と弁論の活性化を実現しているという実績が影響を与えたことは明らかである。

この新しい準備手続と集中証拠調べがわが国の実務においてどこまで具体化されていくかは今後の課題であるが、標準的な事件については実務上も次第に定着しつつあるようにみえる。これは今回の改正法が、例えばいわゆる「Nコート方式」や「福岡方式」と呼ばれた各地の実務による準備手続改革の試みを裏打ちする側面を持っていたこともあって、実務の側にも既に準備が整っていたからでもあるといえよう。[20]ただ、その成否は当事者および訴訟代理人が準備手続のために必要な事実や証拠をいかに収集できるかにかかっている面もあり、さらに大規模な訴訟では準備手続も証拠調べも大規模にならざるをえず、一律に集中審理を実現できるとはいえない事情もある。しかし、準備手続を経て集中審理（証拠調べ）を行う実務が少しずつ定着しつつある点では、わが国の実務も国際的な平準化の方向にあるといえる。

② 当事者照会の導入と準備書面の直送

当事者が事実や証拠を収集するための手続として、アメリカのディスカバリーの一部である質問書（Interrogatories）を参考にした当事者照会が導入された（民訴法一六三条）。これは当事者が相手方に対して、主張や立証を準備するために必要な事項について質問状を出して、相当の期間内に書面による回答を求める情報収集手続である。(21)裁判所の介入なしに当事者間だけで手続を進める当事者進行の手続が導入されたという意味ではアメリカ的な当事者対立進行（Adversary System）への接近であるといえる。ただ、当事者の質問や相手方の回答がルールに従ってなされない場合に、当事者の異議申立に対する裁判所の裁定によって一定の制裁が付されるアメリカ法とは異なって、制裁規定なしの任意の手続にとどまった。

また、準備書面の直送手続（民訴規則八三条）も、ある意味では当事者進行主義への接近であるといえる。これも従来は当事者が裁判所に提出したものを裁判所が職権で相手方に送達するという職権進行主義であったが、新しく当事者間で直送したものを裁判所に提出するという当事者相互間の進行手続となった。(22)

③　文書提出命令の対象範囲の拡張

さらに、文書提出義務を一般化して文書提出命令の対象となる文書の範囲を拡張することなどによって、証拠収集手続を充実したこと（民訴法二二〇条以下）も、今回の民訴法改正における眼目の一つであった。(23)しかし、ここではアメリカ法のディスカバリーのような当事者進行手続ではなく、当事者の申立による裁判所の提出命令を介した職権進行主義により、証拠収集手続を拡充したのである。このように、手続進行については一定の範囲で当事者進行主義を取り入れながら、なお、基本的には職権進行主義を維持しているといえる。

(3)　民事訴訟法の特則としての特別裁判手続における職権主義的手続の採用

①　日本法における特別裁判手続の区別とその比較法的背景

日本の民事裁判手続には、民事訴訟法の特別法による特別裁判手続があり、そこでは職権主義的な手続がとられている。例えば、家事事件については、人事訴訟手続法によって職権探知が導入された特別訴訟手続と家事審判法によって非訟事件手続法が準用される家事審判による非訟手続とがある。非訟事件手続法では一定の範囲の民事・商事事件が非公開・非対審の職権探知による審理を行う職権主義的な非訟手続によって審判される。この日本法における通常民事訴訟と特別訴訟手続および非訟手続の区別は、元々明治三一（一八九八）年のドイツ法の継受に由来するものであり、ドイツ法においても、通常民事訴訟のほかに、職権探知主義を導入した人事訴訟手続（ZPO Sechstes Buch）と一定の民事・商事事件を審判する非訟事件手続（FGG）とが区別される。

ただ、日本法ではさらに戦後の家庭裁判所の新設に伴い、昭和二三（一九四八）年には家事審判法によって家事事件の一部が非訟事件手続によって審判されるようになり、さらに、昭和四一（一九六六）年には借地事件の一部の裁判手続に非訟事件手続法が準用されることになって、訴訟事件の非訟化傾向として注目されることになった[24]。他方、ドイツ法では、戦後の基本法による審問請求権の保障（同一〇三条）をうけて、人事訴訟手続に当事者として関与しない利害関係者にも手続への呼出（ZPO§ 640(e)）訴訟告知（ZPO§ 641(b)）を保障する改正をするなどの対応を示している。日本法でも、日本国憲法による裁判を受ける権利の保障（同三二条）を受けた同様の対応が必要となり、今回の新民訴法の制定に際して人事訴訟手続での利害関係人への通知が導入された（人訴法三三条）[25]。

こうした特別裁判手続で職権主義的な手続がとられる根拠は何か？　それはこの種の特別手続では私的利益を超えた社会的・公的利益をめぐる紛争の解決が求められているからであるといわれる。すなわち、純粋に私的な権利・利益が争われている通常訴訟においては当事者の主体的な自治に委ねる処分権主義や弁論主義によることができるが、社会的・公的利益が争われている特別裁判手続では裁判所の職権による積極的な関与が必要となるからである。社会的・公的利益をめぐる紛争が増大しているところに訴訟事件の非訟化傾向の背景があることになる。

② アメリカ法との比較法的対比

これに対して、コモンローとエクイティとを統一して共通の民事訴訟手続を形成した英米法に属するアメリカ法には、このような特別裁判手続の区別がない。しかし、近年においては消費者訴訟、環境訴訟、公民権訴訟などの公共訴訟（public litigation）と呼ばれる公共的利益をめぐる訴訟が多発している。このような訴訟においても伝統的な当事者対立主義による当事者の主導性にのみ委ねた手続で対応できるかが問われているのである。クラス・アクションは私人のイニシアティブによって多数人に関する公共的利益をも保護しようとする手続であるといえる。しかし、同時に他方では、さらにエクィティ以来の裁判所の柔軟かつ積極的な手続関与が要求されるという動向もみられるのである。(26)

③　中国法との比較法的対比

他方、中国法は大陸法の系譜をもつところから、民事訴訟法の中に特別手続の規定を置いている（中国民訴法一五章一六〇条～一七六条）。その一つは選挙民資格事件であり、もう一つは非訟事件とされる失踪宣告・死亡宣告事件、行為無能力・制限的能力認定事件、無主物財産認定事件を審理する手続である（同一六〇条）。その他に、督促手続（同一七章一八九条～一九二条）、公示催告手続（同一八章一九三条～一九八条）などの規定も特別手続に含める見解もある。(27)ただ、中国法では通常民事訴訟手続でも職権探知主義により裁判所の積極的な手続関与が前提となっているところから、この種の特別手続において特に裁判所の職権主義的関与を規定する必要はないことになる。中国法がドイツ法や日本法と顕著に異なるところがここにある。

ただ、中国における市場経済の進展につれて、民事訴訟手続が私的利益をめぐる経済取引紛争を中心に当事者主義化してゆくとすれば、社会的・公的利益をめぐる家事事件手続や非訟事件手続などなお職権主義的手続を必要とする特別手続を区別することが必要となるものと思われる。

(4)　日本の裁判手続全体の比較法的位置

このようにみてくれば、わが国の裁判手続全体の基本的枠組みは、十九世紀末のドイツ法の継受によって形成されたところから、ドイツ法系の裁判手続に属することが明らかである。ただ、戦後その中核をなす民事訴訟法はアメリカ法の影響による改正によってドイツ法に比べればアメリカ法の当事者対立主義に接近したといえる。したがって、これらの裁判手続を比較法的に対比したうえで、日本法を位置付けるとすれば、両極にアメリカ法の当事者対立主義と中国法の職権主義による裁判手続があり、その中間にドイツ法系の裁判手続がある。すなわち、ドイツ法系では、処分権主義・弁論主義・職権進行主義による通常民事訴訟と職権主義的手続による特別民事手続を区別しているのである。わが国の裁判手続は、このドイツ法系の中では、民事訴訟において一部に当事者進行手続を取り入れるなどアメリカ法の影響がより大きい位置をしめるといえるのである。

注

（1）Cf. Y. Taniguchi, Between Verhandlungsmaxime and Adversary System――in Search for Place of Japanese Civil Procedure, Festschrift für K. H. Schwab (1990) 487ff. もっとも、その実務上の運用が各国によって異なってくることはいうまでもない。谷口教授は、ドイツの弁論主義とアメリカの当事者対立主義を対比して、積極的な裁判官と対抗的でない当事者のドイツ型と消極的な裁判官と対抗的な当事者のアメリカ型の特徴があるとし、その中間に裁判官も当事者も適度に積極的な日本型があると結論付けている。

（2）前掲二注（5）引用の文献のほか、斎藤明美「中国民事裁判方式改革」東亜法学論叢第五号四一頁以下（二〇〇〇年）参照。特にこうした伝統的な民事裁判方式を「四歩到廷」と「糾問式」を特徴とし、計画経済社会の必要に応じたものとする同論文四五頁、五一頁以下参照。

（3）斎藤明美・現代中国民事訴訟法（一九九一年）五六頁以下、斎藤前掲論文注（2）五四頁参照。

（4）改革の背景につき、王亜新「中国民事裁判における職権探知方式とその変化（一）（二）」民商一〇二巻六号、一〇四巻二号（一九九一年）同・中国民事裁判研究（所収）五七頁以下、高見沢磨「中華人民共和国における紛争と紛争解決（一）～（八）」（一九九五年・一九九六年）同・現代中国の紛争と法（所収）九二頁以下、斎藤前掲論文注（2）五七頁以下参照。

（5）現行民訴法における裁判の実際につき、斎藤前掲論文注（2）五八頁以下参照。

（6）李衛東「中国民事訴訟制度の改革の試み」日中経協ジャーナル一九九七年七月号、同・現代中国の法変動（二〇〇一年）

（所収）四六七頁以下、斎藤明美「中国民事裁判とその改革（上）（下）」国際商事法務二八巻一二号一四九五頁以下・二九巻一号八一頁以下（二〇〇〇年・二〇〇一年）、同前掲論文注（2）六〇頁以下参照。

（7）Vgl. A. Blomeyer, Zivilprozessrecht (1963) S. 146.

（8）アメリカ法のトライアル前手続につき、James-Hazard-Leubsdorf, Civil Procedure, 4th. ed. (1992) p. 139 et. seq., 小林秀之・新版アメリカ民事訴訟法（一九九六年）一一五頁以下、ハザード・タルッフォ（田辺誠訳）・アメリカ民事訴訟法（一九九七年）一一五頁以下参照。

（9）この点に関連して、アメリカでは当事者対立主義（Adversary System）を糾問主義（Inquisitorial System）と対比して、前者は英米法の訴訟手続の特徴であり、後者は大陸法の訴訟手続の特徴であるとする見解がある。Cf. G. Hazard, The Adversary System, in his Ethics in the Practice of Law (1978) 120. しかし、大陸法の処分権主義や弁論主義は糾問主義とは異なり、当事者対立主義と共通の面をもつことは前述した。したがって、手続進行の側面においてはこの見解が妥当するが、請求の特定や事実・証拠の提出の側面については必ずしも妥当しない。なお、この面における裁判所の釈明の比較法的検討をした、田辺公二「米国民事訴訟における釈明」同・民事訴訟の動態と背景（一九六四年）二八九頁以下参照。

（10）James-Hazard-Leubsdorf, op. cit. pp. 319-320, ハザード・タルッフォ前掲書注（8）一五一頁以下参照。

（11）Vgl. Rosenberg-Schwab-Gottwald, Zivilprozessrecht, 15 Aufl. (1993) SS. 602, 713.

（12）小林前掲書注（8）一八二頁。

（13）Cf. J. Resnik, Managerial Judges, 96 Harvard L. Rev. 374 (1982). この論文は、アメリカ実務におけるこのような裁判官の役割の変貌を詳細に検討し注目を集めた。その批判的な分析に対する反論を含めて、既に多くの紹介がある。加藤新太郎「マネジアル・ジャッジ論」同・手続裁量論（一九九六年）九四頁以下、安達栄司「アメリカ合衆国における審理の充実と訴訟促進の動向―管理者的裁判官論を中心に（一）（二）」民商一〇三巻五号七三五頁以下、六号九一二頁以下（一九九一年）など参照。以下の叙述も含めて小林前掲書注（8）一八五頁以下のほかこれらの諸文献参照。

（14）ドイツにおけるこのような審理の状況を紹介し分析したものとして、Kaplan, von Mheren & Schaefer, Phases of German Civil Procedure (1, 2), 71 Harv. L. Rev. 1193, 1443 (1958), 1212, 1471 参照。

（15）吉村徳重「審理充実・活性化の実践（Nコート）とその評価」井上正三・高橋宏・井上治典編・対話型審理（一九九六年）一二七頁参照。これは五月雨式による在来型審理の実務における改革の試みを紹介検討したものである。

（16）吉村徳重「西ドイツにおける各種訴訟促進案とその問題点」法政研究三六巻二＝六号（一九七〇年）一九三頁以下参照。特に同論文一九五頁以下はシュトゥットガルト・モデルによる実務を見学した経験を踏まえて、これを紹介・検討したものである。

(17) 木川統一郎・吉野正三郎「西ドイツにおける民事訴訟促進政策の動向―簡素化法（一九七七年七月一日施行）を中心として（一）（二）」判例タイムズ三五二号二三頁、三五三号三四頁（一九七八年）、吉村徳重「訴訟促進と弁論の充実・活性化―西ドイツ簡素化法の理想と現実」井上正治還暦記念（下）（一九八三年）三〇一頁参照。

(18) 新民事訴訟法制定の経過と改正事項につき、柳田幸三他「新民事訴訟法の概要」（1）ＮＢＬ六〇〇号（一九九六年）四六頁以下、三宅省三「民事訴訟法の経過と主要な改正事項」三宅省三・塩崎努・小林秀之編・新民事訴訟法体系第一巻（一九九七年）三頁以下参照。

(19) 今井功「争点・証拠の整理と審理の構造」竹下守夫編・新民事訴訟法Ⅰ（一九九八年）二〇一頁以下参照。

(20) いわゆる「福岡方式」については、村井正昭「福岡方式・民事訴訟手続の改善と実験」自由と正義六四巻八号（一九九五年）一三頁参照。

(21) 河野正憲「当事者照会①―その目的」前掲注（18）新民事訴訟法体系第二巻一四四頁、井上治典「当事者照会制度の本質とその活用」前掲注（19）新民事訴訟法Ⅰ二六七頁参照。

(22) 白石哲「書類の送達、直送について」前掲注（18）新民事訴訟法体系第一巻三一八頁参照。

(23) 上野泰男「文書提出義務の範囲」前掲注（19）新民事訴訟法Ⅱ三三頁参照。

(24) 吉村徳重「民事事件の非訟化傾向と当事者権の保障」日弁連特別研修叢書（下）（一九六七年）一三五頁以下参照。借地非訟手続の草案を批判的に検討した論文である。

(25) 高橋広志「人事訴訟における手続保障」前掲注（19）新民事訴訟法Ⅲ三四九頁以下参照。なお、この点の背景につき、吉村徳重「判決効の拡張と手続権保障―身分訴訟を中心として」山木戸克己還暦記念（下）（一九七八年）一一八頁参照。

(26) Chayes, The Role of the Judge in Public Litigation, 89 Harv. L. Rev. 1286 (1976), 柿嶋美子訳「公共訴訟における裁判官の役割」[1978-2] アメリカ法一頁以下は、このような問題提起をしたものであった。この議論と実務のその後の展開につき、大沢秀介「公共訴訟の概念をめぐる最近の動向」慶応義塾一二五周年記念（一九八三年）三二九頁参照。なお、日本における訴訟機能の拡大とその対応につき、吉村徳重「訴訟機能と手続保障―判決効拡張との関連―」民訴雑誌二七号一五七頁以下（一九八一年）参照。

(27) 江偉・李浩・王強義・中国民事訴訟法の理論と実際（一九九七年）一六七頁以下（第一〇章特別手続及びその適用と改善）参照。

むすび——日本民事紛争処理手続全体の比較法的位置と展望——

1　日本民事紛争処理手続の比較法的位置と特徴

以上、裁判外紛争処理を含む民事紛争処理手続全体及び裁判手続について、アメリカ法、ドイツ法、中国法を中心に日本法との比較法的な検討をしてきた。それぞれの国の民事紛争処理手続は伝統的な特徴をもちながらも、経済的政治的な国際化の流れの中で、紛争処理手続全体としても、あるいは裁判手続や裁判外手続においても、一定の範囲で国際的平準化の傾向があることを示しえたように思う。そこで、最後に、そのような国際的平準化の中で日本の民事紛争処理手続全体が比較法的にどのような位置と特徴をもち、どのような将来を展望できるのかを検討してむすびとしたい。

(1)　民事紛争処理手続全体の比較法的位置と特徴

日本の民事紛争処理手続は、明治以来の展開をその全体像としてみれば、一方では、ドイツ法やアメリカ法の影響による近代的な民事裁判手続法を整備しながら、他方では、伝統的な調停による紛争処理手続を維持活用してきたところに、その特徴があるといえる。日本法を極東法と位置づけた見解はこの調停重視の点を強調したが、そこで対置された西洋法においても、調停を中心とする裁判外手続が活用され定着するようになったことにより、この点でも一種の平準化がみとめられる。そのような流れの中で、日本の民事紛争処理手続全体は、比較法的に見てどのような位置を占めることになるのであろうか？

裁判重視の西洋法と調停重視の極東法の両極にあったアメリカ法と中国法が、近年において急速な変容を遂げていることは前述のとおりである。すなわち、アメリカ法では調停を中心とした多様な裁判外手続が活用され、中国法では透明で予測可能な裁判手続の整備がはかられているのである。こうした国際的な平準化の流れは、裁判手続と調停手続とをバランスよく活用してきた日本モデルに近づいてきたといえなくはない。一方で、法規範に従った裁判手続が整備され、他方で、必ずしも法規範にこだわらない調停中心の裁判外手続が活用されるようになってきているからである。

しかし、こうした国際的平準化といってもその具体的内容は各国の歴史的背景や法文化の違いによって重点の置き所にニュアンスの違いがあることはいうまでもない。すでに述べたように、ドイツ法では裁判外手続の利用はあまり活発ではなく、裁判手続がなお中心として活用されているし、中国法の裁判手続が法規範に従った透明性のある運用を達成したとはいえないところがある。その中にあって、日本法では、一方で、裁判手続を利用しやすいものにするための法改正作業が進展してきたし、他方で、裁判所における調停手続や訴訟上の和解がますます活用されているだけでなく、裁判所外の法律相談、あっせん、調停さらには仲裁などの多様な裁判外紛争処理手続が増加し活用されるようになりつつある。その意味では、アメリカ法とともに、日本の民事紛争処理手続は、全体として、裁判手続と裁判外手続とをそれぞれ紛争の実情に即して活用できるように展開していると評価することができる。

(2) 裁判外紛争処理手続の比較法的位置と特徴

① 日本の裁判外紛争処理手続は、調停を中心として展開してきたことがその第一の特徴である。その意味では、西洋法における裁判外手続が仲裁を中心としてきたことと対比すれば、中国法とともに極東法の特徴であるといえる。しかし、その中国で新しく仲裁法（一九九五年施行）が整備され、仲裁手続が活用されるようになった(1)。日本にも明治以来民事訴訟法の一部であった仲裁手続法（「公示催告手続及ビ仲裁手続ニ関スル法律」）があり、仲裁を専門とする仲裁機関（国際商事仲裁協会など）もある。さらに、多くの行政型や民間型の裁判外紛争処理機関は、法律相談、調停、斡旋などとともに仲裁の手続も用意している(2)。ことに、一九九〇年以降各地の弁護士会が設置して

いる仲裁センターは、全国ですでに一〇ヵ所以上にのぼり広範に活用されている。[3] しかし、いずれの場合にも持ち込まれた紛争は、調停によって解決されることが多く、仲裁によることは少ないといわれる。財団法人交通事故処理センターでは、その裁定に保険会社側は従うという協定によって片面的仲裁手続がとられるが、そこでも調停によって解決されることが多い。[4] これは裁判所の裁定による以外は、紛争当事者が予め第三者の裁定に委ねるよりは最終的な解決内容に合意したうえで紛争を処理することを好むという法文化によるものと思われる。これが少なくとも現状では日本の裁判外紛争処理手続の比較法的特徴の一つである。

しかし、同じ裁定型でも紛争の種類によっては、裁判手続でなく当事者の合意による仲裁手続によるほうがより利点が多い場合も考えられる。手続が非公開であること、より簡潔であること、仲裁人に専門家を選べることなど裁判手続にない利点がある。[5] そこで、たとえば、知的所有権などの企業秘密のからむ専門的な事件によっては、非公開で簡潔かつ合理的な手続による仲裁裁定が好まれる場合も予想される。また、国際化の流れの中で、国際民商事紛争について仲裁手続による迅速な解決が国際的に要請されていることも否定できない。こうした新しい状況にこたえるために日本でも国際商事仲裁法を含めた仲裁法制の整備が要請されている。[6]

② 日本の裁判外紛争処理のもう一つの特徴はその手続の進め方にあるように思われる。すでに各国の裁判外手続の比較法的特徴が、対席方式と交互方式、自律型と説得型、規範型と非規範型などの理念型の対比によって説明できることは前述したところである。[7] その理念型の対比によって、あえて日本の調停や訴訟上の和解手続を特徴付ければ、調停委員や裁判官は交互面接方式によって規範的判断を示しながら（規範型）当事者を説得すること（説得型）によって当事者間の合意を調達するように努めることが一般であるように思われる。もちろん、個別的に見れば、調停委員が法律家であるか否か、当事者に弁護人がついているか否か、さらには和解勧試や調停案提示の時期や調停委員の個性の違いなどによって、ニュアンスの違いがあることはいうまでもない。

これに対して、アメリカの調停を中心とした裁判外紛争処理手続（ＡＤＲ）は当事者対席方式を原則とし当事者の自律的な判断を尊重するやり方（自律型）で進められる点において対照的である。さらに、裁判外手続において規範的判断を提示するかどうか（規範型か非規範型か）は、多様な裁判外手続の種類によって異なってくる。しかし、規範的判断を提示するとしても、それは当事者が自律的な判断をするについての判断資料の一つを提供するという意味をもつに過ぎない。いずれの場合にも、当事者対席の原則による、自律型の裁判外手続である点にその特徴がある。

このように日本の裁判外手続がアメリカのそれと対比して極めてパターナリスティックな特徴をもつ背景には、その社会構造や法文化の違いがあることはいうまでもない。しかし、日本の社会構造自体が次第に市民の自律性を尊重し前提とするものに変動し深化しつつある現状から見れば、裁判外手続の課題と展望も自ずから明らかになるように思われる[8]。

(3)　裁判外手続相互および裁判手続との連携の問題

①　裁判外手続相互の関係

日本の裁判外紛争処理手続は、紛争当事者以外の第三者機関が関与する手続だけでも多様である。第三者機関としても、裁判所の他に、国家・地方公共団体などの行政型、弁護士会型、民間型に大別できる様々な紛争処理機関がある。そこで用意された手続も、法律相談、斡旋、仲介、調停、仲裁、裁定など多様である。

この多様な裁判外手続相互の関係は、これが同じ系列の紛争処理機関における手続であれば、十分に連携をとることが可能である。たとえば、各地の弁護士会の仲裁センター手続においては、弁護士会の法律相談を経由することを要求するところとそうでないところがある。そこで、法律相談前置のところでは、まず、弁護士会の法律相談センターにおける法律相談を経て、仲裁センターに移行するが、そうでないところでは直接申立の事件も含めて、仲裁センターにおけるあっせん・調停による紛争解決を試み、これがまとまらないときにのみ仲裁手続に移行するという取り扱いが一般である(9)。しかし、現実には、多数の裁判外手続がそれぞれ系列を異にした縦割り状態のまま並存していることが多いから、手続相互の連携を図れないままにたらい回しにされる恐れも否定できない。この点については、運用の工夫を要するだけでなく、手続相互間の連携を密にするための制度的な手当てが必要であると思われる。

② 裁判手続との連携

裁判所内の裁判外手続と裁判手続との連携については、法律上さまざまな配慮がされている。まず、家事事件と一定の借地借家事件については調停前置主義がとられ（家審一七・一八条、民調二四条の二）、それ以外の事件については調停申立か訴え提起かは当事者の選択に委ねられる。ついで、調停が成立しないときは、家事審判事件では調停申立のときに審判の申立があったものとみなし（家審二六条一項）、人訴・訴訟事件については二週間内に訴えを提起すれば、調停申立のとき訴えが提起されたものとみなされる（家審二六条二項、民調一九条）。その結果、時効中断効も調停申立時に生じたことになる（民一四七条一号参照）。また、訴訟係属中でも裁判所は職権によって事件を調停に付したうえで（民調二〇条）、調停終了まで訴訟手続を中止できる（民調規五条）。さらに、調停が成立すれば、調停調書には確定判決と同一の効力が認められる（家審二一条一項、民調一六条）。このように裁判所における調停と訴訟・審判手続の間では、紛争の種類や審理の状況に応じて手続を連携させる様々な手当てがなされている。

しかし、裁判手続と裁判所外の裁判外手続との間には、こうした連携のための法手続上の手当ては極めて不十分である。わずかに、行政型裁判外手続において、行政型の紛争処理機関である各種委員会が下した決定や裁定については、これを争う訴え提起への接続が想定されている（例えば労働委員会につき、労組法二七条六項）。委員会の決定や裁定は、訴えが提起されないか、訴えによって肯定された場合にのみ、一定の効力をもつことになる（労組法二七条九・一〇項）。また、仲裁判断については、その取消の訴えの規定をおき、訴えによって取り消されない限り、確定判決と同一の効力をもつとして、執行判決により執行手続へと連携することになる（公示催告八〇一条〜八〇四条）。

しかし、こうした法的手当てがないかぎり、裁判外手続と裁判手続とをいかに連携させるかは、もっぱら当事者の運用に委ねられることになる。例えば、弁護士会の仲裁センターにおいて調停が成立しても、私法上の和解と同じ効力をもつにすぎない。そこで、当事者はさらに簡易裁判所における起訴前の和解手続の申立をして裁判上の和解調書を作成するか（民訴規一六九条）、公証人による執行証書を作成しなければ、執行力に基づく執行手続には移行できない。したがって、こうした点についても単に当事者の運用に委ねるだけでなく、何らかの制度的手当てが必要であると思われる。

2　日本民事紛争処理手続の将来の展望と課題

(1)　将来の展望

そこで、最後に、日本の民事紛争処理手続の将来をその全体的なスケールにおいて展望すれば、次のようになることが望ましい。すなわち、一方において利用し易い裁判手続が整備され、他方において多様な裁判外手続が拡充されることによって、人々は紛争の実態に即した一番適切な処理手続を自由に選択し活用できる。つまり、裁判手続でも裁判外手続でも最適な手続を自由に選ぶためのアクセスが保障されていて、人々が一番適切だと判断した手続を気軽に選べる。そして、一旦選んだ手続が紛争の解決にとって不十分であれば、さらに、他の適切な手続に移行できるような手続相互の連携も整っているということである。そのような民事紛争処理手続全体の構造を実現することが将来の理想的な展望であると考える(10)。

(2)　将来の課題

このような将来展望を実現するためには、民事紛争処理手続だけではなく、手続を支える司法制度全体の改革をも必要とするなど、多くの課題があることも事実である。しかし、この点については、すでに、司法制度改革審議会の意見書（二〇〇一年六月）が提示した多様な改革案の具体化が現に進行中である。[11] そこで、最後に、そこで課題とされた改革案のうち、ここで取り上げたテーマに直接関連する二点だけに言及して結びとしたい。[12]

①　民事裁判手続の充実・迅速化とアクセス拡充（意見書Ⅱ—第1、1・7）

第一に、人々が多様な紛争処理手続を自由に選択するためには、その中核となるべき裁判手続が利用し易く実効的なものでなければならない。裁判手続が利用しにくく時間がかかって役に立たないから裁判外手続を選ばざるを得ないということであってはならないからである。

そこで、すでに、新民事訴訟法（平成一〇年施行）によって改善されてきた裁判手続をさらに充実・迅速化するための改革案が提起されている。すなわち、証人尋問などの人証を要する事件の平均審理期間（平成一一年で二〇・五ヵ月）を半減するために、計画審理を推進し、証拠収集の手段を拡充するとともに、[13] 裁判官や弁護士などの人的基盤を拡充する必要があるとしている。

また、裁判所へのアクセスの拡充として、利用者の費用負担の軽減や法律扶助の拡充のほかに、司法の利用相談窓口の充実や裁判外紛争処理手続を含めた情報提供の強化などの様々な具体的改革を提案している。

②　裁判外紛争解決手段（ＡＤＲ）の拡充・活性化（意見書Ⅱ—第1、8）

第二に、裁判手続と並んで、国民にとっての魅力的な選択肢として、裁判外紛争処理手続を拡充・活性化すべきであることを提案している。[14] 既に述べてきた日本の裁判外紛争処理手続は、多様な形態をもっているが、一部の紛争処理機関を除いて、必ずしも十分に機能していないという現状認識の下に、その拡充・活性化を図るべきだという提案である。そのための具体的な改革案として、裁判手続と裁判外手続を含めた紛争処理手続に関する総合的な相談窓口を充実させるとともに、紛争処理の手続、機関などの各種情報をワン・ストップで国民に提供できるようにすべきであるとする。

さらに、総合的な裁判外手続の制度的基盤を整備するため、裁判外手続の利用促進や裁判手続との連携強化のための基本的な枠組みを規定する法律（「ADR基本法」）を制定して、必要な方策を講ずべきであると提案している。例えば、時効中断効の付与、執行力の付与、法律扶助の対象化等のための条件整備、裁判外手続において裁判手続を利用したり、裁判手続から裁判外手続に移行するための手続整備などである(15)。

このような裁判手続と裁判外手続を含めた民事紛争処理手続全体の改革が実現されることになれば、前述した民事紛争処理手続の将来展望が具体化されることになるものと思われる。

注

（1） 文正邦「「仲裁法」と市場経済下の裁判制度改革」アジア法研究センター編「中国の仲裁法と仲裁制度」立命館法学二四六号（一九九六年）六九三頁以下、楊栄馨「中国における仲裁の立法と実務」シンポジウム・現代中国における仲裁と調停、法政研究六八巻二号（二〇〇一年）二七頁以下参照。

（2） 吉村徳重「民事紛争処理の多様性と訴訟の機能」法政研究五一巻一号（一九八四年）一五三頁、同「裁判外紛争処理の現状と将来」民事訴訟法の争点（新版）（一九八八年）五四頁参照。

（3） 第二東京弁護士会編・弁護士会仲裁の現状と展望（一九九七年）二〇六頁以下参照。とくに、同書二五一頁以下の「仲裁の現場から」には、全国各弁護士会一〇ヵ所の仲裁センターないし示談斡旋センターの現状報告があるが、現在では福岡県弁護士会の紛争解決センター（二〇〇二年一二月発足）を含めてすでに一八ヵ所に及んでいる。日本弁護士連合会ADRセンター・仲裁統計年報（全国版）平成一三年度版（二〇〇二年）二八—二九頁参照。

（4） 松代隆「交通事故の示談斡旋と裁定」小島武司・伊藤真編・裁判外紛争処理法（一九九八年）一二三頁以下、小柳光一郎「（財）交通事故処理センターにおける業務の実態と今後の課題」ジュリスト一二〇七号（二〇〇一年）九一頁以下参照。

(5) 河野正憲「仲裁」前掲書注(4)二五頁参照。

(6) 青山善充「仲裁法改正の基本的視点と問題点」三ヶ月章古稀記念(上)(一九九一年)五二九頁以下、三木浩一「仲裁制度の国際的動向と仲裁法改正の課題」ジュリスト一二〇七号(二〇〇一年)四二頁参照。

(7) 以下は、前述二2(5)②(a)裁判外紛争処理の多様化傾向と比較法的特徴において述べたことの要約である。したがって、これはあくまで、対席—交互面接、自律—説得、規範—非規範の座標軸を基準にした理念型による特徴を抽出したものであって、現実の実践ではそれぞれの要素が微妙に並存することはいうまでもない。棚瀬孝雄「裁判外紛争処理の理念と実践」前掲書注(4)一四頁以下は、裁判外紛争処理の実践においては正義(規範)と自律の理念にも限界があるという認識が必要だと説いている。

(8) 棚瀬孝雄「自律型調停への期待—法化社会の調停モデル—」ジュリスト九二〇号、九二一号(一九八八年)同・紛争と裁判の法社会学(一九九二年)二五六頁以下、山田文「調停における私的自治の理念と調停者の役割」民事訴訟雑誌四七号(二〇〇一年)二二八頁参照。

(9) 大川広「仲裁センターと弁護士業務」宮川光次・那須弘平・小山稔・久保利英明・変革の中の弁護士(上)(一九九二年)三七九頁以下、小島武司「弁護士会による仲裁とその課題」法の支配九四号(一九九四年)同・裁判外紛争処理と法の支配(二〇〇〇年)九四頁以下、那須弘平「弁護士会仲裁—二弁仲裁センターを中心に」前掲書注(4)一一七頁参照。

(10) 井上治典「紛争処理機関の多様化の中での訴訟の選択」ジュリスト八七五号(一九八七年)一一二頁、同「裁判手続の手軽な利用のために」竜崎喜助還暦記念(一九八八年)五一頁参照。井上教授は、当事者が事件に適した紛争解決手続を自由に選択し、相互に移行ないし相互乗入できるようにすべきだと提唱した。この点については、小島武司「正義の総合システム再考」法曹時報四一巻七号(一九八九年)、同・前掲書注(9)三頁以下は、正義の総合システム論からも正当な提言であるとしている。

(11) 「司法制度改革審議会意見書」(二〇〇一年六月)に基づき、二〇〇一年一一月一六日には「司法制度改革推進法」(法律第一一九〇号)が制定公布され、同一二月一日には内閣に司法制度改革推進本部が設置された。そして、二〇〇二年三月には、政府の「司法制度改革推進計画」(同三月一九日閣議決定)、最高裁判所の「司法制度改革推進計画要綱」(同三月二〇日)、日本弁護士連合会の「司法制度改革推進計画」(同三月一九日)が公表され、具体的な司法制度改革実現の取り組みが行われている。

(12) 特に同意見書Ⅱ第1「民事司法制度の改革」ジュリスト一二〇八号(二〇〇一年)一九二頁以下参照。なお、北尾哲郎・竹下守夫・長谷部由紀子「鼎談・意見書の論点③・利用しやすい司法制度・民事司法」同八八頁以下参照。

(13) すでに法制審議会は、二〇〇二年六月に「民事訴訟改正要綱中間試案」を公表し、計画審理の推進、証拠収集手段の拡充を含めて、意見書に提案された各種の手続改革の具体的な改正案を提案している。ジュリスト一二二八号(二〇〇二年)二九四頁以下参照。なお、高橋宏司・奥宮京子・笠井正俊・高田裕成・林道春・豊秀一「座談会・民事訴訟法の改正に向けて―民事訴訟法改正中間試案をめぐって」ジュリスト一二二九号(二〇〇二年)一二九頁以下参照。

(14) 小島武司「司法制度改革とADR―ADRの理念と改革の方向」ジュリスト一二〇七号(二〇〇一年)一〇頁以下参照。

(15) 山本和彦「ADR基本法に関する一試論―ADRの紛争解決機能の強化に向けて」ジュリスト一二〇九号(二〇〇一年)二六頁参照。特に同論文二九頁以下は、ADRと裁判手続との間の相互移行に関する詳細な規定を提案している。なお、那須弘平・大村雅彦・山本和彦・山田文・加藤新太郎「座談会・ADRの過去・現在・未来―ADRの立法論的課題」判例タイムズ一〇八一号(二〇〇二年)四頁以下参照。

我が国における近代的捜査機関の系譜

大國　仁

緒　言

現・刑事訴訟法（以下刑訴と略称）上、捜査機関は、検察官の系統と司法警察職員の系統に分かれているが、刑訴は後者の系統を一律に「司法警察職員」の名で一括している。その上で司法警察職員にも、警察官たるそれとそれ以外の別を認めているが（一八九条一項、一九〇条）、その違いについて、後者には別に本来の職務があり、その職務と関連する犯罪につき前者の補充として特に捜査権を与えたもの、というのが通説的な見方である。裏を返すと、同じく司法警察職員でも警察官は、捜査が本来の職務であるところが後者と異なるという認識である。このような、捜査は本来警察官の職務であるとする認識は、社会に根強い。古くは、「我国の警察官の特徴というべきは十手を携ふることであった」（尾佐竹　猛「明治警察史」大正一一年・四頁）とさえいわれた。だがこのような認識は、必ずしも問題を意識した上での検討の結果生まれた認識とはいい難い。

他方ではまた、検察官系統の捜査（以下検察捜査という）は現在、刑訴上、司法警察職員系統の捜査の補充と位置づけられている（一八九条二項対一九一条一項）が、これには司法警察職員の捜査の不足を補う、文字通りの補充捜査のほか、検察独自の捜査も否定されてはいない。そこで、公訴の立場に由来する右の補充捜査は別論、独自捜査についてはその政策的必要性はともかく、理論的には、それが何処に根ざすものであるのか、すなわち検察捜査の本質ないし根拠の如何が、更にこのこととの関連で、警察官に本来の職務とされる捜査との関係、或いは両者の差異の如何が、問われねばならない。以下これを解く一助として、我が国における近代的捜査官発祥の源流に遡ってこの問題を、その歴史の上から考察してみたいと考える。

一　県治条例・聴訟課による体制

1　県治条例とは

旧暦慶応三（一八六七）年一〇月、最後の将軍徳川慶喜による大政奉還に始まる明治維新（近代統一国家への胎動）は、明治二（一八六九）年六月の諸藩々主による版籍奉還を経て、明治四（一八七一）年七月一四日太政官布告第三五三号による廃藩置県を以てひとまず終る。これによって我が国における人民統治の権力は、一つの政府の下に統一することが成ったからである。

この時まで、我が国の人民を直接統治する権力は、各藩（廃藩の時、二六一藩）に属した。その意味で「藩」とは各々が一個の国家に比せられる存在であった。廃藩置県とは、このような一個の国家にも比せられる「藩」に分割された統治体制を廃止し、これに代って、権力を一つに統一した政府が地方を統治する方策として、政府の出先機関ともいうべき「県」を、藩を消滅させた跡に置く、というものであった。当然統一政府としては、「県」による地方統治の統一した仕組を新たに創り出す必要があった。県治条例（明治四年一一月二七日・太政官達第六二三号）とは、統一政府による地方統治の機関として置かれた「県」の、機構と所掌事務（合わせて「職制」と称した）及びその執務手続（「事務章程」と称した）を定めた、現代風にいうと組織と手続の法である。

2　聴訟課とは

県治条例の中「県治職制」によると、全県一律に県の機構は、庶務、聴訟、租税、出納の四課で構成するものとされ、そのうち聴訟課とは

「縣内ノ訴訟ヲ審聴シ其情ヲ盡シテ長官ニ具陳シ及縣内ヲ監視シ罪人ヲ處置シ捕亡ノ事ヲ掌ル」

という課である。これを整理すると、要するに聴訟課とは民事（「訴訟ヲ審聴」）刑事（「罪人ヲ處置」）の裁判（刑事では刑の執行も）と捜査（「捕亡ノ事」）及び警察（「縣内ヲ監視」）のすべてを包括してその所掌とする。いわば旧藩当時の捜査・裁判の仕組をそのまま県に移し替えたのが聴訟課であった。

もっともこの県治条例の体制は、廃藩までの政治過程の中で、政府の直轄となった諸地方に、廃藩置県に先立って実施して来た方策の延長以外ではない。これを、最も早い時期に政府が直轄した京都府の例で見ると、以下の通りである。

※　因みに地方統治のために置かれる政府機構の名を「府」または「県」とすると定めたのは、明治元年閏四月二一日太政官三三一号「政体書」（法令全書――以下全書と略称――一巻一三七頁。以下、巻は・で表す）による。むろんこの時期、なお藩も存在した。府・藩・県三治の制といわれる。

京都府が成立したのは明治元年閏四月二五日とされる。同年七月一〇日には府の職制も定められた（全書一・二四三頁以下参照）。本稿と関係のある部局をこれによって見ると、市政局中に「部内訴訟ヲ聴断スルヲ掌ル」聴訟方及び「部内鞫獄ノ事ヲ掌」る断獄方と「捕縛禁囚及ヒ牢獄ノ取締ヲ管ス」捕亡方が置かれている。特に本稿との関連では、この捕亡方が、「尤モ當官ハ断獄方ノ附属タルヲ以テ其差配ヲ請クヘシ」とされたことが注目される。ただ、京都府職制には、前記聴訟課の「縣内ヲ監視」に相当する項目はない。廃藩以前のこの時期、この項目に当る治安作用は、直接

には京都府ではなく、太政官の中、軍務官の管下、諸藩の藩兵によって担われていたことによる。この点を含めて、以下その後最も早く新たな体制が敷かれることになる東京府の例で見て行こう。

江戸が東京府と改まったのは、明治元年七月一七日である（明治元年七月一七日・太政官五五七号・全書一・二二三頁）。九月二日には京都府職制に模して（全書一・二四三頁参照）東京府職制が制定され、その時まで府政を担った市政裁判所（旧江戸町奉行所に代った新政府の東京府下統治の機構）が廃止となり、府政は東京府に移った。この東京府職制によると、市政局の中に聴訟方、断獄方、捕亡方が置かれ、捕亡方は「断獄方ノ附属」とされたことも京都府の場合と同じである。ただその捕亡方こと、江戸町奉行時代の廻り方（警視庁編「初期の警察制度」其の一・昭和一一年・八頁参照）そのまま、その総員は捕亡方下目四人、捕亡方二三人の計二七人という構成である（東京都編・都市紀要二「市中取締沿革」昭和二九年・一一六頁）。特にこの時期、これでは治安の面での劣勢は否定しようもない。そこで改めて東京府から、諸藩の兵力による取締りが要請された（元年八月二一日東京府達・法規分類大全——以下大全と略称——二七・九頁）。だが軍務官（明治二年七月から兵部省）の管下の上、各自、主体性をもつ諸藩による取締りとあっては、東京府の意のままにならない。そのため東京府としては、自前の捕亡方とは別に、府下の治安に当てるべく、府自体に帰属する兵力を望んだ（明治二年一一月八日東京府上申・前掲「初期の警察制度」四三六頁）。刑罰制度に連なる捕亡方とは別の治安の維持は兵力による、と考えるのが当時の趨勢だったためと思われる。しかし地方（府県）に兵力を置かぬ建前の政府（明治元年八月二三日・太政官——以下太政官は省略——布告第六五五号・全書一・二三四頁）は、これを次のように解決した（明治二年一一月一五日・達一〇五六号・全書二・四四〇頁）。すなわち兵部省が諸藩から選出して府下治安の維持に当てる兵を、新たに東京府に「府兵掛」を置いてこれに指揮させるというものであり、この兵を「府兵」と呼んだ。だが府兵というも、その実体は諸藩の藩兵ゆえ、廃藩によってその給源を失う。そのため府兵の消えた治安の空白を埋めるべく創設されたのが「取締組」であった（明治四年一〇月二三日・達五五三号・全書四・三七二頁）。後に警察と呼ばれることになる、治安の維持を直接の目的とした職務を担う、兵力とは異なる新たな組織の誕生である（明治四年一一月日欠・東京府達「取締規則」第一則・大全二七・五五頁参照）。

維新の動乱期、軍務官・兵部省の管下諸藩の兵力が治安の維持に当った事情は他の諸府県も同じである。そして藩兵が消えた後、その空白を埋める責務は府県のそれとして残された。前記東京府下に見るように、既述の県治条例による聴訟課の職務の中、「縣内ヲ監視」はこれである。以後この責務を果すべく、諸府県それぞれに独自の工夫が試みられることになる（その詳細は拙稿「海の治安と捜査」捜査研究五二八号八七頁以下、五二九号八六頁以下、何れも平成七年・参照。以後右の捜査研究誌連載の拙稿は、拙稿・捜研・号・頁と略記）。

二　司法省・司法職務定制と捜査の体制

1　司法省

明治四年、廃藩置県と前後して、政府機構の中に司法省が創設された（明治四年七月九日布告三三六号）。「今般司法省被設置候ニ付テハ聴訟断獄ノ事務ハ一切府県ニ至マテ本省ノ管轄トナシ……」とは同年八月二二日付同省から政府に出された伺いである（大全一五・一七八頁）。この時期、「捕亡」すなわち捜査は「断獄」の附属と考えられていた（前出京都府職制参照）のであるから、当然捕亡もこれに属する（明治四年七月九日・布告三四二号・大全一四・一〇〇頁）。要するに、既述した、当面府県に属すとされた民事刑事の裁判及び捜査は、以後司法省の所管だというのである。

もっとも前記の司法省伺は引き続いて「何分一時ニハ行届兼候ニ付先以テ東京府ヨリ取リ懸リ……」と、この方針は先ず東京府下で実施に移された。以下その経過を略述すると、先ず同年八月一八日、従前東京府に属した聴訟・断獄すなわち民・刑裁判事務を、司法省に移させた（明治四年八月一八日・達四二〇号・全書四・三二六頁）。但し断獄（刑事裁判）に附属する捜査は、改めて東京府に委任の形で残している（明治四年八月一八日・達四一九号・全書四・三二六頁）。同時に東京府職制中、聴訟、断獄の二部門は廃止となった。しかし当面は廃止の二部門をそのまま司法省の「別庁」として用いたが、その後同年一二月二六日、司法省中に別局を設けて右の別庁をここに移し、東京裁判所と名づけた（明治四年一二月二六日布告六七七号・全書四・四五五頁）。我が国における現在的意味での裁判所はここに始まるのである。むろん、東京府以外の地方で司法省へ裁判事務を移させるには、更に全国に亘る司法省の組織機構の整備を要した。

2 司法職務定制

(1) 司法省創設後一年余を経た明治五年八月三日、達無号、題して「司法職務定制」が司法省宛達された。以下に見るように、組織及び作用の両面で、我が国の近代司法制度の源流に位置する定めである（以下定制と略称する）。さてその定制は、司法省の「省務」とされる聴訟・断獄・捕亡の職務を受け持つ機構として、同省に「裁判所」と「検事局」を置くものとする（三条）。先の東京裁判所が司法省の別局とされたように、何れも司法省の内部機構という構成が特長である。次いで「裁判所分テ五トス」（四条）とされるが、これを体系的に見ると、「各裁判所ノ上ニ位スル」司法省裁判所（一二章）「府縣ニ置ク」府縣裁判所（一五章）「府縣裁判所ニ属シ地方ノ便宜ニ因テ」設置される区裁判所（一七章）の三種が中核である。一方定制と同日、「省務」を「支分スル」（三条参照）官職が定められた（明治五年八月三日・布告二一八号・大全一四・七八頁）。これによると、司法省に判事・解部・検事・検部（各々、大・権大・中・権中・少・権少に細分）が置かれ、何れも「各裁判所ニ出張シ」、判事・解部は「聴訟断獄ヲ分課」「分掌」（二〇条参照）、検事は「罪犯ノ探索捕亡ヲ管督《ママ》指令」（二二条検事第三）、検部は「罪犯ノ探索ヲ掌ル」（二二条検部第三）。つまり聴訟・断獄・捕亡という司法省の「省務」は、これらの官吏が「各裁判所ニ出張シ」て執務するとの構成である。これら司法省の省務実施の機関は「各裁判所」だといいかえてもよい（この点前述の、東京裁判所の位置づけを参照）。なお前記布告二一八号によると、「検事局」中別に逮部長、逮部の官が置かれ、定制二二条ではこれらは「検事職制」（二二条の総括職制）に属して「罪犯ヲ探索捕亡ス」とされた。つまり捜査官である。

※　因みに判事・解部（明治五年五月二〇日司法省伺「司法事務」三条は、これを「裁判官」と総称）及び逮部の官は、既に「職員令」（明治二年七月八日達・大全一〇・三四頁）によって設置済である。従って検事、検部が、この時、定制と共に創設された官であった。

要するに定制による司法省とは（明治八年に廃止の明法寮を別として）裁判及び捜査の省であり、「各裁判所」がこれを行う。すなわち裁判は判事・解部という裁判官が、捜査は検事・検部の指揮下逮部という捜査官がこれに従事する。これを治安の関係に搾って見ると、司法省とは刑罰による治安、就中、刑罰権現実化の過程を管轄する省であり、これを実施する省内各地方出先機関が「各裁判所」、という構成である。

(2)　以下この点を更に具体的に見て行くこととしよう。

定制によると、刑罰権現実化の過程は、「罪犯ヲ探索スルニ始メ捕縛シテ裁判官ニ付スルニ終ル」とされる「捕亡」（三五条）の過程と、「判事ノ専任トシテ」「論断処決」（三一条後段）する「断獄」（二〇条第二）の過程から成る。そして二二条は「検事職制」と名づけて右「捕亡」の過程を担当する部門を定め、二〇条は「判事職制」の名の下「断獄」に当る部門の定めである。つまり、この二過程は共に「各裁判所」に属する過程であり、「検事職制」「判事職制」は共に「各裁判所」に属するこの二過程の事務分担の関係、という構成である。しかもこの二過程の関係は、刑罰権現実化の過程としては、いわば縦割りの関係であるから、「断獄」の過程もその目的は「捕亡」すなわち捜査と共に、治安の維持にあることはいうまでもない。このこと、刑罰による治安維持の省務実施の機関が「各裁判所」とされる仕組からして当然の帰結でもある。

次に「検事職制」として捕亡の過程担当の部門を定める二二条によると、この部門は検事―検部―逮部の官から成るとされ、既述のように検事・検部の指揮下、捕亡すなわち捜査に従事するのは逮部だとされる。逮部とはこのように、司法省（の中、検事局）所属の捜査官であるのが特長である。

その上で更に二二条は次のような定めを置く。いわく「検事ノ職ハ罪訟事端発スルニ始リ裁断処決ニ止リ未発ヲ警察スルノ事ニ干《マ》預《マ》セス」（検事。第二）。

この条項の後段は、既にこの時期、既述の県治条例・聴訟課の所掌中「縣内ヲ監視」にその例を見るように、「罪犯ノ探索捕亡」と「未発ヲ警察スル」作用の別が各地に成立していた状況を前提とする。「検事ノ職ハ……未発ヲ警察スルノ事」に及ばないのは、この作用が、司法省に帰属の刑罰権現実化の過程を律する定制の射程外（府県に属す）ゆえにほかならない。

※ 因みに、ここでは「警察」の語が、作用の名として用いられているが、これは我が国の法令上、警察の語の初出である。

(3) さて東京府下以外の地方で先ず裁判事務を司法省へ移す作業は、定制の制定直後の明治五年八月五日、埼玉・神奈川・入間の三県に裁判所を設置することから開始された（明治五年八月五日司法省宛達・大全一五・一八五頁）。その詳述は本稿では避けねばならぬが（拙稿・捜研五三三号七六頁以下参照）、これ（裁判所の設置）が本格化するのは明治八年四月以降のことであり、前記五年八月以降この時までに裁判所の設置を見たのは、東京府下を含めて三府一道一三県下にとどまった。なおこれら東京府以外の地方でも、司法省の裁判所に裁判事務が移されたことから、東京府同様、裁判所管の部門（県の場合、聴訟課）は廃止となった。もっとも捜査をも裁判所へ移すには、裁判所に検事・検部の派出を要する。だが既設の裁判所へ検事・検部の派出は判事・解部のそれより遅れて翌六年に入ってのことである。そのため、「未発ヲ警察」と共に捜査も、府県内の他の部署（埼玉の例では庶務課）に移された。

既設の裁判所へ検事・検部の派出も埼玉、神奈川等関東一一県から始まり（明治六年二月一五日司法省伺、同二月一六日司法省申立・大全一四・四四一頁参照）、京都府、大阪府を含む既述の府県に及んだ。従ってこれらの府県では、裁判所へ移管の捜査と府県に留まる「未発ヲ警察」（県治条例にいう「縣内ヲ監視」）と、その帰属を分けたのであった（拙稿・捜研五三三号八一頁）。このような地方の状況を踏まえて、ここで眼を、定制の画く捜査の体制の方に転じてみたい。

(4)　捜査官は検事局中に置かれる逮部長・逮部として、司法省に属することは既に見た。その上で定制三四条は、前者につき「地方邏卒長之ヲ兼ヌ」（逮部長第二）、後者につき「地方ノ邏卒之ヲ兼ヌ」（逮部第二）とする。少しく説明すると、廃藩による府兵消滅後の東京府に、これに代って「取締組」が置かれたことは既に見た。その翌五年五月、東京府に邏卒總長以下の官が置かれ（明治五年五月一三日・達無号・全書五・四五四頁）、これを受けて東京府は、取締組を邏卒と改称し、その組織を邏卒總長以下邏卒に至る構成に改めた。邏卒が組織の名と共に官名にもなったのである。

一方この時期司法省は、定制が射程外とした（二二条検事第二）地方（府県）に帰属の「未発ヲ警察」をもその管下に置くべく企図していたことは後述する。定制三四条にはこの企図がその前提にある。だがここでは定制三四条の体制が、東京府下に既に現われていた「未発ヲ警察」（以後「警察」という）に関する前記の体制を想定したものであるとの指摘で足りよう。因みに前記三四条は逮部長につき、「地方邏卒長相当ノ官等ニ従ヒ七等官ヲ以テ第一等逮部長トス」（三四条・逮部長第一）としているが、この時東京府すなわち「地方」邏卒總長は七等官である。

3　警察における司法省の体制

(1)　定制（明治五年八月三日達無号）と時を同じくして、同年八月二三日東京府の邏卒が司法省に移された（明治五年八月二二日・達無号・全書五・五〇三頁）。つまり東京府下の警察は、以後司法省の直管となったわけである。だがそれだけではなかった。この邏卒の組織を基に、続いて司法省に、「頭《カミ》」を頂点として大属以下権少属に至る事務系と、大警視以下権少警部に至る官が置かれる「警保寮」が創設され（明治五年八月二三日・布告二四三号・大全一四・七九頁）、同一〇月二〇日には巡査（一～三等）も置かれた（明治五年一〇月二〇日・布告三一四号・大全一四・八〇頁）。警視、警部、巡査の官は、これが我が国の制度上初出である（因みに明治六年六月一七日司法省達甲一号には、これを総称した「警察官」の語が見られる）。そして同年一〇月一九日指令の「警保寮職制章程」によると、警保寮は単に東京府下の警察を直管するだけでなく、司法卿を頂点として「全国警保ノ事ヲ總提」（職制一条）する組織である。その「總提」の仕方をここで詳らかにするゆとりはないが、要するに、府県に「居民ニ対シテ警保スヘキノ責ニ任」ずる（章程八条）番人を置き、警保寮から「各府県ニ派出シ管下警保ノ事ヲ監督シ少警視及警部巡査ヲ總摂……」（職制一条・大警視）する大警視を頂点とした番人による府県警察、という体制である。そして翌（新暦）六年一月には先ず東京府下でこの体制が実施に移された（拙稿・捜研五三二号九九頁以下）。

(2)　さて、ここに至って司法省の体制を治安の観点から眺めると、司法省とは片や定制の規律の下、捜査に始まる刑罰権現実化の過程を、各裁判所に、判事職制・検事職制によって分掌させ、片や警保寮職制章程の規律下警保寮によって、府県に帰属の警察をその管理下に置く、いうなれば綜合的治安の省という体制である。思うに、検挙が最大の防犯といわれるように、捜査にも防犯（＝警察）機能は否定できない。一方警察作用も、犯罪の摘発すなわち捜査の端緒把握という、刑罰権現実化補助の側面をもつ。その意味で両者はいわば相即不離の関係にある。そもそも定制三四条の体制自体、この関係ゆえに考えられた体制といってよい。しかもこの時代、捜査（捕亡）は抜き難く刑事裁判（断獄という名の行政）附随と観念されている。そこで警察をも司法省の管下へという流れを前記相即不離の関係に照らして考察すると、これは、警察作用のもつ定制三四条の体制補助の機能を重視するもの、と考えられる。その意味で警察をも司法省の管下とする体制は、治安制度としては、刑罰制度を主とし、警察制度を従とする体制ということができよう。そのためか司法省は、明治六年、捜査と警察をそれぞれ司法警察、行政警察と名づけて両者を「警察」の語で括った改革案を伺い出ている（拙稿・捜研五三六号八五頁以下）。我が国における司法警察、行政警察の語の始めである。但しこの案自体は、次項に述べる内務省創設の煽りを受けて、案のままで消滅した。

ところで以上の司法省の体制が漸く東京府下で実現したばかりの明治六年一一月、内務省の設置（明治六年一一月一〇日・布告三七五号・大全一一・四七頁）でこの体制は一変する。

三　警察における内務省の体制と捜査

(1)　前述のように、警察における司法省の体制は、警察作用のもつ刑罰権現実化補助機能を重視する体制といえよう。だが警察作用とは、本来、治安を保つこと自体を直接の目的とする。内務省が望んだのはこちらであった。

すなわち内務省創設の翌明治七年一月、「内務省職制並事務章程」が達され（明治七年一月一〇日・達無号・大全一〇・七一頁）、その一条で、「内務省ハ國内安寧保護ノ事務ヲ管理スル所」とされた。そしてその「國内安寧保護ノ事務」の一つとして、「地方ノ警備」を「其掌管ノ事務」と定めたのである（三条第二）。そのためこの「省務ヲ支分スル者」（二条）として、司法省の警保寮は内務省に移された（明治七年一月九日・布告一号及び同日司法省へ達・全書七―一・三八〇頁）。それゆえ新たに定まった「警保寮職制事務章程」（明治七年一月一四日・内務省達・大全二一―三四九頁）では、「警保寮ハ……行政警察ニ属スル一切ノ事務ヲ管理スル所」（一条）とされ、執行部門ではない。従って既述の司法省警保寮と違い、こちらは専ら事務系で構成され、大警視以下巡査に至る執行部門は府県に置くとの構成である。但し未だ県治条例・聴訟課に象徴される府県警察の体制の下に右内務省・警保寮による管理の体制が及ぶには、翌明治八年三月の「行政警察規制」の制定を俟たねばならない。ただこの場合も東京府下では、「行政警察規則」に先んじて、この体制が直ちに実施に移された。その詳細を述べるゆとりはないが、略述すると以下の通りである。

すなわち前記の警保寮職制章程が出された翌一月一五日、府下行政警察執行部門として「東京警視庁」が創設され、警視長、大警視以下権少警部に至る官が置かれた。これにより、旧司法省警保寮が直管していた府下行政警察事務が東京警視庁に移された（内務省警保局編「警視庁史稿」上・昭和二年・二七頁）。次いで同二月五日布告一五号で東京警視庁に巡査が置かれて「警部ノ指揮ヲ受ケ部中ヲ巡邏査察ス」ということになり（全書七―一・二二〇頁）、既述のように、この時には既に府下に実現していた司法省警保寮の下、番人による警察の体制は廃止となった（拙稿・捜研五三八・九五頁）。

(2)　さて定制所定の検事職制及び前述した三四条の体制は、司法省の管下、府県に属する警察官吏が捜査に関し、検事・検部指揮下の司法省に組み入る体制といいかえてよいが、府県の警察が内務省の管下とされるに及んで、この体制は見直しを余儀なくされることになった。明治七年一月二八日達一四号「検事職制章程・司法警察規則」（以下達一四号という）がこれである。詳述はここでも避けねばならぬが、大筋は、要するに定制で「捕亡」と称し司法省（各裁判所）の中、検事職制によって対応するものとされた捜査が、名を「司法警察」と改め、司法警察に対置される行政警察の属する府（東京府を除く）県が「兼行フ」（二八条・二九条）こととなった。同じく警察機関の兼ねる捜査ではあっても、定制三四条の体制との決定的な相異は、その帰属の違いにある。定制三四条の場合、捜査は刑罰権現実化過程所管の部門から動かぬまま、警察機関に補助させるという構造である。警察作用のもつ刑罰権現実化補助（捜査の端緒把握）機能の重視といえようか。これに対し達一四号は、捜査の断獄附随という体系的な位置より、治安機能に重きを置いたと考えられる。そのためであろう右の達一〇条は、司法警察を以下のように定義する。

「司法警察ハ行政警察豫防ノ力及ハスシテ法律ニ背ク者アル時其犯人ヲ探索シテ之ヲ逮捕スルモノトス」。

すなわち、行政警察を補う司法警察、という位置づけである。

なお以上のように捜査の職務は司法省から消えたため、司法省に捜査官は不要となり、「逮部」の官は消滅した。合わせてこの時「検部」も廃止となった。こうして定制所定の検事職制の中で、残ったのは検事のみとなったのである。未だ弾劾構造を知らぬ「断獄」手続の下とはいえ、捜査に断獄附随の側面を払拭し難い以上、これを司法省とは無縁に出来ぬのが、この時検事が残った理由ではなかったかと思われる。

(3)　ともあれ以上、府県に属し従って知事（府の長）令（県の長）参事（東京府では警視長・大警視）の指揮下行政警察に従事の警察官吏が兼ね行う捜査、というのが達一四号の基本的な捜査体制である。しかし捜査が附随する断獄手続は司法省（裁判所）に属す。それゆえ知事等は「検事ノ叶示ニ依リ」これを行う（二八条）。だが達一四号はその一方で、この行政警察に従事の警察官吏（「地方行政警察官吏」達二九条）を捜査の関係では「司法警察官吏」と名づけて（二九条後段）、検事が「總摂」するものとした（一条第三）。つまり達一四号所定の捜査の体制は以下の二点で定制のそれと異なる。

第一に、定制の体制は検事の指揮下、司法省の捜査官に警察官吏が組み入る、いうなれば司法警察に合わせた、その意味で司法警察優位の体制。これに対し達一四号の体制は、内務省管下の行政警察という在り方に司法警察を合わせた、その意味で行政警察優位の体制である。第二に、定制の体制は警察官吏が検事職制の一翼に組み入る体制ゆえ、この職制の系統だけの捜査体制であるのに対し、達一四号の方は「検事ノ叶示ニ依リ」知事等が兼ね行う系統と、行政警察に従事の官吏が「司法警察官吏」として検事が「總摂」する系統という、二系統の捜査体制である。

(4)　ところで、この時までに定制所定の司法省の体制が実現していたのは、既述のように三府一道一三県である。ここでは裁判と共に捜査も該府県から司法省（裁判所）へ移管となっていたのであった。だが達一四号により、捜査は再び府県に移されることとなった。そのためこれらの府県では、漸く緒についたばかりの定制による捜査の体制は撤収となる（詳しくは拙稿・捜研五三八号九九頁以下）。つまり既に検事が配置済のこれらの府県では、以後検事は捜査に関し府県の警察官吏を「管督指令」（一条第二）する立場に変ったわけである。

とはいえ定制による「捜査は司法省」という体制の場合も、これが実施された府県では、裁判所（司法省）と府県の間に或る種の緊張関係は免れなかった様子である（拙稿・捜研五三二四号一〇一頁）。だが今や捜査は警察作用と共に内務省管下の府県の帰属とされながら、司法省に属す検事の「管督指令」を受けるというのであるから、そこにはまた別な緊張関係は避け難い。そのため「当分ノ所地方出張ノ検事ヲ止メ司法警察ノ事務地方官へ委任致度」き旨の司法省の上申（明治七年九月二日・大全一四・四五五頁）を受けた政府は、裁判所既設の府県に対して「司法警察事務当分使府縣へ委任可致……」と達した（明治七年一〇月三日・達一三二号・大全・一四・四五四頁）。つまりここに司法省（検事）は、捜査から一切手を引くことになったのである。だが捜査に刑事裁判附随という側面を否定できぬ限り、刑罰権現実化の過程所管の部門から捜査を完全に切り離せるものではない。そしてこの時点で、新たに司法省から司法（裁判所）が分離するという改革を迎えるのである。

四　明治八年司法省の改革と捜査

1　行政と司法の分離

(1)　明治八年四月一四日、世にいう「立憲政体漸次樹立ノ詔書」が出されたことからこの改革は開始する。すなわち「立法ノ源」として元老院（明治二三年帝国議会開設後消滅）を、「審判ノ権」には大審院を、新たに置くという改革である。もっとも立法には、従来も左院という存在があった。従ってこの改革の改革たる所以は、統治権の中「審判ノ権」が抽出され、これの専管部門として司法省とは別系統の大審院が新設されたこと（つまり司法省の改革）にある。我が国の近代国家への歩みの上で画期的とされる（団藤重光「刑法の近代的展開」増訂・昭和二九年二二頁）。定制で司法省中聴訟・断獄という省務を支分するとされた裁判所を（つまり聴訟・断獄・捕亡という司法省の省務のうち聴訟と断獄すなわち民事・刑事の裁判を）、司法省から分離する改革である。

司法省とは別系統の大審院の下、新たな裁判所の体制は、同年五月二四日に布告された（明治八年五月二四日・布告九一号・大全一四・一四七頁）。同時に裁判所を手放した司法省の新機構も定まった（明治八年五月四日司法省へ達「司法省・検事職制章程」全書八―二・一七五二頁）。定制及び達一四号中検事職制章程の改訂である。

※ 因みに、前掲の明治八年五月二四日布告九一号による裁判所の体制が全国に行き亘る状況及び県から裁判事務が消滅（県治条例を廃止）する経緯については、拙稿・捜研五四一号八五頁以下参照。

ところで捜査もその性質は行政に属す。従ってこれが、専ら裁判だけの所管となった裁判所からの分離（刑事過程における行政と司法の分化）は当然である。だが捜査から刑事裁判附随の側面が消えぬ限り、これは地方行政の中にも落ちつけない。斯くて捜査は、今や裁判を手放した司法省に再び復帰するのである。

すなわち達一四号中の検事職制章程を改めた前記八年五月四日達「検事職制章程」により、新たに「検事ハ非違ヲ案検シテ之ヲ裁判官ニ弾告スル事ヲ掌ル」ということになった。そしてここに「非違ヲ案検」につき同章程一条は、「検事案検ノ務ハ罪犯発覚ノ時ニ始マル」という。つまり捜査である。注意すべきはこれが「検事…ノ務」となったことである。検事の制を創設した定制以来明治七年の達一四号に至るまで、検事の職は常に捜査を「管督《ママ》指令ス」という立場であった（定制二二条検事第三、達一四号一条第二）。だが行政と裁判は分離するとの統治原理の成立を契機として、これが今や検事の本務とされるに至ったわけである。

※ 明治八年の改革は「裁判」を司法者という行政庁から分離した改革であって、この改革が直ちに司法権の成立を意味するものではない。この点については、拙稿「刑罰制度と司法」・岡山商科大学法学論叢一一号・平成一五年所収参照。

合わせてここに、「検事ハ弾告シテ判ヲ求ム」（章程二条）ということになった。検事とは所属を分った裁判所との関係での、検事の新たな職務である。むろん裁判手続が糺問構造を脱していないこの時期、直ちにこれが不告不理を意味しない。だがこれが、後に公訴権に結実して行くことになるのであるが、そのことはここでの課題ではない。

2　検察官捜査主義

(1)　さて捜査は改めて検事職制の中に、検事の本務として復活した。同時に検事は捜査の結果を、司法省とは系統を分った裁判所に「弾告スルヲ掌ル」。加えてこの時期捜査は刑事裁判附随と考えられている。そのため、検事は依然その籍を司法省(「司法卿ノ指揮」下)に置きつつも、配置されるのは各裁判所である(前掲章程四条)。従って検事の配置には裁判所の配置が先行する。ここでその状況を詳述するゆとりはないが(拙稿・前出捜研五四一号参照)、大審院系の裁判所の全国配置がほぼ実現するのは、明治九年九月一三日布告一一四号による。一方検事の配置はこれより数年遅れて、その本格的配置が始まるのは、治罪法(明治一三年七月一七日・布告三七号)制定後の明治一三(一八八〇)年九月以降である(詳しくは拙稿・捜研五四三号八五頁以下)。

(2)　ところで捜査が改めて検事の本務として復帰したことに伴い、達一四号のうち、なお残っていた司法警察規則も廃止となり(明治九年四月二〇日・達三九号・全書九―一・二九五頁)、代って、これは太政官ではなく司法省から、司法警察假規則(以下仮規則という)が達された(明治九年四月二四日・司法省達四八号・全書九―二・一三九一頁)。その二条では「司法警察ノ處分ハ罪犯ヲ探索検視シテ事証ヲ取リ各裁判所ニ付スルニ在リ」としつつ、前述検事職制の建前を受けて同三条で、「司法卿ノ命ヲ受ケ司法警察ノ事ヲ行フノ官」の第一を「検事及検事補」とする。いわゆる検察官捜査主義である。

※　ここに検事補とは、直前の明治八年五月四日布告七二号で（解部を廃止し判事補を置いた同日布告七三号に合わせて）創設の官である。

同時に府県に所属の「警部及警部補」がこれを補助するものと定めた（三条一項第二）。

次いで同三条三項はまた、「警視廳長官及地方長官（東京府ヲ除ク）急遽ノ時ニ於テハ直チニ司法警察ノ事ヲ専行シ而《て》後検事ニ報告スル事ヲ得」とする。すなわち検察捜査の補充としての地方長官系統の捜査である。

もっともこのような検察系統の捜査と地方長官系統の捜査の体制は、既述のように、達一四号司法警察規則に発するものであった。だが司法警察規則では捜査は府県に属するとされ、検事の立場は「管督指令」（司法警察規則一条第二）にとどまった。これに対して今や捜査は「検事案検ノ務」（前掲明治八年五月四日達の検事章程一条）とされ、府県に所属の警察官吏をして補助させるというのであり、その上で更に地方長官にも検察捜査の補充として捜査権を認めたのである。

斯くて検事・検事補が府県所属の警察官吏の補助を得て行う検察捜査を本来とし、その補充として、警察を所管する地方長官にも捜査権を認めるという、二系統の捜査機関の体制は、仮規則に始まるのである。すなわちこの仮規則は、明治一三（一八八〇）年七月一七日布告三七号「治罪法」によって消滅する（全書九―二・一三 九一頁頭注参照）が、前記二系統の体制は以下の通り、同法三四条一号、六〇条二項及び六〇条一項の定めとしてこれに引き継がれて行く。

第三四条　刑事ニ附キ検察官ノ職務左ノ如シ

一　犯罪ヲ捜査ス

二　以下省略

第六〇条二項　左ニ記載シタル官吏ハ検事ノ補佐トシテ其指揮ヲ受ケ……司法警察官トシテ犯罪ヲ捜査ス可シ

一　警視警部

二　以下省略

第六〇条一項　東京警視本署長及ヒ府県長官ハ各其管轄地内ニ於テ司法警察官トシテ犯罪ヲ捜査スルニ付検事ト同一ノ権ヲ有ス但東京府長官ハ此限ニ在ラス

※　右に東京警視本署長とは、明治一〇年一月一四日布告で東京警視庁が廃止され、代って管理だけでなく、その執行まで内務省直管となった府下警察の、執行部門として置かれた東京警視本署の長である。同署は明治一四年一月一四日まで存続し、同日これに代って「警視廳」が置かれた（明治一四年一月一四日・達一号・全書一四・一六〇頁）。

なお右六〇条一項が検察捜査の補充であることについては、拙稿・捜研五四四号八八頁参照。

(3)　民事・刑事の裁判及び捜査に関して、これを職務として所管する機構の在り方を定める組織法と、これらの職務遂行（作用）の在り方を規律する作用法とが別立ての法律として整備されたのは、いわゆる立憲政体の樹立に始まる。すなわち治罪法は、明治二三年制定の刑事訴訟法（二三年一〇月一日法律九六号。以下明治刑訴と略称）の施行に伴い廃止された（明治刑訴附則五条）が、この時、治罪法第二編（「刑事裁判所ノ構成及ヒ権限」）に相当する法律として裁判所構成法（以下裁構法と略称）が、刑事に関して作用法に相当する右明治刑訴に先んじて、制定された（二三年二月一〇日法律六号）。いうまでもなく明治刑訴はその後旧刑事訴訟法に代るが、こちら裁構法は現・日本国憲法の施行によって廃止（昭和二二年四月一六日法律五九号）されるまでの半世紀余機能した法律である。

そしてその裁構法によると、検事は各裁判所に附置される検事局に置かれて（六条一項、七条）「刑事ニ付公訴ヲ起シ其ノ取扱上必要ナル手続ヲ為シ」（六条一項）とされ、捜査も当然この定めの中に含むと解された（伊藤栄樹「新版検察庁法逐条解説」昭和六一年・五一頁参照）。その上で検事の右職務の遂行過程を規律する明治刑訴の、四六条（検事の捜査規律）に続く四七条では、二項で、右検事の捜査を「補佐」する司法警察官として、「警視警部長、警部、警部補」をその第一と定めて治罪法六〇条二項を承継し、更に同四七条一項では、同じく前出治罪法六〇条一項（地方長官系統の捜査）が承継されている。次いで明治刑訴に代った旧刑事訴訟法でも、二四八条一号は右明治刑訴四七条二項を承継するものであり、同二四七条は地方長官（東京府は警視總監）にも捜査権を承認すること明治刑訴四七条一項に同じである。

斯くて検察官捜査主義の下、警察作用を以て本来の職務とする警察機関が、先ずは検察官の捜査を補佐し、或いはこれを補充するという立場で捜査を兼ね行う体制は、現・憲法の施行による現行刑事訴訟法下の体制に変ずるまで継続したのである。

結　語

現行警察法二条一項は、捜査をも警察（という組織）に属す職務の一つと定めた。そしてこの職務の執行過程（作用）を規律する刑事訴訟法によると、現在、犯罪が認知されたときの捜査の責務はひと先ず警察にあるとされる（一八九条二項）。とはいえ捜査の目的は刑罰権の現実化にあることは動かしようもない。そこで、行政と司法が分立する現在、それは訴訟追行の課題というべく、従って公訴を離れて捜査はあり得ない。往時、断獄（という行政）附随とされた捜査が、その断獄手続から司法（「審判ノ権」）が去った今、その立場を公訴附随に変じたわけである。他方、警察は、歴史的にも警察行政を本来として成立して来た職務でありまた組織であった。すなわち捜査は、警察（という組織）に必然の職務ではない。これに対して検察は、その歴史からして「刑事について」（検察庁法四条。なお前記裁構法六条一項参照）置かれ、その捜査の職務の根拠は、旧裁構法上「公訴……ノ取扱上必要ナル手続」（六条）にあるとされた。つまり公訴付随である。旧裁構法が検察庁法に代った現在でも、同法六条は事物管轄の拘束を外したままでであって、公訴とは別に特に捜査の職務を付与した規定ではない。検察官が捜査を職務とする根拠は、旧裁構法同様、検察庁法四条にあるとしなくてはならない。すなわち警察法二条一項にかかわらず、捜査という国務はその本籍を、公訴と共通にしているのである。

（平成一二年一〇月一七日擱筆）

共犯論の再構成

江藤　孝

はじめに

　これまでの各論考において、第一に、いわゆる必要的共犯のうち集団犯について、騒乱罪（騒擾罪）の検討を契機に、集団犯は、まさしく集団が犯罪の主体となる「集団による犯罪」と、集団は構成要件的状況にとどまり集団の各構成員が各構成要件的行為の主体となる「集団における犯罪」とを区別すべきであることを主張してきた。前者では、集団構成員相互間に共通する共同意思が存在することが必要であるが、後者では、そのような共同意思が存在することは必要でないというものである。暴力行為等処罰法一条の集団的暴行・脅迫・器物損壊罪が前者の典型例であり、騒乱罪が後者のそれである(1)。

　また、第二に、いわゆる任意的共犯について、共謀共同正犯、故意ある道具及び承継的共犯の検討を契機に、単独犯現象と共犯現象とは峻別すべきであって、二人以上の者が犯罪に関与する共犯現象では、正犯と共犯の区別において、単独犯現象に妥当する実行概念と正犯概念との一致を認めるべきではない、と指摘した。すなわち、共犯現象では、実行概念を基準として犯罪の共同的実現の成否を問い、次いで、共犯者（実行行為、教唆行為、幇助行為をした者）の範囲を画し、そのうえで、各関与者の行為の主観面と客観面とを総合して、共同正犯、教唆犯、従犯の区別（規範的評価）を行うというものである。したがって、一方で実行行為をなさない正犯を肯定するとともに、他方で実行行為をなした従犯を認めることになる。(2)

本稿では、以上の、集団による犯罪と集団における犯罪との区別、及び、単独犯現象と共犯現象の峻別という二つの考え方を再検討し、集団犯と任意的共犯の実態に即した「共犯論」の提唱を試みてみたい。

一　いわゆる必要的共犯——集団による犯罪と集団における犯罪——

1　対向犯と多衆犯

必要的共犯は、構成要件上当然に数人の行為者を予想するものをいうとされ、賄賂罪のような対向犯と内乱罪・騒乱罪のような多衆犯（集団犯）の二種類があり、どちらについても、総則の共犯規定の適用上注意しなければならない点がある、とされる。

もっとも、賄賂罪の各行為のうち、「要求」は相手方に対して賄賂の交付を求めることであり、相手方が応じなくてもよいし、「申込」は収受を促すことであり、相手方に対して収受を促す意思表示を表示すれば足りるから、要求及び申込はそれに対応する相手方の行為を必要としないが、「供与」は収受させることであり、相手方が現に受け取らないかぎり申込にとどまり、「約束」は両当事者の賄賂の授受の合意であるから、収受と供与及び双方の約束は、必ず相手方の行為を必要とする。その意味で、収受と供与及び双方の約束は、必要的共犯の関係に立つが、要求及び申込は、申込者・要求者の一方的行為によっても成立するから、必要的共犯とはいえない。

また、収受と供与のように必要的共犯の関係に立つ各行為は、両者が結合して一個の犯罪を構成するのではなく、それぞれ別個独立の犯罪である。したがって、狭義で必要的共犯というときは対向犯を指すといわれ、また対向犯と集団犯とは、総則の共犯規定の適用があるかという点では共通の問題があるが、当該構成要件を実現するためには必ず二人以上の者の関与が必要であるという意味では、多衆犯こそむしろ必要的共犯の典型であるということができる。

ところで、一般に、「多衆犯の規定は、集団犯罪ないし群集犯罪の特質を考慮して、集団的行動に関与した者を――重い者には重く軽い者には軽くというように――一定の態様と限度で罰しようとするものである。したがってその規定に掲げられていない態様の関与行為は、これを処罰の外に置くものと考えなければならない。その結果、共犯の総則規定は多衆犯には適用がないと解するべきである」、とされる（団藤重光・刑法総論（三版）四三四頁）。すなわち、多衆犯である内乱罪・騒乱罪では、内乱罪・騒乱罪の構成要件があるだけで、内乱首謀罪・内乱謀議参与罪・内乱付和随行罪・騒乱首謀罪・騒乱指揮罪等々の構成要件があるわけではなく、これら各号は処罰のための区別にすぎない、というのである。

したがって、内乱罪・騒乱罪では、犯罪の主体は多衆であり、内乱罪は、「憲法の定める統治の基本秩序を壊乱することを目的として」なされた多衆による暴動であり、騒乱罪は、集合した多衆による暴行・脅迫ということになる。そして、多衆の各構成員に内乱罪・騒乱罪の罪責を問うためには、これら多衆の各構成員間に主観的要件として暴動ないし騒乱の「共同意思」が必要であることになる。これは、まさしく、内乱罪・騒乱罪を集団による犯罪としてとらえるものであるといえよう。

2 騒乱罪における共同意思

(1) 共同意思論の登場

騒乱罪すなわち平成七年法律九一号による改正前の騒擾罪については、その暴行・脅迫は、集合した多衆の「共同意思」に出たものであることを要するという考え方（「共同意思論」ないし「共同意思必要論」）が、大審院判例以来確立されているが、その淵源は、古く、騒擾罪の前身である旧刑法一三七条の兇徒聚衆罪について判示した、大判明治三五年五月一二日刑録八輯五巻一〇五頁にまで遡ることができる。すなわち本判決は、兇徒聚衆罪は、暴動をなしたこととその暴動が多衆「共同ノ意志」にもとづくことにより成立する、したがって、多数の人が暴動行為をなしても暴動者間に「意志ノ共同」がないときは同罪を構成しない、とした。そして、その後、本判決は、現行刑法一〇六条の騒擾罪のもとで、大判明治四三年四月一九日刑録一六輯六五七頁によって引き継がれ、「旧刑法第一三七条ニ規定スル兇徒嘯聚ノ罪新刑法一〇六条ニ規定スル騒擾ノ罪ハ多衆カ共同ノ意思ヲ以テ共同シテ暴行又ハ脅迫ヲ為スコトニ依テ成立ス」、と判示されるに至った。次いで、大判大正二年一〇月三日刑録一九輯九一〇頁は、共同意思の内容に言及し、「刑法第一〇六条ノ騒擾罪ハ多衆カ聚合シテ暴行又ハ脅迫ヲ為スニ因リテ成立スルヲ以テ其主魁者、指揮者、若クハ助勢者又ハ附和随行者ノ相互間ニ共通スル一定ノ意思ノ存在ヲ必要トセス各自騒擾行為ニ加担スル意思ニ因リテ行動スルヲ以テ足ル」、と判示している。

(2)　判例理論としての共同意思論の確立

しかし、このような共同意思の考え方を継受し、共同意思論を判例理論として確立したのは、平事件上告審判決である最判昭和三五年一二月八日刑集一四巻一三号一八一八頁であった。そして、騒擾罪における共同意思については、この判決がそれ以降の判例のリーディング・ケースとなっていることは、周知のとおりである。すなわち、本判決は、騒擾罪の成立を否定した吹田事件第一審判決（大阪地判昭和三八年六月二二日判時三五七号一三頁）にも、また、これを肯定した大須事件控訴審判決（名古屋高判昭和五〇年三月二七日判時七七五号二一頁）及び上告審決定（最決昭和五三年九月四日刑集三二巻六号一〇七七頁）にも引用されている。

ところで、このリーディング・ケースとなった平事件上告審判決は、①「騒擾罪は、群集による集団犯罪である」という「集団犯罪観」に立ち、②したがって、「その暴行又は脅迫は集合した多衆の共同意思に出たもの、いわば集団そのものの暴行又は脅迫と認められる場合であることを要する」として、「共同意思論」を是認し、③しかし、「その多衆のすべての者が現実に暴行脅迫を行うことは必要でなく、群集の集団として暴行脅迫を加えるという認識のあることが必要である」として、いわば「集団形成責任」を肯定し、④さらに、この共同意思は、「多衆の合同力を恃んで自ら暴行又は脅迫をなす意思ないしは多衆をしてこれをなさしめる意思と、かかる暴行又は脅迫に同意を表し、その合同力に加わる意思とに分たれ、集合した多衆が前者の意思を有する者と後者の意思を有する者とで構成されているときは、その多衆の共同意思があるものとなるのである」として、共同意思が、いわば「積極的加害意思」ないし「主動的意思」といわば「消極的加担意思」ないし「受動的意思」とからなるとして、「共同意思の内容」を明らかにし、⑤次いで、共同意思と共謀・通謀との相違に言及し、「共同意思は、共謀ないし通謀と同意義でなく、すなわち、多衆全部間における意思の連絡ないし相互認識の交換までは必ずしもこれを必要とするものではない」として、いわば「意思の連絡不要説」をとり、⑥また、共同意思は、「事前の共謀、計画、一定の目的があることは必要でない」として、「事前共謀不要説」をとり、⑦したがって、「共同意思の成立時期」についても、「当初からこの共同意思のあることは必要でなく、平穏に合法的に集合した群集が、中途から、かかる共同意思を生じた場合についても本罪の成立を妨げない」として、原判決が共同意思に関して判示した見解を、正当として是認したものである。⑧また、とくに原判決の「未必的共同意思」に関連して、「元来騒擾罪の成立に必要な共同意思とは、多衆集合の結果惹起せられることのあり得べき多衆の合同力による暴行脅迫の事態の発生を予見しながら、あえて、騒擾行為に加担する意思があれば足りるのであって、必ずしも確定的に具体的な個々の暴行脅迫の認識を要するものではないのであるから、原判決の未必的共同意思の判示は、この趣旨において首肯できないことはない」として、いわば「加担意思としての共同意思論」を展開している。

(3) 共同意思論の新たな展開——集団の同一性——

この平事件上告審判決の展開した共同意思論は、前述したように、それ以降の判例に継受されるに至っているが、その間、メーデー事件控訴審判決である東京高判昭和四七年一一月二一日高刑集二五巻五号四七九頁が、「集団の同一性」という注目すべき考え方を示している。すなわち、本判決は、「当日の原判示各場面における集団員による暴行、脅迫の事態が、連続して起きた一個の社会事象として観察できるということから、ただちに、それが法的にも包括して一個の騒擾罪を構成するという推論には、とうてい賛成することはできない」としたうえ、「原判示各場面において暴行、脅迫を行なった集団の構成員について異動があるにかかわらず、そのうちのある場面における集団員の暴行、脅迫に関与したということだけで、当該被告人に対し、当日のすべての場面における暴行、脅迫について騒擾罪の罪責を問うためには、これら各場面における集団員、なかんずく桜田堀沿い砂利敷道路並びに二重橋前砂利敷十字路において警官隊と接触乱闘に及んだ集団員と、その後の各場面において暴行、脅迫に及んだ各集団員とが、前後同一性を維持していたことが必要である」として、「集団の同一性」という新たな考え方を展開した。

それまで、共同意思は、集団と個人との関係においてのみ考えられ、集団と集団との関係において考えられることがなかった。その意味で、この「集団の同一性」という考え方は、従来の共同意思論にはみられなかった新たな理論を提供したものであるといってよい。もっとも、本判決も、従来の意味での共同意思論を否定しているわけではないように思われる。その意味では、本判決の考え方は、集団の同一性の有無という観点から、客観的に騒擾罪の主体たる集団（多衆）の範囲を画し、次いで、その集団の意思としての共同意思の存否という観点から、主観的に集団そのものの暴行・脅迫であるか否かを判断しようとする共同意思論であるといってもよい。また、被告人の罪責の確定という点からみれば、本判決は、集団の同一性の有無によって、当該集団の構成員に帰責されるべき暴行・脅迫の範囲を画し、次いで、その暴行・脅迫への加担意思の有無によって、当該被告人についての騒擾罪の罪責の有無を確定しようとする態度をとったものといえよう。

次いで、大須事件上告審決定である最決昭和五三年九月四日刑集三二巻六号一〇七七頁は、従来の判例、とりわけ平事件上告審判決を全面的に踏襲し、しかもメーデー事件控訴審判決のいう「集団の同一性」という考え方をも実質的に継受した。さらに、この考え方は、新宿事件上告審決定である最決昭和五九年一二月二一日刑集三八巻一二号三〇七一頁にも、実質的に引き継がれるに至っている。

3 集団による犯罪と集団における犯罪

(1) 集団による犯罪

騒乱罪における「共同意思論」は、前述したように、大審院判例において登場し、最高裁判例によって確立され、さらに新たに展開された判例理論であるが、それは、次のように要約することができる。

すなわち、①騒乱罪における暴行・脅迫は、集合した多衆の「共同意思」に出たもの、いわば集団そのものの暴行・脅迫でなければならない。したがって、客観的・外部的には同一の事態であっても、当該集団のある構成員の暴行・脅迫が、集団全体の「共同意思」のもとに行われたと認められれば、「多衆が集合して暴行又は脅迫をした」とされるのに対し、それがその集団とは別個独立に「偶発的に」行われたものであると認められれば、それは当該行為者の個人的暴行・脅迫の限度で評価されるにとどまる。その意味では、共同意思は、騒乱罪の成立範囲を限定する機能を営むものであるといってよい。

②しかし一方、騒乱罪における暴行・脅迫は、集合した多衆の共同意思に出たものであることを要するが、その

多衆のすべての者が現実に暴行・脅迫を行うことは必要ではないし、また、集団構成員各人については、「積極的加害意思」ないし「主動的意思」(多衆の合同力を恃んで自ら暴行・脅迫をなす意思ないし多衆をしてこれをなさしめる意思)あるいは「消極的加担意思」ないし「受動的意思」(暴行・脅迫に同意を表し、その合同力に加わる意思)があれば、共同意思があるとされる。したがって、その意味では、共同意思は、個別的行為として把握されれば暴行罪、脅迫罪、器物損壊罪等の適用を受けるにとどまる行為者、及び現に暴行・脅迫をしなかった集団員について、騒乱罪の罪責を問う根拠を提供することになる。

③もっとも、騒乱罪の主体たる集団については、各場面におけるそれぞれの集団員が「多衆」として前後同一性を維持していたことが必要である、とされる。そして、この「集団の同一性」という考え方は、騒乱罪の成立範囲を画する機能を営むといえよう。

(2) 集団における犯罪

要するに、判例の共同意思論は、共同意思は騒乱罪の成立のための集団そのもの及び集団各構成員の主観的要件であり、「共同意思の存否が騒乱罪の成否を決する」という考え方である。そこには、騒乱罪は集団「による」犯罪であり、その主体は集団であるという前提がある。しかし、これは、騒乱罪が集団による犯罪であることを認めながら、共同意思は、多衆全部間における意思の連絡・相互認識の交換までは必ずしもこれを必要とはしないとして、いわば「意思の連絡不要説」をとり、共同意思は「加担意思」で足りるとした点に、まさに問題がある。共同意思の内容を加担意思として把握する限り、集団参加者が集団から去らない不作為についても容易に共同意思を肯定することができよう。これでは、判例のいう共同意思論も、結果的には、共同意思を「同調感情」ないし「共感意識」と解する見解と同じことに帰し、騒乱罪の罪責を問う根拠として妥当であるとはいえない。

そこで、騒乱罪の構造を、その群集犯罪としての特質を考慮しつつ、集団を犯罪の主体とする集団による犯罪としてではなく、集団「における」犯罪として把握するのが妥当であると思われる。すなわち、「多衆集合して暴行・脅迫をした」というのは、構成要件的行為ではなく、構成要件的状況ないし結果であり、首謀者となること、他人を指揮し、他人に率先助勢すること、付和随行することが構成要件的行為となるのであって、それを裏付ける行為意思にこそまさに責任の根拠を求めることができるであろう。そうであれば、騒乱罪においては、集団そのものの主観的要件としてであれ各構成員の個別的意思としてであれ、共同意思を論ずる必要はない。暴徒化した集団について、静謐阻害のおそれ（一般住民の生命・身体・財産に対する具体的危険）の有無すなわち構成要件的状況ないし結果が現出したかどうかを客観的に判断すれば足りる。

なお、刑法一〇七条の多衆不解散罪は、権限のある公務員から解散の命令を三回以上受けたにもかかわらず、なお解散しなかった集合した多衆が、構成要件的状況であり、暴行・脅迫をするために首謀者となること、その他の者となることが、構成要件的行為ということになろう。

(3)　内乱罪その他

同様に、多衆犯である刑法七七条の「内乱罪」についても、その構造を集団における犯罪として把握するのが妥当であろう。したがって、内乱罪においても、多衆が犯罪の主体ではなく、多衆による暴動は構成要件的状況ないし結果であって、憲法の定める統治の基本秩序を壊乱することを目的として、首謀者となること、謀議に参与し又は群集を指揮し、その他諸般の職務に従事すること、付和随行し、その他暴動に参加することが、構成要件的行為である、と解すべきである。

また、必ずしも多衆犯とはいえないが、多衆犯としても成立しうる刑法二〇八条の二の凶器準備集合罪についても、二人以上の者の集合が構成要件的状況であり、他人の生命・身体・財産に対し共同加害の目的で、凶器を準備して又はその準備があることを知って集合すること、凶器を準備して又はその準備があることを知って人を集合させることが、構成要件的行為となろう。

これに対し、多衆犯とはなりえない暴力行為等処罰法一条の集団的暴行・脅迫・器物損壊罪は、集団による犯罪として把握すべきであり、集団構成員間には、意思の連絡を内容とする共通の共同意思が存在することが必要であると解すべきである。

二 いわゆる任意的共犯について——単独犯現象と共犯現象の峻別——

1 正犯と共犯の区別

(1) 実行＝正犯（通説）

これまで、正犯と共犯の区別をめぐっては、一般に、単独直接正犯を出発点として、形式的客観説に従い、正犯概念と実行概念を一致させ、正犯とは、自ら犯罪を実行した者すなわち基本的構成要件該当事実を実現した者をいうとし、そのうえで、具体的妥当性を有する規範的評価を行うために、解釈論として実質的客観説ないし行為支配説に従い、実行概念ないし正犯概念を拡張し、あるいは立法論として、間接正犯の規定を新設して実行概念を拡張し、または共謀共同正犯の規定を新設して正犯概念を拡張するという態度をとってきた。

(2) 実行概念と正犯概念の分離

この点、周知のごとく、ドイツでは、主観説の帰結ではあるが、浴槽事件（Badewannen-Fall）とスタシンスキー事件（Stachynskij-Fall）において、実行行為を担当した者について、謀殺罪の幇助犯の成立を認めている。すなわち、前者では、姉が妹の依頼を受け、妹が生み落とした嬰児を浴槽で溺死させたという事案について、ライヒ裁判所は、姉が嬰児の殺害を自己のものとして意欲したものではなく、単に妹の犯罪を援助する意思であった場合には、ドイツ刑法二一一条の謀殺罪の幇助犯を認める余地があるとして、姉を謀殺罪の正犯とした原判決を破棄差し戻しているし（RGSt 74, 84）、後者では、被告人スタシンスキーがソ連のＫＧＢの命令により特殊な毒殺銃でソ連からの亡命者二人を、自己の手により、それぞれ別個に殺害したという事案について、連邦通常裁判所第三刑事部は、被告人による二個の暗殺につき謀殺罪の成立を認めたが、被告人に暗殺を命令したＫＧＢの指導者達こそ正犯者意思を有する間接正犯であるとし、被告人自身はこれを幇助犯にとどまる旨判示した（BGHSt 18, 87）。

そして、このような方向は、主観説を採用していないわが国の下級審判例にもみられる。たとえば、①故意のある幇助的道具を正面から認めた裁判例としてしばしば引用される、横浜地川崎支判昭和五一年一一月二五日判時八四二号一七二頁は、被告人が、ホテルロビーで、ＡがＢに対し覚せい剤粉末約五〇グラムを代金五〇万円で売り渡した際、右取引の数量、金額、日時、場所をＡに連絡し、右ホテル付近道路でＡから同覚せい剤を受け取り、これを右ロビーでＢに手渡したという事案について、「被告人が覚せい剤五〇グラムをＢに手渡した客観的事実は動かしえないものであるところ、右所為における被告人は、覚せい剤譲渡の正犯意思を欠き、ＡのＢに対する右譲渡行為を幇助する意思のみを有したに過ぎないと認めざるをえないので、いわゆる正犯の犯行を容易ならしめる故意のある幇助的道具と認むべく…、これを正犯に問擬することはできない」、と判示している。

また、②大津地判昭和五三年一二月二六日判時九二四号一四五頁は、他人Ａに頼まれるまま、覚せい剤の水溶液を同人に注射してやったという事案について、「覚せい剤の使用は、自己使用に限定されるものではなく、他人に使用させる場合も含まれると解されるし、覚せい剤の水溶液を注射器で人の身体に注射することは、それ自体が覚せい剤の使用と目される場合もありえようが、前記認定の事実によれば、被告人は、Ａにおいて自ら覚せい剤の水溶液を注射しようと試みる途中で、同人に頼まれるままその手で同人に注射してやったというもので、結局、同人の身体に注射をしたのは被告人自身であるけれども、しかし右所為における被告人は、自ら又は他人に覚せい剤を使用させようとの積極的意図を有していたとは認め難いのであって、覚せい剤使用の正犯意思を欠き、Aの覚せい剤使用行為を幇助する意思を有していたにすぎないと認めざるをえないから、いわゆる正犯の犯行を容易ならしめる故意のある幇助的道具と認めるべく、正犯に問擬することはできないと解さなければならない」、としている。

そして、さらに、③福岡地判昭和五九年八月三〇日判時一一五二号一八二頁は、強盗殺人未遂の被害者のいたホテルの一室から別室に覚せい剤を搬出し、さらに同室においてショルダーバッグに右覚せい剤を入れ、これを持って他の共犯者とともに同ホテルを脱出したという事案について、「被告人が強盗殺人未遂の実行行為の一部を担当したことは明らかである」としたうえ、「行為者が実行行為の一部を分担する場合、一般にはほとんど共同実行の意思が問題にならないのは、右実行行為一部分担の事実のみから、通常極めて容易に共同実行の意思が推認されるからであろう。しかしながら、実行行為一部分担の事実も、結局は共同実行意思認定の一つの有力な判断材料にすぎないことに鑑みると、当該行為者が右実行行為に及んだ事情や当該犯罪全体に占める右行為者の行為の意義の如何を問わず、単に実行行為の一部を分担したことの一事のみで、常に共同実行の意思ありと解するのは相当でないと言うべきであって、前記推認を覆すに足りるような特段の事情の存する場合においては、たとえ当該行為者が形式上実行行為に該当する行為を行った場合であっても、共同実行の意思の存在を否定して、幇助犯の成立を認めるのが相当である」、と判示している。

これら三つの下級審判例はいずれも、被告人が実行行為ないしその一部を担当したことを認めながら、正犯意思を否定し、幇助犯の成立を認めたものであるが、前述したドイツのライヒ裁判所判決ないし連邦通常裁判所判決とは異なり、アニムスの公式に従って正犯と共犯の区別をしたわけではなく、正犯意思を覆すような特段の事情の存否を検討したうえ結論を導いた点が注目される。

(3)　承継的共犯における承継

なお、正犯と共犯の区別という観点からは、それについて直接判示したものではないが、共同実行の意思及び共同実行の事実について個別的具体的に検討し、共同実行の範囲を個人責任の原則に立って画そうとした、承継的共犯をめぐる下級審判例が参考となる。すなわち、承継的共犯では、後行行為者は先行行為者と共にどのような犯罪を共同実現しようとしたか、あるいは後行行為者は先行行為者のどのような犯罪を帮助しようとしたかが問題になるが、リーディング・ケースとされる大判昭和一三年一一月一八日刑集一七巻八三九頁及びこれを継受した札幌高判昭和二八年六月三〇日高刑集六巻七号八五九頁は、一罪性と不可分性を強調し、後行行為者が関与する前の先行行為者が終了した強盗殺人罪における殺人の結果ないし強盗傷人罪における傷害の結果について、後行行為者の承継を肯定していた。

しかし、先行行為者が終了した結果については、後行行為者はそれに乗ずることはできるが、もはやそれに加担することはできない。そこで、①浦和地判昭和三三年三月二八日第一審刑事裁判例集一巻三号四五五頁、広島高判昭和三四年二月二七日高刑集一二巻一号三六頁は、先行行為者の強姦行為により生じた傷害の結果につき、②福岡地判昭和四〇年二月二四日下刑集七巻二号二二七頁は、先行行為者が強盗の手段として加えた暴行から生じた傷害の結果につき、③横浜地判昭和五六年七月一七日判時一〇一一号一四二頁は、先行行為者が恐喝の手段として加えた暴行から生じた傷害の結果につき、④また、名古屋高判昭和五八年一月一三日判時一〇八四号一四四頁は、先行行為者のみ関与した恐喝既遂部分につき、それぞれ後行行為者の承継を否定している。

2　単独犯現象と共犯現象の峻別

従来の任意的共犯をめぐる共犯論には、二人以上の者が犯罪に関与する共犯現象を単独犯現象と同一の基盤で論ずることに、根本的な問題がある。もっとも、それは、個人責任の原則を放棄して、団体責任を認めるわけではない。共犯現象が単独犯現象とは異なる犯罪現象であることを率直に認め、個人責任の原則を堅持しながら、共犯現象の「共犯性」を強調するにとどまる。すなわち、正犯概念と実行概念との一致は、単独正犯に限って認め、広義の共犯では、実行概念を基準として犯罪の共同的実現の成否を問い、次いで、共犯者（実行行為、教唆行為、幇助行為をした者）の範囲を画し、そのうえで、各関与者の行為の主観面と客観面とを総合して、共同正犯、教唆犯、従犯の区別を行うというものである。二人以上の者が犯罪に関与する加功の態様は、多様で複雑であって、類型化にはなじまない。したがって、各行為者の主観・客観を総合して正犯と共犯とを区別するほかない。

そこで、このような基本的考え方に立って、任意的共犯においては、実行行為の一部又は全部を行わない共謀者にも共同正犯の成立を肯定し、他方、実行行為ないしその一部をした者にも従犯となりうることを認めることは、共犯論として妥当な方向を示すものであると思われる。

三　まとめ

以上において考察したとおり、必要的共犯においては、集団が犯罪の主体となる「集団による犯罪」と、集団は構成要件的状況にとどまり、集団の各構成員が各構成要件的行為の主体となる「集団における犯罪」とを区別すべきであり、前者では、集団構成員相互間に共通の共同意思の存在を必要とするが、後者では、そのような共同意思の存在を必要としないと解する。そして、集団による犯罪と集団における犯罪とを区別することによって、集団犯罪の特質を踏まえ、しかも個人責任の原則を貫徹することができると思われる。

一方、任意的共犯においては、単独犯現象と共犯現象との構造的差異に着目し、実行概念と正犯概念とを分離し、実行概念を基準として犯罪の共同実現の成否を問い、次いで、実行＝正犯という基準によらず、関与者の主観・客観を総合して正犯か共犯かの規範的評価を行うことが、実務にも適合しうる共犯論の妥当な方向であると思われる。

注

（1）江藤　孝「いわゆる共同意思の存否は騒擾罪の成否を決するか」名城法学二一巻四号二四頁以下、「騒擾罪における『共同意思』――共同意思否定論の試み――」判例タイムズ二七五号一六頁以下、「騒擾罪における『共同意思』と『静謐阻害』の機能――メーデー事件控訴審判決を中心として――」判例タイムズ二八七号一一五頁以下、「騒擾罪の問題点」法学教室（第二期）七巻一三四頁以下、「集団犯の諸問題」井上正治博士還暦祝賀「刑事法学の諸相（下）」二五五頁以下、「騒擾罪――とくに共同意思」判例刑法研究七巻一五九頁以下、「騒擾罪と共同意思――共同意思の存否と騒擾罪の成否」別冊法学教室「刑法の基本判例」一七二頁以下、「騒擾罪における共同意思」刑法基本講座六巻一七〇頁以下等。

（2）江藤　孝「共犯論の再検討」西山富雄教授還暦記念論文集四五頁以下、「正犯と共犯の区別――正犯概念と実行概念をめぐって――」志學館法学創刊号一頁以下。「正犯と共犯の区別――故意のある幇助的道具及び承継的共犯を中心に――」志學館法学三号一頁以下等。

名誉毀損における「公正」の観念

井上治典

はじめに

近時、民事裁判の領域で、意見・論評にかかわる名誉毀損のケースが増大しつつある。また、法における「公正なかかわり」を基軸としたフェアーネスの価値もウェイトを増してきている。

公正な論評は、意見・論評につきそれが「公正である場合」に免責されるとする考え方である。英米法においては、公正とは、客観的に正当であることは要しないが、論評としての限界を超えず、ある程度中庸・分別・適正なこと、害意ないし悪しき動機がないことを要し、他人を中傷するためだけのものであったり、主題とは無関係の個人的非難の隠れ蓑《みの》にすることは許されない。公人について、暗愚とか、無能力などというのは許された批判であるが、悪者とか、誠実を欠く、嘘つきなどというのは人身攻撃であるとされる（塚本重頼『英米法における名差損の研究』中央大学出版部、七五頁）。

ところで、他者を誹謗・中傷する言辞については、事実言明と意見言明とが混在していたり、ある言明が事実なのか意見・論評なのか、峻別が困難である場合も少なくない。

名誉毀損につき、意見・論評に関しては、一定の法理が確立されつつあるが、現状はどうなのかを点検したうえで、事実言明における既存の考え方との関係を探りつつ、名誉毀損全体についての一つの方向を提示してみたい。

一 「意見言明」および「公正な論評」についてのわが国の判例・学説の状況

1 平成九年九月九日の最高裁判所第三小法廷判決（平成六年〔オ〕第九七八号事件）は、「事実」および「意見ないし論評」について以下の名誉毀損の成否の要件を設定した。

(1) 新聞記事による名誉毀損の不法行為は、問題とされる表現が、人の品性、徳行、名声、信用等の人格的価値について社会から受ける客観的評価を低下させるものであれば、これが事実を摘示するものであるか、又は意見ないし論評を表明するものであるかを問わず、成立する。

(2) 事実を摘示しての名書毀損にあっては、①その行為が公共の利害に関する事実に係り、②かつ、その目的が専ら公益を図ることにあった場合に、③摘示された事実がその重要な部分について真実であることの証明があったときには、右行為には違法性がなく、④仮に右事実が真実でないことの証明がないときにも、行為者において右事実を真実と信ずるについて相当の理由があれば、その故意又は過失は否定される（最高裁昭和三七年〔オ〕第八一五号、同四一年六月二三日第一小法廷判決・民集二〇巻五号、一一一八頁、最高裁昭和五六年〔オ〕第二五号、同五八年一〇月二〇日第一小法廷判決・裁判集民事一四〇号、一七七頁参照）。

(3) ある事実を基礎としての意見ないし論評の表明による名誉毀損にあっては、①その行為が公共の利害に関する事実に係り、②かつ、その目的が専ら公益を図ることにあった場合に、③右意見ないし論評の前提としている事実が重要な部分について真実であることの証明があったときには、④人身攻撃に及ぶなど意見ないし論評としての域を逸脱したものでない限り、右行為は違法性を欠くものというべきである（最高裁昭和五五年〔オ〕第一一八八号、同六二年四月二四日第二小法廷判決・民集四一巻三号、四九〇頁、最高裁昭和六〇年〔オ〕第一二七四号、平成元年一二月二一日、第一小法廷判決・民集四三巻一二号、二二五二頁参照）。⑤そして、仮に右意見ないし論評の前提としている事実が真実であることの証明がないときにも、事実を摘示しての名書毀損における場合と対比すると、行為者において右事実を真実と信ずるについて相当の理由があれば、その故意又は過失は否定されると解するのが相当である。

2　右平成九年最高裁判決は、いわゆる「ロス疑惑」事件報道に関連して下された二つの東京高裁判決（第一事件・東京高判一九九四（平成六）年一月二七日、判例タイムズ八五九号、二〇八、二一〇頁、判例時報一五〇二号、一一四頁、第二事件・東京高判一九九四（平成六）年二月八日、判例タイムズ八五九号、二〇八、二一六頁・判例時報一四九三号、八四頁）のうち、右第一事件の原判決を破棄して差し戻した際の判示である（八木一洋『最高裁判所判例解説　平成九年版』参照）。

第一事件の事案の概要は、原告はある夕刊紙を発行する某新聞社を被告として名誉毀損を根拠に損害賠償を求めていたが、原告が妻を殴打した容疑で逮捕され取り調べを受けている段階で、被告はその第一紙面で、「三浦は極悪人、死刑よ」、「良枝さんも知らない話……警察に呼ばれたら話します」というタイトルのもと、原告を知る元夕ぐれ族の女性のコメントと、捜査の状況を、原告のことを「知能犯プラス凶悪犯で、前代未聞の手ごわさ」だとする、ある元検事の発言とともに報道した事案である。

3　第一審は名誉毀損の成立を認め、慰謝料一、〇〇〇万円及び遅延損害金の支払を命じたが、原審高裁判決は第一審判決を取り消し、請求を棄却した。

その主たる理由は、問題となっている言明が「現実の事実又は行動について述べた言辞」（事実言明）ではなく、「意見を叙述した言辞」（意見言明）であり、後者に対しては、一定の要件を満たす場合は、憲法二一条の保護下に入り、名書毀損の違法性等の阻却事由があるとしたものである。

原審高裁判決は、言論を「そこで用いられている言葉を一般的に受容されている意味に従って理解するとき、ある特定の者についての現実の事実又は行為を叙述した表現であって、右事実又は行為の真偽が証拠により証明可能である」事実言明と、「右以外の言明であって、多義的、不正確若しくは漠然としているため一般的に受容されている意味の中核を把握し難くその意味内容につき議論の余地のある言葉により表現されている言明、又はある特定の者の行為若しくは性質等についての評価を加えた言明」である意見言明に分ける。

そして意見言明については、①「当該記事が利害に関する事項についてのものであるとき」、②「意見の形成の基礎をなす事実（以下「意見の基礎事実」という）が当該記事において記載されており、かつ、その主要な部分につき、真実性の証明があるか若しくは記事の公表者において真実と信じるにつき相当な理由があるとき（「免責事実があるとき」）」、③「意見の基礎事実が」「社会的に広く知れ渡った事実若しくはこのような事実と当該記事に記載された免責事実からなるとき」で、④「当該意見をその基礎事実から推論することが不当、不合理なものとはいえないとき」の四つの要件を充たすときは、「公益性の要件」は要せずに憲法二一条の保護下に入るとしたものである（前記、八木『解説』参照）。

4　原審高裁判決は、従来の「公正な論評」に関する判例の流れの中で、米国でのガーツ判決から始まって「オルマン対エヴァンス事件」判決等で最高潮に至る「意見特権」の保護の動きに影響され、従来の判例の流れをその方向へ転じようとしたものと受け止められる。

(1) 昭和六一年六月一一日の最高裁大法廷判決（昭和五六年（オ）第六〇九号事件）の「北方ジャーナル事件」、平成元年一二月二一日第一小法廷判決（昭和六〇年（オ）第一二七四号事件）の「長崎ビラまき事件」などを通じて形成されて来た「公正な論評」の法理と基準は以下の通りである。

すなわち、「公共の利害に関する事項について自由に批判、論評を行うことは、もとより表現の自由の行使として尊重されるべきものであり」「批判等により」その名宛人の「社会的評価が低下することがあっても、その目的が専ら公益を図るものであり、かつ、その前提としている事実が主要な点において真実であることの証明があったときは、人身攻撃に及ぶなど論評としての域を逸脱したものでない限り、名誉侵害の不法行為の違法性を欠くものというべきである。」（右「長崎ビラ撒き事件」判決）。

(2) しかし原審高裁判決は、従来の判例が言論を「事実の摘示」と「意見ないし論評」と分けて論じて来たのに比して、「事実言明」と「意見言明」に二分し、後者につき一定の要件の下に憲法二一条の保護下において、従来の判例にはない免責要件を設定した。

(3) 特に、注目されるのは、「意見言明」に対しては「公益目的」の要件を除外した上で、「人身攻撃に及ぶなど論評としての域を逸脱したものでない」という要件も除外した点に特異性がある。ただし、基礎をなす事実が真実であっても右事実から当該意見を推測することが不当、不合理といえないときとの条件が付加された。

5 平成九年の最高裁判決は、原審高裁判決が、「意見言明」であるとしたものを「事実を摘示するとともに、同事実を前提にその人格の悪性を強調する意見ないし論評を公表したもの」として、破棄・差戻しをしたものであるが、以下の特徴点が挙げられる。

(1) 言論に対する「意見言明」と「事実言明」の二分法を基本的に禁じ、後者についての特別の免責要件を否定したこと。

(2) 「事実の摘示」と「意見ないし論評」の区別を用いて、言論を法的に評価することを論じたこと。

(3) 意見・論評であるからとして安易に名書毀損を免責する考え方にブレーキをかけ、前記「北方ジャーナル事件」や「長崎ビラまき事件」で形成されて来た「公正な論評」理論や、言論に対する認定や法的評価を再確認したこと。

二 アメリカにおける意見特権論の展開とその終焉

1 一九六四(昭和三九)年に言い渡された連邦最高裁の「ニューヨーク・タイムズ対サリバン事件」判決(New York Times CO. v. Sullivan, 376 U.S. 254)は、「公務員は、自らの公務に関する名書毀損的な虚偽に対し、その言明が『現実の害意』(actual malice)に基づいてなされたこと、つまり、その言明が虚偽であることを知りながらか、又はその虚偽について軽率にも無関心な態度でされたことを証明しなければ、損害賠償を請求することはできない」と判示した。これは、修正第一条の言論の自由を拡大して、「公務員」(public officer)に対する名書毀損の成立する範囲を限定するものであったが、その後その限定の範囲は、「公人」(public figure)にまで拡大された。(「カーティス出版会社対バッツ事件」(In Curtis publishing Co. v. Butts, 388 U.S. 130 (1967))、「ガーツ対ロバート・ウェルチ会社事件」(Gerts v. Robert Welch, Inc., 418 U.S. 323 (1974), 連邦最高裁判決))。

そして「現実の害意」の立証責任は、米国では原告にある。

2 右の修正第一条の保護の拡大は、言論の名宛人だけではなくその内容にまで拡大された。一九七四(昭和四九）年に言い渡されたガーツ事件判決の傍論（dictum）において、連邦最高裁が「修正第一条の下において、誤った思想と言ったものは存在しない。しかし、ある意見がいかに悪質なものであろうとも、我々はその是正を、裁判官や陪審員の良心によってではなく他の思想との競争に依拠して行うのである。しかし、事実に関する虚偽の言論には、何らの憲法的価値もない」と論じたことがきっかけとなり、事実言明と意見言明との区別がなされて、後者に対して絶対的な保護が与えられるべきであるとする議論が活発となった。

一九八四（昭和五九）年の「オルマン対エヴァンス事件」（コロンビア特別区控訴裁判所（Ollman v. Evans et al., 750 F. 2nd 970 (D.C. Cir. 1984) (enbanc), cert. denied, 471 U.S. 1127 (1985)）右判決に対する連邦最高裁へのサーシオレイライの申立ては棄却された）では、明確にその方向が打ち出され、意見言明と事実言明の区別の基準が論じられた。また昭和五二年の第二次リステイトメント第五六六条等では、狭義の意味でのフェアコメントの法理が廃棄され、意見は名誉毀損の対象とはならない、その対象となるのは事実の摘示を含む場合に限るとの考え方が示されたが、意見と事実を区別する基準についてはそれほど明確に論じられていなかった。

このように意見言明と事実言明を区別し、前者に特権的保障を与えるとしながら肝腎の両者の区別の基準は明確でなく、判例・学説は混乱を来していたと言っても過言ではない（松井茂記「意見による名誉棄損と表現の自由」『民商法雑誌』一一三巻三号、一九九五年、三三七—三六八頁参照）。

3 そこで、一九九〇（平成二）年の「ミルコヴイッチ対ロレインジャーナル事件」（Milcovich v. Lorain Journal Co. et al., 497 U.S. 1 (1990)）の連邦最高裁判決が下された。高校のレスリングコーチのミルコヴイッチが、試合の時に起こった生徒達の乱闘騒ぎに関して、裁判所で行った証言について、被告新聞会社が「ミルコヴイッチは、司法手続で宣誓したのに嘘をついた」とのコラム記事を掲載した。第一審裁判所は、サマリージャッジメント（事実審理を経ないでなされる判決・summary judgment）で被告勝訴とし、オハイオ連邦控訴裁判所は、右判決を支持したのであるが、その重要な理由は「本件記事は修正第一条によって保護されるべき『意見』を含んでいる」ということであった。

連邦最高裁は、レンクイスト判事を中心とする多数意見により、原判決を破棄して、差し戻した。理由の要旨は以下の通りである。

第一判示事項（The first holding）として、「修正第一条は、州の名書毀損法の適用について『意見の例外』を憲法的に保護していない」こと、第二判示事項（The second holding）として、「合理的な事実認定者は、この事件の言論は事実についての主張をしていると結論づけることができるのであり、修正第一条は、本件言論に対するオハイオ州の名書毀損法の適用を禁じていない」と判示した。

そして右判示事項の主たる理由（ratio decidendi）として、①「ガーツ事件判決は、意見特権を認めたものではない」、②「意見はしばしば客観的事実の主張を含むのであるから、かかる意見特権は、確立された憲法に反する」、③「意見と事実についての技巧的な二分法がなくても、修正第一条下において現存する憲法理論において表現の自由に対する適切な保護（生息の機会）がある。」との判断を示した。

現在、米国の名書毀損の法理を支配しているのは、このミルコヴイッチ判決であり意見特権論は、最早アメリカ判例の中でも否定されている（右判例についての紹介につき、喜田村洋一「名誉毀損訴訟で、いわゆる『意見特権』は存在しないと判示した事例」『ジュリスト』一〇三四号、一三一頁）。

4　右米国における判例の流れは、もともと米国や英国のコモンロー下で発展していた「公正な論評」（fair comment）理論の判例・学説の流れの中での、事実と意見の区別、意見の中で真実と異なる事実を述べた場合の名誉毀損の成否についての多数説と少数説の対立の流れの中に置いて見る時に興味深いものがある。

また、「オルマン対エヴァンス事件」と「ミルコヴィッチ対ロレインジャーナル事件」の対立と、平成九年九月九日の最高裁判決との対立とは無縁ではなかろう（幾代通「アメリカ法における名誉毀損と Fair Comment——事実の真実性証明に関して——」『英米私法論集』、山口成樹「名誉毀損法における事実と意見——英米法の示唆するもの（一）乃至（三）」『東京都立大学法学協会雑誌』三五巻二号、一〇九頁、同二号、一一一頁、三六巻二号、九一頁）。

結局、米国の判例で、言論を「意見言明」と「事実言明」に分けて、前者について特別の憲法的保護を与えようとする動きがあったが、その方向性は明確に否定されているのが現状である。

三 立証責任の違い

米国での名誉毀損と我が国のそれとの相違、なかんずく「公正な論評」についての立証責任の相違について簡単に触れておきたい。

1 言論の真実性についての立証責任は、コモンロー下では長らく積極的抗弁（affirmative defense）とされ、被告に立証責任があるとされてきたが、一九六〇年代以降の一連の最高裁判決の流れの中で、修正第一条の憲法的要請により、事実の虚偽性について原告に立証責任があるとされて来ている（'prosser and keeton on torts' 5th Ed. keeton, dobbs, keeton&owen west publishing co. 1984 の八三九頁、'emanuel law outlines' 3rd Ed. Torts. 1988 の二九〇頁）。
しかし、日本においては、被告の抗弁事由である。

2　そして米国では、前述のように公務員や公人についての「現実の害意」(actual malice) についての立証責任も、原告に存するのであるが、日本において、この法理が採用されていない（平成元年の最高裁判例解説の「長崎ビラまき事件」についての篠原勝美調査官の解説部分、六三〇頁）。

3　従って、平成九年の最高裁判決でも明らかなように、「ある事実を基礎としての意見ないし論評の表明」、つまり「公正な論評」においても、①公共性、②公益目的性、③真実性、④「人身攻撃に及ぶなど意見ないし論評としての域を逸脱したものでない」こと、⑤相当性についての要件について、すべて被告に主張・立証責任が存する。日本においては、「公正な論評」であるからといって、主張・立証責任に基本的変化はない。

四　「事実」と「意見」との峻別の問題点

1　言語学の領域においても「事実」(fact) と「評価」(comment) との区別は、早くから研究・議論の対象とされてきた。オースティンは、言語を「行為」(Acts) としてとらえ、「事実確認的」(constative) 行為と、「行為遂行的」(performative) 言語行為とを一応類型化して、前者はその真偽が、後者は「評価」としてのその言語行為の公正さ (fairness)、適切さ (felicitous) が問題になるとしたものの (J. L. Austin, How to Do Things with Words, J. O. Urmson & Sbisa, Oxford Univ. Press. 2nd. e., 1975, p.12f［坂本百大訳『言語と行為』大修館書房、一九七八年、二二頁］)、いずれも言語を発するものの積極的営みとしての「行為」である以上、両者の峻別は絶対的なものではなく相対的であり、両域にまたがり、両者の性質を兼ね備えた言語行為群が多数存在することを認めざるをえなかった。オースティンの後継者と目されているサールも同様である（サール＝坂本百大ほか訳『言語行為』勁草書房）。

2　法律学の領域においても、「事実」と「法」とは、法三段論法としては理論的には明確に区別されても、実質的にはかなりあいまいであり、両者の隔壁は流動的・相対的であることが、多くの法専門家によって自覚されている。たとえば、法規の要件事実は、単純なナマの事実概念でなく多くの場合、さまざまな事象を総合しての評価をともなう性質のものであること、いわゆる証書真否確認の訴え（民訴一三四条）は、事実の確認か法的評価の確認か（通説は前者であるとするに対し、法的評価概念であるとするものとして、谷口安平・口述民事訴訟法、一一三頁）、事実の自白と権利関係についての自白の峻別およびその法効果のちがい、等々の議論の経過と状況がその証左である。

3　もともと、「事実」といわれるものも、近時の言語学、認知論によれば、その認識過程は「その人なりの評価」の性質をともなう（間主観性（intersubjectivity）と呼ばれる）。

コミュニケーション学の碩学、鍋倉健悦氏は言う。

「言語とはもともと現実のものではなく、現実を認識的、社会的な意味において反映した記号的形成物にすぎない。そしてこの反映という言葉は、客観的実在を容認するからこそ意味を持つのである。しかし、そもそも実在とは何か。事物とは、本来、見えるがままに存在しているわけではないということが、二〇世紀にはいってからは科学上の経験によって解明されてきた。このため、認識は、現実を単に写し出す鏡のようなものではなく、現実を主観的に捉える機能を持っているものとして考えられるようになってきた。つまり認識は受動的でなく、能動的な活動なのである。そしてそれゆえに、同一の現実の中に、人間が何をいかに知覚し、認識するのかということは、とうぜん人によって異なってくると考えられる。」（『人間行動としてのコミュニケーション』思索社、昭和六二年）。

4 事実と論評（評価）は、もともとそれほど明確に区別できない性質のものである。**三**で見た米国での判例・学説の展開と帰すうは、このことを如実に物語っており、**二**で見た日本における「公正な論評」についての展開もそのことを示している。

五　公正な論評の法理の意義

1 すでにみたように、「事実言明」、「意見・論評言明」それぞれについての名誉毀損法理は、事実と論評との連続的一体性を反映して、意見特権論が採られない現状にあっては、その実質的中身において、じつは重なり合う部分が多く、両者が異質であるというものでは決してない。①ともに名誉毀損の対象となり、「公共性」、「公益性」の要件を充たさなければ免責されることはないこと、②基礎になる事実（根拠）について、「真実性」の立証が求められ、「相当性」の要件もともに適用されること、など基本部分は共通している。

しかしながら、それでもなお、従来の「事実」をめぐる名誉毀損法理の枠組みは、ケースによっては、「過不足」があり、「木を見て森を見ない」問題点を内包している。

たとえば、

① 「公共の利害に関する事実であること」のいわゆる「公共性」の枠組みは、報道の内容が客観的にみて公共の関心事であるかどうかだけを問題にしている。これでは、いかなる経緯でのいかなる目的・性質を持った報道かは、この要件枠組みにはとり込まれない。また、「公益性」との関係もあいまいである。

② 「専ら公益を図る目的に出た報道かどうか」の「公益性」の枠組みも、本来は報道の「目的」に焦点をあてたものである。取材過程の事実調査・確認がどの程度行われたのか、表現方法が限度を超えていないかどうか

などの問題は、他の要件枠組みではカバーしにくいので、やむなくこの「公益性」の要件の中にとり込まざるをえないのが現状である（「月刊ペン事件」最判昭和五六・四・一六、刑集三五・三・八四、「北方ジャーナル事件」最判昭和六一・六・一一、民集四〇・四・八七二）。しかし、これでは報道目的を中心にする「公益性」の要件としては落ち着きが悪いばかりでなく、公益目的を導き出す一つの間接事実としての付随的な意味しか与えられないことになってしまう。

これが「公正な論評」の法理によれば、報道の経緯・性質とともに、事実確認が尽くされていたか、表現方法が限度を超えていないかどうかは、まさに報道の公正さの核心を構成することになり、「人身攻撃に及ぶなど意見ないし論評としての域を逸脱したもの」でないかどうかが独立の要件枠組みとしてそれを充たしていない場合には、それだけで免責が認められない考え方が確立しているのである。

③　「事実」を摘示した記事報道の名誉毀損性の審理は、事の性質上どうしても専らその事実があったかなかったかの議論と審理に赴きがちである。当事者の関心も裁判所の関心もそこに集中する。

しかし事実の真否を決することが求められるのは、それについて当事者が互いに十分に攻撃防御を尽くすことができ、裁判所もその真否を確信をもって吟味できる場合でなければならない。しかし、現実には、限られた条件下で「真実」が確信をもって発見できる場合はむしろ少ない。

④　報道の前後の経緯、報道後の報道者のとった対応がどのようなものであるかの文脈全体が、名誉毀損性を判断するうえで重要な場合がある。既往の事実摘示についての名誉毀損法理の要件枠組みでは、報道の時点での報道自体のみに焦点をあてるので、前後の行態を正面から取り込むことができにくい。

この点、フェアーネスを重視する「公正な論評」の法理では、報道の経緯やその後の対応などの文脈全体を公正かどうかをはかる要素として取り込むことができる。

2　そこで、わたくしは、事実摘示、事実言明を含めて、名誉毀損の法理全体をむしろ公正な論評の法理のエッセンスを指標にして、言明や報道の「公正さ」（フェアーネス）という観点から再構成すべきではないかと考える。それは、事実言明であれ、意見言明であれ、いかなる根拠から、何のために、いかなる言明（報道）をなしたのかを、「公正さ」という角度からトータルにとらえる立場にほかならない。具体的には、従来の「公益目的」という要件枠組みを重視してふくらませつつ、「真実性・相当性」との一体的連動性をはかる、ということになる。また、名誉毀損にあたるかどうか（構成要件該当性）と、違法性または故意過失の免責事由があるかどうか（違法、責任）とを、段階的に分断することの当否にも連なる。

既往の理論は、まず名誉毀損該当性を判断したのちに、「公共性」、「公益性」、「真実性または相当性」の要件枠組で免責事由があるかどうかを判断するものであるが、それは思考経済の一方法であり、説得の一論理ではあるが、一個の問題を不自然に分解・分断することになりかねない。それは、「後から説明」の手段であっても、事の本質には迫り得ていない。

当事者の攻防の真の中身になっていないし、裁判所が名誉毀損の帰すうを決する際の真の決め手にもなっていないと考える。したがって、これを「公正」というスタンダードでトータルに見直す時期が来ているとみられるのであって、フェアー・コメントの法理は、名誉毀損の法理全体に有益な観点を提供するものと言える。

筆者は、実務経験から、具体的事件を通じて論証してみたいいくつかの材料を持っているが、それはそれらの裁判が確定した後に別の機会に行うことにする。本稿は、そのための布石である。

刑事「弁護権」の本質と機能

――ドイツ理論状況の一断章――

吉村　弘

はじめに

刑事手続の「戦後改革」は、憲法の基本的人権保障・適正手続保障の理念を受けて、捜査と公判を分断して訴訟構造を当事者主義に変換し公判中心主義を企図した(1)。その改革の中で「画期的(2)」と言われたのが、刑事弁護であった。憲法(三七条、三四条)自身が直接、被告人(場合により国選)・被疑者(身体拘束の際)に弁護人依頼権を規定し、「有効で充分な弁護」を受ける権利を刑事手続の「基本的人権」として保障したからである。そして、刑事訴訟法三〇条一項は、被告人・被疑者ともに「何時でも弁護人を選任することができる」と明記した。また、「資格を有する弁護人」となる弁護士は、弁護士自治を獲得して、基本的人権の擁護を使命とし(弁護士法一条)、特に刑事手続における重要な役割が鮮明になった。しかし、刑事訴訟法は「有効で充分な弁護」のために必要な弁護権を弁護人に付与したかは疑問があり(3)、しかも、弁護権の行使にも制約を図る捜査実務の高い壁に捜査弁護は阻まれ、「調書裁判」化した裁判実務は「情状弁護」を常態化し、満足に弁護が出来ない状況が現出した。

これに対して、当事者主義のアメリカでは、周知の如く、一九六〇年代のウォーレン・コートが「刑事法の革命」

の旋風を巻き起こし、弁護権保障の目覚ましい進展があった。その一つの頂点にあるのが、身体拘束中の被疑者の取調べに際する弁護人の立会権を認めた一九六六年の画期的なミランダ判決である。その後、周辺部分での侵食はあるものの、その基本は維持されている。職権主義のドイツでも、刑事訴訟法一三七条一項一文で被告人（被疑者をも含む）の「弁護人の援助を受ける権利」を規定し、更に、一九六四年の刑事訴訟法の改正は、「弁護士のための法律」と批判されるほど弁護人の弁護権の保障に傾斜した。その後の改正で、後退を余儀なくされたが、依然として、捜査段階からの弁護人の関与（検察官の被疑者取調べに際する弁護人の立会等）は認められ、現在、捜査が裁判に対して果たす「転轍機」的作用、捜査上の誤謬の公判での修正の困難という現状を直視して、捜査過程への弁護人の一層の関与を求める声が次第に大きくなっている。

このように、訴訟構造を越えて、捜査段階から弁護人の積極的関与が認められるのに比較し、我が国の裁判・捜査実務が当事者主義の「形式化」の欠陥及び職権主義の「権威化」の欠点を共に内在し弁護人の関与を極力回避するならば、刑事司法の民主主義的成熟度及び刑事「訴訟」の実質化の観点から、刑事司法に「後進性」が残存するとも言える。それには種々の要因があろうが、弁護権の本質・機能に関する考え方にも問題が潜んでいると思われる。それ故に、本稿では、弁護人の弁護権に関するドイツの理論状況の一端を整理・検討し、そして、我が国の弁護権の在り方・方向性を探ることを目的とする。

一　司法機関説と弁護権の公益性

刑事訴訟の歴史は弁護（権保障）の歴史である、と言われているが、(4) Beulkeは、それ以上に、「弁護（権保障）の歴史は弁護人の法的地位の歴史である」とする如く、(5) ドイツでは、弁護人の弁護権の本質・機能は、刑事手続における弁護人の法的地位との関連で論じられている。連邦弁護士法一条の「弁護士は独立した司法機関である」という規定と関係させながら、現在の通説・判例は、弁護人の法的地位を司法機関と位置付ける、司法機関説を採る。この見解は、弁護人は被告人の私的利益の保護の他に公的利益の保護の機能と義務を有する「独立の司法機関」であり、後者の機能・義務を有する故に、弁護人は被告人から独立し刑事司法において信用性を獲得し種々の権利を得る、とする。(6)

判例に関していえば、連邦通常裁判所は、連邦弁護士法の制定三年前の一九五六年二月一五日決定（BGHSt 9, 20）で、弁護人は特別な権限を与えられた司法機関である、と第二次大戦後初めて明言し、この機関的地位から、真実発見を阻害しない義務を結論付けた。(7) その後、この捉え方は引き継がれ、一九六一年三月二日決定（BGHSt 15, 326）では、連邦弁護士法一条を引用して、規定がないのにかかわらず弁護人を手続から排除した（但し、連邦憲法裁判所はその法的根拠を要求し、一九七四年に規定が新設された）。この流れは一九七四年と一九七五年の裁判（BGHSt 25, 272；26, 221）により確立し、その後同旨の判例が続く。(8) 他方、連邦憲法裁判所は、連邦弁護士法一条と関連させ「機関問題」に立ち入りつつも動きは抑制的であった反面、「弁護士の職業は、真実と正義に義務づけられた官職類似の地位を示す国家的に拘束された信用ある職業である」とする、ほぼ一致して批判された(9)一九七四年一〇月八日決定（BVerfGE 38, 105）もあったが、結局、一九八九年七月四日決定（BVerfGE 80, 269）で、弁護士には利益代理と並んで独立の機関的地位が帰属することが強調された。

こうした通説・判例に対して、まず、その法的根拠を連邦弁護士法一条に求めることには、批判が強い。(10) すなわち、この法律は弁護士の刑事訴訟法上の地位を先取りしてはいない、非弁護士の刑事弁護人とで二分されることになる、純粋な当事者代理人の民事弁護士にも適用される、等がその論拠である。次に、裁判所の弁護人監視の強化が批判され(11)、また、弁護人と被告人の間には「楔」が打ち込まれることにより(12)、弁護人の被告人に対する内部統制が懸念される。特に、司法機関概念が不明確であり、[13] かつ、機関的地位が法的に把握可能か疑問となればその危険性は増幅し、[14] しかも、事例毎の個別判断でその内容が決定されるとすれば、[15] その不可避的結果として、機関的地位から帰結する刑事弁護人の権利と義務の範囲と限界が不明確なままになり、[16] 判断の恣意性が生じる。こうした認識からすると、予定された国家利益に適う結論が機関概念の内容の解釈から引き出され、[17] 濫用の危険も否定できない。[18] 現に、その傾向を示す判例があり、批判されている。[19] 一九九一年一一月七日連邦通常裁判所判決（BGHSt 38, 111）がその例であり、被告人による証拠申立の濫用の事案において、適切な申立か否かを予め審査した弁護人を通じて申立をするように、判示し、被告人の申立権を奪い、弁護人の被告人に対する事前抑制が問題となった。[20] また、同裁判所の一九九二年二月二七日決定（BGHSt 38, 214）では、警察での取調べに際する刑事訴訟法一三六条の告知の懈怠に関して、弁護人の付いている被告人が刑事訴訟法二五七条（被告人の公判での陳述権）の時点までに異議を申し立てなかった場合にはその異議申立権を喪失する、と判示し、弁護人の手続義務の強化が問題となった。[21]

弁護人の公的任務が「霧で覆われている」この学説・判例の状況を危惧し、被告人を犠牲にしてまで弁護人の権限・義務を拡張するのは不当である、と批判して、[22] 制限的司法機関説を提唱したのが、Beulke である。弁護人の信用性の確保という司法機関説の利点を確認しながらも、しかし、予め設定された結論を「機関性」から導出する、という通説・判例の循環論証（Zirkelschluss）を回避するために、弁護人の法的地位は結論であり出発点ではない、という観点を据えた。そして、刑事訴訟法の規定上の支点ないしその全体的体系の総体的見地から、弁護人の権利・義務そしてその公的任務・機能を導き出し、公的任務の枠組みを設定した上で、限定的に司法機関としての弁護人の法的地位を把握したのである（三四頁）。

Beulke は、まず、被告人の助力者としての弁護人の地位と機能に関して、次のように言う。すなわち、裁判所・検察官の実質的弁護は現実には期待出来ず、弁護人による形式弁護が必要であり（三五頁以下）、公正な弁証法的手続で被告人の責任問題が対立的に審理されるために、被告人の欠陥を補整し、武器平等を達成させるのが、弁護であるが、有効な弁護は、弁護人の厳格な一方性と両者間の信頼関係が条件となる、そして、そのための四つの機能としては、助言（Beratung）機能、陳述（Äußerung）機能、代理（Vertretung）機能（この中には「証拠」閲覧（刑訴法一四七条）も含まれる）、事実解明（Aufklärung）機能があり、これらを義務面から見ると、注意深い利益保護義務、黙秘義務そして誠実義務となる、とする（三七－四六頁、二五八頁）。Beulkeは、この「私的」任務・機能は議論の余地はないとした上で、更に、前述の方法論から、刑事弁護の有効性（Effektivität）、刑事司法の有効性、ドイツ連邦共和国の安全、の三分野に関する公的任務・機能を抽出した。但し、最後の公的任務に関しては、刑事訴訟法一三八b条（弁護人排除）に基づくが、規定の必要性の欠如と嫌疑罰の危険から、現行法上は最大限の制限解釈が必要であり、立法論的には完全な削除が望ましい、と説く（一〇四頁）。従って、問題は、前二者の公的利益である。

第一の「刑事弁護の有効性」に関しては、刑事訴訟法一三八条（弁護人の資格制限）、一三八a条一項一、三号（弁護人排除）、一四〇条以下（必要的弁護）、一四六条（弁護禁止）の各規定を支点にして、弁護の質の安定、有効な弁護の確保、弁護人の助力に関する被告人意思の無視、矛盾弁護の防止が導出され、立法者は「弁護の有効性」を国民の関心事として考え、その維持を弁護人の公的任務とし、被告人の意思を「徹底的に無視」することに決定した、とする（八一－八八頁、一一四－一一六頁）。従って、弁護人は被告人から独立して最高の「客観的に」有効な弁護（一一五－一一六頁）を遂行するべきことになり、この「独立性」が弁護人に固有の独立の諸権利（「証拠」閲覧権など）を付与する媒介となる（一〇六頁、一四一－一四二頁）。

第二の「刑事司法の有効性」に関しては、Beulkeは、法治国家原理から生ずる機能効率的刑事司法の維持の義務が国家にあればこの公的利益もまた弁護人の行為の指針にまで高まる、そうでなければ検察官の客観義務（刑訴法一六〇条二項）は存続しないことになるし、被告人の持つ権利を越える弁護人の権利（「証拠」閲覧権等）も体系違反になる（八八頁以下）からである、だが、しかし、この公的利益は原理的に優越はしない（一四三頁）、として、その「中心領域」に限定する特別義務化論を展開する。すなわち、一方で、弁護人の任務である被告人の援助は裁判機械の進行を広範に阻害する「機械の中の砂」であり[23]、摩擦のない司法が法的援助の唯一の基準ではない（一〇九、一四三、二六二頁）が、他方、弁護人が訴訟全体を妨害する権能を持てば刑事司法の機能効率性（Funktionstüchtigkeit）は極めて損害を被る（六九頁以下）ので、刑事司法が完全に効果を喪失しない限度で、つまり、刑事司法の機能効率性の「中心領域」を阻害しない限度で、弁護人は義務を負う（一四三頁）、と結論づける。そして、この「中心領域」の基準の曖昧さは認識しつつも個別事例毎の解決に付着する恣意性の危険よりは優れている、として自説の優位性を主張しつつ（一四六頁）、その耐え得ない中心領域侵害の例として、捜査目的の危殆化（一四七頁）、虚偽の弁護手段（一四九頁以下）、不真実証言の惹起（一五一頁）、証拠偽造（一五二頁）、不当な手続遅延（一五三頁）を挙げる。

以上がBeulkeの見解の概要である。一方で司法機関説の恣意性の危険を回避し、他方で弁護人の被告人からの独立性を重視して被告人との「共犯」に堕することを防止（七一頁）するこの制限説には多くの支持がある、と評されるが[24]、疑問がある。

まず、方法論に関して。刑事訴訟法を厳格な出発点とした方法で弁護人の法的地位を確定すれば、その権利・義務は固定的となろうが[25]、Beulkeは、規定に明示されていない場合にも刑事弁護の有効性のために弁護人排除を肯定し（一三二頁以下）、第三の公的利益には、否定的評価をする。これは、抽出された公的利益に関する価値判断が介在することを意味し、この価値判断が具体的改正提案（四八頁、二六三頁）にも連繫するのではないか。つまり、この限度で自ら批判する循環論証から解放されていない。また、類推の方法で刑事訴訟法の個別規定から一般的法原理を抽出するのは被告人の自由の利益が完全に法律条項から解放され制約を受けることになり、また、弁護人の一般的義務や刑事司法の有効性を考えるには刑事訴訟法の規定はあまりにも貧弱な基礎である、との批判[26]がある。

次に、第一の公的利益の「刑事弁護の有効性」は被告人の意思の「徹底的無視」と弁護人の「独立性」とによる「有効な弁護」を意図するが、必要的弁護制度・弁護人排除等が被告人と私選弁護人との内部関係をも規律するとは必ずしも言えない[27]。また、根拠の諸規定の中には、一時の必要のため性急に作られた反動的で危機抑圧的な手段と批判されるものがあるのも見逃せない[28]。更に、Beulke は、弁護人の「援助」は私的補助者活動と並んで「公的機能」を持つとするが（一八五頁）、「援助」の表現価値を弁護人の「私的任務」に限定した（一八七頁）。Beulke 自身は法治国家的手続・基本法一〇三条一項（聴聞権）と直接関連させている（五〇頁、一九八頁）刑事訴訟法一三七条の「援助」を私的任務に縮減するのには疑問が残る[29]。弁護の有効性にとって重要な「被告人との信頼関係」に関しては、Beulke は弁護の基礎とする（四五頁、一一四頁）が、「証拠」閲覧に関していわゆる「フィルター機能[30]」を主張する（八九頁以下）。しかし、この機能は弁護人を耐え難い葛藤に陥らせるし、留保のない情報伝達がなければ被疑者と弁護人との信頼関係は大きく損ない[31]、被疑者は捜査手続の客体に堕する恐れ[32]は否定されない。

第二の公的利益の「刑事司法の有効性」では、Beulke は「中心領域」に限定した義務化を主張しつつ、弁護権拡張の基礎となる利点を強調する[33]。しかし、その概念は曖昧との批判は根強い[34]。こうした批判は刑法二五八条（刑罰免脱罪）とも関連する。Beulke はこの規定の合憲的制限解釈を行い、弁護人の訴訟法上不許容の行為の中で「極端な濫用」に限定する（二一九頁）が、それに対しても Stump は次のように批判する。すなわち、この犯罪の可罰性を刑事訴訟法で決定する Beulke の見解[35]では、曖昧な「中心領域」を更に限定する「極端な濫用」も不明確となると恣意性の危険は増幅し、予見不可能な可罰性は弁護人の自制・不活動へと動機づけられ、その地位は弱体化する[36]、と。また、「中心領域」を決定する比較考量の方法にも疑問がある。Beulke は、「公正な手続形成」に関する被告人の「私的利益」と「刑事司法の有効性」に関する「公的利益」は共に法治国家原理に含まれ、両者の比較考量で「中心領域」が判断出来る、とする（一四六頁）。しかし、弁護を被告人利益の主張と司法の機能効率性維持に分離[37]しその適法性を両者の比較考量で判断する方法では、真実、法的安定性そして有効な犯罪闘争という刑事手続の諸目的の総体的表現として「司法の機能効率性」を把握しそれを憲法的ランクにまで高めれば、被告人の私的利益は議論の機会さえ失いかねないので[38]、その方法自体が問題となる[39]。

以上の考察からして、Beulke の見解には種々の疑問が提起され、問題が含まれていると言える。その主たる原因は、「公正な手続」に関する被告人の利益を「私的利益」に還元したことにあるのではないだろうか。

二　利益代理人説と弁護権の私益性

司法機関説に対立して一九七〇年代の政治的混乱期に主張されたのが、刑事弁護人は被告人の私的な利益代理人であり公的機能はない、と主張する利益代理人説である。弁護人を、依頼者の利益の代理人、当事者に拘束された補助者、被告人が国家権力に際限なく従属するのを防止する「社会的反体制の一部」として把握する Holtfort[40]、Holtfort に依拠して被告人と弁護人は「同じ船」に乗るので弁護人は真実義務から解放され「虚偽権」まで持つとする Ostendorf[41]、法的手段による依頼者利益の貫徹及びその利益領分への攻撃からの防禦の中に弁護人の任務を見るがその利益判断を被告人に任せる Eschen[42]、等の見解が利益代理人説に分類される。

この「厳格な」利益代理人説[43]は、一方で刑事弁護人の「国家からの独立」＝「弁護士の自由」を強調し、他方で被告人の決定する利益を積極的に擁護する点に特徴があるが、弁護人は依頼者の意思に無条件に依存して虚偽の義務さえ負う恐れもあるし、被告人のみが弁護方法の決定者なので基本的には弁護人の関与は余分なものとなる[44]等、と批判される。弁護人の存在理由の喪失の危惧さえあるので、国家からの独立を維持し被告人の意思への依存を限定する「制限的」利益代理人説が登場する。それが、Welp の自己決定権説であり、それに依拠した Lüderssen の契約説である。

まず、Welp[45]は、「厳格な」利益代理人説と異なり消極的真実義務を否定しない（八一七頁以下）が、弁護人の援助機能を唯一の任務と見る。すなわち、刑事訴訟法一三七条の「弁護人の援助を受ける」被告人の権利は刑事手続の基本原理の一つであり、その憲法的根拠の法治国家原理は、被告人が形成権の自己決定的主体として存在するために法律上の自由空間の付与を要求するが、被告人の訴訟主体としての手続適合的な自立には、法律専門家の第三者（弁護人）との相談とその援助が必要となり（一〇一一頁以下）、それ故、弁護人の任務は、被告人の訴訟主体としての権利の維持を妨げている欠陥を是正する援助機能にある、とした（八一三頁）。そして、更に、信頼が弁護の質と有効性を決定し、その信頼の現実化の法的形態が「自由な弁護人選任」であり、自己決定権が被告人の訴訟上の地位の基本法であるとすれば、弁護は被告人自身の権利で自ら定義した訴訟上の利益の保持となる（一一七頁）、と主張する。

このように、Welp は、被告人の「自由な弁護人選任権」に根拠を置く「訴訟主体」の持つ「自己決定権」に基づいて被告人自身が決定した利益の擁護を、弁護の任務とした。この主張を徹底すれば、弁護人なしの自己弁護を認めることになるが、自己決定能力に欠陥がある場合の「国選の強制的必要弁護」までは否定しない（一一七頁、一一二九頁）。しかし、自己決定能力の欠如の肯定は被告人自身の利益決定という Welp の原理的主張と矛盾が生ずるので、この範囲でのみ「十分に理解される弁護利益」による修正を認める（一一七頁、一一三一頁注一一八）。しかし、更に、「国選弁護人を強制するがその活動内容を被告人の意思で拘束するのは矛盾」（八二二頁）として、結局、私選弁護人を含めて、弁護人は、自己の責任で行動し、専門家的に十分に理解される被告人の利益の「機関」であるが、その「機関性」は「司法」（＝国家）とは関係なく、その独立性は援助機能を限界とする（八二一頁）、として重要な限定を施す。このような修正には、「空想的な」（一三一頁）自説を「現実」と調和させる意図が看取される。しかし、現実は、通常は被告人は法的知識がなく自己のみで如何に弁護するか決定出来る状況にはないし、[46]法律の複雑性や訴訟終結の多様性を考慮すると「常に」弁護人の援助を必要とする十分な理由があり、[47]単純な事件でも同様に言える。[48]また、弁護人の「機関性」を認めても「司法」（＝国家）とは関係ないとするので、Welp の言う自己決定権は、被告人と国家との関係で想定されていて、弁護人と被告人との内部関係にまで及んでいるとは必ずしも言えない。[49]しかしながら、裁判実務で容認されたが法規定上問題視される「私選と並存する強制的弁護人」制度[50]に反対して、被告人の自己決定権を前面に押し出したことは、刑事弁護の在り方を再考させる点で、更に、「司法」（＝国家）とは関係ない弁護人の「機関性」は「機関性」の別の意味の存在を示唆する点で意義がある。

Welp の見解を引き継ぎ、被告人と弁護人との関係に注目して、弁護人の「機関性」をも払拭する理論が、Roxin により「理論的に基礎付けた[51]」と評された、Lüderssen[52]の契約説である。Lüderssen は、まず、刑事弁護の歴史的社会的発展過程を考察し、次のような基本的観点を示す。すなわち、被告人が一つの人格として刑事訴追機関と対置した時に、国家から独立した弁護人が特別な地位を有する本格的な時代は始まり、被告人は国家から独立する社会の中から弁護人を見出すことになるが、弁護人が果たす当事者性は、それ故、国家の後見の派生物ではなく国家からの独立の表現であり、現代の糾問訴訟は一方で真実の発見を裁判所・検察官に分担させ、他方で被告人の利益のために排他的に活動する弁護人を要求したので、被告人の自己決定権の承認が特色となった（Vor § 137 Rn.5-32）、と。具体的には、弁護人の援助を受ける権利を規定する刑事訴訟法一三七条が中心規範であり、それは被告人の自己決定権の承認を表現し被告人の主体的役割の尊重を実現することを意図する規定であり、それ故に、被告人と弁護人との関係は契約という法的形態をとることになり、私選・国選を問わず被告人と弁護人との関係は私法上の契約原理で説明出来、被告人の意思への弁護人の原則的拘束（民法六六五条）が肯定され、契約の限界が拘束の限界を画し、その限界には刑法上の違法行為（民法一三四条）、公序良俗を形成する弁護士法の中心部分の違反（民法一三八条）があり、民法二七六条の客観的注意義務は弁護士法で充足され、契約関係を規律する（Vor § 137 Rn.33ff.）、と主張した。この契約説では、被告人が弁護権の保有者であり、弁護人は被告人の意思に原則的に拘束され訴訟上独立の真の行為権を持たず契約関係からの権利を持つにすぎない（Vor § 137 Rn.67,75,84）、とする。例えば、弁護人だけが持つ「証拠」閲覧権（刑訴法一四七条）に関しては、法的には被告人に帰属する権利を弁護人が実施する、と Lüderssen は解釈する（§ 147 Rn.9）。

以上のように、Lüderssen は私法モデルを主張し、弁護人の権利は被告人の権利に従属するとして（§ 138a Rn.78）、弁護人の公的機能を否定したが、反対が強い[53]。まず、訴訟上の権利を被告人と弁護人とで区別した条項に関しては、Lüderssen は、何か意味を認識させるのではなく、熟慮のない言語使用であり（§ 137 Rn.23,28）、労働分配の意味にすぎない（Vor § 137 Rn.130）とするが、このモデルだと国家が法律で規定する問題でなく、契約で取り決める事柄ではないか、との疑問がある[54]。次に、このモデルでは弁護人の過失や懈怠が被告人に帰責されることになり[55]、また、弁護人の「給付の質」も一定の最低基準の枠内での契約当事者の処分事項となるが[56]、最低基準を下回る弁護は耐え難いという意味では「公法的」性格を帯び得るし[57]、通常法律知識のない被告人は訴訟過程では何が最良か判断出来ないので、このモデルは被告人自身にとって良いか疑問となる[58]。更に、Lüderssen は「被告人のための弁護人の援助を国家の立法により保障するのは公的利益のためであっても、それを公的任務にしない」（Vor § 137 Rn.85）と言うが、他方で、被告人の自己決定的地位は個人の総体としての社会にその基底を持つ（Vor § 137 Rn.22,32）とすれば、その援助を行う弁護人は個人の利益を越えた「社会的機能」を持つと考えるのが自然ではないか。しかも、「訴訟主体」としての被告人の地位及び「無罪の推定」という刑事手続の根幹に関わる「社会的関心事」の「誠実な」擁護を責務とする弁護人像をLüderssenは想定するので（Vor § 137 Rn.86）、司法機関説とは異なる「公益性」を弁護人に肯定する方向性を完全に拒絶は出来ないであろう。現に、Grünerは、契約説の前提を評価するが、「Lüderssenの矛盾は…すべての公法的要素の拒絶にある」と批判している[59]。

三　弁護権の「公益性」に関する新たな模索

刑事弁護人の法的地位に関し司法機関説と利益代理人説が基本的に対立し弁護権の本質・機能の捉え方にも相違が生ずる。しかし、前者には、被告人に対する徹底的な不信感が根底に存在するし[60]、弁護権の公益性の強調は弁護人の被告人からの独立を主眼とする故に[61]、裁判所の弁護人に対する監視・統制や弁護人による被告人の内部規制の問題が生じ、それに対応して弁護人に対する被告人の不信が残ることになり、また、「機関性」概念の不明確性は国家機関の判断の恣意性を招く危険がある。制限的司法機関説も同質の問題性を持つ。他方、後者は、前者とは反対に、国家からの弁護人の独立を主張するが、その反面、被告人の意思への弁護人の拘束を肯定する故、弁護権の「私事化[62]」の現象が生じ、弁護人の存在意義自体の問題を内在する。その回避を意図して修正を加える二つの学説は、被告人の意思への弁護人の全面的従属を防ぐため、被告人と弁護人との一定程度の「距離」を是認した。しかし、この距離の肯定により、司法機関説とは異なるにしても、何らかの「公的機能・任務」を志向せざるをえない傾向は払拭出来なくなったと言える。

この基本的対立構図を軸に多様な見解が提示される。Roxinは、Beulkeと同様、法治国家的弁護概念は刑事訴訟法から具体的形態で引き出せるので憲法にまで立ち戻って把握する必要はない[63]、とするが、Beulkeとは異なり、法律上許容される被告人の利益を排他的にパターナリスティックに保護する司法機関として弁護人を捉え、いわば両説の統合（Synthese）を試みた。[64] Heinickeの「拡張的」司法機関説は、基本権を介在させて「厳格な」利益代理人説と同様の被告人の私的利益を認容し、弁護人の「拡張的な」一方的関与に公的機能を見る。司法機関説に分類されるDahsは「弁護は戦いである」とし、その説には懐疑的と思われる。[66] 司法機関説に敢然と対立するKnappも、弁護人の公的機能は認めている。[67] 司法機関説・利益代理人説ともに否定するのはGösselとHammであるが、前者はBeulkeの方法論に好意的だが法治国家論から説き起こし弁護人には裁判所・検察官に対する監視機能だけを認め、後者は憲法より由来する不可侵の諸基本的弁護権を六つのテーゼに要約し、その一つを、弁護人の権利と義務は被告人の権利に由来する、とする。更に、Bottke, Vehling, Brei, Hanack, Hassemer等の見解や弁護士会を含め多種多様な提案等があるが、結局、弁護人の公的任務・機能は無視できないであろう。その際には、Lüders-senの指摘する如く、[70] 民主主義的・自由主義的社会では強大な国家機構からの被告人保護という弁護人の任務が重要となるが、更に、問題となるのは、如何なる視点から、どのような公的任務・機能を析出するか、である。

この点に関する新たな傾向がSpaniol[71]とRzepka[72]等の主張にある。まず、Spaniolは、人権として国際条約上保障され且つ連邦憲法裁判所も法治国家性から憲法上確定した「被告人の弁護人依頼権」に関して、手続及び内容の問題を検討した。その際は、弁護人依頼権を「一般的な」「公正な手続を受ける基本権」にまで戻って把握し、「公正な手続の刻印としての弁護人依頼権は法治国家的手続の伝統によって銘記された独自の価値を持つ」という事実を重視する（二三五頁）。ここでは、内容の問題にのみ触れるが、Spaniolは、「一般利益としての「司法の機能効率性」概念のもとに集約された全手続目的を、「単なる」私的なものと宣言された被告人の権利と比較考量する」判例・通説の方法は、「法治国家的手続にとって被告人の権利の厳守は……一般的利益の中にある」ので疑問とし（二三八頁）、「弁護人依頼権」が「機能効率的司法」の必要の背後に退いたのは、その十分に規定されるべき保護領域を欠いたためである、として（三頁）、その保護領域の確定化を試みるが、その際には、ヨーロッパ人権規約

（EMRK）がその法的安定性と正統性に意義ある寄与をする、と主張する（三四四頁）。こうした観点から、Spaniolは次のように主張する。すなわち、公正な手続に於いて弁護人の有する諸機能を充足出来る法的枠組が保障されて初めて弁護人依頼権は語り得るが、それは「有効な」弁護でないと意味はなく、被告人の請求権が問題なので、被告人の支援のために弁護人に帰属する諸機能のみが関係し真実義務は関係しない、そして、弁護人の援助機能は、被告人の自己弁護の支援としての「由来的」な機能と手続結果への影響及び他の手続関与の国家機関に対するコントロールとしての「本源的」な機能に分類できる、と（二四一―二四八頁）。その上で、Spaniolは、「有効な」援助にとって不可欠な弁護人の具体的な諸権利を挙げ、被告人の主体的地位にその基底を持つので、その「絶対的」な保障が必要であるとした（二四七―二五四頁、二八二―二九四頁）。Spaniolは、また、公正な手続の原則に従い更に認められる他の諸権利を、「証拠」閲覧権（「証拠」概念の実質化も主張）も含め、自己目的ではなく、弁護目的の達成のための「補助権」という相対的権利として認め、一般的に保障される必要がある、と説く（三三五―三三六頁）。Spaniolはこうして弁護人依頼権の内容の憲法・人権規約（EMRK）適合的解釈を目指した新たな傾向を示し、更に、捜査の比重の増大に対応して、警察捜査過程での弁護権の強化、早期の秘密接見交通及び資力のない被疑者の早期の国選弁護の保障を主張し、弁護人排除を規定する刑事訴訟法一三八a条の憲法不適合性を指摘する等、刑事訴訟法の進展を図る（三四五―三四八頁）。

次に、Rzepka[72]は「公正さ」と刑事手続の関係を直接的に論じる中で、司法機関説（制限説を含めて）を拒否し、契約説にも加担しない。まず、公正な手続と刑事弁護との関係について、「公正な刑事手続を受ける権利は自由な弁護人選任権及び一定の条件下での国選弁護人請求権を中心的な構成要素とする。被告人の弁護人依頼権は主体的地位にとって放棄も処分も出来ない権利である。……弁護人は被告人の弁護権の有効な保持に際してその援助をし国家的訴追諸機関の活動を――その合法性の観点から――抑制し、よって、公正な刑事手続の諸保障を確実にする。

この任務は信頼の置ける弁護人だけが——国選の場合も——引き受けるべきである」（三九七―三九八頁）と言う。次に、弁護人の法的地位に関しては、司法機関説に対して、「目下、再び、権利濫用、闘争的弁護等が話題になっている状況に照らすと、〃司法機関〃概念は弁護士の弁護構想に対する広範な侵害のための無料入場券となる。……〃司法機関〃の観点からは、弁護人は被告人の客観的な利益を保持（し、）独立性がその手続上の役割の特色となる（が、それは）被告人の自己決定権に基礎を置く公正の概念に矛盾する。結局、被告人が手続の客体にされるのが国家機関によるか弁護人によるかはほとんど差異はないからである」（三九九―四〇二頁）と強く批判し、他方、契約説に関しても、「問題の解決は民法上の委任契約（Geschäftsbesorgungsvertrag）の承認の中にはな（く、）弁護士の自由が肝要であ（り、）彼の立場を被告人に接近できる状況でなければ、その衝突は委任解消によって解決されることになる（し、）国選の場合も被告人に弁護士を交代させる権能を付与すべきである」（四〇二頁）として、契約説も採用せず、また、弁護人の任務と権利に関しては、「被訴追者と訴追者との間の力の落差を軽減するのが弁護人の任務であり、唯一、被告人の利益保持のためにのみ、その使命はある。訴訟に於ける弁護人の諸権利は専ら関与者の主体的地位に基づいている」（三九九―四〇〇頁）とした。

更に、Rzepkaは、具体的な解釈論・立法論を展開する。すなわち、弁護人の数を限定する刑事訴訟法一三七条一項二文は公正の原則と一致しない（三九七頁注二三八）、「証拠」閲覧に関する刑事訴訟法一四七条の「証拠」概念は実質化の必要があり同条二項の制限条件は不明確なので拒否条件の明確化と裁判所による規制の規定の新設は立法者の使命である（四〇三―四〇四頁）、接見交通の諸制限は「公正な手続を受ける権利」と不適合である（四〇四頁）、裁判官の尋問・検証に際する弁護人立会の制限条件は不明確なので包括的——上訴での——規制が必要である（四〇五頁）、弁護人立会は検察官の被疑者取調べでも同様に制限され警察の被疑者取調べに際する弁護人の関与権がないがそれではもはや公正な手続について語ることは出来ない（四〇五―四〇六頁）、事後に排除出来ない予断が捜査手続で発生するので弁護人の早期の被疑者支援が特に取調べに必要であり前手続での国選弁護人の選任は〝裁量〟(Kann) 規定(刑訴法一四一条三項一文)では不十分である(四〇八－四〇九頁)、と。

Spaniol、Rzepka の見解は刑事弁護権の新たな「公益性」の方向性を示唆するとともに、「憲法の執行法そして被告人の保護法としての性格を絶えず失いつつあり、段々と、警察戦略によって望まれた侵害権限のための権限付与カタログと機能変化されている」[73]と批判される立法傾向並びに機能効率的刑事司法重視の理論・判例の動向と対置される意義を有するであろう。

結びにかえて

刑事弁護人の法的地位と関連して弁護権の本質と機能に関するドイツの理論状況の一端を瞥見してきたが、Dünnebier[74]は、刑事弁護人の法的地位に関する諸見解は例外を設け相互に譲歩し実際の結論はかなり一致する、と言い、理論の対立には現実的な意味はないことを示唆する。しかし、その対立により弁護活動の規制に相違が生じる状況は存在するし、また、弁護権の新たな「公益性」が模索されている現状に鑑みると、弁護権に関する解釈論・立法論にも新たな観点が流入し、対立は新たな局面を迎えたと言える。

これに対して、我が国では、ドイツとは異なり、「公正な手続」思想に裏打ちされた憲法自身が、直接、明確に、刑事手続の「基本的人権」として被告人及び身体拘束に際する被疑者の弁護人依頼権を規定した。これを「有効で充分な弁護を受ける権利」と解する立場からすれば、被告人・被疑者の主体性を重視し、依頼を受けその主体性を保持する弁護人の刑事手続での重要な役割を保障した憲法の趣旨は、ドイツよりも明確に実質的に、刑事訴訟法の中で規定されるはずであったであろうし、刑事実務はその方向に進むと期待されていたであろう。しかし、現実の刑事訴訟法の規定は必ずしもそうはなっていないし、裁判・捜査実務には問題があると言える。規定の面で言えば、刑事訴訟法三〇条一項は「被告人又は被疑者は、何時でも弁護人を選任できる」と規定し、弁護人「選任」権を保障しているが、ドイツ刑事訴訟法一三七条一項一文の「手続の如何なる局面でも援助を受ける」権利とは明らかに規定の形式が異なっている。弁護人依頼権からすると、前者は「選任」という、いわば弁護人を「訴訟上」確保する「手段」又は「手続」を規定するのに対して、後者は被告人（被疑者を含む）が弁護人に求める「援助」という、いわば「目的」又は「内容」を規定しているからである。[75] [76] 刑事訴訟法の同種条項に関して、我が国では、憲法自身が被告人・被疑者の弁護人依頼権を規定しているが刑事訴訟法はその一部の手続を規定するに止め、これに対して、ドイツでは、基本法には弁護人依頼権を直接規定する条項はないが、その内容の一般規定を刑事訴訟法は持つ。弁護人依頼権に関して、我が国とドイツとでは一種の逆転現象がみられ、刑事訴訟法の規定のレベルでの我が国の「後進性」が垣間見られる。そして、裁判・捜査実務は規定された弁護権でさえも極めて制限的に解釈する傾向がある。こうした「後進性」を打開するには、「選任」という手段は「有効な弁護を受ける」という目的を持たなければ機能せず手段は目的なしには有り得ない、という関係を前提にする必要があり、憲法の下にある刑事訴訟法が憲法三四条、三七条の趣旨を受容しているとすれば、この場合の「選任」はその「目的」を包含する、と解釈をすべきであろう。[77] すなわち、憲法三四条自身も身体不拘束の被疑者に弁護人依頼権を否定する趣旨でないことは明白なので、[78] 刑事訴訟法三〇条一項は、憲法の趣旨を受けて被告人・被疑者が「有効な弁護」を受ける「目的」のための選任を規定し、憲法の保障する被告人・被疑者の「有効な弁護を受ける」権利実現の目的を直接体現するという意味で、その目的・内容をも同時に保障する基本的・一般的規定と解すべきであり、「目的」に適合的な「選任」の解釈の必要とともに内容的に「有効な弁護」という目的に沿った「弁護権」の実質的な拡張の刑事訴訟法上の根拠規定となる。

このように見てくると、現行法の表面上の呪縛から解放され、憲法の保障する弁護人依頼権が刑事訴訟法の規定に確実に受容されていることが明確になり、被告人・被疑者の「有効な弁護を受ける権利」を保持し有効に援助する弁護人の「弁護権」に新たな地平が開かれ、その地平から眺望出来る高い次元の内容の弁護権が現行法上の内容として付与されることになってくるであろう。それ故、「弁護人依頼権は、被告人・被疑者にあたえられている黙秘権、弁論の自由、無罪推定の地位などの権利のうちで、もっとも大切な、いわば「扇の要」とも称すべき権利[79]」であることを銘記しつつ、刑事手続における弁護人の弁護権の正当な位置の確保とその拡大を重要な緊要の課題とすべきである。

注

（1）井上正治・新刑事訴訟法原論（一九四九年）四六頁、同・判例学説刑事訴訟法〔六版〕（一九六四年）三頁、平野龍一・刑事訴訟法（一九五八年）二頁以下、同・捜査と人権（一九八一年）四九頁。

（2）松尾浩也「弁護人の地位」総合判例研究叢書・刑事訴訟法（11）（一九六一年）三頁。田宮裕編著・刑事訴訟法Ⅰ（一九七五年）四一九頁［熊本典道担当］では「憲法（34）および刑訴法（30）は、被疑者に弁護権を保障した。これは、法文上の保障としては、世界でもっとも進んだ画期的なものである」とする。なお、参照：樋口陽一他共著・注釈日本国憲法〔上巻〕（一九八四年）七四〇頁以下、七七八頁以下［佐藤幸治担当］。

（3）参照：田宮・刑事手続とその運用（一九九〇年）三六八頁。

（4）Glaser, Handbuch des Strafprozesses, Bd. 2, 1885, S. 223；団藤重光・新刑事訴訟法綱要七訂版第七刷（一九六九年）一一五頁等。

（5）Beulke, Der Verteidiger im Strafverfahren, 1980, S. 23.

（6）Krey, Strafverfahrensrecht, Bd. 1, 1988, Rn. 535ff.etc.. なお、本稿では、被疑者をも含む総称の Beschuldigte を必要な場合以外は「被告人」と訳する。

（7）ライヒ裁判所に関しては、vgl., Knapp, Der Verteidiger—Ein Organ der Rechtspflege ?, 1974, S. 34ff.

（8）その後、BGHSt 29, 99 ; 38, 111 ; 38, 214 ; 38, 345 etc..

（9） Stade, Die Stellung des Verteidigers im Ermittlungsverfahren, 1997, S. 33 Anm. 189.
（10） Roxin, Strafverfahrensrecht 25. Aufl. (1998) § 19 Rn. 4 etc..
（11） Stern, in Alternativkommentare (AK)-StPO (1992), Vorbem. § 137 Rn. 4 u. 24.
（12） Grüner, Über den Mißbrauch von Mitwirkungsrechten und die Mitwirkungspflichten des Verteidigers im Strafprozeß 2000, S. 61.
（13） Vgl., Seier, JuS 1981, S. 806.
（14） Knapp, 前掲注（7）S. 98；Krämer, NJW 1975, S. 849.
（15） Vgl., Beulke, 前掲注（5）S. 107.
（16） Dornach, Der Strafverteidiger als Mitgarant eines justizförmigen Strafverfahrens, 1994, S. 64.
（17） Beulke, 前掲注（5）S. 193ff.
（18） Vgl., Dornach, 前掲注（16）S. 64.
（19） Vgl., Roxin, Festschrift für Ernst-Walter Hanack (1999) S. 19ff..
（20）（21） Vgl., Dornach 前掲注（16）S. 160ff. u. 169ff.. なお、後者の問題に関する我が国での対応について、vgl., Kato, Alte Strafrechtsstrukturen und neue gesellschaftliche Herausforderungen in Japan und Deutschland (Hrsg, Kühne und Miyazawa), 2000, S. 169.
（22） Beulke, 前掲注（5）S. 193f.. 以下、本文中の頁数はこの文献の頁数である。
（23） Beulke, Die Strafbarkeit des Verteidigers, 1989, Rn. 14 では「制動手的活動」とされている。
（24） Arapidou, Die Rechtstellung des Strafverteidigers unter besonderer Berücksichtigung seiner Wahrheitspflicht sowie des griechischen Rechts, 1997, S. 20.
（25） Stade, 前掲注（9）S. 74.
（26） Bottke, ZStW 96 (1984) S. 726, 749；Stump, Die Strafbarkeit des Strafverteidigers wegen Strafvereitelung (§ 258 StGB), 1999, S. 23.
（27） Grüner, 前掲注（12）S. 70f..
（28） Stade, 前掲注（9）S. 75.
（29） Heinicke, Der Beschudigte und sein Verteidiger in der Bundesrepublik Deutschland, 1984, S. 326.
（30） Walischewski, Probleme des Akteneinsichtsrechts der Verteidigung im Ermittlungsverfahren im Lichte der Rechtspre-

chung des Bundesverfassungsgerichts und des Europäischen Gerichtshofes für Menschenrechte, 1999, S. 163. なお、弁護人の「証拠」閲覧権の位置付けに関するBeulkeの見解には混乱が見られる。

（31） Bahsen, Das Akteneinsichtsrecht der Verteidigung im Strafverfahren, 1996, S. 46 u. 48. Vgl., § 147 Abs. 7 STPO.

（32） Walischewski, 前掲注（30）S. 167.

（33） Beulke, 前掲注（23）Rn. 14.

（34） Heinicke, 前掲注（29）S. 326 ; I. Müller, StV 1981, S. 94 ; Strzyz, Die Abgrenzung von Strafverteidigung und Strafvereitelung, 1983, S. 199f..

（35） Beulke, 前掲注（23）Rn. 2.

（36） Stump, 前掲注（26）S. 24f..

（37） Temming, StV 1982, S. 544.

（38） Hassemmer, StV 1982, S. 277.

（39） Bottke, 前掲注（26）S. 747は、連邦憲法裁判所の長年の判例による法的現実を批判するのは風車に対する戦いに等しい、と反批判するが、批判の正当性を認める以上は本質的な批判ではない。

（40） Holtfort, Strafverteidiger als Interessenvertreter (Hrsg., Holtfort), 1979, S. 45. なお、Holtfortの見解に関して、vgl., Lüderssen, 後掲注（52）Vor § 137 Rn. 88.

（41） Ostendorf, JZ 1979, S. 252.

（42） Eschew, StV 1981, S. 367f..

（43） Kniemeiyer, Das Verhältnis des Strafverteidigers zu seinem Mandanten, 1997, S. 160f..

（44） Kniemeiyer, 前注 S. 164f. ; Gössel, ZStW 94(1982), S. 33 u. 36.

（45） Welp, ZStW 90 (1978) S. 101ff. u. 804ff.. 以下、本文中の頁数はこの文献の頁数である。

（46） Vogtherr, Rechtswirklichkeit und Effizienz der Strafverteidigung, 1991, S. 34.

（47） Rieß, in : Mandant und Verteidiger (Hrsg.,Wahle) 2000, S. 2.

（48） Spaniol, Das Recht auf Verteidigerbeistand im Grundgesetz und in der Europäischen Menschenrechtskonvention, 1990, S. 334.

（49） Stade, 前掲注（9）S. 54 ; Beulke, 前掲注（5）S. 77f. ; Heinicke, 前掲注（29）S. 223f..

（50） Roxin, 前掲注（10）§ 19 Rn. 41.

（51） Roxin, Strafverfahrensrecht 24. Aufl. (1995) § 19 Rn. 4 但し、Roxin, 前掲注（10）§ 19 Rn. 4 では、その個所が「過度な概念」と変更された。

（52） Lüderssen, in : Löwe/Rosenberg Komm.-StPO. 24. Aufl. (1984) Vor § 137ff.. 以下、本文の中の Lüderssen の見解はこの文献の該当個所による。支持は Scholderer, StV 1993, S. 229 ; Jahn, ›Konfliktverteidigung‹ und Inquisitionsmaxime, 1998 etc., 現在は少数である。なお、最近順次刊行されている Löwe/Rosenberg Komm. -StPO. 25. Aufl. の中で対応する Lüderssen 担当の分冊（2002, März）には、脱稿後に接した。

（53） Britz, in : Mandant und Verteidiger (Hrsg.,Wahle) 2000, S. 82.

（54） Stade, 前掲注（9）S. 93 Anm. 556 ; Pellkofer, Sockelverteidigung und Strafvereitelung, 1999, S. 102.

（55） Barton, StV 1990, S. 240 ; Lampe, Sockelverteidigung, 1999, S. 111.

（56） Vgl., Barton, Mindeststandards der Strafverteidigung, 1994, S. 284 ; Grüner, 前掲注（12）S. 77.

（57） Barton, StV 1999, S. 239. これに対して、Jahn, 前掲注（52）S. 354 は、「客観的価値秩序としての憲法は特に民法の一般的条項（§§ 134, 138, 242BGB）を通して委任契約に流入する。（しかし、）契約の内容は決して公法的要素を持たない」、とする。

（58） Pellkofer, 前掲注（53）S. 103.

（59） Grüner, 前掲注（12）S. 79（但し、この「公法的」の意味は司法機関説のそれとは異なる）。Vgl., Stade, 前掲注（9）S. 102ff..

（60） Vgl., Dornach, 前掲注（16）S. 83ff. ; Krey, 前掲注（6）Rn. 543 etc..

（61） Beulke, 前掲注（5）S. 195.

（62） Dornach, 前掲注（16）S. 89.

（63） Roxin, 前掲注（19）S. 10 Anm. 35. しかし、刑訴法が貧富の差で「証拠」閲覧の機会の有無を決めるのは憲法上問題となろう。Vgl., Bahnsen, 前掲注（31）S. 36.

（64） Roxin, 前掲注（10）§ 19 Rn. 7. なお、Beulke は Roxin と異ならないことを強調する、Beulke, Festschrift für Claus Roxin, 2001, S. 1184.

（65） Heinicke, 前掲注（29）S. 461.

（66） Dahs, Handbuch des Strafverteidigers, 1999, 6. Auf., Rz. 1 u. 11.

（67） Knapp, 前掲注（7）S. 117.

（68） Gössel, 前掲注（44）S. 5ff..

（69） Hamm, NJW 1993, S. 289ff.
（70） Lüderssen, 前掲注（52）Vor § 137 Rn. 78.
（71） Spaniol, 前掲注（48）。以下、本文中の頁数はこの文献の頁数である。
（72） Rzepka, Zur Fairness im Deutschen Strafverfahren, 2000. 以下、本文中の頁数は本文献の頁数である。
（73） Hamm, 前掲注（69）S. 293 ; Dornach, 前掲注（16）S. 135. 立法の後退に関し、vgl., Roxin, 前掲注（19）S. 3.
（74） Dünnebier, in : Löwe/Rosenberg Komm.-StPO 23. Aufl. (1978) Vor § 137 Rn. 1.
（75） 田宮・注釈刑事訴訟法（一九八〇年）三六頁等。
（76） Vgl., Grüner, 前掲注（12）S. 53 ; Beulke, Strafprozeßrechet, 4. Aufl. (2000) § 9・I ; Lüderssen, 前掲注（52）§ 137 Rn. 4 etc..
（77） 近時、刑訴法三〇条一項の「選任」を「依頼」（憲法）と同義語と解する主張（三井誠・刑事手続法（1）〔初版〕（一九九三年）一四八頁）等があり、解釈に変化が生じている。
（78） 参照：芦部信喜編・憲法Ⅲ人権〔2〕（一九八一年）二〇一頁〔杉原泰雄担当〕。
（79） 伊藤正已編・日本国憲法の考え方〔下〕（一九七八年）一四九頁〔鴨良弼担当〕。

共犯の責任

植田　博

一

共犯について、その「内側の限界」と「外側の限界」とを分けて考察する見解がある。[1]その主張は、共犯の「外側の限界」は、危険性、因果性を基準として確定するが、「内側の限界」においては非因果的な要素も含めて判断するという。具体的には、正犯の基準に関する実質的客観説に基づき、行為支配論をベースに、構成要件実現に際し行為者が果たした役割を基準とする「役割分担モデル」論を肯定し、裁判実務の採用する共謀共同正犯を理論的に正当化するものである。この内側の限界と外側の限界を区分する考察の端緒は、平野龍一博士の、正犯概念と実行行為概念を分離することの必要性を説いた論文での、「刑の重さという観点からするならば、共犯者を形式的な行為によっていくつかのカテゴリーに分けようとすること自体にかなりの無理がある。だから徹底するならば、裁判所は、共犯者全体について同じ法定刑の範囲内で適当な量刑をし、必要があれば、共犯者のうちどれかについて刑を加重しまたは減軽することができるとするのが適切であるかもしれない」という指摘にあった。[2]平野博士は統一的正犯概念を想定し、古典的な正犯＝実行概念ですべてを解決することができないと主張された。

そして、三十数年後の現在、山口厚教授は、実行行為を犯罪論の中核的概念とする旧通説は未遂論、共犯論において破綻に瀕したと評される。山口教授によれば、未遂論では、違法論における結果無価値論の主張に伴い、未遂犯を「既遂の結果を生じさせる危険」を要件とする結果犯であるとの理解の台頭により、とくに離隔犯や間接正犯において、実行行為こそが犯罪の「本体」であり、それについて犯罪（未遂）の成否を論定する旧通説の理論的な基礎が切り崩され、共犯論では、正犯と認められるためには犯罪の本体である「実行行為」を分担しなければならないという形式的正犯概念を採用し、共謀共同正犯を否定する旧通説は、共犯の処罰根拠としての「因果的共犯論」（共犯も正犯を通じて構成要件該当結果を生じさせたことを理由として処罰されるという見解）の影響もあって共謀共同正犯を肯定する見解の有力化に伴い、その理論的基礎が破綻している。(3)

しかし、今日の裁判実務の現状、すなわち故意犯及び過失犯を通じて、いわば「拡張正犯論的運用」とでも表現しうる現状（それは共謀共同正犯、監督過失などの領域に顕著である）、反面からいえば、せいぜい共犯論は、共同正犯と幇助犯の区別のみが争点となっているような現状、その限りで、共犯の存在意義が減少している状況を無条件に肯定的に捉えることはできない。(4) 平野博士の指摘にもかかわらず、「実行」、「共同実行」、「教唆」、「幇助」はわが刑法の立法形式であり、それを無視して共犯の区別の問題を「役割分担モデル」に基づき量刑問題に還元し、それを裁判官の広範囲な裁量に委ねることは、刑法の罪刑法定原則に反すると考える。そこで、本稿は、この議論状況を支えている因果的共犯論（惹起説）を再度検証するとともに、因果的共犯論により克服されたとされる責任共犯論を因果論的視点から再構成しようと試みるものである。

二

今日、惹起説は違法論における結果無価値論（法益侵害原理）の共犯論への反映であり、共犯の処罰根拠論において共犯固有の処罰根拠を提示することに成功したとされる。この惹起説を「整備・点検」された町野朔教授によれば、惹起説の功績は、「共犯は、違法な法益侵害の結果を惹起したから処罰される」のであり、「共犯固有犯罪性説を前提とし、その内容を違法結果の惹起とすることによって犯罪共同説を否定し、違法の連帯性に論理的基礎付けを与え、実行従属性、制限従属性、違法身分の連帯と責任身分の個別化、などを統一的視点で解決した」ことにある。[5] さらに、惹起の側面における正犯と共犯については、「正犯においては惹起が直接的であるのに対して、共犯においては、正犯を経由するという意味で間接的であるにすぎない。そうすると、共犯の処罰根拠は正犯のそれと質的に相違しないということになる。さらに、間接正犯の中でも『正犯の背後の正犯』、共同正犯の中でも共謀共同正犯のように、他の共犯者の行為を介して犯罪結果を惹起する正犯があることを考えるなら、量的側面においても、共犯の処罰根拠と正犯のそれとを区別することができないということにもなる」というように、正犯・共犯は惹起の側面では質的にも量的にも区別のないものと措定される。[6] そうであるとすれば、「違法結果という処罰根拠が満たされたとき、正犯として処罰するか共犯として処罰するかは、共犯の処罰根拠からただちに出てくる問題ではない。正犯概念は、共犯概念同様、共犯の処罰根拠論とは別の次元に属する問題であり」、「因果的惹起の存在を肯定することは、その行為が処罰の対象となりうることを意味するが、どのように処罰するか、正犯としてか、（狭義の）共犯としてか、まで決定するものではない」。[7] つまり、処罰根拠としての惹起は、処罰の対象を確定する機能を持つが、どのように処罰するか、つまり正犯としてか、あるいは共犯としてかには関与しない（いわゆる共犯の外側の限界問題＝筆者）。では、正犯と共犯を区別する別の次元の問題とは何か。惹起説の論者によれば、それは「共犯の限定性」の問題であり、実定刑法の一般的態度を考慮して決定される（いわゆる共犯の内側の限界問題＝筆者）。つまり、平野博士によれば、「因果性があれば、ただちに共犯になるわけではなく、共犯はそのうちの一定の行為に限られ(8)」、大越義久教授によれば、「共犯の限定の問題は、共犯行為の構成要件該当性ということであり」、それは行為の定型性の問題として捉えられ、その上で、共犯処罰の時期の問題として「結果としての危険」、共犯処罰の軽重ないし共犯処罰の限界の問題として「行為の危険」が判断枠組みとして提示された(9)。

三

この共犯の因果性と限定性という対比が惹起説の主張の基本構造である。では、処罰の限界を画する共犯の因果性はどのように理解されているか。共犯の因果性の特徴を示す心理的因果性に関する惹起説の論者の見解を次に考察しよう。

西田典之教授によれば、見張りの事例のような共犯の場合には、単独犯の場合にいわれるような、その行為がなければ、その具体的な結果が生じなかったであろうという条件関係は必要ではなく、強化の因果性で足りると解すべきである。それは、共犯というものが、他人の行為を利用して自己の犯罪を遂行するものである以上、他人によって惹起された結果に変化がないことは当然であり、関与行為と結果との間に物理的、心理的なつながりがあれば足りるからである。ただ、共犯においては、物理的因果性（凶器の調達）の他に心理的因果性（犯意の惹起、強化）を認めざるをえないために、因果性の認定は不明確となる危険性がある。そこで、共犯の因果性の認定にあたっては、in dubio pro reo の原則に従って、関与行為と結果との物理的、心理的なつながりを明確に確認したうえで、更に、その関与行為が、結果の存否、形態を左右したことまでは必要ではないが、少なくとも結果の発生を促進し、容易にしたことを必要とすべきである。(10)

町野教授も、「心理的因果性は、条件関係の一種ではない。『共犯同士が意思を通じなければ、他の共犯は行為にでることはなく、結果が発生することもなかったであろう』という関係まで要求されるわけではなく(11)」、「共犯の場合は、心理を通じることによる促進効果で足りる」とされる。それは、「行為者がある行為を遂行するに当って、他の行為者がそれを認識し支持を与えていることを認識することによって、彼は勇気づけられ、行為に出ることが促進され、結果の発生も促進される」からであり(12)、「単独犯の場合は、行為者が行為に出ることを差し控えることによって結果の発生を防止しうるという意味での、結果の支配可能性を表現するものとして、conditio sine qua non の関係が必要であるが、共犯の場合は、心理を通じることによる促進効果で足りる」とされ(13)、明確に条件関係を不要とされる。

これに対して林幹人教授は、町野教授の見解に対して、「心理的因果性がありながら、条件関係がないことの証明がなされることはありえない。いいかえると、心理的因果性がある場合にはつねに、小さいとはいえ、結果回避の可能性があるのであって、そこにまさに処罰の根拠があると考えられる。結果との関係をおよそ問題としない因果共犯論はその名に値しない」と批判される(14)。林教授は、心理的因果性を考察された論文において、「共犯が結果を『惹起した』というのは、いいすぎのように思われる」として、因果的共犯論に疑問を提示されつつ、心理的因果性の基準として「条件関係の可能性」を示される(15)。

林幹人教授は、共犯の場合、単独犯の場合と異なり、その犯罪行為がなかったとすれば、正犯行為の結果は発生しなかったであろうという関係（仮定的条件関係）は必要でないとして、その根拠を、「仮定的条件関係の正確な判断には、法則的知識が不可欠であるが、心理領域においては、法則確定が一般に極めて困難であって、その困難性において、物理領域の場合との間に類型的な相違が認められる」点に求められ[16]、さらに、「人間の心理は究極的に法則の支配を受けているとしても、そこに法則を確定することは極めて困難となるのである。人間は意思の自由があるという思想が現在でも有力であるのも、人間の意思・行為に対する刺激と反応の法則的関係について、物理領域におけるほどの精度をもっては決して語りえないという日常的な感覚を基礎としているように思われる」と分析される[17]。また、心理領域において法則的結合関係を問題としないのは、「物理過程が理解されるということは、通常、問題の物理過程が一般的な法則によって説明されることを意味し」、「心理過程が理解されるということは、問題の心理の特殊的・個別的な過程が了解されることを意味する」からであり[18]、裁判官は、このような了解という方法によって、正犯の心理内容を明らかにし、心理的因果性を確定するとされる。そこから、「行為の理由を了解しうる以上、共犯の提供した理由以外に行為の理由があったであろうかを問題とし、仮定的条件関係の判断をなしうるし、なすべきではないか、が問題となる」。しかし、人が単一の理由から行為するのは稀であって、「心理的因果性の内容としては、共犯の提供した理由が正犯の行為の一つとして意識されたということで満足せざるをえない[19]」。この分析を踏まえて、林教授は、「共犯における心理的因果性の場合、仮定的条件関係は要件とされないが、共犯の提供した理由が正犯行為の理由とされたことが要件[20]」とされる。それは、正犯に犯行の理由を提供することによって、正犯の心理を「強化・促進」したということが、正犯が犯行を思いとどまる最後の可能性を奪ったことになるからであり、換言すると、共犯行為がなかったならば、結果は発生しなかったかもしれないからである。以上の考察から、林教授が心理的因果性の特質を、共犯の理由提供による正犯心理の「強化・促進」に求められていることが理解できる。

西田教授が、関与行為と結果との物理的、心理的なつながりを明確に確認した上で、結果の発生を促進し、容易にしたことを要件とされるのに対して、林教授は共犯による理由提供が正犯心理を強化・促進したことを要件とされる。つまり、西田教授が関与行為と結果との関係を考察の中心に置いているのに対して、林教授のそれは、共犯による理由提供と正犯による理由提供の認識、そこから出てくる正犯心理の強化・促進にある。ただ、林教授においても、結果との関係が考慮されないわけではない。それは、仮定的条件関係の可能性という視点で行われる。すなわち、提供された行為の理由が正犯行為の理由とされる場合には、「共犯行為がなかったならば、結果は生じなかった可能性が生じるのであり、したがって、そのような場合を処罰すれば、将来同じような状況が生じたときに、共犯行為を思いとどまることが動機づけられ、その結果、正犯も最後の瞬間に行為に出ることを思いとどまり、今度は被害者の法益は侵害されない可能性が生じるのである[21]」。ここでは条件関係が結果回避可能性として理解され、共犯の場合にその小さな可能性が想定されている。この林教授の、予防論に基礎づけられた「条件関係の可能性」論は、因果性の考察とは異なるレベルからの根拠づけである。前述した、「心理的因果の特質は理由提供による正犯心理の強化・促進」こそが林教授の因果論的考察の核心であり、それが因果的共犯に対する疑問の根底にあったと考えられる。

共犯の因果性についての、惹起説の論者の見解及びそれに対する批判を考察した。惹起説は共犯の惹起と正犯の惹起は、質的にも量的にも区別できないとするが、惹起概念はそれ以上分析・論証されることなく論理の前提とされている。しかし、共犯の因果性の特質である心理的因果性についての右の考察でも明らかなように、正犯である単独犯の因果性とは異なる因果性がそこに想定され、因果性の「緩和」が要請されている。ここに「区別できない同一のもの」という前提と「緩和されたもの」という帰結との間に矛盾がある。そうであるとすれば、共犯の因果性に期待される処罰の限界を画する機能も惹起説が主張するほどには明確なものでないといわざるをえない。

四

惹起説の問題点は、惹起概念を正面から分析せず単一内容と措定することにより、その結果として因果観念の多様性を認めず、したがって、因果類型に底礎された共犯類型に基づいて共犯の責任を認めるという分析の方向性を見失った点にあると考える。惹起説の論者も認める心理的因果性の存在が示すように、また、わが刑法が「実行」「教唆」「幇助」の各行為類型を規定していることからも理解されるように、われわれの日常言語の中に、因果類型として「害悪惹起」、「動機提供」、「機会提供」が定着しているといえる。[22] 後二者の特徴である心理的因果性の特質を示せば次のようになる。「一般に内面を持つ他者に働きかける行為がその他者の行為の原因として他者において内面化されるとき、その内面化は他者に依存し、行為の内面と語られうる行為の原因とは必ずしも整合しない。従来の心理的因果性の問題領域はこの内面化の過程を直接に判断対象としてきたが、それは、まず他者の行為への内面を介する影響を判断することには適していない[23]」。すなわち、教唆の通常の事案を例にとれば、教唆者は、責任能力者に対して、犯罪を決意すべく、言動を尽くし、彼を犯罪へと追い込み、教唆者は教唆者なりの目標を達成しようと、つまり、教唆者は、責任能力ある独立の人格をもつ他人の行為を通じて自己の意図を実現しようとする。しかし、独立に人格をもつ責任能力者である正犯の決意は、彼に依存するが故に、「不確実性、不安定性」という要素を内在している。それ故に、教唆者は事態の推移を見つめ、正犯が実行に出るのを待つ必要がある。ここに、教唆犯の正犯に対する実行従属性があり、これこそが教唆の因果性に固有に内在するものなのである。このような因果構造を提示する概念として惹起説が有用でないとすれば、この因果性の多様性を包含しうる処罰根拠論を再構成する途が模索されなければならない。惹起説により批判、克服されたとされる責任共犯論も、その主張者の内容を分析すれば、惹起説と同じく、共犯者による法益侵害を共犯の処罰根拠としており、ただ、それだけでは、正犯と同等処罰の説明が不十分であるので、正犯者を刑罰と責任に陥れるという「堕落思想」を補充的に利用する処罰根拠論である。(24)この理論史を踏まえて、惹起説との対決の中で、その洗礼を受けたものとして責任共犯論を再構成すれば、それは、共犯の処罰根拠として法益侵害結果を包含しつつ、共犯と結果との間に自由意思をもつ正犯が介入することにより結果との関係が間接的であることを認め、正犯の決意に依存するが故に結果発生が不確実、不安定なものであることを理由に、法益侵害結果の他に、さらに別の要素を要求する立場と解すべきであり、従来「堕落思想」として理解されていたものを心理的因果性の分析に基づき因果論的に再構成すれば、共犯行為（他者への働きかけ）のもつ結果発生の抽象的危険性が、正犯者の内面化を通じて質的な転換を遂げ、正犯行為という具体的結果発生の危険の発生に至るという共犯の実行従属性の形態として示すことができる。(25)さらに、共犯構成要件における結果概念との関連でいえば、責任共犯論では、正犯意思、正犯実行、正犯結果のうち、共犯行為と正犯結果とのつながりが間接であることとの関係で、正犯実行が共犯構成要件の結果として主たる位置をしめることになる。(26)また、遡及禁止論のいう正犯行為による遡及禁止の遮断効は、共犯行為の視点から見ると、正犯行為に対する実行従属性として現れる。というのは、遡及禁止の遮断効とは、山口教授によれば、「当該構成要件について、それと知りつつその最終的意思決定を行った有責な故意行為者こそが、構成要件実現についての責任を負担すべきであるとする考え方である。この場合には、それ以前の行為と結果との間の『相当因果関係』が認められないといってもよいが、それが失われる根拠が、当該構成要件が、故意により、それと知りつつ有責に実現されたということにある。その背後者は、共犯規定などの特別の規定がない限り責任を問われない(27)」からである。

五

次に、責任共犯論の論理的帰結としての、要素従属性における極端従属性説に対して、「違法の連帯性と責任の個別性」と矛盾するとの批判がなされているが[28]、責任共犯論は「違法の連帯性と責任の個別性」を否定するものではない。違法の本質を法益侵害に求める立場に立つとして、共犯の違法性も、法益侵害との関連では間接的なものであるとはいえ、正犯の行った法益侵害をその基礎にもつものであり、正犯の違法と連帯する。責任の個別性は、正犯者、共犯者それぞれに責任が問われるのは当然のことであって、ただ、共犯の構造から、共犯成立の「必要条件」として、構成要件に該当する、違法・有責な行為を行った正犯の存在が前提される。この共犯の構造が求める正犯の責任の存在が、要素従属性に直接的に反映されたものが極端従属性説であり、刑法六一条の規定する「他人を教唆して犯罪を実行させた者」である教唆犯が成立するために必要な正犯の犯罪成立要素は、そこに規定された「犯罪」を、構成要件に該当する、違法・有責な行為であると解するのが事態に則しており、刑法の定義に忠実であるといえる[29]。この立場に立つ場合には、論理的帰結として正犯に責任がない場合、背後者の行為に間接正犯性が認められない限り、その場合は無罪として処理することもやむをえない。この点について、極端従属性説の立場から若干の検討を加える。例えば、松宮孝明教授が指摘されるように、「実行者に責任能力がないのに、共犯の側に、実行者に責任能力があるという錯誤があった場合に、……極端従属性説を採るなら、この場合、『犯罪を実行』させたことにならないので教唆も幇助も成立せず、他方、共犯の側には責任無能力を利用するという『間接正犯』の故意がないので、『間接正犯』で処罰することもできない[30]」という場合は確かに生じる。刑事未成年者の利用を例にして考えると、この場合にまず被利用者に事実上弁別能力がある場合には、この限度で、事実上教唆犯の実態があることを根拠に極端従属性説を修正して例外的に教唆犯を認めるか、あるいは、正犯に責任がなく処罰されず、また間接正犯が成立しない以上無罪として取り扱うことになる。次に、被利用者に弁別能力がない場合には、教唆犯ではなく間接正犯の実態をそこに認めることができるが、その場合に被利用者が道具であるとすれば、教唆犯のない教唆犯を認める立場を採らない以上、教唆の故意で間接正犯の結果を生じさせた場合の錯誤処理の問題として考えることになる。しかし、その場合も刑法三八条二項の趣旨から利用者に教唆犯を認めることが、犯意を欠く被利用者の利用と、犯意を生ぜしめる教唆との間には評価の点からみても両者に重なるところがないと考えれば、客観的に教唆犯の実態もない以上、無罪として扱うのもやむをえない(31)。ただ、後者の場合には、制限従属性説の立場にたっても、正犯のない共犯を認める立場を採らない限り、事態は同じである。

刑事未成年者の利用全般の問題として考えた場合、例えば、最決昭和五八年九月二一日刑集三七巻七号一〇七〇頁を素材とすれば、極端従属性説の立場からは、規範的に考察して刑法が刑事未成年制度を設けている以上、責任を追及されない者の利用として背後者に間接正犯を認めるのも一つの立場である。また、制限従属性説に立つならば、正犯の行為が構成要件に該当し、違法である以上、教唆犯を認めるのが論理的に一貫する。ところが、最高裁は、「被告人が、自己の日頃の言動に畏怖し意思を抑圧されている同女を利用して右窃盗を行ったと認められるのであるから、たとえ所論のように同女が是非善悪の判断能力を有する者であったとしても、被告人について本条各窃盗の間接正犯が成立すると認めるべきである」と判示した。この決定について、筆者は「被利用者が未成年者であること、犯罪の種類等を勘案して、その強制力が被強制者の『反対動機』を上回れば、間接正犯を認めるというように本決定を理解すべきである」と述べたことがある(32)。つまり、ここでは、利用者の被利用者に対する「交渉」の中にこそ、利用者が正犯となるか、教唆犯にとどまるかを決定する要因があり、利用者と被利用者の関係（強制、錯誤など）の分析により間接正犯としての正犯性の実質を追求すべきである。そして、その実質が得られない場合には、正犯が不処罰である以上、背後者の処罰を断念することが極端従属性説の帰結である。これは、吉岡一男教授のいわれる「共犯の成立範囲を明確に限定する観点からは、極端従属性説をとるとともに、間接正犯構成による処罰範囲の拡大にも反対していく理論構成が望ましい」立場であると考える[33]。間接正犯の拡大を阻止するという観点からは、「故意ある幇助的道具」を認めたともいわれる最判昭和二五年七月六日刑集四巻七号一一七八頁で、判決が「被告人の行為が運搬輸送の実行正犯である」と判示しているように、あくまで食糧管理法にいう「輸送」の解釈問題が中心であって、「輸送」の中に使用人に事実上「輸送させる行為」が含まれるかを検討すればよく、安易に間接正犯の理論構成を用いるべきではない[34]。さらに、極端従属性説に対して、正犯に責任が欠ける場合に間接正犯を認めることは、間接正犯が未遂に終わった場合の処罰が、共犯独立性説のいう「教唆の未遂」の処罰と同じこととなり、共犯従属性の観点から問題があり、極端従属性説が実は共犯独立性説に最も近い構造をもつという批判がある[35]。この批判に対しては、曽根威彦教授の説かれる立場、「実行の着手時期と危険の発生時点（未遂の処罰時期）との間に時間的間隔を認めて、背後の利用者の、利用行為の開始に実行の着手を認めつつ、被利用者が法益侵害に直結する行為を開始することによって初めて法益侵害の具体的危険が発生し、それにより利用行為について処罰に値する可罰的違法が認められる[36]」という見解を支持したい。そうすれば、間接正犯の未遂時期に関して、極端従属性説が共犯独立性説に接近するという批判は妥当しない。実行行為概念を放棄する必要はない。

六

本稿は、現在通説とされる惹起説の主張、「共犯は正犯結果を惹起した」という命題を、因果論の視点から検証したものである。また、責任共犯論に対しては、それが共犯の処罰根拠を、正犯を誘惑し堕落させ罪責と刑責に陥れたという「堕落思想」に依拠していることを根拠にして、責任共犯論は法と倫理を一体視する立場から主張されたもので、あるいは責任共犯論に立つ定型説は社会倫理に反することを違法とするものであり、人を堕落させることは社会倫理に反することだと批判された。しかし、この主張は、すでに指摘されているように、理論史的に見ても不正確であり、過度に一面を強調するものである。(37) 責任共犯論の、因果論的視点からの再構成を試みた所以である。しかし、おそらくいずれの試みも十分でないであろう。井上正治先生は講義でわれわれ学生に、「通説を疑い、師の見解を疑い、そして己の見解を疑え」と教示された。それを励みに、不十分な点は今後の課題としたい。

注

(1) 亀井源太郎「共犯の『内側の限界』・『外側の限界』(上)(下)」(『都立大学法学会雑誌』三七巻二号、一九九六年) 二三三頁以下、(同三八巻一号、一九九七年) 五三七頁以下。
(2) 平野龍一「正犯と実行」(『犯罪論の諸問題 (上)』有斐閣、一九八一年) 一三五頁。
(3) 山口厚『問題探求刑法総論』(有斐閣、一九九八年) 四頁。
(4) とくに共犯論の現状については、内藤謙「共犯論の基礎」(『法学教室』一一四号、一九九〇年) 六九頁以下、七一頁、亀井源太郎「共犯現象の実際と刑事手続 (二)」(『都立大学法学会雑誌』四一巻一号、二〇〇〇年) 九七頁以下。なお、共謀共同正犯に対する惹起説の論者の対応は分かれており、西田典之「共謀共同正犯について」(『平野龍一先生古稀祝賀論文集上巻』有斐閣、一九九〇年) 三六一頁以下は肯定するが、浅田和茂「共犯論覚書」(『中山研一先生古稀祝賀論文集 第三巻刑法の理論』成文堂、一九九七年) 二七一頁は、実行行為の一部分担の要件を根拠として否定する。
(5) 町野朔「惹起説の整備・点検――共犯における違法従属と因果性――」(『刑事法学の現代的状況 内藤謙先生古稀祝賀』有斐閣、一九九四年) 一一五頁。
(6) 町野、前掲論文、一一六頁。
(7) 町野、前掲論文、一一六頁。
(8) 平野龍一『刑法 総論II』(有斐閣、一九七五年) 三四三頁。
(9) 大越義久『共犯論再考』(成文堂、一九八九年) 一八五頁、一九一頁以下。

(10) 西田典之「共犯の処罰根拠と共犯理論」(『刑法雑誌』二七巻一号、一九八六年)一四五頁以下。
(11) 町野、前掲論文、一三〇頁。
(12) 町野、前掲論文、一三一頁。
(13) 町野、前掲論文、一三一頁。
(14) 林幹人『刑法総論』(東京大学出版会、二〇〇〇年)三八八頁。
(15) 林「共犯の因果性(二)」(『警察研究』六二巻四号、一九九一年)一〇頁。なお、この引用箇所は、この論文の林幹人『刑法の基礎理論』(東京大学出版会、一九九五年)への収録に際して削除されている。
(16) 林、前掲論文、一二頁。
(17) 林、前掲論文、一九頁。
(18) 林、前掲論文、一九頁。
(19) 林「共犯の因果性(三)」(『警察研究』六二巻五号、一九九一年)一九頁。
(20) 林、前掲論文、二五頁。
(21) 林、前掲書、三八八頁。
(22) 拙稿「犯罪形態における因果関係の意義——とくに刑法における心理的因果関係を中心として——」(『刑法雑誌』二六巻二号、一九八四年)一九八頁以下参照。
(23) 森川恭剛「因果的共犯論の課題——教唆の未遂の否定と正犯と共犯の区別——」(『九大法学』六六号、一九九四年)八〇頁。
(24) 十河太郎「教唆犯の本質に関する一考察(一)(二完)」(『同志社法学』四三巻二号、一九九一年)四九頁以下、七一—七二頁、(同四三巻三号、一九九一年)一〇二頁以下、一二六頁。
(25) 高橋則夫『共犯体系と共犯理論』(成文堂、一九八八年)二三五頁参照。
(26) 高橋、前掲書、一七四頁以下の「共犯における結果概念」の分析参照。
(27) 山口、前掲書、一九七—一九八頁、島田聡一郎「他人の行為の介入と正犯成立の限界(二)」(『法学協会雑誌』一一七巻三号、二〇〇〇年)三九〇頁以下、四一二頁は「共犯の処罰根拠に関する因果的共犯論を採用し、共犯行為と結果との間にも因果性及び危険の創出と実現の関係を必要とすることを前提として、更にそれとは別次元の正犯性の判断の場面で遡及禁止論を採用することは、十分可能であり、そしてそれは決して『因果関係中断論』ではないのである」と述べ、エンギッシュ及び大越教授の著書を引用する。

(28) 平野、前掲書、三五五頁。この点について、松宮孝明「共犯の『従属性』について」(『立命館法学』二四三・二四四号、一九九五年) 一五四四頁以下、一五六九頁は「確認されたのは、せいぜい、正犯行為の違法性が共犯成立の必要条件であること、逆に、正犯の有責性は共犯成立の必要条件ではないことまでである。その意味で、正犯行為の違法性は、そのままでは、共犯に連帯するものではない」という。

(29) 滝川幸辰「共犯の若干問題」(『滝川幸辰刑法著作集第四巻』世界思想社、一九八一年) 四〇一頁は、「極端従属形態による正統的共犯論は自然発生的である。自覚的に、共犯行為が可罰的正犯行為に従属せねばならないことを主張した者はなかったであろうが、正犯行為の可罰性が歴史的事実として承服せられて居ること、これまでの刑法がほとんど例外なくその予想のもとに規定せられて居ることは、これが共犯の自然類型であるからだと思う。自己の手による実行行為は共犯理論に限らず、刑法を貫く基本観念である。この意味において実行行為に可罰性の一般的特徴を認めることはまったく規範的である。共犯の極端従属形態が理論的に疑われながらも、実際的に支持されて来た理由はここにある」と述べる。

(30) 松宮、前掲論文、一五五三頁。

(31) 前田雅英『刑法総論講義〔第三版〕』(東京大学出版会、一九九八年) 四五九頁注二三参照。

(32) 拙稿「間接正犯と教唆犯の限界——その因果構造の差異——」(『愛媛大学教養部紀要』第XIX号、一九八六年) 五一七頁以下、五二二頁は大越、前掲書、三頁以下に示唆を得たものである。

(33) 吉岡一男『刑事法通論』(成文堂、一九九五年) 一〇〇頁。

(34) 拙稿「間接正犯」(『刑法基本講座　第四巻未遂・共犯・罪数論』法学書院、一九九二年) 八五頁。

(35) 平野、前掲書、三四六頁。

(36) 曽根威彦「間接正犯の未遂」(『刑法における実行・危険・錯誤』成文堂、一九九一年) 一四八頁以下参照。

(37) 高橋、前掲書、一一六頁は「責任共犯説をもっぱら堕落説すなわち正犯を堕落させ、罪責と刑罰に陥れるという学説として理解する考え方を『純粋な責任共犯説』と特徴づけることができよう。……『純粋な責任共犯説』は一つのモデルであって、この考え方を責任共犯説の本来的主張と見做すのは妥当でないと思われる」と指摘する。斎藤誠二「教唆犯の周辺」(『Law School』四八号、一九八二年) 二一頁も責任共犯説の二面性を指摘する。

〈刑事責任〉の臨界

佐藤雅美

一　〈責任〉の意味

1　われわれの錯綜した関係からなる組織や集団では、責任の所在がもともと隠されていたり、責任確定の困難さから負責が断念されたり、あるいは、リスクとして算入されて責任追及が予め放棄されるといったように、責任を無化・拡散する動きが新旧取り混ぜて活発な一方で、刑事責任や刑罰の厳格さにも相変わらず強い期待が寄せられている。

最近、「凶悪犯罪」を犯した少年に対する重罰化の高唱が目立つ。「青少年の凶悪化」や「凶悪犯罪の増加・低年齢化」といったマスメディアの事実誤認とも思える音頭に煽られて、少年に対する刑事処分可能年齢を引き下げ、凶悪犯罪においては保護より非難を優先させて原則として逆送できるよう法「改正」をこころみる動きまで現れた。家庭裁判所や施設側の戸惑いをよそに、また、少年たちの行動の「不可解さ」の根因を詳らかにする努力もそこそこに、背景事情として摑みだした「低下した倫理感や鈍磨した規範意識」を克服するには「上から」捩じ込むしかないとばかりに、刑罰をもちだす。少年たちの成長と立ち直りを促しつつ反省や謝罪をまつ保護処分よりも、彼らの「甘え」や「短慮」を容赦なく懲らしめ社会的非難を直接浴びせかけて変容を強いる厳格な刑事処分を振りかざす。人間は苦しく辛い状況に身をおかなければ、悔悟の心境に至らないとでも思い込んでいるのか、その意図と効果の現実性を疑いさえもしない。浅薄な経験主義にたつ強引な考え方と言わざるをえないが、少年への重罰化論には、峻厳な刑事責任と刑罰が「有効」だとする「常識」が幅を利かせている。

また、世論も国家もその被害と心情の現実を長いあいだ打遣ってきた犯罪被害者らの重罰化要求の声にも出会う。強力な国家権力と対峙せざるをえない「犯人」には施される人権保障という刑事司法の配慮が、突然の一方的沈下を余儀なくされた犯罪被害者にもようやく及ぼうとしている。それが刑事法世界を照らす新たな光となって「罪と罰のパラダイム転換」(1)を可能にした。それでも、物心両面にわたって援助されるべき被害者支援の態勢がまだ不十分なことも与って、加害者に相応の苦痛を負わせることが被害者の気持ちを鎮めるのに役立つとする自然な「公平感」に発する主張も幅広く支持される。例えば、故意殺と過失致死のいずれであれ、それは被害者には同じ悲劇をもたらす軽重の差のない罪のはずだが、法的取り扱いには天地ほどの差がある。このような犯罪被害者の被害と苦悩に共感を寄せるところから、加害者にはそれらと均衡のとれた重い責任を負担させて被害者を慰撫しようという「善意」が重罰化に託される。今後は、刑事過失のあらたな捉え直しや、刑事手続きへの被害者の関与や、その他被害者側の精神的・物質的浮上を可能にするさまざまの方策も案出されよう(2)。これらの方策の実施とともに、加害者による責任の自覚や悔悟・謝罪が促され、それらを通して被害者側の心境にも変化が生ずるかもしれないが、今のところ、加害者に対する重罰要求も根強い。

2 周知のように、わが国の実刑率(その年の被検挙者総数に占める新規受刑者数の割合)はかなり低い。被検挙者のほとんどが起訴猶予や略式命令で済んだり、また、公判請求されても、罰金刑や執行猶予がついたりして、現実に刑務所に収監されない。深刻な問題のある長期におよぶ未決勾留のことはさておき、検挙されてから懲役や禁固で刑務所に収容されるまで刑事手続きの全過程に縛られ続ける人は、大雑把に言えば、約二〇〇万人の被検挙者（平成一一年は、約二一八万人、最近一〇年間は、二一〇万人前後）のうち、約二万人（同、約二万四千人、最近一〇年間は、二万一千〜二万四千人）程度である。[3] つまり、実刑率は約一％にすぎないのである。確かに罰金や執行猶予も刑事制裁ではあるが、被検挙者のうち実に九九％が現実には自由剥奪を経験せずに済んでいるということである。刑罰が責任感や倫理感の維持に貢献するという巷間の理解にたてば、必罰は当然のはずだが、刑罰運用の実態はそれとは異なる。

このような実情を知れば、まずは厳しく責任を糺し重い刑罰を課して犯人を懲らしめ、反省や謝罪を促すとともに被害者の慰撫をはかろうとする世論は、戸惑いを覚えるかもしれない。これに対する説明としては、特別予防的観点より回顧的非難を重視する立場からの方が分かりやすい。さしあたり次のように押さえられる。つまり、わが国家は、責任の追及や刑罰賦課を必ずしも刑務所収容だけに結びつけているわけではない。実際の刑務所収容と同様の成果があったと見なすことができれば、それ以前でも犯人を予定の手続き軌道から外す。その方が望ましく利点も多いとする。それが統計数値に出ている。要するに、国家が起訴や刑罰執行を猶予して、また、罰金刑にして現実の収容を差し控えるのは、責任を負わせるのを諦めたり、差し控えるからでなく、あえて刑務所収容という方法を用いなくとも、加害者に刑事責任を問いえたと考えるからである。

3　ところで、刑法学は責任の語を広狭二様に用いる。広義のそれは特に刑事責任と呼ばれて「刑罰を受けなければならない法的地位」を指し、狭義のそれは構成要件や違法とならぶ「犯罪成立要件の一つ」として、行為の時・所での他行為可能性の有無に懸かわらせて道義的ないし法的非難の可否として判断される「非難可能性」を意味する。また、刑罰については、「責任に応じた刑罰」や「刑罰は非難を体現する」責任刑や責任主義の原則がおかれ、応報という自然的理解と教育や社会復帰や予防といった目的的観点を交えて本質理解される(4)。このように概念化された責任・刑罰の意義と生身の人間が躍動する現実の刑事手続きにおける責任・刑罰との径庭について、刑法学の表舞台で取り上げられることが少ない。加害者に重き非難と懲らしめを与えたい気持ちと心からの反省や謝罪を求める気持ちが込められた世論の重罰化要求には、責任非難や刑罰の原義ともいうべき「責める」「咎める」「詰る」「謗る」「懲らしめる」「苦しめる」といった日常的意味が踏まえられている。ところが、一定の理念のもとで理性的な体系構築を目指す刑法学は、実際の犯罪を契機に生ずるこのような自然な感情や生身の人間関係における「責める」「咎める」―「応える」「負う」という働きかけと応答のダイナミズムを脇へ押しやり、現状の理論的取り込みを忘れがちになる。そのような刑事責任の縁に留目したいと思う。

責任と刑罰をそのような脈絡のなかで捉えると、既述の実刑率の低さの理由がよく分かる。要するに、国家は、施設収容以前に、犯人に対する責任追及を終えたと考えた。犯人を十分に責め、咎め、苦しめ、さらに、反省・悔悟させることができたのである。そして、犯人によるその犯人によるそのような責任の意識化―非難の実現が特別予防的考慮の根拠となる。回顧が展望を可能にする。国家によるそのような評価は、犯人の「真摯な」自白に出来する。自白は、単なる不利益事実の承認でなく、犯人が犯罪に対する自分の責任を承認して、反省・悔悟したことを意味する。不安や恐怖や疲労や諦念などの心情からする自白は別にして、自白は責任の自覚の果てに可能となるからである。そのような自白が国家による責任判断において決定的に重視される。だから、加害者―犯人の責任の追及を行う一番手は、何よりも世論の後押しを得た捜査取調官ということになろう。具体的な「犯人」を相手にして、捜査取調官は、被疑者の責任を追及しながら自白を迫る。

二　〈責任〉の追及

1　わが国の刑事裁判での無罪率が〇・一％前後で、起訴された事案のほとんどが有罪となるのは周知のところである。公判以前に、捜査機関が徹底した捜査と選別を行い、有罪判決を引き出しうる事件が裁判所に持ち込まれる。だから、裁判は、丁丁発止の激論のすえに「事の黒白をつける」裁きの場とはならず、大抵は、捜査機関がたどり着いた「有罪」の結論を軸に進行し、その筋書きに「真実」と「正義」の御墨付きを与えて終わる。とりわけ「自白事件」が裁判所には「争いのない」「簡易な事件」と映るように、わが刑事司法の帰趨は、捜査、とりわけ被疑者の取調べ―自白採取に懸かっている。「取調べ中心主義」あるいは「自白偏重捜査」と言われるゆえんである。(5) マスメディアによる犯罪報道の頂点が「犯人逮捕」報道であることも偶然ではない。裁判所や捜査機関のみならず世論も被疑者の取調べに何よりも注目する。

捜査官による被疑者の取調べ―自白採取は、けっして自明でも当然でもない。にもかかわらず、そう理解する風潮が支配的である。その陰で数しれぬ悲劇が生じており、なお人間の尊厳と自由の不可侵を基調にすえた十分な解決策が定着したわけではない。刑訴法一九八条の出頭要求や取調べについて、身柄拘束の如何に関わらず、被疑者に応召義務があるか、供述拒否権があるか、取調べの必要が逃亡のおそれや証拠隠滅のおそれと並んで逮捕・勾留の理由になるか、弁護人の選任や代用監獄の可否といったことどもは、今もって多くの議論をよぶ。これら諸問題について、徹底した当事者主義―弾劾的捜査観の立場から先駆的取り組みをしたのが故井上正治博士であった。(6) 九州大学法学部での最晩年の刑事訴訟法講義のなかで、被疑者の出頭不応や供述拒否権について権力批判を内在させた自説を鋭く展開されていた博士の御姿は、法学を専門的に学び始めたばかりの当時の筆者の基層に鮮やかな印象を残した。その学恩に心から感謝したい。

2 さて、捜査官による自白採取が同時に国家による「犯人」の責任追及の過程でもある。捜査取調官は、証拠としての供述を得ようとして被疑者と向き合う。しかし、被疑者は、無実であればなおさら、自己に不利益の事実を進んで供述するはずはない。逃げ、隠し、ごまかし、嘘をつき、黙り込むことの方が人の常態だろう。にもかかわらず、わが取調官は、被疑者による自白を得ることにむしろ成功している。取調べ過程の透明度の低さや不十分な弁護人選任や代用監獄といった諸条件が自白採取を容易にしていよう。(7) それとともに、わが刑事法文化に固有の事象も影響していることを忘れるべきでない。

取調べが責任追及となるのは、その過程において取調官が意識的に被疑者に自らの「罪」を認め、素直に「反省」して被害者に「謝罪」の気持ちを抱くように導くからである。自白は、不安や恐怖や諦念や打算に発する場合をのぞき、責任の自覚の果てに可能となる。だから、捜査官にとって被疑者の自白は、被疑者が証拠としての不利益の事実を承認したにとどまらず、被疑者が「悔悟」の気持ちにまで立ち至ったこと、つまり、責任を自覚したことの証しでもある。それゆえ、そのようなものとして出来上がった供述調書が「犯罪後の情況」(刑訴法二四八条)として他の諸事情と合わせて考慮されて、被疑者を起訴猶予することにもなる。それのみならず、自白は、自首と同様、公判において考慮されて、量刑にも反映される。実際、判決は、自白を「改悛の情」や「真摯な反省の態度」や「自責の念」や「真の罪の意識」といった脈絡で捉え、量刑事情に算入する。(8) この点に関して、「犯人」が捜査—裁判の過程においてどれほど自らの行為とその罪悪性について誠実に吐露したかということが国家によって評価されるということが気にかかる。時に、それは、死刑と無期刑の分かれ目にさえなることがあるということになると、自白—責任の承認とはどういう事態であり、なぜそれが可能なのかを考えないわけにはいかない。(9)

ところが、捜査官が向き合うのは、まだ犯人と確定されたわけではない被疑者である。人が自ら進んで不利益なことを告白するのは希有だということとも合わせ考えると、被疑者の自白はなおのこと期待できなさそうに思えるのだが、わが国の現実は、必ずしもそうではない。『新・ニッポンの警察』の著者、D・H・ベイリーの観察は興味深い。

「単に礼儀正しいとか、うやうやしいとかいうこと以上に、日本人は、積極的に自分の犯罪行為を認め、それから生ずる結果を受け入れる。取調官の前で被疑者がとるべきだとされるのは、素直で従順な態度である。潔白を装ったり、罰則から逃れようとしてはならない。適切な言葉でいいかえると、被疑者は『まないたの上の鯉のように』ふるまう必要がある。(10)」

「日本の警察官と検察官は、被疑者が悪事を告白することを期待しているのみならず、そのような規範を強めるべく行動する。もし従順な態度が本物と判断すると、当局は、温情と理解を示し、真面目な人間への復帰を容易にしてやるといった適切な対応をする。後悔は当局に従順であることを示しているが、これは関係者の心に人情を生み出し、厳しい刑罰を軽減させる効果がある。つまり、被疑者が悔い改めようとしないときは、警察と検察は不快の念を示し、被疑者が協力的であるときは、寛大にせざるをえない気持ちに追いやられるのである。(11)」

3　この簡潔な指摘から、道徳的正義の体現者としての取調官と、その慈悲を期待しながら責任を認めて自白したがる被疑者の関係が彷彿とさせられる。わが国における自白偏重の根深さをあらためて確認せざるをえない。しかし、その関係がうまくいくのは、捜査官が被疑者に対して「温情」や「寛大」さをもって接する時であり、その態度は、被疑者が「素直」さと「従順」さを示して、協力的に自らの「悪事を告白する」場合にかぎられる。あくまでも被疑者の屈従的態度と劣位性とがまず求められる。

そこでは、取調官は、無罪推定どころか、明らかに有罪推定の下で、被疑者に謝罪と悔恨を求める。黙秘をして、悔い改めようとしない被疑者に、捜査官は容赦なく不快感を示し、怒鳴り散らす。この取調官の熱心さの背後に、「功利的報酬」を求める打算があることも事態を複雑にする。捜査官にとって、事件解決のみが報酬につながるとすれば、手続きを順守することよりも、どんな方法を用いてでも被疑者の自白を得ようとするのは避けられない。[12]いずれにしろ、ここに見られる取調官―被疑者の関係は、独立対等な当事者同士の関係からはほど遠い。有罪推定にたって、利欲にも促された取調官が被疑者の責任を追及し、悔悟と謝罪を求め、自白した被疑者には保護を与えるといった、パターナリズムを介した上位者と下位者との典型的な支配―服従の関係というべきであろう。とにかく、「有罪推定の下で謝罪を求める捜査権力」あるいは「道徳的正義感に駆られ、被疑者に謝罪と悔恨の情を求める取調官」の前で、被疑者は、「罪を認める」以外のいかなる主張もなしえない無力な状況に追い込まれてしまう。[13]付言すれば、このような被疑者に「犯罪事実」の自白を迫る捜査取調官は、あたかも私欲を直隠しにして「告解」をつかさどる聖職者のように見えないか。彼らは、「懺悔」に耳を傾け、「赦し」を与える「秘跡」を執り行っているつもりであろうか。取調べは、倫理性のみならず宗教性まで帯びてくる。

ところが、責任を認めて自白する被疑者の側にも、「打算的考慮」がある。「罪を認める」ことが「関係者の寛大な処置との交換条件」となるのではないかと期待する。われわれは、幼児期からのしつけのなかで、たえず「従順な態度は刑罰を和らげる」と言われ続けてきたように思う。それが取調べの局面に現れる。[14]われわれは、自らを貶めることにもなるこの「甘え」を克服することができるだろうか。

このように構成された取調べの場が数知れぬ人権侵害的悲劇の土壌となってきたことを想起するならば、やはり、捜査官と被疑者の関係を利害が対立する敵対的当事者と捉え、被疑者が自己に不利益な事実を進んで認めて謝罪する、責任を認めることなどおよそありえないという認識に立って、そのようなことがあるとすれば、そこには自白を迫る不当な外圧が働いたか、打算に基づく虚偽が潜んでいるかであって、そのような自白はおよそ証拠能力を認めえないとするような警戒心にあふれた弾劾的捜査観によって取調べや捜査を構成する方がよほど健全であるように思う。それこそ、あるがままの人間を基調にした存在と自由に対する敬意と尊重の精神に発する成熟した考え方だと思う。

三 〈責任〉の基礎

1 さて、われわれは、自らの行為（犯罪）についてなぜ責任を負うのだろうか、また、なぜ非難したり後悔したりするのだろうか。これは刑法学が従来責任の基礎として論じてきた問題である。もっとも、このように問題をたててしまうと、責任は非難であり、非難は他行為の選択可能性のある場合に可能となるのだから、意思の自由の存在が前提されてしまい、もはや原則的な議論が不要となる。しかし、意思の自由の存在がそれほど自明ではないことが事態を複雑にする。その存在を否定する決定論の主張が意思自由論を脅かし、自由な意思過程とはどのような構造を示すかについて明らかな説明を呈示することが求められた。

人間の行動は素質と環境によって決定されており、意思の自由は幻想だとする決定論の主張は明快だが、それは、個々の行為や意思の独自的意義を否定して責任から非難の契機を取り去った性格責任論に対すると同じ批判を免れない。しかし、事象間に法則的連関を見出そうとする態度に発するこの考え方は、人間の意識――感覚・思考・意思あるいは欲求（知・情・意）――がどのように出来上がるかについての科学的探求に駆り立てる。犯罪者に対するさまざまの矯正プログラムの作成と実施の試みが医学・生理学・心理学などの科学的裏づけに支えられていることを想起するまでもない。そして、それらが絶対的意思自由論の非現実性を知らしめ、相対的意思自由論への一定の信頼をもたらしながら、決定論にも変更を迫り、非難と自由を取り込んだ構成を求めた。

「やわらかな決定論」は、因果法則による意思の支配を認めて、それが素質や環境という「生理的な層」でなく「意味の層あるいは規範心理の層」によって決定されている時、「わたくし自身」によって決定されているので「自由」だと捉え、社会的「非難」としての刑罰は、将来同じことが起こった場合、今度は犯罪を行わないように作用するあらたな条件づけになると主張する。「わたくし自身」が決定するという表現と「自由」という言葉を用いて、決定されていれば不自由なはずだが、決定するのが変容可能な「わたくし自身」だから自由だとするのは、巧みな用法だ。(15) しかし、刑罰による条件づけが可能だという意味での自由は、意思決定が環境と素質から自由であるとか、自由な意思決定が行われたという本来の意味での自由とは異なり、意識の能動的働きを認めるわけではない。この考え方は、やはり、人間行動の出所に届かず、皮相的だと言わざるをえない。

われわれは、人間の行動を素質と環境に還元することなく、その背後にある意識の能動的役割において捉えようと思う。それは、決定論の捉え方に賛同できないという理由だけからでなく、自由意思を「擬制」とする不可知論に対する批判もこめて、責任を成り立たせる意思の自由の存在構造を踏まえない立論が、結局は、国家の価値観を尺度にして行為者の性格の危険性を一方的に測定・判断して処分に付すという政治的断罪に帰着せざるをえなくなるということにも賛同できないからである。非決定論の立場から、責任非難を加えうる人間の行為―犯罪を意識との関連においてどのように捉えるべきだろうか。

2　決定論に対して、非決定論の理論構成は、必ずしも説得的ではない。われわれが素質や環境の制約からまったく自由に自らの行動を選択することができるかと問われれば、意思過程に及ぼす内外からの働きかけの影響を想像するまでもなく被決定性を肯定せざるをえないから、法則性や決定論への理解をぬきに意思自由の問題を考えることはできない。その限りで問題はない。ところが、相対的自由論のいう「決定されつつ決定する」の「決定する」という意思の能動性に関わるところが明快でない。その点を意識して、非決定論の立場から意思の自由を論ずる井上祐司教授の説明は丁寧である。

「意識の能動的役割は、まず、環境が主体の意思過程に影響するに当たって、主体の性格に屈折せしめられるという点において、次には、性格が意思過程に影響するに当たって、その時々の外界の特有の環境が意識過程に反映することを通じて性格に反作用を及ぼすという点において現われているのである。環境の一次性という基本的な姿の中で、右の二つの屈折を通じて、一次性は実現されているのである。ここに、命令や規範の要求によって社会的統制を行おうとする制度の基礎があり、それに違反した場合に責任を問うことの根拠がある。(16)」

また、井上教授は、常習性の加重根拠を行為責任の立場から説明するなかで、意識の営みについて次のように所論を展開する。

「意識的存在としての人間は、その意思過程の中で、性格じたいをも対象化してとらえ、性格を認識し統制し支配し変革してゆく。ある決意が情況的動機にもとづくものでなく行為者の本性、真の自己、内奥の声から出たものであるとき、その決意はより自由でありより主体的である。しかし、このことは、決意の性格相当性というかたちでとらえられるものとは異質である。性格相当性という見方においては、性格は、当該意思過程と決意をその外から一方的に規制するものとしてのみとらえられている。性格相当な決意が行為者の本性の表現であるといえるためには、当該決意に至る意思過程のなかで性格が対象的に認識され、是認され、自我中枢によって裁可されなければならない。無自覚にまたは奴隷のごとく性格に流された決意は、いかに性格相当であっても、衝動にもとづく決意とあまりひらきはないであろう。(17)」

環境と性格が相互に影響し合いながら意識過程のなかに反映され、意識が両者を反省的に捉え返しつつ一定の行為を選択するに至るという、環境の一次性を踏まえた上での意識の積極的作用とその過程が明快に説明されている。行為者の本性にもとづく決意こそが自由だという指摘を先の「やわらかな決定論」の自由な「わたくし自身」の決定と比較すると、両者の近似の外観にもかかわらず、到達点に遥かな開きがある。前者は、行為の決意を行為者の内奥に求めて、その内的必然性によって行為を説明するが、後者は、行為を「規範心理の層」による規制の不十分さの帰結とするのがせいぜいで、行為者の内心に積極的に根づかせることができず、重き処罰を正当化できない。

3　ところが、井上教授の立論において、「性格」と「自我中枢」の内容が少し分かりづらい。しかし、意識の働きに関する次の説明における、情動のような自己中心的な「暗い意識」を「性格」に、そして、「明るい意識」を「自我中枢」に対応させて捉えると、その意味するところが摑みやすくなる。(18)

「たとえばレイプ常習犯のような場合、彼は、性的倒錯が昂奮にみちびき、行動の意識コントロールを失わせてしまうことを知っている。しかしながら、明るい意識は、性的倒錯行為をしてよいかどうか決めることができる。レイプしている瞬間には、彼はそれがよいかわるいか判断できない倒錯した心理状態におちいっているのであるから、（心理学的にみて）その行為に対して完全に責任があるとは言いにくいともいえる。しかしわれわれの新しい解釈に従えば、彼は、過去において性的倒錯心理がコントロールできない（暗い意識による）レイプに向かわせることを（明るい意識で）知っていながら、そういう行為をえらんだという意味において道徳的責任があるのである。道徳的または法的責任についてのこのような解釈理論は、一時的錯乱と判断された事例についても適用できる。また、とても抑えることのできないほどの怒りにかられてやった行動に対しては、完全に責任があるとはいえないかもしれないが、怒りっぽい性質を知っていながら、そういう弱さを克服する努力をしなかったという点で、責任がそこにあるのである。(19)」

この引用文における「暗い意識」は、井上教授の「性格」とまったく異なる用語法であり、簡単に類比できないが、それでも、その「性格」のもたらすところを知りながら、「明るい意識」である「自我中枢」による反省や捉え返しという意識的努力をしようとしなかったところに強い責任非難を求めうるという重ね合わせ方はできそうである。

ところで、「意思の自由」と関連して押さえておきたいことがある。これまでの自由は環境と素質から自由かという意思の「存在」をめぐる議論であったが、自由をどのように「達成」するかという観点からを見ると、その様相が異なってくる。人間は、煩悩――貪欲（性欲などの本能的欲望）・瞋恚（怒りの心）・愚痴（暗い愚かな心）――の束縛からどのように自由に「成」るか、自由に振る舞って矩を犯さない境地にどのように「到」達するかといった文脈における自由も、われわれに慣れた用法である。この観点に立てば、犯罪の実行は煩悩や執着に縛られた不自由さの帰結である。迷妄の所産と捉える犯罪観は、西欧にもある。「明るい意識」による反省を介在させずに、「暗い意識」からの情動に任せて犯罪にでることに責任がある。このような自由が興味深いのは、意識を変容や上達の過程において捉えることを可能にするからである。つまり、仏教の修行に見られるように、われわれの存在―心身関係の基底において作用している情動を克服し、さらには、支配するという過程的構造において、意識を捉える。[20] ここにおいて、われわれが自らの行為を反省し、自分のあり方を悔悟することができ、囚われた地平から脱出することもできる。このような自由観において犯罪と責任を捉え直してみることも大事だと考える。

四　〈責任〉の実現

1

刑罰を責任非難の具体化と考えるのは自然なことだろう。犯罪を病理になぞらえ、治療がそれに報いると捉える方が努力を要する。被害者など個人の利害を超えた国家の制裁のあり方としては、理性的であることがむしろ望ましい。いずれにせよ、刑罰は、私的復讐などでなく、「正義」の実現として「公」性をそなえた制裁であるはずだ。刑罰がそなえ実現しなければならない「公」性とは何か、「正義」とは何かが長いあいだ問われてきた。それが「公」刑罰としての正当化根拠の問題である。今や、犯罪の予防にせよ犯罪者の再社会化にせよ、刑事制裁には有益性や功利性が求められる。だから、死刑も、応報でなく、犯罪をおしとどめうる威嚇力をもつことが重視される。しかしながら、実際に死刑を量定する裁判所の判断で目立つのは、国家の手による生命剝奪と均衡を保ちうるように犯罪と犯人の極悪非道さと冷酷無比さを印象づける言葉群である。「自己中心的、利己的かつ非人間的な性格の極端な発現」、「甚だ身勝手な欲望を満たすため」、「何の罪も落ち度もない」被害者、「周到な準備と計画のもとに、冷静かつ機敏に本件犯行に及んでいること」、「悔悟や反省もなく」、「自責の念にさいなまれることもなく」、等々。(21) 人間尊重の理念を放擲してただ優越的立場からする応報が「正義」を名乗りうるだろうか。

世論の重罰化要求には、応報的色彩がつよい。犯人に行為の重大さを理解させ、心底から謝罪させるのに必要だという目的刑的文脈に置き直しても、結果に見合う重い刑罰が用意されることに変わりはない。そこでは、死の苦痛を感受することを含め、規律が厳しく、不自由で、不便で、不快な刑務所において、犯人は辛く寂しく肩身の狭い思いをしながら、反省の日々を過ごすことが刑事責任を果たすことだと考えられている。これが自然の流露だとしても、それで刑罰を正当化することは難しい。あらためて注目を集めている被害者感情も、刑罰がそれを代行すれば済むというものでなく、加害者の悔悟と被害者の慰撫を国家理念のなかでどのように実現するかという公的地平のなかで考慮さるべきだろう。

犯罪と刑罰の均衡も、刑罰を正義たらしめる原則である。均衡も自然に淵源をもち、応報と近似的である。この均衡原則と犯罪の抑止目的によって、刑罰が正当化されうるとしても、その刑罰も、人間を体制的な価値観にもとづいて優劣や上下の尺度によって配列する傲岸さに侵された組織や施設で行使されるため、犯人の人格を貶める強制力として発動されざるをえない。人の内心における反省や悔悟の営み、行為を促した情動の克服は、外からの強制で実現されるものではない。内発的かつ自律的な営みとしてもたらされるほかないと考える。犯罪にも人間の営みとしての敬意を払い、反省と悔悟も犯人の自然に任せるほかないとすれば、責任の追及や刑罰の賦課は、それらを促す機会であるか触媒の役割を果たすのがそのなしうる最大限と言わねばならない[22]。

次のような元受刑者たちの言葉は、刑務所で何が闊歩しているかを端的に示す。

「独房へ入ったのも辛かったし、寒かったのも辛かったし、刑務官の命令口調が一番頭にきますね。第一、自分自身の、人間というものを完全に抹殺されますからね。完全にロボット化されて動かなきゃダメですから。もう、こっち向けって言われたら向かなきゃダメですから。……それに反すれば、懲罰ですから[23]。」

「だけど、あれだよね、全般にやっぱし扱い方は一方的じゃなくて、暴力的。もう品物ですよね。物って感じですよね[24]。」

「脇見なんかでも、担当の顔を見る。担当とかに、もうあの目が合ったらだめです。目が合って、『どこ見ているんだ』ってやられたら、もう引っ張って行っちゃう[25]。」

「一人で、面会に行くときでも、イチニ、イチニ、って、あれほどかっこうの悪いことなかったです。それに歩調とらなあかんでしょ。腕がなんか肩の高さまで、指はまっすぐ伸ばしてね。決まってるんですよ、やり方がね。その通りにしなければ、『なんちゅう悪いことを』ってバシッとたたかれるからね[26]。」

「(居房の中でも、用便が自由ではないのですか?) 自由ではありません。休憩時間だけです。それ以外の時間に、担当の許可なく、勝手にトイレに入っているところを見つかったら懲罰ですよ。しかも、行きたくても許してもらえない場合もある[27]。」

人間としての尊厳をことごとく挫かれたとする体験談に枚挙のいとまもない。もちろん、これと逆の回顧も見られるが、圧倒的に少ない。受刑者も、個人としてあるいは人格として処遇された時、深い感動を覚え感謝の気持ちを抱く。反省と悔悟はそこからしか出てこないはずだが、受刑者をそのような気持ちにさせる行刑になっているか疑わしい。概して平穏無事な施設の外観のもとで、受刑者は自らの人格の尊厳と自律的意欲を、また、扱いあぐねる情動を意識の底に抑え込んで生活する。そのようなところで、どれほどのまたどのような矯正や更生や再社会化が達成されるだろうか。

2　さて、責任は、犯人の過去の意思決定を責め咎めるという意味で回顧的だが、その追及が加害者に反省や謝罪をもたらすきっかけともなるという意味で将来的かつ変動的である。捜査―公判―行刑という刑事手続きの過程を通じて、犯人は過去の行為や自分を捉え直すことを求められる。実際には、反省や謝罪に至ることもあるが、変わらないこともある。内省を通じた変容は本人の大事である。もちろん、それは国家の関心事でもある。わが国家の取調べにおける圧力の強さや行刑における規則の細かさは、それに晒される犯人にはつらいことだが、その内心まで管理しようとする国家的強欲の表れである。ダイヴァージョンは、変化の「外観」に対するご褒美の感がある。しかし、変容の有無・程度・遅速は、本人の個性である。国家は、犯人や犯行に関わる量刑事情の評定に際して、非難と刑罰を軽減する方向での算入を認められても、反省しない、謝罪しないことを重き非難を導き出す事情に繰り込むべきでない。基本的には行為時の責任で足り、犯人自身に任せるしかない反省や謝罪といった行為後の変化は軽減の方向でのみ考慮さるべきであろう。刑罰の役割は、犯人がそのような心境にたち至るよう支援する黒衣のそれであって、人格的・道徳的劣等者を教え導く強者の武器などでは決してない。(28)

ところで、意識を変化や上達の過程において捉えると既述したが、それはどういうことか。仏教では、われわれの「心身をわずらわし、悩ます」「妄念」を「煩悩」といった。それはわれわれの内奥深くひそみ、われわれを動揺させ振り回す「暗い情念・衝動」である。これを基本にして日常的世界における人間の存在様式を捉えようとするのが仏教の人間観である。仏教において、修行は何よりもそのような情動を支配し克服する過程を意味する。(29)犯人において生ずる反省や謝罪の心境への立ち至りという変化をこのような脈絡で捉えようと思う。それは、当然のことながら、国家を欺くことを意図して、反省の外観をとるなどとは無縁のことである。国家はそれを見破ろうと目を凝らすが、欺かれてもやむなしとすべきだろう。虚偽は本人のよく知るところであり、それでは社会的適応の困難と精神的孤立の状況からの脱出などおよそおぼつかないことも分かっていることだ。

また、われわれに慣れた方法だが、それは情動を無理やり抑圧してしまうこととも異なる。心理学的に言えば、それは無意識の底に押し込めることであり、ピューリタン的な厳格主義的道徳の立場では、理性によって感性を統制するという言い方をする。しかしながら、情動の過度の抑圧が神経症やヒステリーの原因となることがあるとは、フロイディズムに周知のことだ。それに対する治療は、無意識下に抑圧された情動を解放し、さらには消滅させることだが、仏教やヨーガの目指すところはそれとは異なる。それらでは、暗い不安定な情動領域の彼方に、安定しつつ昂揚した澄明な情動的エクスタシー状態を呈する本来的自己の次元とも言うべき領域の存在が説かれており、そこへと近づいていくことが情動の克服と支配を通して可能となるというのである。そこにたどり着くための瞑想とヨーガの修行の厳格な作法が定められている。それらの修行の初期段階で、非暴力や正直などの戒めを厳しく守ることが設定されており、自ら日常生活の規律と拘束を確立していくことが求められる。すぐれて自発的かつ自律的努力であることは言うまでもない。(30)

刑事司法は、そのような努力を犯人に強いることはできないにしても、反省や謝罪や更生へと自然と向えるような時空を提供することはできるのではないか。その際、犯人の責任を問い質す国家は、根底においては、そのような犯罪実行へと犯人を追い込んでしまった体制・制度・状況の主催者としてのいたらなさ、配慮や努力の不十分さについて認識し、自らも大いなる反省と謝罪の境地に立って、犯人と被害者ともども事件の発生を悲しむ気持ちを求められるのではないかと思う。

注

(1) 五十嵐二葉「罪と罰のパラダイム転換を」(『論座』二〇〇〇年一〇月号)、参照。
(2) 高橋則夫『刑法における損害回復の思想』(成文堂、一九九七年)、参照。
(3) 平成一二年版『犯罪白書』、参照。
(4) 内藤謙「刑事責任」(『基本法学5—責任』岩波書店、一九八四年)二九五—七頁、参照。
(5) 多田辰也『被疑者取調べとその適正化』(成文堂、一九九九年)、参照。
(6) 例えば、井上正治「捜査の構造と人権の保障」(『刑事訴訟法講座1』有斐閣、一九六三年)一一四頁以下、参照。
(7) 浜田寿美男『自白の研究』(三一書房、一九九二年)、参照。
(8) これらの言葉は、例えば、井上薫編著『裁判資料　死刑の理由』(作品社、一九九九年)、参照。
(9) オウム真理教信者に対する一審判決での死刑と無期刑の差異の出所を念頭においている。信仰の根強さとか思想の堅固さが死刑判決につながると悪しき責任主義とならないか。
(10) D・H・ベイリー『新・ニッポンの警察』(サイマル出版会、一九九一年)二〇二頁。
(11) 同、二〇七—八頁。
(12) 浜田、前掲書、二四〇頁、参照。
(13) 同、二三七—八頁、三二五—九頁、参照。
(14) ベイリー、前掲書、二〇七—八頁、参照。
(15) 平野龍一「意思の自由と刑事責任」「人格責任と行為責任」(『刑法の基礎』東京大学出版会、一九六六年)所収、参照。
(16) 井上祐司「刑事責任の基礎と決定論」(『行為無価値と過失犯論』成文堂、一九七三年)一七五頁。
(17) 同、二九〇頁。

(18)「暗い意識」と「明るい意識」はともに湯浅泰雄『身体論—東洋的心身論と現代』(講談社学術文庫版、一九九〇年)のなかの言葉である。とくに、二三五—三二六頁、参照。
(19)湯浅、前掲書に対するトマス・P・カスリス(ノースランド大学教授)による「解説」、同、三七八頁。
(20)同、二八九頁、参照。
(21)井上薫、前掲書、参照。
(22)沢登佳人「刑罰権否定の法理」(『刑法雑誌』二五巻一号、一九八二年)一一六頁以下、および、同、『権力止揚論』(大成出版社、一九八一年)三二五頁、参照。
(23)菊田幸一編『検証・プリズナーの世界』(明石書店、一九九七年)七二頁。
(24)同、七七頁。
(25)同、九八頁。
(26)同、二七二頁。
(27)同、一四二頁。
(28)沢登、前掲論文および前掲書、参照。
(29)湯浅、前掲書、二八九頁、参照。
(30)同、二八九—九九頁、参照。

(二〇〇〇年一〇月脱稿)

刑務所のアカウンタビリティ
――イギリスの制度を中心にして――

土井政和

はじめに

二〇〇一年から二〇〇二年にかけて、名古屋刑務所で起こった事件（以下、名古屋刑務所事件という）は、日本行刑の在り方を根本から問い直す契機となった。[1] 被収容者の人権を侵害する事件があいついで発覚したことにより、刑務所という一般社会から隔絶された閉鎖社会の中での被収容者の取り扱い、あるいは、施設運営のあり方について、抜本的な改革の必要性が社会的に認識されるに至った。被収容者に対する実力行使の方法、戒具や保護房の使用方法、死亡事件における検死制度、保障さるべき不服申立制度などをめぐって、被収容者に対する人間的な取り扱いが問題になっているというだけではない。これら一連の事件をめぐるその後の経過の中で明らかになった組織的な事実隠蔽あるいは証拠いん滅行為[2]、行政の監督責任の欠如、国民に対する説明責任の放棄など、行刑の底流にある「密行主義」や「組織全体の体質や意識」が批判にさらされているのである。

確かに、これまでも刑務所において職員による暴行事件がなかったわけではない。また、施設の密行主義や管理優先主義が問われなかったわけでもない。監獄法改正作業の過程では、近代化、法律化、国際化が改正の基本方向とされ、「管理法から処遇法へ」をスローガンに、わが国刑務所制度の改革が目ざされた。しかし、刑事施設法案は、その後の被収容者特性の変化（高齢被収容者、外国人、女子被収容者等の増加）、「国際化」＝人権化、刑務所運営の透明化と市民参加の促進といった国際的潮流に照らしても、既に時代に相応せず、抜本的な見直しが必要になっている。なかでも、刑事施設の民主化、すなわち、刑務所のアカウンタビリティと第三者機関や市民による施設監視の必要性は高まっている。また、被収容者の社会復帰のためには、刑事施設のみで処遇を完結させるのではなく、他の行政機関、地方自治体や地域社会、さらには、行政から独立して活動する自立的な民間団体等との連携を促進することが不可欠となっている。

イギリスでは、一九九〇年の刑務所暴動とそれに関するウルフ・レポート、その後の行刑白書『収容、ケアおよび公正――イングランド・ウェールズにおける行刑の将来像』（一九九一）(3)によって刑務所改革の方向性が示され、この一〇年間改革の試みが積み重ねられてきた。確かに、現在、過剰収容の深刻化などの問題のために、必ずしも所期の目的を達成しているとは言いがたい状態にある。しかし、コミュニティ・プリズン構想のみならず、刑務所査察官制度、徹底した情報公開、刑務所オンブズマンへの不服申立制度、さらには、刑務所改革に関わるＮＧＯなど民間機関の活動の活発化など、わが国の刑務所改革にとっても参考とすべき試みが少なくない。

本稿は、このようなイギリスでの刑務所改革の試みの中から、特に刑務所のアカウンタビリティについて検討しようとするものである。(4)

一　刑務所におけるアカウンタビリティの必要性

「民主主義社会における行政機関は、法にもとづいて行政を行うことで、すべての責任（Responsibility）をまっとうするものではない。よく言われているように、あらゆる行政機関は、その権限の根源的発祥体である国民にその業務の実態を説明する責任（Accountability）があるのである」[5]といわれる。アカウンタビリティの思想は新しいものである。これまで、日本では、行政機関においてアカウンタビリティを確保するという考え方はなく、ようやく最近になって行政機関一般に浸透するようになってきた。また、アカウンタビリティの前提として政策評価を行わなければならないとの認識も広がりつつある。行政組織は、「それぞれ与えられた政策目標を達成することが組織の第一の任務であり責務である。そのために組織には資源、権限、スタッフが与えられている。当然のことながら組織は、その目標達成度を明らかにして任務を果たしていることを証明、説明する責任（accountability）を負っている。……この場合説明は組織やそのスタッフの仕事ぶり、資源の使用状況、権限の運用情況を説明するというよりはむしろ、目標達成度を評価した資料によって説明しなければならない」[6]。

しかし、刑務所においては、アカウンタビリティの思想から取り残されている。行刑密行主義の考え方が根強いためであろう。しかし、最近、刑務所においてこそ、アカウンタビリティが要請されるとの主張も見られるようになった[7]。「刑事施設の業務は市民の自由を剝奪し身柄を拘束するという最も過酷な個人の自由侵害行為なのであり、その透明性を高める必要は他の分野よりも一段と強い。しかも、拘禁を確保しなければならないという性質上、刑事施設は不可避的に閉鎖性を有している。さらに、犯罪を犯した（と疑われる）者に対する抜きがたい偏見が存在することおよび被収容者と職員との関係が、処遇者と被処遇者ということで権力的上下関係になりやすいことからすれば、刑事施設の閉鎖性から生じる弊害は他の行政領域に比べて非常に大きなものとなる可能性がある。両者の調整を図るためには、プライバシー保護が必要となる分野での情報の取り扱いに配慮しつつ、刑事施設の閉鎖性を除去していくしかないであろう。刑事施設もアカウンタビリティを果たさなければならないのである」[8]。

アカウンタビリティは、三種類に分類される。公的支出の合規性（regularity）を問題にする「財政上のアカウンタビリティ」(fiscal accountability)、行政活動が行われるときに従うべき手続や手順、マニュアルへの適合性を問う「プロセス・アカウンタビリティ」(「準拠性」をめぐるアカウンタビリティともいう)、そして、「政府活動は期待した通りの結果を生み出したのか」という「プログラム・アカウンタビリティ」(program accountability)である(9)。歴史的には、社会が複雑化し、国民のニーズも多様化するにつれ、伝統的な監査や会計検査では足りなくなり、前二者のアカウンタビリティから第三のそれへと発展してきた。

第一に、財政上のアカウンタビリティであるが、行政組織はその予算が有効に執行されていることを示さねばならない。しかし、多くの行政組織は、対費用効果という経済的効率性では測りきれないサービスを提供する責任も負っている。国民は、行政機関から一定のサービスを受ける権利をもつが、それは、一定の予算内で適当に配分されねばならないため、あるグループへの提供は他のグループへの不利益となることもある。その場合、アカウンタビリティは、社会的、政治的、法的、道徳的性格をもち、監査や評価基準について困難な問題も生じる(10)。

従来の行政機関は、予算獲得や政策の立案・実施に力が注がれ、その成果や目標達成にどの程度貢献したのかについてはそれほど関心を持たず、また、責任を問われることもなかった(11)。同じことは、刑務所にも妥当する。日本でも、最近、矯正における「処遇効果」に関心が芽生えつつあるが、それがもっぱら再犯防止と結び付けられることになれば処遇効果の測定は困難となろう。従って、犯罪予防とは異なる観点での効果測定の方法も開発される必要がある。また、収容目的との関係で、施設における生活条件をどの程度保障すべきかについても、一般社会における生活水準との関係で問題となりうる。刑務作業に対する賃金制もまた検討されねばならない。

第二に、プロセス・アカウンタビリティについても、確かに、準拠すべき目標や基準が必ずしも一義的に明らかでなく、多様な解釈が可能な場合が多い。ある手続がどのような場合に適正なものとなり得るのか、いかなる条件の下で全体の基準が満たされることになるのか、あるいは、全体の実務が立法の精神や趣旨に合致するのかどうか、などについて見解が異なりうる。例えば、「公共の利益」とか「国民の福祉」といった文言について一義的で適正な見方が存在するのかについても争いがある[12]。

刑務所は、自由刑の執行機関であり、本人の意思に反して強制的に身柄を収容する施設である。それゆえ、とりわけ被収容者の人権の保障は重要な課題となる。にもかかわらず、日本には、行刑目的や被収容者の人権保障に関する法規定が存在しない。日常的な起居・動作、外部との接見交通やコミュニケーション、刑務作業、保健衛生からレクリエーション、不服申立や懲罰などすべての生活領域は詳細な規則で規制されている。他方で、刑務所長らによる広汎な裁量権が認められている。しかも、刑務所を紀律するこれらの規則、訓令、通達、達示などは一般に公開されていないものが多く、たまに裁判所による判決などで目にすることができる程度である。同じことは、一九八〇年代までのイギリスにも妥当した。刑務所規則（Prison Rules）は、刑務職員に広汎な裁量を与えており、彼らがどのようにこの規則を解釈すると予想されるかは訓令や通達を見なければ分からないが、これらは議会図書館に所蔵され、裁判所も援用することはあるものの、国民にも被収容者にも利用できなかった[13]。しかし今日では、諸規則は刑務所図書館に常備され、被収容者はそれを閲覧する権利をもっている。また、インターネットで閲読することも可能である。さらに、簡便な刑務所ハンドブックが毎年発行されており[14]、行刑局と民間セクターPrison Reform Trust（NGO）との協力により作成され、被収容者に配布されるガイドブックも存在する[15]。日本でも、諸規則に規定されている内容が被収容者の権利や利益に関わることが多く、しかも、高い塀で囲まれ市民が容易に近づくことのできない閉鎖空間で処遇が行われていることを考慮すると、他の行政機関よりもさらに刑務所のアカウンタビリティの必要性は大きいといわねばならない。諸規則が公開され、その妥当性が検証されたのち、それへの適合性についての評価が行われることが必要である。

第三に、プログラム・アカウンタビリティにおいては、特に循環的発想が重要である。政策評価における循環プロセスは、「政策目標に合わせてプログラム・プロジェクトを設計し、そのための資源を分配し、作業の段取りを決めながらアウトプットを生産する（行政サービスの提供、施設設備の建設）。そのアウトプットが成果につながっているかどうか（政策目標の達成に貢献しているかどうか）を確認して、費用の再配分をしながら活動条件を再調整し直す[16]」ものである。

上述のように、日本の刑務所では、まだ、このようなプログラム・アカウンタビリティの発想が浸透していないばかりでなく、そもそも刑務所でそのようなことが可能かどうか、また、妥当かどうかについても論じられていない。現行制度としては、総務省の行う行政評価制度があるが、これも政策目標に基づきその達成度を測るという性質のものではなく、政府内部での行政の効率性に重きを置いたものといえよう[17]。イギリスでは、後述のように、行刑の運営形態が改革され、まさにプログラム・アカウンタビリティが施行されている。

ところで、政策評価を可能にするためには、いくつかの条件が必要だとされる。第一に、政策評価という専門、専門職の確立である。評価の客観性を保つには、行政内部での専門家の育成と外部の専門家とのネットワークの形成が必要である。第二に、多元性である。「政治的多元主義が保障する公正さ、公平な機会の提供という条件が社会に存在し、自由な立場で意見を言え」ることが必要である。第三に、開放性である。「透明性を強調する評価手続、評価結果の公表は、多元性にも貢献し、同時に開放性をも導く[18]」。開放性は、情報の公開だけでなく、さらに評価結果に対する弁解の機会、反論の機会の保障をも含むと考えられるようになっている。そのことによって、よりよい政策形成に向けたフィードバックが可能になるのである。

また、十分な政策評価が行われるためには、以下のようないくつかの仕組みが必要だといわれる。①「政策段階の評価」＋「事業段階の評価」、②「内部評価」＋「外部評価」、③「事前評価」＋「事後評価」、④複数の立場からの政策分析・研究、⑤政策の実情に合致した評価、⑥市民参加型の評価、⑦政策プロセスに組み込まれた評価[19]。

今ここで、これらの仕組みについて刑務所でのあり方を網羅的に論じることはできないが、刑務所のアカウンタビリティを確保するための仕組みとしてイギリスにおいて実行されている運営体制、刑務所査察局、訪問者委員会（独立監視委員会）、刑務所オンブズマン、検死制度について紹介することにする。

二　刑務所運営と政策評価

イギリスでは、一九九三年に行刑の組織改革が行われ、行刑局は、政府とは独立した行政的権限をもつ機関となった。すなわち、政策決定に関しては内務省が責任を負い、決定された政策を実施する責任は、行刑局が担うことになったのである。この改革により、刑務所の管理運営について刑務所長の権限が拡大された。人事に関しては、管理職以外の刑務官の採用は所長に一任された。また、予算に関しては、以前は中央で使途が厳密に決定された予算が各刑務所に配分されていたが、今回の改革によって、刑務所長が予算案を地域管理官に提示・交渉し、行刑局の主要メンバーからなる刑務所委員会に配分された年間予算の中から各刑務所長に配分されることになった。その結果、刑務所長はこれまで以上に、各刑務所の運営について企画立案能力を問われることになった。

今回の改革によって、行刑目的の宣言がなされている。「刑務行政は、裁判所によって送致された者の収容を維持することによって一般社会に奉仕する。その義務は、人間性をもって彼らの世話をし、収容中のみならず釈放後、遵法的で有意義な生活が送れるように援助することである」。さらに、目標と原則が定められている。

「目標：

・裁判所によって送致された者を、安全で、品位のある、健康的な環境に収容することによって一般国民を保護すること。

・犯罪行動に立ち向かうように、教育面および労働面での技能を向上させ、収容中および釈放後の遵法的行動を促進する建設的な便宜を供与することによって犯罪を減少させること」。

「原則：

・行刑に関わりをもつことになった被収容者やその他すべての者に対して、公正に心を開いて、人間的に対応すること。

・犯罪行動に立ち向かうように、また、他人に敬意を払うように被収容者を励ますこと。

・お互いの寄与分担を重んじ、支援をすること。

・すべての者に対して機会の平等性を促進し、いかなる所でも差別に対しては戦うこと。

・刑事司法機関やその他の組織と建設的な活動をすること。

・利用できる資源から最善の価値を手に入れること」[20]。

これらの目標および原則に従って、刑務所委員会は、数値化された遂行目標を設定している。それは、逃走件数、職員・被収容者その他の者に対する暴行件数、収容期間中の薬物使用発覚者数、被収容者が目的的活動に費やした時間数、再犯防止に効果的とされる処遇プログラムを遂行した被収容者数、被収容者一人当たりの経費などである。刑務所長は、これらの遂行目標について、自己の刑務所の実状に合わせて具体的に設定された目標を示すことになる。これが、刑務所の予算案策定と予算要求に反映されるのである。

さらに、重要なことは、各刑務所の管理・運営について、目標、原則、遂行目標に従って評価が行われることになったことである。これは、内部的な評価と言ってよい。しかし、その結果が公表されるところに重要な意義がある。そのことによって、行政機関としての国民へのアカウンタビリティが配慮されている。これは、プログラム・アカウンタビリティといえよう。

三　刑務所の査察制度と透明性の確保

刑事施設の査察制度に関する国際準則には次のようなものがある。国連被拘禁者処遇最低基準規則五五条は、「刑事施設および行刑事務については、権限を有する官庁によって任命された、資格と経験を有する査察官が、定期的な査察を行わなければならない。査察官の主たる任務は、刑事施設が、現行法令を遵守し、かつ、刑罰執行および矯正業務の諸目的の達成を目指して管理運営されるようにすることでなければならない」と規定している。ヨーロッパ刑事施設規則（一九八七）は、これを更に発展させて次のように規定している。「被拘禁者の個人的な権利の保護、特に拘禁措置の合法性は、国内法規の諸規定に準拠して、司法当局又は被拘禁者を訪問する権限を合法的に与えられ、かつ、中央行刑局に所属しない合法的に組織された機関によって確保されなくてはならない（第五）[21]」。翌年一九八八年に国連総会で採択された「被拘禁者保護原則」は、次のように規定している。「第二九条（1）関係法令の厳格な遵守を監督するため、収容施設は、拘禁施設又は受刑のための収容施設の運営に直接責任を有する機関とは区別された権限を有する機関により任命され、その機関に責任を負う、資格と経験を有する者によって訪問されなければならない。（2）被拘禁者又は受刑者は、前項に従って収容施設を訪問する者と、自由に、かつ完全に秘密を保障された状態で対話する権利を有する。但し、施設の安全と規律を保持するための、合理的条件に従う[22]」。

このように、国際的には、刑事施設の査察制度は必要不可欠なものとして認識され、かつ、制度化することが要求されている。その重要性について、アンドリュー・コイルは、『刑務所運営の人権アプローチ——刑務職員ハンドブック』の中で、次のように述べている[23]。まず、基本的な考え方として、すべての刑務所は、人がその意思に反して拘禁される場所であるから、虐待の可能性が常に存在している。それゆえ、刑務所が公平かつ公正に運営されるためには、社会の監視にさらされねばならない。しかし、市民社会の一般人が自分自身で刑務所の塀の中で起こっていることを見ることは容易ではない。刑務所に問題がないことを確認するために査察制度が整備されねばならない。この外部査察は、被収容者および家族にとっても、また、刑務職員にとっても重要である。査察制度は、刑務所における適正手続を保障し、その手続が刑務官により常に遵守されることを保障することによって、被収容者および家族の権利を擁護する。他方、査察制度は、被収容者への不当処遇や刑務官の不適切な行動に関するあらゆる申立を扱う手段となる。申立がなされると、その事実が確認され、当該刑務官が特定される。こうした手続は、不当な申立から刑務官を保護する方法にもなるのである。さらに、査察制度は不祥事についてだけではない。査察制度が、他でも使うことのできる良い実務をモデルとして認定することも重要なことである。査察は、プロフェッショナルなやり方で仕事をしている刑務官に信用を付与するものでもある。

次に、コイルは、査察形態として、いくつかの方法をあげている。市民による参観や刑務所の中での処遇プログラムへの参加といった形態での監察（Civil society involvement as a form of scrutiny）、地域社会の構成員に公式の役割を付与する形態での「独立した部外者による監視」（Independent lay monitoring）、中央の行刑当局による行政内部の監察（Administrative inspections）、議会等によって任命された機関による定期的あるいは臨時の「独立した査察」（Independent inspections）、ヨーロッパ拷問等防止委員会や国内外のＮＧＯによる査察を含む「地域その他の機構（Regional and other inspection mechanisms）による査察」。これらの形態の査察が併存し、相互に補完し合うことが望ましい。

イギリスでは、まさにこれらの査察形態が複合的に機能しているといえよう。

1　刑務所査察局（Prison Inspectorate）

イギリスの刑務所査察官制度は、一八二三年のGoals Actに起源をもつ。イギリスで最初の刑務所査察官が任命されたのは、一八三五年であった。それは、中央政府の制定法上の機関であり、当時既決の刑務所に対して責任を持っていた地方政府に刑務所法令を遵守させることを目的としていた。しかし、査察官はそれ以上の成果を挙げ、刑務所政策を形成していった。彼らの報告書は大部に渡り、詳細で辛辣なものであった。それは、望ましい刑務所制度についての体系的な考え方を発展させた。しかし、一八七八年、すべての刑務所が中央政府の管轄下に置かれたことにより、査察官制度は廃止され、のちに、刑務所の管理運営の一部としての内部的制度によって取って代わられた。管区の上級職員が行刑局の刑務所委員会（Prison Board）のために査察の仕事を行った。その報告書は秘密で、外部の関心を呼ぶこともなかった。

一九八〇年、新しい独立の刑務所査察局（Prisons Inspectorate）が、内務省内ではあるが行刑局の外に設置された。それは、一九七八年の下院予算委員会報告書と一九七九年の連合王国行刑に関する調査委員会（メイ委員会）の勧告によるものであった。予算委員会の報告書は、この査察官制度を、刑務所と地域社会との結びつきを強化する一連の勧告と関連付けていた。メイ委員会も、行刑を含む行政の多くは、できる限り広く国民に開かれているべきであるとしていた。内務省査察局は行刑局の外側にはあるが、完全に独立しているわけではない。しかし、新しい部局は、刑務所から補充された職員を含まないこと、その報告書は公刊されること、事前通告のない訪問をすることができること、行刑局の仕事の一般的な側面について報告することができること、を条件に信頼性を維持できると考えられた。一九八〇年四月、内務大臣は、査察官制度についてのメイ委員会の勧告を受け入れた。

のち、内務省職員は、この新しい査察官制度の存在を、「刑務所を社会の目にさらす」という社会との関わり方を示すものと指摘した。この主張は、主席査察官の報告書をすべて公刊するという決定によって具体化された(24)。

この査察官制度は、一九五二年の監獄法Prison Actの第五条を基礎として、一九八二年刑事司法法第五七条によって改正された規定を根拠に、その任務を遂行している。その目的は、刑事施設に収容されている者の処遇及び収容状況を査察し、大臣、議会その他に情報を提供し、政策立案および運営を進展させるよう影響づけることによって、犯罪の減少に貢献することである。[25]

この刑務所査察局の任務は、以下のようになっている。

「イングランド・ウェールズにおける刑事施設に関して査察を行い、特に以下のことについて、国務大臣に報告をすること。

① 施設の状況(conditions)

② 既決被収容者およびその他の被収容者の処遇および彼らに提供される便宜

③ 大臣が指示したその他の問題」

査察局は、三二人のスタッフを持っており、専門家である査察官と研究者を有している。幾人かの査察官は、刑務所での職務経験がある。その他の者は、保健、教育、建築、農芸などの分野の専門家である。[26]

査察には、総合査察(full inspection)と簡易査察(short inspection)がある。前者は、査察を行うに当たって事前に施設に通知がなされる。平均八人の査察官が、五日ないし六日かけて、一〇〇項目以上について調査を行う。早朝や夜間の訪問もあり、管理職、スタッフ、被収容者、職員組合、訪問者委員会メンバーとの面談も行う。後者は、通常、施設には事前通知を行わない。査察期間も二日ほどである。この査察では、前回の総合査察以後いかなる改善がなされたかが焦点となる。多くのメディアの関心は、総合査察よりも簡易査察でなされるコメントに寄せられる。

この査察官制度が発足した当初は、すべての刑事施設は五年に一度査察を受けることになっていた。しかし、現在、それを実現するに十分な資源を持っていないため、毎年約二〇ヵ所の刑務所について総合査察を行い、加えて、ほぼ同数の、通知なしの簡易査察を行っている。これにより、すべての刑務所は、二、三年ごとに査察を受けている。

調査項目は、例えば、被収容者の処遇方法、被収容者の作業・教育を受ける機会を含む処遇体制の質、施設が行っている被収容者の釈放準備の方法、被収容者および職員の士気、健康維持の質、施設の運営方法及び対費用効果、建物の物理的条件などである。査察官は、被収容者処遇の一般的項目に関心をもつにとどまり、個々の被収容者の申告事項を調査する権限をもっていない。これは、刑務所オンブズマンの管轄である。

主席査察官は、査察によって明らかになった収容状況を記述し、また、改善勧告を付した報告書を内務大臣に送付する。査察終了後五週間以内にこれを行うのが目標である。この報告書の写しは行刑局にも送付される。

内務大臣は、主席査察官によって提出されたすべての報告書の公表に同意している。報告書が完成してから五週間以内に公表するのが目標である。また、主席査察官は、内務大臣から、特定の事項に関する調査および報告を含め、刑事施設に関わるその他の事項について助言を求められることもある。さらに、矯正と保護の連携、女子被収容者の状況、刑務所における自殺など特定のテーマについての検討を行い刑務所問題に関する広汎な議論を起こすことに貢献する。

このように、イギリスの刑務所査察官制度は行政的な内部監察機関ではあるが、その査察結果である報告書に国民が自由にアクセスできる状況になっている点が重要である。まず、内務大臣に対する各施設別報告書が政府刊行物として廉価で公刊され、また、インターネットを通じて容易に入手できる状態になっており、何人にも閲覧の機会が保障されている。報告書の内容は、刑務所の現状をかなり正確に伝えている。また、査察局の年次報告も内務大臣に提出されるとともに、一般に公表されている。(27) この査察官制度は、厳格には第三者機関とはいえないかもしれないが、内容のある報告書の公表により、刑務所の透明性と改革に多大の寄与をしている。各刑務所の職員は、この査察官報告書に自分たちの施設がどのように評価されるのかに大きな関心を持っている。また、改善勧告を受けた事項については、二、三年後の簡易査察でその進展をチェックされるため、事実上、改善のための努力をせざるをえない。勧告に法的強制力はないが、事実上の強制力をもち、刑務所の透明性のみならず、改革にも貢献しているのである。わが国も第三者機関による査察制度を検討する意向のようであるが、内容のある情報の開示を行う制度を作れるかどうかが鍵になるといえよう。

2 訪問者委員会（独立監視委員会）

さらに、イギリスにはこのほかに訪問者委員会（Boards of Visitors）の制度がある。イングランド・ウェールズのすべての刑事施設は、おのおの訪問者委員会を持っている。これは一八九八年に設立された。訪問者委員会委員は、無給のボランティアであり、被収容者が公正に取り扱われることを保障する監視者の役割を持つ。現在、全国で一七四〇人が任命されている。刑務所規則（一九九九）の七四条から八〇条に規定がある。内務大臣は、訪問者委員会から、刑務所の状況、運営、被収容者の処遇について、年次報告を受ける。それに基づき、内務大臣は、申立のあった事項に関して行刑局長から回答を求める。被収容者は、その施設の所長あるいは訪問者委員会のメンバーに対して要望や苦情を申し立てることができる（刑務所規則一一条）。訪問者委員会は、独立しているが、彼らの活動についての評価には、批判的なものもある。「委員会は、相応な執行権限を持っておらず、所長の注意を喚起するため被収容者からの苦情を記録し、請願の助言をする以外には何も実行していない。彼らは、自分自身の見解を強く主張することもほとんどない。例えば、所長の考え方を変えるよう説得をするとか、被収容者の請願に関して自分自身の見解を述べるとかによって。全体的に、彼らの努力が目に見える形で影響をもたらすことはほとんどなく、その結果、委員会は被収容者の目から見て信頼性を失っていった」[28]。

この評価の一五年後も、状況は改善されず、ほとんど同じコメントがなされている。一九九一年のウルフ・レポートで述べられた「公正さの基準の改善」は実現されたであろうか。確かに、暴動の理由ともなった訪問者委員会の懲罰権限は廃棄された。しかし、ウルフ卿の講演「ウルフ・レポートから一〇年後の変化」(二〇〇一年)によると、訪問者委員会は、内務省および行刑局によってまだ過小評価されている、という[29]。そのため、ウルフ卿は、施設ごとに個々ばらばらの訪問者委員会をまとめる全国的な委員会を設置し、その存在を強く印象付けることが必要だとの改善提案を行っている。

そのような問題点が認識されていたところ、二〇〇一年三月に「訪問者委員会の再検討」という報告書(ロイド・レポート)がまとめられた[30]。その勧告に従って、二〇〇三年四月八日、訪問者委員会は独立監視委員会(Independent Monitoring Board)と改称された。その趣旨は、委員の自立性と監視の重要性を明確にすることにあるという。委員によって提出される建設的な批判は、刑務所の基準を維持し改善する有益な支援を提供する、と。その委員をリードし、サポートし、指導するために新たに全国委員会(National Council)が二〇〇三年の後半に設置される予定であり、その会長にはロイド卿がすでに任命されることになっている。

四　不服申立と第三者機関

被収容者に対する説明責任と刑務所の公正さを担保するための第三者機関として参考になるのが、イギリスの刑務所オンブズマンの制度である[31]。一九九〇年の暴動に関する調査報告書であるウルフ・レポートは、「暴動の中心的原因の一つは被収容者の不服が適切に処理されていない、公正さ(Justice)が欠けている」という被収容者側の確信にあったと結論づけ、次のように述べている。「刑務所内では、公正さ（Justice）が実際に遂行されているというだけでなく、遂行されていると外から見えることが必要である。もし、適切な手続がとられなかったり、明確な規則がなかったり、被収容者にその規則が知らされなかったり、あるいは、少なくとも、手続の最終手段として独立の機関に訴えることができなければ、公正さ（Justice）が遂行されているとは見えないであろう」[32]。こうして、不服申立の再審査を行い、懲罰手続における事実認定の最終的審査を行う独立の機関を設置することを提案した。これは、政府によって受け入れられ、一九九四年五月、最初のオンブズマンとして、ピーター・ウッドヘッド卿が内務大臣によって任命されたのち、同年一〇月から不服申立を受けつけることになった[33]。資金は内務省から提供されるが、オンブズマンの独立性を強調するために、内務省や行刑局から離れたところに事務所を置いている。二〇〇一年九月一日の機構改革により、保護観察をも含め、刑務所および保護観察オンブズマンとなった。これは、一人のオンブズマンと五人の補助オンブズマンのほかに、八つの部に三五人のスタッフと二人の秘書をもつ。調査部には二二人が配置されている。刑務所職員、刑務所の機関として活動している者、その他刑務所で働いている者、および、訪問者委員会（現在は独立監視委員会）のメンバーによって行われた決定に関する不服申立を調査する権限をもっている。しかし、刑務所医師の医療的判断、大臣（Ministers）によって行われた個人的な決定、刑務所外で働く者によって行われた行為や決定（有罪又は量刑に関すること、民事あるいは刑事事件、仮釈放委員会、警察、検察、入国管理局による決定や勧告）について調査することはできない。オンブズマンに不服申立を行う前に、被収容者は、行刑内部の不服申立制度を利用しておかねばならない。その手続によって救済が得られなかった場合に、行刑管区の回答があってから原則として一ヵ月以内にオンブズマンに対して不服申立が行われなければならない。不服申立に対する回答は、受理後八週間以内（複雑な事例では一二週間以内）に行うものとされている。これが不可能な場合には、中間報告が行われることになっている。最終報告が出される前に、オンブズマンは、事実関係の確認のために原案を両当事者に提示する。オンブズマンが被収容者の不服申立を支持する場合は、行刑局あるいは内務省に勧告が行われる。行刑局は六週間以内に勧告に対する回答をしなければならないが、それを拒絶する権限ももっている。その場合、受刑者は、オンブズマンの勧告を拒絶した決定の司法審査の見込みについて法的助言を求めることもある。[34] このように、勧告は拘束力をもつものではないが、現実には、その大部分が受容されている。

さらに、重要なことは、オンブズマンの年次報告が議会に提出され、同時に、公表されていることである。この年報には、不服申立の主要事項の概要、オンブズマンの決定事例、行刑局に対して為された勧告例および行刑局の回答例などが記述される。オンブズマンは、被収容者を確認できない形で個人的報告書を公刊する裁量を持っている。[35]

このように、オンブズマンは、被収容者に対するアカウンタビリティのみならず社会や専門家に対するアカウンタビリティも果たすことで、刑務所の透明性にも寄与しているのである。

五　検死制度

イギリスでは、刑務所で被収容者が死亡した場合、自然死によると思われる場合であっても、すべて検死官への通報が義務付けられ、検死陪審法廷（Coroner's court）で審問されることになっている。これは、法的責任を問うものではなく事実の発見を目的とする。検死官が「裁判官役となり、公開の法廷で刑務所側、遺族側双方がそれぞれの主張を繰り広げ、一般市民から選ばれた八〜一二人の陪審員がこれに評決を下す」のである。[36] この制度によって、刑務所内の被収容者の死をオープンにする仕組みができあがっている。

また、インクエストというＮＧＯも、被収容者の死亡原因の究明に大きな役割を果たしている。これは、刑務所や警察署で死亡した被収容者の遺族によって一九八一年に設立された。それ以来、「警察や刑務所に関連した死亡事件の発生を根絶し、検死手続の改善に取り組むこと」を目的に活動している。それと関連して、個別の遺族の相談や関連情報の提供、弁護士の紹介なども行っている。

むすび

現在、名古屋刑務所事件を契機として、今後の日本の刑務所改革の方向性と展望を示す重要なターニングポイントを迎えている。本稿は、刑務所のアカウンタビリティという観点から、イギリスの制度のいくつかを紹介した。イギリスでは、一九九〇年の刑務所暴動を契機に、人間的で、合理的な刑務所改革を推し進めてきた。そこから日本が学ぶべき重要な点の一つは、刑務所の透明性を確保し、公正な運営を実現することである。そのためには、まず、刑務所においても目的・目標に従った自己改革のサイクルを実現し、それに関する情報を国民に公開し、説明責任を果たすことである。そして、刑務所制度の民主化のために外部査察制度を設け、市民参加を促進することである。

そのような方向での議論が日本でも始まりつつある。刑事立法研究会は、『二一世紀の刑事施設――グローバル・スタンダードと市民参加』（日本評論社、二〇〇三）を公刊し、コミュニティ・プリズン構想を基調に刑事施設のアカウンタビリティと市民参加による刑務所改革を提言している。日弁連は、「『市民参加による社会に開かれた刑務所』への改革を求める日弁連の提言」（二〇〇三年六月二一日）をまとめた。そこでは、「市民参加と情報公開」を改革の理念として掲げ、イギリスの訪問者委員会（独立監視委員会）に相応する刑事施設視察委員会と刑務所オンブズマンと査察官制度を参考にした「刑事施設審査会」の新設を提言している。さらに、衆議院法務委員会は、

「矯正施設運営に関する決議」（二〇〇三年七月一八日）の第三項で、「受刑者に対する人権救済については、国際人権委員会の勧告を十分に尊重したうえで、受刑者の基本的権利の法制化、公正で開かれた所内規則の制定、懲罰制度のあり方、信書の検閲のあり方、不服申立システムの確立、独立した第三者機関の専門家からなる刑務所監察制度の実現などを検討し、刑務所の最終目的が受刑者の有効な社会復帰にあることを念頭に、所要の措置を執るよう務めるべきである」としている。法務省は、有識者からなる「行刑改革会議」を設置し、ここでは抜本的な行刑改革のための提言づくりが開始されている。

一九〇九年に作られた日本の監獄法は、まもなく施行一〇〇年を迎えようとしている。今日の世界における人権の尊重と刑事政策思潮の発展を考慮すれば、これは慶賀すべきことだとはいえない。名古屋刑務所事件に象徴される刑事施設における人権侵害は誠に残念なことであるが、日本の行刑制度を抜本的に改革する機会として積極的に生かすことを期待したい。そこでの改革理念は、目的目標に基く自己改革サイクルの確立、アカウンタビリティと市民参加である。

注

（1）厳しい管理運営で知られていた名古屋刑務所において、被収容者の不服申立と保護房および革手錠使用に関連して、続けて三件の被収容者死傷事件が発生していたにもかかわらず、当局はその情報を公表せず隠蔽していたことが発覚した。発覚順と発生順は逆であるが、発生順に述べると、二〇〇一年一二月一五日、副看守長が、保護房収容中の被収容者に対して、消防用ホースによる高圧放水で肛門や直腸に裂傷を負わせ、細菌性ショック死させたとして、二〇〇三年三月四日、特別公務員暴行陵虐致死罪で起訴された。また、同二〇日、それを幇助したとしてさらに二名の刑務官も起訴された（第一事件）。二〇〇二年五月二七日、保護房において被収容者に対し懲らしめ目的で、その腹部に革手錠のベルトを強く巻きつけ、腹部を強度に圧迫するなどの暴行を加え、そのまま同保護房内に放置し、外傷性腸間膜損傷、肺梗塞等の傷害により死亡させたとして、二〇〇二年一二月一七日、三名の刑務官が起訴された（第二事件）。二〇〇二年九月二五日、同刑務所保護房において、懲らしめ目的で、被収容者に革手錠のベルトを巻きつけて強く締め付け、腹部を強度に圧迫するなどの暴行を加え、加療約七〇日を要する外傷性腸間膜損傷等の傷害を負わせたとして、同年一一月二七日、五名（うち二名は第二事件でも起訴された）の刑務官が特別公務員暴行陵虐致傷罪で起訴された（第三事件）。

その後、第一事件については、被告人が起訴事実を否認し、また、国会における法務委員会でも事実関係について様々な疑義が出されている。名古屋刑務所事件については、石塚伸一「刑務所の中の健康診断――名古屋刑務所・職員暴行事件の教訓」法律時報七五巻三号（二〇〇三）、本庄武「名古屋刑務所暴行事件――刑務所、受刑者、公務員犯罪」法学セミナー五八二号（二〇〇三）、「特集　名古屋刑務所事件と受刑者の人権」法学セミナー五八三号（二〇〇三）参照。

（2）　確かに、組織による事実隠蔽工作は刑務所に限ったことではない。しかし、そこが刑罰の執行機関として強制的に身柄を収容する施設であり、高い塀によって社会から隔絶された閉鎖空間であることを考慮すると、国民への情報公開やアカウンタビリティが一層厳しく要求されているといわねばならない。元刑務所長でもある柳本教授は、「合法的根拠をもち詳細な規則のもとに行われるものとしても、市民の自由を剝奪し身柄を拘束し就業させながら刑罰の執行にあたるこの業務は、現在われわれがもつ制度のなかで最も過酷な個人の自由侵害行為なのである。それ故、その内容が法にもとづき適切に執行されていることを保証するために、閉鎖性を弱め透明性をたかめることが、他の分野よりも一段と強く求められていると言えるようだ」といわれる（柳本正春「刑罰執行の閉鎖性と透明性」亜細亜法学三一巻一号（一九九六）一三三頁）。

名古屋刑務所における事件の経過を新聞報道から見ると、（1）第一事件では、①当時の報告書には消防用ホースが使用された記録はなく、受刑者が自ら直腸を傷つけたことによる腹膜炎が原因とされていた（読売新聞中部版二〇〇二年一一月一日、二〇〇三年二月一三日、信濃毎日新聞二〇〇三年二月一六日社説）。②法務省へも、死亡直後に「急性心不全」と報告し、その一ヵ月後には自傷行為が原因とする死亡報告書を提出していた（朝日新聞二〇〇三年二月一三日）。③刑務所側がデジタルカメラで撮影した遺体の画像を印刷しないまま消去し、身分帳に添付しなかった（京都新聞二〇〇三年二月一七日）。④刑務所側は、病死でありプライバシーを配慮して公表しない、としていた。（2）第二事件では、①保護房の監視カメラの録画テープが上書き録画され、制圧行為の模様が消去されていた（毎日新聞二〇〇二年一一月一三日）。②刑務所側は、遺族に対し、正確な病名や制圧行為の詳細を説明せず、「急性心不全」と伝えるにとどめていた。これは、病名や死因の通報を義務付けた監獄法施行規則に抵触する疑いもあると指摘されている（読売新聞中部版二〇〇二年一一月三〇日）。③被収容者の司法解剖に立ち会った検察官が「事件性」を疑ったのに、刑務所側が暴行事実を隠蔽するため、報告書に虚偽の記載をしていた疑いがあることが法務省の内部資料で分かった（共同通信二〇〇三年三月七日）。④副看守長が部下の刑務官に指示し、被収容者が暴れていたことを強調する内容に監視記録（動静視察表）を書き換えさせていたことがわかった（読売新聞中部版二〇〇三年三月一一日)。(3)第三事件でも、①刑務所幹部が、名古屋地検特捜部の事情聴取などに「正当な職務行為だった」と供述するよう、刑務官らに口裏あわせを指示した疑いも指摘されている(読売新聞中部版二〇〇二年一一月一二日、熊本日日新聞平成一五年二月一七日社説)。②所長が、実際には被収容者に抵抗する様子がなかったのに、「暴行するおそれがあったため、やむを得ず、保護房に収容した」との虚偽報告を矯正局に対して行っていたことが判明した(読売新聞中部版二〇〇二年一一月二八日)。

以上の報道によれば、これら名古屋刑務所の一連の事件について、立ち会っていた複数の刑務官、所長以下の幹部職員も事実を知っていたにもかかわらず、法務省矯正局に虚偽の報告をし、組織的な事実隠蔽工作をしていたことになる。

また、法務省矯正局は、第一事件について、名古屋刑務所から異なる死亡原因について報告がなされたのちも、何ら調査することなく放置した。そのことによって、第二事件および第三事件を防止できなかった。また、これらの事件が発覚した後も、「自傷事案であり問題ない」との国会答弁を行っていたのであるから、法務省本省の監督責任も重い(日弁連「名古屋刑務所における暴行陵虐事件の新展開に関する会長声明」二〇〇三年二月二〇日)。

法務省は、事件に強制捜査が入った一一月九日ころ、官房審議官(矯正局担当)をキャップに局付検事を含めた五、六名のスタッフで「特別調査チーム」を編成し、革手錠の使用状況や事件の原因・背景事情等について調査を始めた(大臣閣議後記者会見の概要平成一四年一一月一五日)。しかし、二〇〇二年の暮れに内部告発があり、事件の存在を知っていたにもかかわらず、これを明らかにしていなかったことが発覚した(毎日新聞二〇〇三年二月一三日 Mainichi Interactive)。二〇〇三年二月一四日、法務大臣は、事実調査と原因究明に全省的な取組みが必要だとして、事務次官をトップとする「行刑運営に関する調査検討委員会」を設置した(毎日新聞二〇〇三年二月一四日 Mainichi Interactive)。

さらに、衆議院法務委員会が過去一〇年にわたる全国の刑務所の被収容者死亡事例について資料請求をした際、法務省は、被収容者の死因などを記載した死亡帳(各施設に一〇年間保存)の存在を一時国会に隠し、野党議員からその存在を指摘されてからこれを提出した。矯正局長は自らの判断で隠していたことを認め、謝罪した(共同通信二〇〇三年三月一八日、毎日新聞二〇〇三年三月一八日 Mainichi Interactive)。府中刑務所では、一九九八年保護房収容後に死亡した被収容者の身分帳の一部である、保護房収容状況を記載した「視察表」と呼ばれる文書が紛失していることが判明し、公文書隠蔽疑惑が浮上した(毎日新聞二〇〇三年三月二〇日 Mainichi Interactive)。

このような隠蔽工作の多くは、いずれは露見するものである。その場合の社会的批判は一層厳しくなり、行政に対する社会的信頼は失墜する。行政に対する内部監査制度は信頼性を失う。柳本教授は言われる。「刑務所の巡閲、業務監査などで、人権侵害、職員による暴行事件などについて、調査をなおざりにすることを、『腐敗』と認識しないとすれば、そしてそのことについて内部資料などを『隠蔽工作』として法廷などに提出しないとすれば、外部監査制度の必要性をみずから呼び寄せていることになろう」（柳本、前掲、一三三頁）。「二万の職員と五万の被収容者をかかえた行刑業務は、常態として、職員の怠慢・腐敗、違法行為、裁量権の濫用などを生む可能性を内蔵している組織である。このような事が発生しないように努力することは当然であるが、そのような事は皆無だというイメージを作ろうとすると、『隠蔽工作』が必要になる。業務の透明性を高めるということは、良くも悪くも、業務の実態をあるがままに市民に提供することである。……民主主義社会における行政機関は、法にもとづいて行政をおこなうことで、すべての責任（Responsibility）をまっとうするものではない。よく言われているように、あらゆる行政機関は、その権限の根源的発祥体である国民にその業務の実態を説明する責任（Accountability）があるのである」（柳本、前掲、一三六頁）。元刑務所長の言として、重く受け止めるべきであろう。報道によれば、法務省は、「刑務所内の暴行などに矯正局内の内部観察で対応してきた。しかし、こうした身内のチェックの甘さが名古屋刑務所で起きた事件の温床になったと判断し、定期的に査察に入る第三者機関の設置を認めることにした。デンマークやアメリカ各州の『オンブズマン』や、英国の『訪問者委員会』のように、欧米では、外部機関が刑務所の査察をする。これらをモデルに、改革会議で日本式の第三者機関のあり方を議論する」（毎日新聞二〇〇三年三月二九日 Mainichi Interactive）と報じられている。いかなる第三者機関を設置するのか、その中身が問われている。

・その後、「行刑運営に関する調査検討委員会」は、二〇〇三年三月三一日に「行刑運営の実情に関する中間報告（名古屋刑務所事件の原因と行刑運営の問題点について」をまとめた。これは、web 上にも掲載され、誰もがアプローチできることになった。そのこと自体は、これまでの慣行にない画期的なことである。しかし、この中間報告で様々な疑惑が解明されたかといえばそうとはいえない。衆参両議院の法務委員会でも、名古屋刑務所事件は継続的に審議されてきたが、二〇〇三年七月一八日衆議院法務委員会は、「矯正施設運営に関する決議」をあげ、その中で、「いわゆる名古屋刑務所三事案を中心とする『行刑運営の実情に関する中間報告』は、当委員会の審議に照らしても、事実の存否を含め、不正確且つ不十分であるものといわざるを得ない」として、「行刑運営のあり方全体を徹底的に見直し、特に矯正行政の責任や検察のあり方についても検討し、再調査の上、速やかに当委員会に報告すべきである」と述べている。

（3） Custody, Care and Justice : The Way Ahead for the Prison Service in England and Wales. London : HMSO, Cm 1647. その内容の紹介については、刑事立法研究会「イギリスの行刑白書」警察研究六三巻一一号～六四巻五号参照。

（4） 本稿に関連して、拙稿「日本における刑務所改革の現状と課題」刑事立法研究会編『二十一世紀の刑事施設』（日本評論社、二〇〇三）を参照されたい。なお制度紹介については一部重複する個所があることをお断わりしたい。

（5） 柳本正春「刑罰執行の閉鎖性と透明性――民主主義社会における行政の有り方」亜細亜法学三一巻一号（一九九六）一三

六頁。
(6) 山谷清志『政策評価の理論とその展開――政府のアカウンタビリティ』(晃洋書房、一九九七年)二九頁。
(7) 柳本、前掲、および、本庄武「刑事施設のアカウンタビリティと第三者機関の役割」刑事立法研究会編『二一世紀の刑事施設――グローバル・スタンダードと市民参加』(日本評論社、二〇〇三年)二三六頁以下参照。本庄講師は、刑事施設のアカウンタビリティを、「刑事施設は、人権の擁護と処遇の適正化という二つの点において、被収容者自身、外部専門家、市民の三者にアカウンタビリティを果たしていかなければならない」(二四〇頁)とする。
(8) 本庄、前掲、二三七頁。
(9) 山谷、前掲、七〇頁。
(10) M. Maguire, J. Vagg & R. Morgan(ed.), Accountability and prisons : Opening up a Closed World. 1985. p. 2. また、イギリス、フランス、ドイツ、オランダにおける刑務所のアカウンタビリティに関する比較研究として、J. Vagg, Prison Systems : A Comparative Study of Accountability in England, France, Germany, and The Netherlands, 1994, Clarendon Press, London.
(11) 山谷、前掲、七五頁。
(12) M. Maguire, J. Vagg & R. Morgan, ibid. p. 3.
(13) Maguire, Vagg & Morgan, supra. ibid. p. 7.
(14) M. Leech & D. Cheney, The Prisons Handbook 2001. Waterside Press.
(15) Prison Reform Trust & HM Prison Service, Prisoners' Information Book : Male Prisoners and Young Offenders ; Prisoners' Information Book : Visiting and Keeping in Touch.
(16) 山谷、前掲、九三頁。しかし、実際には、組織目標の達成度を測るのは難しいといわれる。「目標が曖昧であったり、政策立案・決定時の政治的妥協の結果として複数の目標が入れられていることもあり、また裏に本当の目標があることも珍しくない。あるいはこれまで目標達成度を直接に測る方法が開発されていなかったという理由もある。しかし一番大きな理由は、目標達成度が測られると、組織の存亡の危機が来るという事実である」(同、二九頁)。そこで、「組織は、目標達成度の評価、測定をしたがらないばかりでなく、多くは合法性、合規性、能率で『お茶を濁す』」(同、二九頁)といわれている。
(17) 一九九一年に旧総務庁が行った矯正施設に関する調査については、内山安夫・新屋達之「改善迫られる矯正施設(上)(下)」法学セミナー四七六号(一九九四)一〇頁以下、四七七号(一九九四)二一頁以下参照。
(18) 山谷、前掲、三三頁。

(19) 三和総合研究所「『行政のアカウンタビリティ』待望論の盲点~前提としての『政策評価』の重要性」(一九九八)八頁。
http://www.ufji.co.jp/publication/report/mondai/1997/mondai199801.pdf

(20) HM Prison Service, Annual Report & Accounts April 1999 to March 2000, p. 9.
イギリスの行刑組織の改革については、アイフォー・H・スモウト(藤野京子訳)「イギリスの刑務所の現状について」犯罪と非行一一三号(一九九七)五五頁以下、竹中樹「海外の矯正事情(第二回)イギリス」刑政一〇八巻二号(一九九七)九二頁以下参照。

(21) ヨーロッパ刑事施設規則の邦訳は、宮崎繁樹・五十嵐二葉・福田雅章編著『国際人権基準による刑事手続ハンドブック』(一九九一、青峰社)五三三頁以下、第二東京弁護士会監獄法対策調査委員会『ヨーロッパの被拘禁者処遇――ヨーロッパ刑事施設規則と関連決議』(一九八九)参照。

(22) これについても、宮崎・五十嵐・福田、前掲、五五六頁以下参照。

(23) Coyle, A., A Human Rights Approach to Prison Management: Handbook for prison staff. 2002, p. 111.

(24) 以上概略につき、Morgan, R., Her Majesty's Inspectorate of Prisons, in: supra. note(10). p. 106–108.

(25) M. Leech & D. Cheney, The Prison Handbook 2001, p. 539. 主席査察官として、一九九五年一二月に任命されて以来、刑務所改革に意欲的に取り組んできたラムズボタム(Ramsbotham)卿に代わり、二〇〇一年八月一日、アン・オワーズ(Ann Owers)が任命され、現在に至っている。「海外トピックス 刑務所改革に意欲を燃やすラムズボタム主席行刑施設巡視官」刑政一一〇巻一二号(一九九九)六三頁参照。

(26) http://www.homeoffice.gov.uk/justice/prisons/inspprisons/index.html.

(27) 「このような公刊制度によって、一般市民は全国刑務所の現状および問題点などを、個別にかなり詳細に知りうる立場にある。すなわちイギリス市民は、その気になれば誰でも、大臣、次官および矯正局長なみに刑務所の一般的情勢を即座に入手できるのである。情報の公開としてはかなりのものである」(柳本、前掲、一二六頁)。

(28) Maguire and Vagg, The watchdog role of Boards of Visitors, Home Office, 1984.

(29) 二〇〇〇年六月に、訪問者委員会委員を務めるジーバンジー(Jeevanjee)氏を御自宅に訪問し、意見を伺ったときにも、同様の答えが返ってきた。「我々の提出した報告書は果たして目を通されているのかどうか疑問である。ただ机の上に積んでおくだけではないのか。委員の中には、報告書も提出しない者もいるし、おざなりな報告書しか出さない者もいるからだろう。しかし、自分は、刑事施設における人種差別の問題にとりくんでいる」と。

(30) Review of the Boards of Visitors: A Report of the Working Group chaired by The RT Hon Sir Peter Lloyd Mp.

March 2001.(ISBN：1-84082-637-1)

(31) 正確には、Prisons and Probation Ombudsmanという。http://www.ppo.gov.uk/参照。柳本正春、前掲、一二八頁以下。海渡雄一「イギリスにおける刑務所の調査・勧告・救済制度」東京三弁護士会合同代用監獄調査委員会『イギリス刑事司法・監獄調査報告書——刑事司法改革と監獄制度改革をめぐって』（一九九五）六一頁参照。

(32) Prisons Disturbances April 1990. Report of an Inquiry by the RT Hon Lord Justice Woolf and His Honour Judge Stephen Tumin. 1991. 2. Cm 1456. HMSO：London, para 14. 297.

(33) 現在のオンブズマンは、スティーブン・ショウ（Stephen Shaw）であり、彼はNGOであるPrison Reform Trustの元事務局長である。

(34) Leech, M. & Cheney, D., The Prisons Handbook 2001, p. 457.

(35) 受刑者のオンブズマンへのアクセスに関する手続については、The Prisons Ombudsman, Prison Service Order No. 2520, 28/10/1999.

(36) これについては、福島至「イングランド・ウェールズ検死陪審法廷～被拘禁者の死亡原因の究明」季刊刑事弁護三五号（二〇〇一年）一一八頁以下参照。また、「受刑者の死　透明性課題」朝日新聞二〇〇三年三月一三日朝刊、「開かれた英国検視法廷（上）（中）（下）」朝日新聞二〇〇三年六月五日、六日、七日。

　イギリスでは、二一四年間に少なくとも二一四名を殺害したとされるGP（一般医）Shipmanの事件を契機にして、「時代遅れになった」現行制度を改革するため、ワーキンググループが設けられ検討が進められてきたが、このほどその報告書が二つ公刊された。これは、従来の検視制度がShipmanによる患者殺害を防止できず、また、殺害後の犯罪摘発すらできなかったという反省に立って再検討を行ったものであり、刑務所の検視制度改革を直接目的としたものではないが、検視制度の抜本的改革を提案している。一つは、Shipman事件調査報告書の第三報告書が検視制度の検討に当てられている。The Shipman Inquiry：The Third Report by the Chairman, Dame Janet Smith, June 2003.(http://www.the-Shipman-inquiry.org.uk/tr-page.asp)。もう一つは、同時期に公刊されたCoronors Reviewである。Death Certification and Investigation in England, Wales and Northern Ireland：The Report of a Fundamental Review 2003 chaired by Tom Luce. Cm 5831. その概要については、別稿に譲りたい。なお、わが国の検視制度の問題点については、石塚伸一『刑事政策のパラダイム転換』（現代人文社、一九九六年）一四九頁以下参照。

過失犯の共同正犯

甲斐克則

一　序

一　井上正治博士の多数の研究のうち、代表的なものは、過失犯の研究であった。[1] 博士の一連の研究により、日本の過失犯をめぐる諸問題は本格的研究領域となり、その成果は、門下生[2]のみならず、その枠を超えて[3]理論的にも実践的にも大きな影響を及ぼした。私もまた、井上祐司教授を介して間接的ながら博士の影響を多分に受け、過失犯の研究を継受している。[4]

二　ところで、過失犯の問題領域は多様であるが、過失犯の共同正犯も、その成否を中心になお議論が続いている領域である。井上博士は、一九五八年一二月の中央大学での講演を翌一九五九年に『刑法の論点〔上巻〕』として公刊された。本書は、難解とされる博士の刑法理論を理解するのにきわめて有益な書物であるが、私は、そのモチーフが、「過失というささやかな窓から、刑法の全体を眺める」[5]というところに置かれている点に関心を持っていた。しかも、その出発が「過失犯の共同正犯について」[6]であることは、改めて博士の問題関心の在り処を知るうえで、きわめて興味深いものがある。確かに、過失犯の共同正犯は、過失犯の本質をめぐる議論と共犯の本質をめぐる議論が交錯する問題領域であるがゆえに、ある意味で刑法理論が凝集される領域でもある。しかし、井上博士は、新過失論に立たれながらも、次の二つの理由から過失犯の共同正犯を否定された。すなわち、「第一に、共同正犯に必要な共同加功の意思は、たんに行為を共同にしようとする意思ではなく、犯罪としての行為たることを知っていながらそれを共同にしようとする意思だと解すべきである。過失犯の共同正犯にはそういう意思はない。第二に、過失犯においても、むろん行為の定型性を考うべきではあるが、やはり故意犯の場合と比較すれば、その定型性は緩やかである。それ故、結果の惹起に相当因果関係を認めうる行為は、すべて正犯とすれば足りる。わざわざ、共同正犯の修正された構成要件を考える必要はない」(7)、と。

はたして、このような犯罪共同説や拡張的正犯概念の論拠で過失犯の共同正犯を否定するのが妥当か。逆に肯定するとして、いかなる論拠で、いかなる要件の下でそれが可能か。これを検討したいというのが、博士の本追悼論集で迷うことなくこのテーマを選んだひとつの理由である。加えて、近年議論が盛んな管理・監督過失の問題あるいは伝統的な過失の競合の問題も、このような観点から再検討する必要性を痛感している、という理由もある。

三　私自身は、過失犯論では基本的に伝統的過失犯論に立脚しており、共犯論では処罰根拠論において因果的共犯論(修正惹起説)、共同性においては行為共同説、正犯性については限縮的正犯概念に立脚している。また、「認識ある過失」と「認識なき過失」の区別に重要な意義を見いだしている(8)。過失犯の共同正犯の問題も、この区別を意識し、「認識ある過失」については、これを肯定できるのではあるまいか。本稿では、このような立場から、まず、過失犯の共同正犯の成立の理論的根拠を検討して新たな枠組みを呈示し、つぎに、これまでの判例の分析を行いつつ自説の論証を試みることにする。

二　過失犯の共同正犯をめぐる議論の分析と理論的検討

一　過失犯の共同正犯をめぐる議論は、かつて、行為共同説か犯罪共同説か、という共犯論固有の議論として展開された。すなわち、主観主義に立脚した行為共同説によれば、共同正犯成立のためには前構成要件的行為を共同にする行為と意思があれば足りるので、当然に過失犯の共同正犯が成立するとされた[9]。他方、犯罪共同説は、共同正犯成立のためには特定の犯罪の共同実行とそのための綿密な意思の連絡を必要とするとの前提に立ち、故意犯の共同正犯と過失犯の共同正犯の構造的差異からして、「第一に、意識的行為の共同が不必要かつ無意味である以上、たまたま、意識的行為の共同をともなうような事案だけについて第六〇条の適用をみとめることになると、意識的行為の共同をともなわない共同過失の事案とのあいだにあきらかに不均衡を生じる。第二に、より根本的に、義務違反の人格態度が意識下の領域における人格主体による統制の問題であるだけに、共同義務違反の人格態度の共同ということがはたしてありうるのか、また、あるとしても、どのようなばあいにおいてであるのかは、さしあたり不明である[10]」として過失犯の共同正犯を否定した。井上正治博士の前記立場も、ここに位置づけることができる。また、共同意思主体説の論者も、同様に否定的であった[11]。しかし、このような論争の図式は、その後の議論が明らかにしたように、必ずしも論理必然的なものではなかった。

二　何よりインパクトがあったのは、内田文昭教授の本格的研究に裏付けられた肯定説の出現であった[12]。それ以来、犯罪共同説からも過失犯の共同正犯を認める見解が増え、全体として肯定説が多数説となりつつある。その論理を検討してみよう。

内田教授は、目的的行為論、したがって新過失論の影響を受けつつ、過失行為も意識的・目的的行為であると捉え、肯定説を展開された。内田教授によれば、「過失共同正犯の成立を認めるためには、当該過失犯の構成要件を共同で実行した行為者の存在が確定されなければならない」が、「それが可能であるためには、第一に、不注意な意識的・目的的行為の共同が可能とされる必要があ」り[13]、「第二に、不注意な目的的行為の共同が、当該構成要件の実現行為たりうるものとして具体化されえなければならない」[14]。私は、内田教授が「過失共同正犯を認めることは、特異な議論ではない。意思責任の見地を貫き、過失行為そのものに意識的なもの、意思的なものを求めようとする態度の帰結の一つにほかならない」[15]、とされ、かつ共犯論において限縮的正犯概念を堅持されるのには、意思責任を支持する立場から賛同する。しかし、この論理は、目的的行為論およびそれに依拠した新過失論と相容れないように思われる。なぜなら、目的的行為論は、過失犯について拡張的正犯概念と結び付くものであり[16]、また、新過失論の骨格は、過失の本質を客観的注意義務違反として捉え、違法性段階でもっぱら過失犯の処理を図るものだからである。

これに対して、藤木英雄博士は、危惧感説の立場から肯定説を展開された。すなわち、「危険の予想される状態において、相互利用、補充という関係に立ちつつ結果回避のための共通の注意義務を負う者の共同作業の落度が認められるときが、過失犯における共同実行である」が、それはかぎられた範囲であって、「単に抽象的一般的な危険作業の共同から生ずる共通の危険防止義務ということではなく、具体的に特定された結果回避措置を相互補充、利用関係に立って充足してゆくことを要するのであるから、具体的にいえば、危険な作業を共同に行なっている者が、たがいに、単に自己の直接担当する作業動作から結果を発生しないよう結果防止のために具体的な措置をとるばかりでなく、同時に、共同作業中の同僚の作業動作から生ずる結果の発生を防止するために、必要な助言、監視の協力をすべき義務を負うというように、事故防止具体的対策を行なうについての相互利用、補充関係において一体となっている、という場合にその一体的活動が落度ありと判断されるかぎりにおいて、過失犯の共同正犯を認めうる、ということである。つまり、かような実体があってはじめて、具体的な被害事実の原因が、一体となって協力し作業をしているAB両名のいずれの動作により生じたかを判別できなくとも、両者の共同の注意義務違反行為の所産として両者がそれぞれその結果を生ぜしめたのとおなじく処罰することができる、というものである(17)」、と。藤木博士にあっては、「過失行為の主要な要素をなすものは、一方においては、犯罪とされる有害な結果の発生以外の事実の実現に向けられた意識的行為であり、他方においては、その行為をなすにあたり、予想される有害な結果を回避するために負担するのが相当と認められる具体的な回避措置が怠られたこと、すなわち基準的態度からの逸脱という不作為的要素である(18)」が、あくまで後者、すなわち「落度のある行為を共同にする」という要素にウエイトが置かれている点に注目する必要がある。しかし、「何らかの危惧感のともなう状態」での「共同行為としての基準からの逸脱」を中心に据えることは、必要以上の注意義務を課する方向に向かうおそれがある。

三　さらに、大塚仁博士は、犯罪共同説の立場から新過失論に立脚しつつ、ドイツの学説（ロクシン）に倣って、「共同者による共同注意義務の共同の違反」という要素を強調して議論を展開された。すなわち、「二人以上の者がある過失犯の犯罪的結果を発生させやすい危険性のある行為を共同して行なうにあたり、各人に法律上その犯罪的結果を回避すべき共同注意義務が課せられている場合に、それに違反して犯罪的結果を発生させたときは、共同行為者の構成要件的過失および違法過失を認めることができ、さらに、共同者の各人に責任過失がある場合には、過失犯の共同正犯が成立する(19)」、と。とりわけ構成要件該当性について、「過失犯の構成要件における中核的要素は、いうまでもなく二人以上の行為者が共同注意義務に共同して違反したことである。共同注意義務とは、共同者の各人が自己の行為から犯罪的結果を発生させないように注意するだけでなく、他の共同者にも注意を促して犯罪的結果を発生させないようにすべき注意義務に外ならない。そして、刑法上、共同注意義務が認められるのは、共同行為者の全員が法的に対等、平等の地位に立ち、各人に課せられる個別的注意義務を考えるならば、それらが共通したものである場合でなければならない」、と説かれる。この見解は、犯罪共同説から過失犯の共同正犯を肯定する立場を代表するものといえる。それだけに、入念な検討を要する。

山中敬一教授は、行為共同説の立場から、この「共通の注意義務」という考えに対していち早く疑問を提起された。第一に、「共同危険行為が監督義務を根拠づける理由にはならない」し、「過失共同正犯とは、自己の行為に関する過失と共同行為者に対する監督過失との結合体では決してない」。第二に、注意義務違反の共同性を共同実行の要素とする点について、「共通の注意義務」を「一個の共通の注意義務」と理解することはできず、「新過失論にいう客観的注意義務も各行為者それぞれにつき定立されるものであって、共同行為者には一個の共通の注意義務のみが存在するわけではない」。第三に、「それぞれの注意義務」の内容が同じということはありうるが、それでは一体性を強調する機能を喪失するし、また共同危険行為は存在しうるが、「そもそも共同危険行為の存在だけでは、犯罪共同説にとっては『一つの犯罪』であることを強調することにはならない」。第四に、意思の連絡について、その意思の内容は共同危険行為の認識、すなわち共同行為者の客観的注意義務違反たる行為の認識とされているが、客観的過失と（責任段階での）主観的過失を認めるとすれば、矛盾が生じる。すなわち、「いまもし共同行為者AもBも、過失致死罪の要件は充足したが、Bには主観的過失は否定され、たんに過失傷害罪しか認められなかったとしよう。本説によれば、過失致死罪の共同正犯が認められるのであろうか。それとも、過失傷害罪のそれであろうか。もちろん、意思の連絡の対象は、客観的注意義務違反行為なのであるから、それを基準として判断されなければならないであろう。とすると、過失致死の共同正犯が成立し、Bの主観的過失は考慮されないのであろうか。それとも、過失致死に関する主観的過失という『身分』に欠けるBには、六五条二項によって、『通常の刑』が科せられるのであろうか[21]」。以上の山中教授の批判は、正鵠を射ている。もっとも、大塚博士もこれに対して、「共同者が相互に注意し合うべき義務は監督義務ではな」く、「法的に対等、平等の地位に立つ共同行為者の協力義務であ」り、また、「責任過失の欠ける者には、過失犯の共同正犯は成立しない[22]」、と再反論を加えられる。

また、長井長信教授は、大塚説を形式的だと批判される。「例えば、崖っぷちの非常に狭い道路の急カーブをバスの運転手が車掌の合図で旋回する場合とか、乗用車の運転手の身体やハンドル等に同乗者が触れたり、あるいは運転手の不注意あるいは無謀な運転を助長する言動に出た場合……、さらには執刀医に手術器具を手渡す補助看護婦が、執刀医が器具（鉗子やタンポン等）を患者の体内に置き忘れたまま縫合手術したのを漫然と見すごし、かつ回収器具の数を正確に点検するのを怠ったような場合などには、法的地位が異なるとはいえ、具体的注意義務が『共通』することがありうるのではなかろうか。法的地位の『平等』とか『対等』などといったメルクマールが必ずしも決定的なのではなく、具体的に危険な行為状況の中で、各行為者の為すべき具体的行為態様は異なるとはいえ、実質的には、全体として一個の共通した具体的注意義務が課されており、その共同行為として相互に『不注意』を助長・促進し合ったという評価が可能であれば、共同正犯の成立を認めてよいと考えられる。その際、法的地位・職分が『平等』『対等』でなくとも『共通』の注意義務を肯定しうる契機は、具体的な行為状況ないし行為自体のもつ『危険性』に存するものと考えられるのである[23]」、と。やや疑問のある肯定例もあるが、これは論理的に重要な問題提起である。しかし、大塚博士は、これらの場合、「それぞれの職務内容が異なり、法律上の注意義務も同一ではないのであるから、原則として、過失犯の共同正犯を問題とすることはできない[24]」、と再反論される。

四　その後、山口厚教授は、「共同義務の共同違反」説のいう「共同義務」の内容（「自分の行為について注意するるばかりではなく、（他人の行為についても注意し）他人に注意義務を遵守させる義務」）は「法的性質として、不真正不作為犯の要件としての作為義務に他ならない」と指摘したうえで、「問題は、各共同者に他の共同者に対する作為義務をいかなる意味で肯定しうるかにある」との問題設定をされ[25]、次のように説かれる。

「他の共同者に作為義務を遵守させる（各共同者に固有の）作為義務が、共同者による『危険な行為』の共同によって直ちに生じるわけではない。他の共同者に対する排他的支配関係が肯定される等の、一般的な保障人的地位を肯定するための要件が当然に認められる場合でなければ、他の共同者に対する作為義務は生じない。各共同者は、それぞれ、自分自身注意を怠らず、刑法上要求される作為義務を履行することが期待されているから、共同者間についてそうした作為義務を肯定することは（特殊な場合を除き）できないと思われる。この意味で、右の裁判例［後出判例参照――筆者］において各共同者に課されている作為義務は過失単独犯の要件としての作為義務ではなく、実は、共同者全体に共同して課されている『共同作為義務』であり、これは、まさに不真正不作為共同正犯の要件としての作為義務に他ならないのである。この場合においては、先行行為の共同、共同排他的支配等により、共同正犯固有の『共同作為義務』が発生すると考えられることになる。つまり、過失共同正犯の事案においては、共同者が共同して行う行為全体に、各人に共同して結果回避のための作為義務が課されている状態にあるといえるのである。したがって、この場合において、不注意を助長しあうことにより作為義務に共に違反した場合には、まさに（右のように理解した）『共同義務の共同違反』を理由として過失共同正犯の成立が肯定されるのであり、これらの事例は決して過失同時犯に解消することはできないのである[26]」、と。

このように「共同義務」を「共同作為義務」と捉えた点は、「共同の客観的注意義務」論により「注意義務」を安易に拡大する方向に警鐘を鳴らす意味も含めて、重要な意味を持っているように思われる。しかし、それは、不作為犯として構成する場合であって、作為犯では課題が残る。山口教授もこの点を自覚して、「『共同義務の共同違反』説は、過失共同正犯の成立範囲を不真正不作為犯に『限定』し、作為犯についてはそれを否定しようとするものである」（同時犯解消説も当然にこれを否定）が、「裁判例で作為犯の過失共同正犯が肯定された事案……をみると、それは一概に不当であるとは思われない。因果性が明白な重要な因果的寄与を伴う場合に限定しながら、作為犯の領域において、過失共同正犯を肯定しない理由はない[27]」と述べ、さらに次のような論理を展開される。

「構成要件的結果と共同者の行為との間に（不注意の助長等による）共犯構成要件要素としての（促進・強化を内容とする）因果関係が肯定され、さらに結果発生についての予見可能性（他人の行為から結果が発生することの予見可能性を当然に含む）が肯定される場合には、作為犯の場合においても、過失共同正犯が成立しうると考えられる。ただし、そこでの予見可能性は（一般に要求されるべき）具体的なある程度高度なものであることが必要であり、さらに過失犯においても、正犯形態と共犯形態を区別する『限縮的正犯概念』が妥当すべきである以上、共同『正犯』の名に値する実体、すなわち共同者の因果的寄与の重要性が要求されるべきで、それは共同者間の共働の実態から基礎づけられる必要があると思われるのである。因果的寄与の重要性（作為犯の構成）にせよ、作為義務の存在（不真正不作為犯の構成）にせよ、それを基礎づける共働関係の実態が重要である[28]」。

五　山口教授の右の指摘は、過失犯の共同正犯をめぐる議論の方向性を示唆しているように思われる。というのは、行為共同説も、「共犯が犯罪である以上、構成要件を離れて考えるわけではない。共同の行為は構成要件該当の行為でなければならない。ただ、それはあくまで各共犯者の自己の犯罪という観点から見ているのであって、その見地から他人の行為との協力関係が構成要件該当であればよいとする[29]」共通認識を持つようになったものの、その立場からは当然に過失犯の共同正犯は認められるとしており、共犯論から過失犯論へと根拠が推移するに連れて、とりわけ新過失論を採る場合、行為共同説でも両者の具体的差異があまりなくなっているからであり、理論的深化が壁に突き当たっている観があるからである。例えば土本武司教授は、「行為共同説についても、同説の前提とされる『行為』を『前構成要件的・前法律的行為』というとき、単に前構成要件的、前法律的行為が結果の発生によって直ちに過失行為として違法な行為になるというのは不合理であるとの批判」に対処すべく、「『とにかく何らかの行為の共同があれば共同正犯になる』というのでは、一部実行全部責任という効果を十分基礎づけえない」として、「『不注意な目的的行為の共同』が過失犯における共同行為であるとすることが必要」であり、「この『不注意な目的的行為の共同』という概念によって共同過失行為を限界づけるわけであり、その意味の目的的行為が意思連絡のもとで共同してなされれば、過失共同正犯の成立を肯定することができる」[30]、と説かれる。これは、基本的には内田説と同じ方向にあるが、土本教授は、続けて藤木博士の見解を引用しつつ、「そこから導き出される過失共同正犯の要件は『共同義務の共同違反』である」[31]、と主張される。注意義務の共通性とは、「義務の履行につき各人が利用・補充の関係にあ」ること、「要するに、各人が相互に注意し合うことが要求される場合」のことであり、共同の違反というのは、「各人がそれぞれ注意義務に反したというだけでなく、相手方の違反にも注意せず、共同者間で『全体として一個の不注意』が形成され、その不注意との因果関係において結果が惹起されたという関係が認められ」る場合である[32]。大塚説ほど画一的ではないが、かなりの類似性が看取される。それは、同時に、大塚説に向けられたのと類似の批判に遭遇することになる。

六　そこで、過失犯の共同正犯否定説ないし過失同時犯への解消説も根強いわけであるが[33]、処罰拡張の懸念や実益論（これはあまり意味がないと思われる）の懸念を払拭し、確固たる理論的基盤のもとに肯定説を再構築する必要がある。その方向は、三つの観点から考えられるべきである。

第一は、山口教授が呈示された前述の枠組みであり、作為犯と不作為犯の場合に分けて共同正犯性を探求する途である。「共同義務」を認めるとすれば、それは、共同作業において客観的に画定される「共同の注意義務」ではなく、相互に保障人的地位に基づく不真正不作為犯における「共同の作為義務」を認めるという意味に解すべきである。そして、作為犯の場合には、複数人が形成する心理的因果性という観点から行為の共同性を探るべきである。

第二は、共犯処罰根拠論からのアプローチである。ドイツでは、周知のように過失犯では拡張的正犯概念を基礎に据えて過失犯の共同正犯を否定する見解が多いが[34]、やはり過失犯の場合にも限縮的正犯概念を基礎に据えるべきである。すでに限縮的正犯概念の立場から、平野龍一博士は、「過失行為共働の形態は複雑で、その中には一方が他方の行為についてまで注意しなければならない場合と、他方に委せてしまってよい場合とがある。過失の共同正犯は、前者を捉え、後者を除外するための理論であるが、共同正犯という概念で捉えるのがいいかどうかにはなお問題がある。しかしこのことと、過失に拡張的正犯概念をとるために共同正犯概念は不要だとすることとは別ものであることに注意しなければならない[35]」、と説かれたが、この基本的視点は重要と思われる。また、近時、町野朔教授が、共犯の処罰根拠論のうち惹起説を整備・点検される中で、「心理的因果性を与える意思の疎通は具体的な行為の遂行に関するものであり、犯罪結果に関するものではないのだから、過失犯においても心理的因果性は存在し、理論的には過失犯同士の共犯も存在することになる」、とし、さらに、「過失の共犯を認めることは心理的因果性のあるところで帰責を肯定することなのであって、これは、共犯関係にあるXYいずれの弾丸がAの死を招致したかに関わりなく、両者に殺人の既遂を認めるべきである、故意犯の共同正犯と同じことである[36]」、と説いておられるのに注目する必要がある。まさに因果構造は、故意犯と過失犯で異なることはないといわねばならない。因果的共犯論に立脚される林幹人教授が、「因果性と正犯性が、共同正犯が成立するための必要にして十分な要件であり、「因果性も正犯性も、過失によって失われることはない[37]」とされるのも、同様の趣旨であると思われる。「過失のようなお互いに不注意を助長し合うという程度のものでは、刑法上問題にし得るほどの心理的因果性を認めることはできない[38]」との強い批判もあるが、後述の判例分析あるいは最近の刑事製造物責任の議論においても、共同作業や共同意思決定等の危険源共有者の行為について、作為たると不作為たるとを問わず、心理的因果性をも含めて過失犯の正犯性を共同に認めざるをえない実態があることに留意しなければならない。

以上のことは、あくまで過失犯の共同正犯たる地位を取得するということにとどまるのであって、これをもって安易に処罰を拡大するという意味で理解してはならない。つまり、第三に、主観的側面については、まさに過失「責任」の問題として考えるべきである。この点については、すでに平野博士が、「過失犯に共同正犯を認めることは、過失『行為』の共同を認めることであって、過失『責任』の共同を認めることではない。責任は、過失犯にあっても個別的に判断しなければならない[39]」、と述べておられることを想起すべきである。この点について、新過失論に立脚して過失の本質を客観的注意義務違反と捉えれば、「認識なき過失」の場合も含めて違法の連帯性という観点が重視され、責任の個別性は捨象され、過失犯の共同正犯が安易に肯定される懸念がある。しかし、山口教授と共に過失の本籍を責任に求める私見によれば、やはり責任の個別性を重視し、最終的に具体的予見可能性が認められることを根拠に過失責任が肯定されてはじめて「過失犯の共同正犯」が最終的に成立するのである。しかもその際、「認識ある過失」と「認識なき過失」を区別して、実質的責任原理の観点から後者の場合は責任を問えず、前者の場合にのみ、つまり過失の実行行為開始時点で自己の行為の属性としての具体的危険性を認識している場合にのみ、結果発生の具体的予見可能性が認められれば過失責任を肯定できると考えるべきである[40]。また、実態からしても、「認識ある過失」の場合には前提として共同に心理的因果性を形成しうる場合が多いように思われる。「認識なき過失」の場合にまで過失犯の共同正犯を最終的に認めることは、それこそ処罰範囲の安易な拡大に通じる懸念があるといわねばならない。共同正犯者間に「信頼の原則」を適用する余地も、この脈略で理解すべきである。

以上の三点を考慮して、過失犯の共同正犯の問題を考えるべきである。これによって、訴訟法的にも「一事件」としての解明が図られることにもなる。

三　過失犯の共同正犯に関する判例分析

一　では、以上の論理を具体的事例に当てはめれば、どのようになるであろうか。判例分析を素材にして検討を加えてみよう。

古く大審院の判例は、「被告等ハ共同的過失行為ニ因リテ他人ヲ死ニ致シタルモノナレトモ共犯ニ関スル総則ハ過失犯ニ適用スヘキモノニ非サル……」と述べ（大判明治四四年三月一六日刑録一七輯三八〇頁）、あるいは「二人ノ共同過失ニ因リ他人ヲ死傷ニ致シタル犯罪ハ共犯ニ非ス」と述べ（大判大正三年一二月二四日刑録二〇輯二六一八頁）、過失犯に共同正犯が成立することを否定していた。ところが、①精神病平癒の祈禱を依頼された甲と乙が被害者に祈禱を施し、病魔を退散させるべく両名が共同して手で被害者の身体を擦ったり揉んだりした結果、被害者に擦過傷を負わせ、さらにその傷口から化膿菌が侵入するのを防止しなかったため敗血症により死亡させた事案について、大審院は、原審が両名に業務上過失致死の共同正犯を肯定したのを是認した（大判昭和一〇年三月二五日刑集一四巻五号三三九頁）。本件は、行為内容からして、その危険性を両行為者が認識していたと考えられ、「認識ある過失」であり、結論的に過失犯の共同正犯を肯定できるケースであったといえる。その意味で、改めて注目すべき判例といえる。もっとも、以上の判例は、いずれも論拠を明示していない。したがって、過失犯の共同正犯を理論的にどのように考えていたのか、不明であった。

二　周知のように、議論を醸成したのは、②戦後のメタノール販売事件判決（最判昭和二八年一月二三日刑集七巻一号三〇頁）であった。飲食店を共同で営む甲と乙がウイスキーを販売するにあたり有毒物メタノールが含有されていないことを確認すべきにもかかわらず確認しないで販売したことが有毒飲食物等取締令四条一項後段に問われた事案について、最高裁第二小法廷は、「飲食店は、被告人両名の共同経営にかかるものであり、右の液体の販売についても、被告人等は、その意思を連絡して販売をしたというのであるから、此点において被告人両名の間に共犯関係の成立を認めるのを相当とする」、と判示した。

井上正治博士は、本判決が大法廷で扱われずに小法廷で扱われたのは矛盾ではなく、戦前の判例が共謀共同正犯を採っていたことと関係があると指摘された。すなわち、「判例としては一見突飛そうにみえる論理を、判例特有の共謀共同正犯の理論によって裏打ちしたつもりではなかったろうか。むろん、共謀共同正犯は、一定の犯罪について『協心協力の作用』を重視するものである。しかし、ここでは、液体販売につき意思の連絡があったにとどまる。販売じたいは犯罪ではない。それでも、その理論の是非は別として、液体販売につき一心同体となった以上、そのうちの一人がメタノールの含有量を過失により検査しないで販売したことにたいしても、同じく過失犯の責任を負うべきである、と考えたのではなかろうか。本件のごとき過失犯は、ヴェルツェルの言葉をかりれば、『混合した結果惹起の構成要件』(gemischte Verursachungtatbestände) といわれるものであった。それだけに、同じ過失犯でも、共謀共同正犯の理論とも親しみやすい。過失犯の共同正犯を否定した判例も、実は、大審院によって、ひろく共謀共同正犯の理論の承認をうけた以前のものであった。そうみることができれば、判例としては必ずしも矛盾はないし、大法廷の判断をまつまでもなかったのである[41]」、と。

当時、多くの論者がその矛盾を指摘した中で、過失犯の共同正犯と共謀共同正犯との結び付きを考慮された井上博士のこの指摘は、興味深いものがある。しかし、共同意思主体説に立脚して共謀共同正犯を採る草野豹一郎博士や齋藤金作博士が過失犯の共同正犯に否定的であったことは、この指摘に無理があることを示している[42]。共謀共同正犯を否定するという論理だけでは、過失犯の共同正犯を否定する十分な論拠となりえないであろう。ただ、共謀に近似する心理状態にある過失犯に着目しておられるのは、心理的因果性という観点から示唆深いものがある。また、本件のように「認識ある過失」といえる場合には、具体的危険について共同の認識がありうるのではないだろうか。本件でメタノール含有飲料の販売は、単なる形式違反ないし挙動犯ではなく、これを飲んだ者のうち、三日間で四人が死亡し、六人が体の具合が悪くなった事実が示すとおり、人体に具体的危険をもたらすものであり、それを両名がある程度知りえたように思われる。本件が業務上過失致死傷罪ではなくて有毒飲食物取締令違反に問われたのは、おそらくこちらの方が法定刑がかなり重かったからであろう(三年以上十五年以下の懲役又は二千円以上一万円以下の罰金が規定されていた[43]。しかし、本判決の論理の不十分さは否めない。ただ、過失犯の共同正犯を結論的に認めた前述の大審院判例（大判昭和一〇年三月二五日）は、その先例であると理解できるように思われる。

三　その後、かなりの下級審判例で、過失犯の共同正犯肯定例が出たが、若干の否定例もある。③名古屋高判昭和三一年一〇月二二日（裁特三巻二一号一〇〇七頁）は、被告人両名が土木出張所分室において素焼こんろ二個を床板の上に置いて使用して長時間に亘り煮炊をし、過熱発火防止措置をせずに帰宅したため、同出張所分室のほか町役場本館等を焼損せしめた事案につき、過熱発火の危険の発生を未然に防止すべき義務を両名に認め（刑法一一六条一項）、「被告人両名の内に共犯関係の成立を認めるのを相当とする」、と判示した。論理は不十分であるが、本件も、作為犯と考えられ、行為の実行行為の共同性と因果性、さらには両者に発火に結び付く危険性の認識があった事案といえる。

注意を要するのは、④広島高判昭和三二年七月二〇日（裁特四巻追録六九六頁）である。外科医の二人が、右肩の脱臼を訴える患者を共同して診察治療したが、全身麻酔を施すにあたり、被告人がオーロパンソーダを指示したにもかかわらず看護婦が誤ってクロロフォルムを静脈注射したため患者が心臓衰弱で死亡したという事案である。弁護人は、被告人が主治医ではなく単なる補助医であったと主張したが、判決は、「両者共同様の責任を持った共同担当医であった」と認定し、「注射液の指示を受けた看護婦及其の補助者を監督看視し、自己に於て現実に注射を行う場合と同様の注意を以て患者の体内に注射する直接の行為は勿論のこと、その以前に於ける所論のいわゆる準備行為と云うべき自己の指示した注射薬液の正確なる確認、性状薬液中の溷濁、浮遊物の有無、或は分量等荀くも注射に関係することについては細大もらさず厳重なる検査を為し以て注射の過誤なきを期すべき業務上の注意義務を有した」として、さらに「或る患者に対する診療行為が二人以上の医師により共同して行われその医師間に責任の軽重のつけ難いような場合、然もその診療過程に於て、医師の過失の存した場合は、その内の或医師につきその過失につき全然関係のないことが特に明瞭な場合とか或は特定の診療につき特に責任を分担しその帰責を明かにして行われたのでない限り、右過失についての責任は共同診療に当る医師全員に存するものと解するを相当とすべき」だと判示した。ただ、注意すべきは、判決がここまで述べていながら、原審が共同正犯として刑法六〇条を適用したのが誤りであり、原審相被告人と看護婦の「過失行為の競合」だとしている点である。過失の競合であれば、右のような論理展開をわざわざする必要はなかったであろう。過失犯論自体がまだ十分議論されていなかった時代であったとはいえ、苦渋の論理といえる。実行行為性、因果関係、具体的予見可能性を検討してみれば、むしろ過失犯の共同正犯を肯定すべきであったように思われる。

⑤佐世保簡略式昭和三六年八月三日（下刑集三巻七＝八号八一六頁）は、アメリカ海軍佐世保基地の海兵隊所属の隊員両名が、屈曲の多い海岸線のある危険海面で、この種の船舶運航の技能も経験もないにもかかわらず観光船第二西海丸（四三・七六トン）を酔余好奇心から運航して事故を起こした事案について、「不注意にも被告人Tは同船の操舵を、同Jはその機関部の操作をなし両名共同して同船を運航した過失によりその操舵を誤り、同船を右桟橋より西方約二百米の対岸に衝突坐礁させ、前記無謀操舵並びに衝突により同船に対しダリンドメピンの脱落、キール包板船首在下部金物の各破損船体のひずみ等を生ぜしめ以て一時航行を不能ならしめて同船を破壊したものである」、として過失往来妨害罪（刑法一二九条一項後段）の共同正犯の成立を認定した。略式命令ということで、論理が簡略であることは否めないが、形態としては、本件のような無謀な操船行為の場合、共に「認識ある過失」行為を行っていると評価できるように思われる。

⑥秋田地判昭和四〇年三月三一日（下刑集七巻三号五三六頁）は、重失火罪の成立を肯定したものの共同正犯を否定した事案である。被告人はある工務店の工事責任者であるが、真夏の乾燥した日に木造の秋田県庁舎の屋根の上で作業中に従業員二名が喫煙するのを禁止せずに放置し、自らも喫煙していたため、右三名いずれかの喫煙による

煙草の吸殻または破片の一部が風のため中央線の屋根瓦の隙間などからその下葺の柾板に達しこれに着火せしめて、県庁舎および県議会議事堂各一棟の一部を焼損した。検察官は、被告人は従業員と意思を通じて共同して喫煙した重大な過失により本件火災を惹起したとして、被告人ら三名の共同正犯の成立を主張した。しかし、判決は、「本件火災の発生が被告人自身の喫煙に起因するか、或いは前記従業員二名の喫煙に起因するかは遂いに不明であるが、本件のような気象条件、木造建物の屋上工事の際中においては、被告人自身率先して喫煙などを避けしめるように措置すべき注意義務を有していたのに拘らず、被告人が同時に右二個の注意義務を怠り、その結果、被告人自身を含む三名いずれかの喫煙により火を失して、他人の現在する建造物を焼燬したものであり、しかも当時の状況に照し右二個の注意義務違反はいずれも刑法にいう重過失と評価するのが相当である」、と判示したものの、共同正犯については成立を否定した。すなわち、「被告人と右S等との間に屋上工事についての共同目的ないし共同行為関係というものは存したが、喫煙については、たんに時と場所を同じくしたという偶然な関係があるにすぎなく、これらの者が喫煙について意思を通じ合ったとか、共同の目的で喫煙をしたというような関係があったとみることはできなく、本件について、過失の共同正犯の理論を適用するのは相当でない」、と。本判決は、一般論として過失犯の共同正犯を否定しているわけではない。本件事案は、確かに、喫煙というような個人的属性に関する行為であり、これに過失犯の共同正犯性を認めることは妥当でない。むしろ、同時犯あるいは被告人については監督過失というべきであろう。

これに対して、⑦京都地判昭和四〇年五月一〇日（下刑集七巻五号八五五頁）は、二人制踏切における事故であり、過失犯の共同正犯が認められる典型的なものであった。京都市の山陰線四条踏切で踏切警手の業務を担当していたSおよびM両被告人は、Sが相番（踏切道における列車予定時刻の約五分前から踏切道に立ち出で列車の接近を確認する）、Mが本番（踏切西寄り北側に設けてある保安係詰所内で、列車が踏切に接近すると電灯が消えブザーが鳴る仕組になっている列車接近表示器や、反射鏡等により列車の接近を確認することにつとめる）として業務に携わっていたが、それぞれ列車の接近を確認したときは、互いに手笛等でその旨を通知し合い、かつ、本番は相番の合図により、踏切道に設置してある四条通に対する交通信号灯を青色から黄色を経て赤色に切りかえた後、踏切道の遮断機を閉鎖する措置を講ずることになっていた。ところが、予定時刻を過ぎても列車が来ないので遅れてくることが予想されるのに、同列車に対する注意警戒はもちろん、その警笛にすら注意を欠いたため、列車の発見が遅れ、交通信号灯の切りかえや遮断機の閉鎖等を講ずるいとまもなく、踏切道に進入してきた普通四輪乗用車と同列車を衝突させるに至り、二名を死亡させた。京都地裁は、被告人両名の過失責任を肯定するにあたり、次のような注目すべき共同正犯論を展開した。

「そもそも共同正犯を定めた刑法第六十条は、必ずしも故意犯のみを前提としているものとは解せられない。のみならず、共同者がそれぞれの目的とする一つの結果に到達するために、他の者の行為を利用しようとする意思を有し、または、他の者の行為に自己の行為を補充しようとする意思を有しておれば、そこには、消極論者がいわれるような共同正犯の綜合的意思であり、その独自の特徴とせられるところの決意も、共同者相互に存在するとみられ得るのであるから、これ等の決意にもとづく行為が共同者の相互的意識のもとになされるかぎり、それが構成要件的に重要な部分でないとしても、ここに過失犯の共同正犯が成立する余地を存するものと解するのが相当である。最高裁判所昭和二十八年一月二十三日第二小法廷判決が、過失犯に共同正犯の成立を認めたのも、これを忖度すれば、右とその趣旨を同じくするものと思われる」。本件では、「被告人Sは、相番として列車接近の確認につとめ、これを確認したときは本番である被告人Mにその旨を合図し、且つ、交通信号灯の切りかえや遮断機閉鎖の時期をも合図によって知らせること等を分担し、被告人Mは、本番として列車接近表示器の作動を見守り、または相番からの合図によって列車接近の確認につとめ、これを確認したときは相番である被告人Sにその旨を合図し、且つ被告人Sからの合図によって、交通信号灯の切りかえや遮断機閉鎖の措置を講ずること等を分担し、もって、被告人両名が相互に協力して踏切道における交通の安全を確保することにつとめていたのであるから、被告人両名のそれぞれの注意義務をつくすことによって一つの結果到達に寄与すべき行為の或る部分が、相互的意識のもとに共同でなされたものであることは、優にこれを認めることができる」。

本判決については、「詳細な事実認定のもとに、被告人A、Bそれぞれの注意義務違反を個別的に認定しており、いずれも危険な状況下にあって、要求される注意深い行為にでなかったのであって、結果との間にもそれぞれ因果関係も認められ過失責任を問われうる事案、すなわち過失犯の同時犯が認められる事案でなかったか」[44]、という指摘もあるが、注意義務が個別に認定されることは当然であり、本件のように共同作業の一環としての行為に起因する場合には、やはり過失犯の共同正犯を認めることができる。

四　判例による肯定の論理に一定の変化が見られたのが、⑧名古屋高判昭和六一年九月三〇日（判時一二二四号一三七頁）である。同じ鉄工所の従業員である被告人二名が、その鉄工所が請け負った料理旅館の食堂拡張工事において鋼材の電気溶接作業を行うに当たり、その際発生する輻射熱や火花などによって溶接箇所に接着若しくは近接する可燃物が発火し建物が炎上する危険があったから、あらかじめ不燃物で溶接箇所と可燃物とを遮へいする措置を講ずべき業務上の注意義務があるのに、これを怠り、右措置を講じないまま溶接作業に取り掛かり、被告人のうちの一方が庇の上で溶接する間他方が地上で火花の飛散状況を監視し、途中で各人の役割分担を交替するという方法で溶接作業を実施したため、発生した輻射熱または火花などによって右可燃物を発火させ、現住建造物を焼損したという事案である。名古屋高裁は、次のように述べて過失犯の共同正犯を肯定した。

「(1)被告人両名の行った本件溶接作業（電気溶接機を用いて行う鋼材溶接作業）は、まさに同一機会に同一場所で前記H鋼梁とH鋼間柱上部鉄板とを溶接固定するという一つの目的に向けられた作業をほぼ対等の立場で交互に

（交替して）一方が、溶接し、他方が監視するという方法で二人が一体となって協力して行った（一方が他方の動作を利用して行った）ものであり、また、⑵被告人両名の間には、あらかじめ前説示の遮へい措置を講じないまま本件溶接作業を始めても、作業中に一方が溶接し他方が監視し作業後に溶接箇所にばけつ一杯の水を掛ければ大丈夫である（可燃物への着火の危険性はない）からこのまま本件溶接作業にとりかかろうと考えていること（予見義務違反の心理状態）についての相互の意思連絡の下に本件溶接作業という一つの実質的危険行為を共同して（危険防止の対策上も相互に相手の動作を利用し補充しあうという共同実行意思の下に共同して）本件溶接作業を遂行したものと認められる。つまり、被告人両名は、単に職場の同僚としてあらかじめ前記措置を講ずることなくして前記危険な溶接作業（実質的危険行為）をそれぞれ独立に行ったというものではない。このような場合、被告人両名は、共同の注意義務違反行為の所産としての本件火災について、業務上失火の同時犯ではなく、その共同正犯としての責任を負うべきものと解するのが相当である」。

本判決は、前述の「対等の立場」にある者同士に「共同の注意義務違反」を論拠に据えて過失犯の共同正犯を認めた初めてのものであり、インパクトもあった。その結論は妥当としても、その射程範囲は、「共同の注意義務違反」がなければ過失犯の共同正犯が成立しない、という具合に限定されたものと読むべきではあるまい。しかも判決は、「溶接作業を行う被告人両名としては、このままの状態で本件溶接作業を行うならば右輻射熱やスパッタなどのため右可燃物が発火し、その結果建物が燃焼、焼燬するといった大事に至るということを当然予見することができ、また、予見していなければならない」と述べ、「被告人両名には、電気溶接機を用いて本件溶接作業を行うに当たり、作業開始前にあらかじめ溶接箇所周辺の可燃物が発火しないよう輻射熱やスパッタなどを遮へいする措置を講じておかなければならない（換言すれば右措置をしないまま右作業を始めてはならない）という業務上の注意義務があった」と認定しているのであって、これは、単に「共同の客観的注意義務違反があったから過失犯の共同正犯を認める」と断言しているのではない。むしろ、過失「責任」のレベルで具体的予見可能性とそれに基づく注意義務違反を認定している点を看過してはならない。さらに、本判決は、「他方が監視する」という表現を用いてはいるが、それを「相互監視・監督義務」という意味で直接用いているわけではない点にも留意する必要がある。

なお、⑨越谷簡判昭和五一年一〇月二五日（判時八四六号一二八頁）は、アドバルーンの掲揚による建物住宅の宣伝を請け負った被告人が、これをアルバイト学生である従業員のS（アドバルーンの掲揚取扱いについてはベテラン）に委ねたところ、Sの過失により、学童二名が地上に繫留中の水素ガスの充満したアドバルーンに乗って遊んだため、アドバルーンが破れて落ち込み、酸素欠乏症により死亡したという事案につき、正当にも次のような論理で過失犯の共同正犯を否定して無罪としたが、これは当然の帰結といえる。

「過失の共同正犯も正犯であるから、一個の犯罪実現に数人の行為者があった場合彼等を共同正犯とするためには、当該犯罪が彼等の共同で実行されたという評価がなされなければならず、この場合共同実行という概念には次の二つの型が考えられる。それは、共同行為者のおのおのが他人の協力を待つまでもなく彼自身の行為によってそれぞれ当該犯罪構成要件に予定された実行々為を完成するいわゆる不真正の共同正犯と共同行為者が共同することによって一体となってはじめて実行々為が完成するいわゆる真正の共同正犯である。……両者とも、共同で犯罪を実行しようという相互的な意思の連絡なしには共同正犯は成立しないが、過失犯の特質から考えて、共同で犯罪を実行しようという相互的な意思の連絡なしでも、共同行為者のそれぞれが各自不注意な行為に出てそれぞれの不注意が相互に影響しあうことにより一個の不注意が形成され、それにもとづく結果が発生したという評価が下される場合には過失共同正犯が成立すると考えられる」。「これを本件事故で検討してみると、……本件事故当時被告人は本件事故現場にはいなかったこと、被告人はSに二七日と二九日にアドバルーンの掲揚と、繫留する場合の監視を指示したこと、Sは二七日アドバルーンについてFアドバルーン株式会社の被告人の妻に電話連絡したこと、Sはアドバルーンの繋留について水素ガスを抜くか抜かないかは独自の判断でやっていたこと［、］Sは事故発生日にアドバルーンの繋留場所に四回しか監視に訪れなかったことが認められるので、共同実行の相互的な意思の連絡があったとは認められないうえ、被告人とSがそれぞれの不注意な行為に出でそれぞれの不注意が相互に影響しあうことによって全体として一個の不注意が形成され、それに基づいて結果が発生したとも評価することはできない。また、被告人は、アドバルーンの掲揚繋留についてこれを管理する立場にあったには違いないが、現実に発生した事故との関係においてこれを見た場合、現実にアドバルーンを掲揚し繋留する業務をしていない被告人自身に当該事故の発生を予測することができこれを防止することができる立場にあったとは限らないし、これを関係者の意思の点よりみても、現実にアドバルーンを掲揚し繋留する業務を担当している者は、自己の業務執行中発生した事故についての刑事上の責任を自己が負うつもりで業務を執行するのがむしろ通常であるということができるからであり、業務の執行を管理する者がその業務の執行を従業員に委ねた後従業員の業務の執行について刑事上の過失責任を問われるためには、従業員の業務の執行が未熟であるとか、その者の業務の執行が事故発生につながることが明らかに予想され、従業員の業務の執行を中止させ自ら業務の執行にあたることが相当とするような事情のあった場合、あるいは、管理者が従業員に対し適切な指示助言により事故の発生を避けることができる性質のものであったというような特殊な事情を必要とすると解され、……管理者の不注意が従業員の不注意と同格の関係において結果発生へと一体化していることを要し、相互に同格の形において不注意を促進しあい影響しあうことが必要と解するところ、前記認定事実からみると、特殊な事情が認められず、かつ被告人の不注意とSの不注意とが同格の関係において結果発生へと一体化しているとは評価することはできず、むしろ、Sの不注意の方が重いと認めるのが相当である」。

本判決の論理は、前述の内田説に依拠するものであるが、行為共同説に立脚しても、本件で過失の実行行為性を認定するのは困難であり、結論は妥当である。

五　その後、⑩東京地判平成四年一月二三日（判時一四一九号一三三頁）は、いわゆる世田谷ケーブル火災事件に関する判断で、注目を集めた。被告人両名は、電話ケーブルの接続部を被覆している鉛管をトーチランプの炎により溶解開披して行う断線探索作業等の業務に従事していた者であるが、三本の電話ケーブルのうち一本につき断線を探索した際、その下段の電話ケーブル上に布製防護シートを掛け、通路上に垂らして覆い、点火したトーチランプ各一個を各自が使用し、鉛管を溶解開披する作業中、断線箇所を発見した。ところが、その修理方法等を検討するため一時洞道外に退出するにあたり、右二個のトーチランプの炎が確実に消火しているか否かにつき何ら相互の確認をすることなく、トーチランプを前記防護シートの近接位置に置いたまま両名共に同所を立ち去ったため、とろ火で点火されたままの状態にあった一個のトーチランプから炎を前記防護シート等に着火させ、さらに前記電話ケーブル等に延焼させ、よって電話ケーブル合計一〇四条（加入電話回線二三万八、〇〇〇回線、総延長一万四、六〇〇メートル）および洞道壁面二二五メートルを焼損させた。

東京地裁は、「本件の被告人両名においては、第二現場でトーチランプを使用して解鉛作業を行い、断線箇所を発見した後、その修理方法等につき上司の指示を仰ぐべく、第三棟局舎へ赴くために第二現場を立ち去るに当たり、被告人両名が各使用した二個のトーチランプの火が完全に消火しているか否かにつき、相互に指差し呼称して確認しあうべき業務上の注意義務があり、被告人両名がこの点を十分認識していたものであることは、両名の作業経験等に徴して明らかである」とし、「しかるに、被告人両名は、右の断線箇所を発見した後、その修理方法等を検討するため、一時、第二現場を立ち去るに当たり、被告人Aにおいて、前回の探索の際に断線箇所を発見できなかった責任を感じ、精神的に動揺した状態にあったとはいえ、なお被告人両名においては、冷静に前記共同の注意義務を履行すべき立場に置かれていたにも拘らず、これを怠り、前記二個のトーチランプの火が完全に消火しているか否かにつき、なんら相互の確認をすることなく、トーチランプをＩＹケーブルの下段の電話ケーブルを保護するための防護シートに近接する位置に置いたまま、被告人両名が共に同所を立ち去ったものであり、この点において、被告人両名が過失行為を共同して行ったことが明らかであるといわなければならない」、と認定した。そして、「もとより、いわゆる過失犯の共同正犯の成否等に関しては議論の存するところであるが、本件のごとく、社会生活上危険かつ重大な結果の発生することが予想される場合においては、相互利用・補充による共同の注意義務を負う共同作業者が現に存在するところであり、しかもその共同作業者間において、その注意義務を怠った共同の行為があると認められる場合には、その共同作業者全員に対し過失犯の共同正犯の成立を認めた上、発生した結果全体につき共同正犯者としての刑事責任を負わしめることは、なんら刑法上の責任主義に反するものではない」、とも述べた。

本判決は、先に取り上げた⑧の判例に比べると、大塚説に相当接近した論理で過失犯の共同正犯を肯定しているといえる。とりわけ「第二現場を立ち去るに当たり、被告人両名が各使用した二個のトーチランプの火が完全に消火しているか否かにつき、相互に指差し呼称して確認し合うべき業務上の注意義務」を「共同の注意義務」の内容として認定した点は、相互監督義務を肯定する論理を内在しているように思われ、疑問がある。不真正不作為犯であってみれば、両者が相互に保障人的地位に立ち、作為義務を有するかが問われなければならない。この観点からすると、本件でこれを肯定するのは困難であり、心理的因果性を認めるのも困難であり、本件は、むしろ判例⑥と同様、過失同時犯というべき事案だと思われる。(45)

なお、⑪大阪簡略式平成一一年一月一四日（判タ一〇三五号六〇頁）は、共同で診療に当たっていた外科医ＸおよびＹの両名が、交通事故の外傷等により入院したＺ男（当時一七歳）の腹部Ｘ線写真およびＣＴ画像にはその肝臓下部と腎上極の間に十二指腸後腹膜穿孔等を示す気腫像が映し出され、吐血・腹痛等の症状を訴えるなどしていたのに気付かず、診断が遅れて、開腹手術等の処置を怠って死亡させた事案について、「このような場合、早期にガストログラフィンによる造影検査等を実施して、十二指腸後腹膜穿孔等の緊急開腹手術を要する症状の有無を診断し、これに該当すると認められた場合には直ちに開腹手術を行って所要の処置を講ずべき業務上の注意義務があるのに、それぞれこれを怠り、右X線写真及びCT画像に示された気腫像を腸管ガスと軽信し、同人の十二指腸後腹膜穿孔の発症に気付かず、その診断が遅れ、直ちに開腹手術など所要の処置を講じなかった過失」を認定している。この略式命令が過失犯の共同正犯を肯定しているという見解も出されているが[46]、罰条に刑法六〇条が挙がっていない点や公訴事実（罪となるべき事実）にも明確に過失犯の共同正犯を認める表現が見当たらない点からして、肯定例として引用することには疑念がある。もっとも、結論的には、本件では過失犯の共同正犯を肯定してよいであろう。チーム医療による医療過誤では、従来、過失の競合による処理が多かったが[47]、個々の因果関係の立証の難しさを考えると、今後は、本件のような場合に過失犯の共同正犯による処理が増えるかもしれない。それだけに、論理的枠組みを確固たるものにしておく必要がある。

六　以上の判例分析の結果、私見から過失犯の共同正犯が認められるのは①②③④⑤⑦⑧⑪であり、過失同時犯と考えられるのは⑥⑩であり、⑨は単独過失と考えられる。その他、水戸地判平成八年二月二六日（判時一五六八号一四七頁）は、列車の運転士と車掌が、乗務中の列車を制御不能状態で暴走させ、先頭車両を駅ビル内の店舗に激突させて大破させた結果、乗客一名を死亡させ、多数に傷害を負わせた等の事案につき、被告人両名の過失の競合によるものだと判示したが、被告人両名の持ち場が異なっており、行為の共同性を認定するのは困難であると考えられるので、妥当な判決といえる。

四　結　語

以上、本稿では、故井上正治博士の問題意識に触発されて、「過失犯の共同正犯」の理論的枠組みを再構築すべく模索し、判例を素材としてこれを論証しようと試みた。しかし、「過失の共同正犯」と「過失の競合」との明確な区別をどうするかという課題をはじめ、監督過失ないし刑事製造物責任を問う場合に私見がどのような論理展開になるのか等、[48]論じきれない点もあった。これらは、別稿において論じることとする。今後も、井上博士が開拓された過失犯の研究を発展・深化させていきたいと考える次第である。

注

(1)　井上正治『過失犯の構造』(一九五八年)、同『判例にあらわれた過失犯の理論』(一九五九年)等。井上博士の研究に大きな影響を与えたのは、その師、不破武夫博士の過失犯に関する先駆的研究であった。不破武夫「刑法上の過失について」宮本教授還暦祝賀論文集『現代刑事法学の諸問題』(一九三三年)一八一頁以下(同『刑事責任論』(一九六八年)一四五頁以下所収)参照。

(2)　例えば、井上祐司『行為無価値と過失犯論』(一九七三年)、同『因果関係と刑事過失』(一九七九年)、真鍋毅『現代刑事責任論序説』(一九八三年)等。

(3)　例えば、藤木英雄『過失犯の理論』(一九六九年)、西原春夫『交通事故と信頼の原則』(一九六九年)、内田文昭『刑法における過失共働の理論』(一九七三年)等。

(4)　甲斐克則「『認識ある過失』と『認識なき過失』――アルトゥール・カウフマンの問題提起を受けて――」『西原春夫先生古稀祝賀論文集　第二巻』(一九九八年)一頁以下、同『海上交通犯罪の研究』(二〇〇一年)一頁以下、同「過失犯の基礎理論」西原春夫編『日中比較過失論』(二〇〇一年)一頁以下等。

(5)　井上正治『刑法の論点[上巻]』(一九五九年)「はしがき」。なお、同『現代と人権』(一九七〇年)一二頁以下の「刑法における過失論」は、井上博士の九州大学退官記念講演であるが、博士の過失犯理論を理解するのに分かりやすいものとなっている。

(6) 井上正治、前掲注(5)『刑法の論点［上巻］』二三頁以下参照。

(7) 井上正治、前掲注(1)『判例にあらわれた過失犯の理論』三二三頁。

(8) 甲斐、前掲注(4)「『認識ある過失』と『認識なき過失』」参照。

(9) 例えば、木村亀二「過失の共同正犯」平野龍一・福田平・大塚仁編『判例演習（刑法総論）』（一九六〇年）一七九頁。

(10) 団藤重光「過失犯と人格責任論」日沖憲郎博士還暦祝賀『過失犯(1)』（一九六六年）八五頁。なお、西村克彦「刑法における『過失』概念の解明」同書九頁以下、井上正治、前掲注(1)『判例にあらわれた過失犯の理論』三二三頁、日髙義博「過失の共同正犯」植松正ほか『現代刑法論争Ⅰ［第二版］』（一九九七年）三二八頁以下、松本一郎「過失の共同正犯」松尾浩也ほか編『刑法判例百選Ⅰ［第四版］』（一九九七年）一六一頁参照。

(11) 草野豹一郎「過失犯と共同正犯」同『刑事判例研究・第三巻』（四版・一九四〇年）八五頁以下、九七頁、齋藤金作「過失犯の共同正犯」法曹時報六巻二号（一九五四年）一二九頁参照。

(12) 内田、前掲注(3)一頁以下。なお、内田文昭「過失の共同正犯」同『刑法解釈論集（総論Ⅰ）』（一九八二年）三〇九頁以下、同「最近の過失共同正犯論について」研修五四二号（一九九三年）二三頁以下参照。

(13) 内田、前掲注(3)二六〇頁。

(14) 内田、前掲注(3)二六六頁。

(15) 内田、前掲注(3)二七二頁。

(16) Vgl. Hans Welzel, Das Deutsche Strafrecht, 11. Aufl. 1969, S. 99.

(17) 藤木英雄「過失犯の共同正犯」研修二六三号（一九七〇年）一三頁。

(18) 藤木、前掲注(17)一一頁。

(19) 大塚仁「過失犯の共同正犯の成立要件」法曹時報四三巻六号（一九九一年）一二七一―一二七二頁。

(20) 大塚、前掲注(19)一二七四頁。なお、大塚仁「共同正犯の本質」法学教室一〇九号（一九八九年）三二頁参照。

(21) 山中敬一「共同正犯の諸問題」芝原邦爾ほか編『刑法理論の現代的展開・総論Ⅰ』（一九八七年）二〇五―二〇七頁。

(22) 大塚、前掲注(19)一二二七頁。

(23) 長井長信「判批」判例評論三四三号（一九八七年）六三頁（判時一二三九号二二五頁）。

(24) 大塚、前掲注(19)一二七九頁。

(25) 山口厚「過失犯の共同正犯についての覚書」『西原春夫先生古稀祝賀論文集　第二巻』(一九九八年) 三九八―三九九頁。
(26) 山口、前掲注 (25) 三九九頁。
(27) 山口、前掲注 (25) 四〇〇頁。
(28) 山口、前掲注 (25) 四〇〇―四〇一頁。
(29) この点について、金澤文雄「犯罪共同説か行為共同説か――行為共同説の立場から――」中義勝編『論争刑法』(一九七六年) 一七二頁、一七五頁、一七八―一七九頁、山中、前掲注 (21) 二〇七頁参照。
(30) 土本武司「過失犯と共犯」阿部純二ほか編『刑法基本講座〈第4巻〉――未遂、共犯、罪数論』(一九九二年) 一四五―一四六頁。
(31) 土本、前掲注 (30) 一四七―一四八頁。
(32) 土本、前掲注 (30) 一四八頁。同旨、鈴木茂嗣「過失の共同正犯」ジュリスト別冊『刑法の判例 [第二版]』(一九七三年) 一二八頁、一三〇頁、阿部純二「過失の共犯」芝原邦爾編『別冊法学教室・刑法の基本判例』(一九八八年) 七五頁、同「過失の共同正犯――スイスの一判決を機縁として――」荘子邦雄先生古稀祝賀『刑事法の思想と理論』(一九九一年) 一七五頁以下、川端博「過失の共同正犯」植松ほか、前掲注 (10)『現代刑法論争Ⅰ [第二版]』三二四―三二七頁。
(33) 日本とドイツにおける過失犯の共同正犯の否定説を入念に検討した最近の研究として、内海朋子「過失の共同正犯をめぐる問題――否定説を中心に――」慶大大学院法学政治学論究四三号 (一九九九年) 三四七頁以下があり、肯定説の問題点を理論的に分析したものとして、北川佳世子「我が国における過失共同正犯の議論と今後の課題」刑法雑誌三八巻一号 (一九九八年) 四七頁以下および内海朋子「過失共同正犯肯定説における帰責問題について」慶大大学院法学政治学論究四八号 (二〇〇一年) 七一頁以下がある。同時犯への解消を説く代表的なものとして、前田雅英『刑法の基礎　総論』(一九九三年) 三六一頁以下がある。なお、曽根威彦『刑法の重要問題』(一九九三年) 三一四頁、西田典之「過失の共犯」法学教室一三七号 (一九九二年) 一九頁以下参照。学説・判例全般については、村上光鵄「過失犯の共同正犯」大塚仁ほか編『大コンメンタール刑法　第5巻 [第二版]』(一九九九年) 一六一頁以下および塩見淳「過失犯の共同正犯」判例タイムズ八四六号 (一九九四年) 四九頁以下参照。また、とりわけ最近の否定説および肯定説を批判的に検討したものとして、伊東研祐「『過失犯の共同正犯』論の現在」現代刑事法三巻八号 (二〇〇一年) 六〇頁以下がある。
(34) この点については、内海・前掲注 (33)「過失の共同正犯をめぐる問題」三五八頁以下参照。なお、内海朋子「過失犯における正犯・共犯の限界づけとその判断基準について――ドイツの学説状況を中心に――」慶大大学院法学政治学論究三六号 (一九九八年) 二五一頁以下をも参照。

(35) 平野龍一『刑法総論II』(一九七五年)三九五頁。同旨、川端博「過失の共同正犯」植松ほか、前掲注(10)『現代刑法論争I〔第二版〕』三二七頁、中山研一ほか『レヴィジオン刑法1・共犯論』(一九九七年)六一頁(松宮孝明執筆)、大越義久「過失犯の共同正犯」西田典之=山口厚編『刑法の争点〔第3版〕』(二〇〇〇年)一〇七頁。
(36) 町野朔「惹起説の整備・点検——共犯における違法従属と因果性——」『刑事法学の現代的状況・内藤謙先生古稀祝賀論文集』(一九九四年)一三三—一三四頁。
(37) 林幹人『刑法総論』(二〇〇〇年)四一二頁。
(38) 北川、前掲注(33)五三頁。
(39) 平野、前掲注(35)三九五頁。
(40) 甲斐、前掲注(4)「『認識ある過失』と『認識なき過失』」一四—一五頁。Vgl. Arthur Kaufmann, Das Schuldprinzip. Eine strafrechtlich-rechtsphilosophische Untersuchung. 2. Aufl. 1976, S. 156ff., 223ff. アルトゥール・カウフマン『責任原理——刑法的・法哲学的研究——』(甲斐克則訳・九州大学出版会・二〇〇〇年)二二二頁以下および三五一頁以下参照。なお、花井哲也『過失犯の基本構造』(一九九二年)一一九頁以下は、過失犯における主観的違法要素という観点から過失犯の共同正犯にアプローチする。体系的に私見と異なるが、問題意識は私見と共通のものがあり、各判例に対する結論的評価も近いものがある。
(41) 井上正治、前掲注(1)『判例にあらわれた過失犯の理論』三二四頁。なお、同、前掲注(5)『刑法の論点〔上巻〕』六七頁以下参照。
(42) 草野、前掲注(11)九七頁、斎藤、前掲注(11)一二九頁参照。この点は、鈴木、前掲注(32)一二七頁、北川佳世子「過失犯の共同正犯をめぐる問題(一)」海保大研究報告四三巻一号(一九九七年)五〇頁がすでに指摘している。
(43) 中森喜彦「過失の共同正犯」法学セミナー二六五号(一九七七年)七九頁参照。
(44) 村上、前掲注(33)一七二頁。
(45) 本判決については、甲斐克則「判批」判例セレクト'92(一九九三年)三三頁において若干言及したが、紙数の関係で詳細を論じることができなかった。本稿で本文のように補足しておきたい。なお、高橋則夫「判批」ジュリスト一〇二四号『平成四年度重要判例解説』(一九九三年)一七〇頁以下参照。
(46) 飯田英男=山口一誠「刑事医療過誤訴訟——その後の動向その3——」判例タイムズ一〇三五号(二〇〇〇年)三六頁、同『刑事医療過誤』(二〇〇一年)三七六頁。
(47) 最近に至るまでの医療過誤刑事判例の分析については、甲斐克則「医療過誤刑事判例における注意義務の変遷」年報医事

法学16（二〇〇一年）一二二頁以下参照。
(48) この点について興味深い論稿として、Harro Otto, Mittäterschaft beim Fahrlässigkeitsdelik, Jura 1990, S. 48ff. および内海朋子「過失共同正犯論と管理監督過失論」慶大大学院法学政治学論究五一号（二〇〇一年）三五頁以下がある。

ヘーゲルの国家論における言論・出版の自由と刑事規制

松生　建

はじめに

ヘーゲル[1]は、一般にわが国の刑法学説史上、個人主義的・自由主義的な啓蒙主義的刑法理論から個人の権利よりも国家的倫理秩序の維持を優先させる国家主義的・権威主義的刑法理論への転回を方向づけた哲学者として位置づけられている。[2]そして、この評価の根拠となっているのは、彼の『法の哲学』の国家論における次のような文章であるように思われる。「国家は実体的意志の現実性である。そして国家は、この現実性を国家的普遍性にまで高められた特殊的自己意識のうちに持っているから、即自かつ対自的に理性的なものである。この実体的一体性は絶対不動の自己目的であって、この目的において自由は最高の権利を得るが、他方、この究極目的も個々人に対して最高の権利を持つから、個々人の最高の義務は国家の成員であることである」（Rph. §258）。

しかしヘーゲルは、国家を「即自かつ対自的に理性的なもの」、「絶対不動の自己目的」とすることによって、現に存在する国家を美化し、個人の主体性や権利を抑圧する全体主義的国家観を主張しているのであろうか。ヘーゲルは言う。「理性的であるということは、抽象的に考察すると、総じて普遍性と個別性が相互に浸透し合って一体をなしているということである。これを国家に即して具体的にいえば、内容のうえでは客観的自由（すなわち普遍的実体的意志）と主観的（主体的）自由（すなわち個人的な知と特殊的諸目的を求める個人的な意志）とが一体をなしていることである」（Rph. §258 Anm.）。ここでは、国家が「即自かつ対自的に理性的なもの」であるためには、普遍性と個別性が、すなわち客観的自由と主観的自由が相互に浸透し合って一体をなしていなければならないという「国家の理念」あるいは「理念としての国家」が語られていることは明らかであろう。さらにヘーゲルはこの国家の理念を「国家は具体的自由の現実性である」として、具体的自由とは、人格的個別性とそれの特殊的利益とが完全に発展して、それらの権利が承認されるのみならず、またそれらがおのれ自身を通して普遍的なものの利益に変わり、そして知と意志をもってこの普遍的なものを承認して、おのれの究極目的としてこの普遍的なもののために活動するという点にあるとしている。そして、「現代（近代）国家の原理の持つとてつもない強さと深さは、主観性（主体性）原理がおのれを完成して人格的特殊性という自立的な極点となるのを許すと同時に、この主観性の原理を実体的一体性のうちへ連れ戻し、こうして主観性の原理そのもののうちに実体的一体性を保つということにある」（Rph. §260）と述べている。このような国家が「理念としての国家」であるならば、ヘーゲルが現存する（した）国家をすべて「理性的なもの」、「理性的国家」（Rph. §270 Z.）とするわけではないことは明らかである。「国家の理念」を実現しえていない「不完全な国家」も当然存在しうるからである。現にヘーゲルは、不完全な国家の例として古代ギリシアの諸国家を挙げ、その理由として、これらの国々では「たしかに普遍性は既に見出されるが、しかし個人的特殊性はまだ解き放たれて自由にされてはいず」、「国家の理念がまだ覆い隠されていて、この理念の特殊的諸規定が自由な自立性に達していない」（Rph. §260 Z.）としている。ヘーゲルにとって、理性的国家の名に値するためには、――それだけでは十分ではないとしても――少なくとも個人の権利を完全に保障する国家でなければならないことは明らかであろう。

それでは、個人の特殊的利益と普遍的利益をともに維持しつつ、なおかつ両者が一体化する「具体的自由」とは、具体的にはどういう状態なのであろうか。個人の権利の尊重を唱えつつ、結局のところは普遍的なものの利益が優先される結果となるのではないのか。そこで本稿においては、典型的な個人の権利である「言論・出版の自由（表現の自由）」について、ヘーゲルがいかにして理性的国家においてこれに具体的自由としての現実性を付与したか、この自由の刑事規制との関連において考察を試みることにしたい。(4)

一　ヘーゲルの国家論における言論・出版の自由

一　ヘーゲルは「言論・出版の自由（Preßfreiheit）」、あるいは「公然と意見を発表する自由（Freiheit der öffentlichen Mitteilung）」の意義を何よりも議会政治との関連のうちに見出しているように思われる。(5)

ヘーゲルの「理性的国家」においては、既に見たように、普遍性と個別性、客観的自由と主観的自由とが相互に浸透して、一体をなしていなければならなかった。高田純教授によれば、「主観的自由」（あるいは「形式的自由」）とは次の二つの権利からなる。一つは「特殊性の権利」である。これは「主体が行為のうちにおのれの満足を見出すという、主体の権利」（Rph. §121,124 Anm.）であって、個人の利益や福祉に関するものである（Rph. §122,123, 230）。もう一つは「主観性の権利」である。これは「自我がそれを理性的だと洞察するものでなければ、何ものをも認めないという権利」（Rph. §132 Anm.）であって、個人が自分の洞察や判断に基づいて活動すること（規範の洞察）に関わる。前者は主観的自由の現実的、外的側面であり、後者はその内的側面である。これに対して、「客観的自由」（あるいは「実体的自由」）は、共同体において個人が全体（実体）と一体となり、その生活が全体から支えられることにある。近代国家（理性的国家）の原理は、このような「主観性の原理」（「主観的自由」）をおの

れのうちに含む点で、古代の国家のような不完全な国家とは区別されるのである。(6)

この主観性の原理（主観的自由）は市民社会の原理である。欲求の体系である市民社会においては、各人はおのれの利益や福祉を追求する特殊性の権利が承認されている（Rph. §184）が、またおのれの洞察に基づいて活動する主観性の権利も承認されている。市民社会の成員は「生計のために自分の活動と自分自身の知と意欲だけが頼りである」（Rph. §228 Anm., vgl. Rph. §204）からである。言論・出版の自由はこの主観性の権利の一つの現れである。ヘーゲルは言う。「近代世界の原理は、各人が承認すべきことは正当なものとして各人に示されることを要求する。そしてそれに加えて、各人は語り、提言することを欲する」。「それ故に、諸個人は共に語り尽くす利益をも持っている。すなわち、それは各人にとってはおのれの主観性を行使するために存在する」（Hotho, S. 819, vgl. Rph. §317 Z.）。こうして市民社会では、「自分の意見を述べたい、述べてしまいたいというあの痛切な衝動を満足させること」、すなわち「公然と意見を発表する自由」（Rph. §319）ないしは「言論・出版の自由」（Rph. §319 Anm.）が原則として承認される。そして、この自由は当然に公事に関しても向けられる。「形式的主観的自由とは、個々人が個々人として普遍的な諸問題に関して自分自身の判断と意見と提言をもち、そしてこれを発表するということである。この自由は、世論と呼ばれる総括的なかたちを取って現象する」（Rph. §316）。言論・出版の自由はこのように世論の形成にとって本質的な意義を持つのである。そして、理性的国家はおのれのうちに――特殊性の権利とともに――この「世論と呼ばれる総括的なかたちを取って現象する」主観性の権利を取り込まねばならない。それを制度化したものが議会である。

二 ヘーゲルによれば、「議会という要素の使命は、普遍的な問題を、即自的にだけでなく、対自的にも議会において顕現させることにある。すなわち主観的形式的自由の契機を、つまり多くの人々の見解と思想という経験的普遍性としての公衆の意識をそこにおいて顕現させることである」（Rph. §301）。ここでいう「経験的普遍性としての公衆の意識」とは、もちろん言論・出版の自由により形成された「世論」のことである。つまり、議会は「一方では政府一般、他方では特殊的な諸圏と諸個人とに解体した国民との間に立つ」ところの「媒介機関」(Rph. §302) なのである(vgl. Homeyer, S. 335)。

しかしヘーゲルによれば、世論は必ずしもすべてが理性的なものではない。つまり一方では、世論は「正義の永遠の実体的諸原理」や「全国家体制と立法と全般的状態一般との真の内容と成果」や「現実性の真の欲求と正しい方向」を常識のかたちで含んでいる(Rph. §317)。例えば、奴隷制度は我々の世論においては偏見にほかならず、ヨーロッパでは市民を奴隷となすことは全く不可能である。また、君主に対する畏敬の念、英国における議会、陪審制度への尊敬の念などの「あらゆる人倫的なもの、法的なものに対する畏敬の念、これらはすべて世論のうちにある」(Griesheim, S. 724)。しかし他方では、国家の諸事件についてとやかく文句をつける時には「私見の完全な偶然性、その無知と錯誤、その間違った知識と評価が現れてくる」(Rph. §317)。したがって、世論は「真理と限りない誤謬とが極めて直接に結合している」(Rph. §317 Anm.) という両義的な性格を持っている。

そこでヘーゲルは、政府と国民との間の媒介機関としての議会は、国民から国家へという方向に媒介するだけでなく、同時にまた国家から国民へという方向へも媒介せねばならないと主張する。そして、そのためには議会の会議は公開されねばならないとする。つまり、議会の公開によって「世論がはじめて真実の思想に達し、国家の状態と概念と諸問題とを洞察するようになり、したがってはじめて、これらのことについて一層理性的に判断する能力を得るのである」。すなわち「議会の公開はまた個々人や多数の衆の慢心に対する矯正手段であり、彼らのための陶冶(教養形成)手段、しかも最大の陶冶手段の一つなのである」(Rph. §315)。こうして、媒介機関としての議会によって国民と国家との間に「国家が議会を通じて国民の主観的意識の中へ入ってゆき、そして国民が国家に参与し始める」という相互作用が生まれるが、このような相互作用が議会の本来の任務なのである(Rph. §301 Z.)。

そして、この「真実の思想」等を国民に周知させるに際して、言論・出版の自由（報道の自由）が大きな役割を演ずることは論をまたないであろう。

しかし言論・出版の自由の意義はそれだけではない。ヘーゲルによれば、議会と言論・出版の自由は理性的国家という全体の連鎖のなかの必要不可欠な一環をなすが、とりわけ大国においては、言論・出版の自由は議会政治の「本質的な補完」を形成する。というのは、そこでは議会は市民社会における諸々の（職業）身分や自治団体の代表によって構成され、諸個人は直接それに参加できないのであるから、必ずしも諸個人の意見が議会の議論に反映されるとはかぎらない。したがって、それを補完するためには、諸個人が「直接的に自分の意見を述べる」機会を与えること、すなわち言論・出版の自由が必要となるのである（Wannenmann, S. 238 f.）。「言論・出版の自由は身分としての参加の補填である」（Homeyer, S. 337）。

三　以上のように、ヘーゲルは、言論・出版の自由の意義は体制の安全を確保するために世間の人々に言いたいだけ言わせておけばよいということにあり、その意見に配慮を払う必要はない[7]ということを主張するものでは決してない。個々人の言論・出版の自由の総括である国民の世論は、議会の議員を通じて制度的に国政に反映される。「世論はどの時代にも大きな威力であったし、特に、主観的自由の原理がこれほどの重要性と意義とを持っている現代ではそうである」（Griesheim, S. 723, vgl. Rph. § 316 Z.）。言論・出版の自由は、「世論」を形成するという点で、また個人が直接に議会に参加できないことに対する「補完」として、議会政治にとって重要かつ不可欠な意義をもつ。また、この自由は、議会の公開を通した国家による世論の陶冶、すなわち国民の教養形成にとっても必要なものであった。ヘーゲルによれば、言論・出版の自由と議会とを媒介とした、世論の国政への参与と国家による世論の陶冶という国民と国家の相互作用を通じてはじめて、特殊的なものと普遍的なものとの一体化が、すなわち理性的国家が可能になるのである。

二　ヘーゲルの国家論における言論・出版の刑事規制

1　言論・出版の自由の保障の社会的基盤

一　ヘーゲルによれば、言論・出版の自由は議会政治や理性的国家の形成にとって非常に重要な意義をもつのであって、これを保障することは理性的国家の任務である。しかし、形式的主観的自由の一つであるこの自由はそのままでは欠陥をもはらんでいる。ヘーゲルは言う。自分が欲することをなんでもなすことができるということが自由ではない――殺人の自由は自由のうちには含まれない――のと同様に、言論・出版の自由もまた自分の欲することを語りかつ書く自由ではない（Rph. § 319 Anm.）。そこには――名誉毀損の言論が許されないように――おのずと制約があるのである。ヘーゲルは、このような自由の濫用を防ぎつつ、言論・出版の自由を真に保障するためには三つの手段が存在すると言う。まず第一に、「公然と意見を発表する自由」は、「その行き過ぎを防いだり罰したりする行政上ならびに権利上の法律と命令によって直接保障される」。第二に、「しかし、間接的な保障は、とりわけ国家体制（憲法）が理性的であり、政府が堅固であり、更にはまた議会が公開されるということに基づいて、上述の自由が無害とされることのうちにある」。第三に、「間接的な保障はさらに、浅薄で悪意のある言説が、問題にされず、軽蔑され、必然的にすぐにすたれてしまうということにある」（Rph. § 319）。

一般に自由は、その濫用（犯罪を犯す自由）を規制する法律によって保護される。言論・出版の自由についても同様である。第一の、「直接的保障」とは、自由の濫用にあたる言論そのものを直接的に規制する法律等によって、それ以外の言論の自由を保障するものである。しかし、後に見るように、言論は実に多種多様な内容と表現形式を含むものであり、何が濫用にあたるのかは曖昧で、にわかには判断しがたい側面を持つ。したがって、できるだけ広範囲の言論・出版を保障するためには、多少の逸脱をも許容する社会的基盤の存在が必要である。第二、第三の「間接的保障」とは、この社会的基盤の問題に関わる。

二　ヘーゲルによれば、広範な言論・出版の自由を保障する社会的基盤とは、なによりもまず理性的な国家体制（憲法）の存在である。とりわけ議会の公開によって「議会において国家利益に関する堅実で陶冶された洞察が述べられ」ていることを国民に示すことにより、彼らから「取るに足らぬことをうんぬんすることが独自の重要性と効果をもつかのように考える私見が取り除かれ」、この自由が無害化される（Rph. §319）。さらに、理性的国家体制のうちで重要なのは「この自由に関わる犯罪者に対する秩序ある司法」（Wannenmann, S. 238）である。ヘーゲルは言う。「このような言論・出版の自由の可能性は次のようなところにのみ存在しうる。そこでの討論が公開されるしっかりした議会が存在しているところ、陪審裁判による司法過程が存在する、それ故に、いかにしてそして誰によって自分が裁判されるのかを各人が知っているところがそれである」（Wannenmann, S. 239）。

「言論・出版の自由の無害化」という議論の前提には、この自由は国家にとって危険な側面を持つという観念がある。これはまさに当時のプロイセン政府の考え方であった。しかしヘーゲルは、「理性的な国家体制（憲法）」、「公開の議会」とそこでの理性的な討論、「陪審制度」などが存在する国家であれば、国民の国家に対する基本的な信頼は確保されるので、「取るに足らぬ」反政府的な言論は——あえて言えば、たとえそれが革命理論の唱道であっても——「無害化される」と説く。こうして、この取るに足らぬ言論をも含めて、言論の自由が広範に保障されうるのである。さらに、言論・出版の自由の保障との関連で陪審制度が取り上げられているのが重要であるが、その意義については後述する。[8]

三　さらに、「浅薄で悪意のある言説」は、「問題にされず、軽蔑され、必然的にすぐにすたれてしまう」という、いわゆる「思想の自由市場論」を思わせるヘーゲルの主張の前提には、このような言説には見向きもしないような高度な教養を持った国民の存在がある。これが言論・出版の自由を保障するもう一つの社会的基盤である。ヘーゲルは言う。「言論・出版の自由が――それが害を及ぼすことなく――取り入れられるべきであるならば、国民が既に高度の公的な教養を持っていなければならない。諸々の個人や政府の諸問題についての誹謗中傷や間違った判断は、諸個人や大臣たちにとって何の意味も持たない。そしてこれらの人々はそれを気にかける必要はなく、それを無視することができる。というのは、国民は公開を通じてすべてのことを知っているからである。こうして言論・出版の自由を通じて、……名誉に対するこの無関心さと鈍感さが生ずる。すなわち、それについて告訴するか否かは各人の自由裁量に委ねられる」(Wannenmann, S. 239 f.)。すなわちヘーゲルは、高度の教養を持ち、言論の自由と議会の公開を通じて真実を熟知している国民は、誹謗中傷や間違った主張にいたずらに動揺することなく「軽蔑」や「無視」をもって対処するし、また黙視できない名誉毀損などは自主的に告訴するから、このような言論を国家が積極的に規制する必要はないと主張しているのである。

2 言論・出版犯罪の特色と刑事規制

一 以上のような社会的基盤の存在を背景とすれば、ヘーゲルの理性的国家においては言論・出版の自由の「直接的な保障」、すなわちその濫用に対する刑事規制はいかなる姿をとるのであろうか。規制されるべき言論・出版の内容、およびその規制の形式(検閲による事前抑制や刑罰による事後制裁)に関するヘーゲルの主張を見る際には、当時の政治状況とヘーゲルとの関わりからして、特に注意深い考察が必要とされるように思われる。

ヘーゲルによれば、言論・出版犯罪は他の犯罪行為とは異なる独特の性格を備えている。彼は言う。言論・出版は言葉を通じて他者の表象(現実ではない)に作用するにすぎないが、しかし、この表象の世界は現実性の基盤である。例えば、私が誰かを侮辱するとき、私は彼の表象を侵害するが、同時に他の人々の表象にも作用を及ぼし、彼の名誉が侵害される。政治的なものにおいても同様である。現実の状態、すなわち国家体制は諸々の表象に基づいている。私の意見は他の人々の表象に向かうものであり、そしてこの表象は一つの現実性を作り出すものであるから、私は体制を保守、あるいは破壊しうる。語ることはこのようにたんに語ることではなく、行為することである（Griesheim, S. 727 f.)。

従って、言論・出版もまた犯罪行為となりうるのであるが、その規制には独特の困難が付きまとう。ヘーゲルは言う。言論・出版は「その内容からいっても、言い回しからいっても、無限に多種多様な仕方で述べられる」。「素材と形式がこのように曖昧であるために、これに関する法律は法律に要求される明確性に達することができず、判決も、違反や不法や侵害がここでは極めて特殊的で主観的な姿をとるから、これまた全く主観的な決定になってしまう」。「だから、法律に対しては、その曖昧さが指摘されるわけであり、他方、意見を発表する側は、表現上の言い回し方や組み立て方を工夫し、これによって、法律の裏をかいたり、裁判官の決定を主観的判決だと主張したりするのである」（Rph. §319 Anm.)。つまり、言論・出版犯罪は定義に明確性を欠き、どの範囲にまで規制が及ぶべきかの限界が曖昧であるだけでなく、その認定に裁判官の主観性、恣意性がつきまとうのである。

二　しかし、形式的には言論に属しているとしても、実体的には、すなわち法・権利の否定という面で犯罪にあたる行為が存在することも確かである。ヘーゲルは言う。「しかし実体的なものは存在するのであって、総じて個人の名誉の侵害とか、政府や官庁や官吏や、別して君主の人格の、中傷、誹謗、侮辱とか、法律の嘲笑や暴動の煽動等々は、極めて多様なニュアンスの差はあっても、犯罪であり、違反であることには変わりはない。こうした行為は、それの現れる基盤のおかげでかなりの曖昧さをもつが、この曖昧さは、犯罪ないし違反であるというこの行為の実体的な性格を取り消すわけではない」（Rph. §319 Anm.)。ここでヘーゲルがあげている諸行為――その他にも、「窃盗や殺人の煽動」（Rph.　§319　Anm.)、「猥褻な絵画や記述」（Griesheim,　S.　729)、「家族の秘密の暴露」

(Wannenmamn, S. 239) をあげている――は、当時の歴史的状況に規定されている側面はあるものの、基本的には今日もなおどの国家においても犯罪とされる行為であるといってよいであろう。(9)

そして、これらの犯罪行為の曖昧さは、言論・出版犯罪に対する反作用の性格に対しても影響を及ぼす。ヘーゲルは言う。「この反作用が行政による犯罪防止という形を取ろうと、あるいは本来の刑罰という形を取ろうと、とにかくこうした反作用において、見解の主観性とか偶然性とかいったものを避けがたいものにするのは、違反のこのような主観的基盤それ自身である」(Rph. § 319 Anm.)。ここでは言論・出版犯罪に対する反作用として、「行政による犯罪防止」(polizeiliche Verhinderung der Verbrechen) と「本来の刑罰」(eigentliche Strafe) という二つの形式が取り上げられている。「本来の刑罰」とは――名誉毀損罪のような――言論に対する事後的な刑事制裁を意味することは明らかであるが、「行政による犯罪防止」とはここでは具体的に何を意味するかは必ずしも明らかではない。ともあれヘーゲルは、どちらの措置を取ろうとも、言論・出版犯罪は言論という主観的で曖昧な領域を基盤とするから、それに対する反作用も裁判官や行政(警察)の主観的見解や恣意に左右されることを避けることはできないと主張しているのである。

三　そこでヘーゲルは、言論・出版犯罪に対する反作用の主観性、恣意性という欠陥を補うために、二つの注目すべき提案を行っている。「見解やその発表そのものが実行された行為となって現実的に現存するに至る領域は、他人の知性、原則、意見であるから、行為のこの面、すなわち諸個人や社会や国家に対するそれの本来の効果と危険性……はこの基盤の性状にも依存する。これは、火薬の山に投げられた火の粉が、大地に投げられた場合とは(その場合は、跡形もなく消えうせる)全然別の危険性を持っているのと同種である。だから……不法な意見の発表もまた、軽蔑的にあしらわれることによって一種の保障、あるいは少なくとも一種の黙認を得ることができる」(Rph. § 319 Anm.)。すなわち、言論が実際に作用を及ぼす領域は「他人の知性、原則、意見」であるから、諸個人や社会や国家に対する言論の効果や危険性は、その対象となる人々の教養の度合によって増減する。換言すれば、反政府的言論等も国民の教養の程度が高い場合は影響力をほとんどもたず、国民や理性的国家によって「軽蔑的にあしらわれる」ことによって、その効果を奪われる。その結果、この種の言論もまた「一種の保障、あるいは少なくとも一種の黙認」を得ることになるのである。したがってヘーゲルは、言論・出版犯罪として実際に処罰すべき言論を保護法益に対する「明白かつ現在の危険」のある場合（「火の粉を火薬の山に投げ入れる」ような場合）に限定し[10]、それ以外の言論は――多少の危険はあろうとも――軽蔑とともに黙認する、すなわちその自由を認めるべきことを主張しているといえよう。ヘーゲルは言う。「言論・出版の自由を最大限に保障するものは、それが高い敬意を払われるということではなく、書かれたものが完全に軽蔑されるということである」（Griesheim, S. 729）。

さらにヘーゲルは、明確な定義の不可能な言論・出版犯罪に対する、これまた主観的な反作用に関して、国民の承認を唯一獲得しうる裁判は陪審裁判であるとする。「おそらく法律を与えることができるのは、名誉毀損が認定される場合である。しかし、この認定は陪審裁判によって行われねばならない。というのは、そこでは著者やすべての私人や政府や官吏にその権利が保障されるからであり、そして彼らと同様な者によって、すなわち彼らの中から直接選ばれた裁判官によって、名誉毀損の単なる諸々の徴表についての決定がなされうるからである」。「肝心なのは、陪審員は……事実（Tatbestand）についてここで判断するのみならず、とりわけそれが名誉毀損であるかどうかについてここで判断するということである」（Wannenmann, S. 239）。名誉毀損（言論・出版の自由の濫用）であるか否かという多分に主観的なものをはらんだ判断に関しては、官僚裁判官ではなく、自らの同僚によるものであれば、その判断が主観的なものであっても国民の納得を得ることができるというのである。

なお、ヘーゲルは学問的な著作については無制限の自由を主張している[11]。すなわち、学問はその内容については、国家が「自覚的で客観的な理性的本性」を持ち「普遍的なもの」、すなわち「思想」を原理とするのと同じく、「認識を、しかも思惟された客観的真理と理性的本性の認識を目的として」おり（Rph. §270 Anm.）、世論と異なり、「決して私見や主観的見解を基盤とするものではない」し、また叙述の形式も、「意義と意味とを両義的にではなく、明確率直に述べることを本質とする」（Rph. §319 Anm.）から、「学問的なもの、堅実なものは、すべての国々において無制限の発表の自由を享受している」（Hotho, S. 825）のである。国家は「理性的」であるためには、当然に学問の自由を保障せねばならない。

四　ヘーゲルは、『法の哲学』の出版に際して自らが直面した検閲についてはいかなる態度を取ったのであろうか。不思議なことに（あるいは、当時の状況にあっては当然のことかもしれないが）、「検閲（Zensur）」という言葉はヘーゲルの『法の哲学』（Rph. §319, 319 Anm.）や『講義筆記録』の言論・出版の自由に関わる部分においては――筆者の管見する限りでは――一切登場していないし、また内容的にも検閲を正面から肯定したと受け取られる主張もなされていない。にもかかわらず、ピオントコフスキーはヘーゲルが検閲を承認していたと主張する。彼は、ヘーゲルがこの自由の濫用の直接的な規制手段の一つとして挙げている「行政による犯罪防止」には「検閲」が含まれていると解するのである。(12)

しかし、そもそもヘーゲルによれば、「行政による犯罪防止」とは、「それ自体としては合法的な諸行為や所有の私的使用」（例えば、自己の所有物を使用して事業を営むこと）が「他の人々に損害や不法をもたらしうる」（例えば、健康被害）場合もある（Rph. §232）から、損害発生以前の段階で、この種の危険な行為を行政の立場から刑罰をもって阻止する措置をいう（Rph. §233）のである。(13) 従って、厳密に言えば、すべての出版物の刊行に適用される事前規制である「検閲」をこの概念によって正当化することには無理があるように思われる。言論・出版の自由の意義を重視する理性的国家においては、「出版一般」を危険な性格を持つ行為であるとはとても言えそうにないからである。しかし、あえてピオントコフスキーの言うように、検閲もこの概念のなかに含まれうると解するとしても、ヘーゲルは、「本来の刑罰」であれ「行政による犯罪防止」であれ、言論・出版犯罪の特性から、これらの反作用は判定者の主観性や恣意性を回避することができないと主張しているのであって、決して「検閲」の正当性を正面から肯定しているわけではない。

それどころか、直接的には事後制裁による言論・出版の自由の濫用の規制の困難さをヘーゲルが論じた部分から、同時に、「検閲」（事前抑制）が事後制裁に比してより困難なことの、あるいはあえて言えば、検閲の不当性の主張を読み取ることができるように思われる。すなわち、言論・出版の特性からして、検閲においても、いかなる出版物に出版禁止措置が取られるのか明確な定義を与えることができず、この措置に対して、絶えず主観的、恣意的であるとの非難が生ずる。また、事前の措置であるから、「明白かつ現在の危険」の判定もより不十分なものとならざるをえない。しかも、検閲を担当するのは裁判所（陪審）ではなく、行政（警察）であるから、この反作用に対する国民の同意を得ることもできないであろう。このような理由から、検閲はとうてい言論・出版の自由の意義を重視する理性的国家のなすべきことではないとヘーゲルは言いたかったのではないだろうか。

むすび

ヘーゲルによれば、「理性的国家」（国家の理念）とは、主観的自由を完成させるとともに、さらにこの主観的自由（個別性、特殊性）と客観的自由（普遍性）とが相互に浸透し合って一体をなしている状態（具体的自由）を実現する国家であり、そしてこの理念を実現することが近代国家の任務である。

言論・出版の自由は、市民社会に深く根付いている主観的自由の、とりわけその内的な側面である主観性の権利の一つの現れである。そして、具体的自由の実現を任務とする理性的国家にとって、主観的自由の契機である言論・出版の自由は、世論を形成して議会を通じ国民の声を国政に反映するための、あるいは個人が直接議会に参加できないことに対する補完として、重要な意義をもつのみならず、さらにまた議会を通じて国家の側から国民を教化するための重要な手段となっている。このような相互作用が絶えず行われることによって、国民も政府もより高度の教養の水準に高まるのであって、これが「理性的国家」において「普遍性と個別性」、「客観的自由と主観的自由」が相互に浸透して一体化するということの、すなわち「具体的自由」の一つの現実化したあり方なのである。現存の国家は自らこうした相互作用を促進することによって、このような「国家の理念」の実現に努めねばならない。

従って、ヘーゲルは反政府的な言論の抑圧を主張するものではない。理性的な国家体制（憲法）、公開の議会とそこでの理性的な討論、陪審制度などの存在する国家では、反政府的な言論といえども、理性的なものであれば当然に国政に反映されるし、取るに足りぬものは教養ある国民によって無視され、無害化されるであろう。こうして、この取るに足りぬ言論をも含めて、広く言論・出版の自由は保障されるのである。

こうして、ヘーゲルにあっては、言論・出版の自由は、名誉毀損や暴動の煽動などその濫用を除き、完全に保障されている。しかも、この自由の濫用の規制に関しても「明白かつ現在の危険」の存在が求められ、さらにこの濫用の認定は微妙な問題であるが故に、国民の承認を得るために陪審裁判が求められるなど、言論・出版の自由を保障するための実に慎重な配慮がなされている。検閲についても、このようなヘーゲルの基本的態度からすれば、当然に否定的な方向で考えていたものと推察される。こうしてヘーゲルにおいては、言論・出版の自由は――反政府的な言論も含めて――最大限尊重されている。個人の権利は――少なくとも、言論・出版の自由に関して見る限りでは――決して全体の利益のために抑圧されてはいない。わが国の憲法学の領域において、「なぜ表現の自由か」という「表現の自由の原理論」に対する取り組みの遅れの指摘(14)が存在する現在、ヘーゲルによる表現の自由の意義とその濫用の規制のあり方についての考察は、特に陪審制度と表現の自由の関係についての主張など、現在でも学ぶべき点が多いものと思われる。

故井上正治先生は、その御生涯において、国家という巨大な力に対して学問や表現の自由を守るという姿勢を、学問的にも実践的にも徹底して貫かれたように思われる。先生の学統の末端に連なる者として、そのお志をささやかなりとも受け継ぐべく、本小稿を御霊前に献げたいと思う。

注

（1）本稿において参照したヘーゲルの著作は以下の略号で示す。

Rph.: Hegel, G.W.F., Grundlinien der Philosphie des Rechts, Werke, Bd. 7, Suhrkamp Taschenbuch Wissenschaft, 1986. 邦訳は藤野渉・赤澤正敏訳『法の哲学（世界の名著35）』（中央公論社、一九六七年）を参照した。

Wannenmann: Hegel, G.W.F., Vorlesungen über Naturrecht und Staatswissenschaft, Heidelberg 1817/18, Nachgeschrieben von P. Wannenmann, Hrsg. v. Becker et al., Einl. v. Pöggeler, 1983. なお、ヴァンネンマンの手稿原文を直接邦訳したものとして、尼寺義弘訳『自然法および国家学に関する講義』（晃洋書房、二〇〇二年）がある。

Homeyer: Hegel, G.W.F., Naturrecht und Staatswissenschaft, nach der Vorlesungsnachschrift von C.G. Homeyer 1818/19, Hegel, Vorlesungen über Rechtsphilosohie 1818-1831, Bd. 1, Edition von Ilting, 1973.

Hotho: Hegel, G.W.F., Philosophie des Rechts, nach der Vorlesungsnachschrift von H.G. Hotho 1822/23, Hegel, Vorlesungen über Rechtsphilosohie 1818-1831, Bd. 3, Edition von Ilting, 1974.

Griesheim: Hegel, G.W.F., Philosophie des Rechts, nach der Vorlesungsnachschrift von K.G.v. Griesheim 1824/25, Hegel, Vorlesungen über Rechtsphilosohie 1818-1831, Bd. 4, Edition von Ilting, 1974. 邦訳として、長谷川宏訳『法哲学講義』（作品社、二〇〇〇年）がある。

（2）例えば、佐伯千仭「刑法に於ける人間観の問題」（『法学論叢』四七巻六号、一九四二年）七五四頁以下、内藤謙「刑法学説史（一）外国」（中山研一ほか編『現代刑法講座・第一巻・刑法の基礎理論』成文堂、一九七七年）一二四頁以下、中義勝『刑法における人間』（一粒社、一九八四年）一六七頁以下を参照。

（3）小林靖昌「国家論」（城塚登・濱井修編『ヘーゲル社会思想と現代』東京大学出版会、一九八九年）一八〇頁以下を参照。
（4）なお、言論・出版の自由はヘーゲル自身にとっても深刻な問題であった。『法の哲学』（一八二〇年）の出版に際して、プロイセン当局の検閲に直面したからである。当時の政治状況やそれに対するヘーゲルの態度、検閲を免れるためのヘーゲルの腐心とその評価については、J・ドント（花田圭介監訳・杉山吉弘訳）『ベルリンのヘーゲル』（法政大学出版局、一九八三年）、福吉勝男『ヘーゲルに還る――市民社会から国家へ』（中公新書、一九九九年）を参照。
（5）憲法学においても、表現の自由の民主主義的政治過程の手段としての価値が、憲法典がこの自由に他の基本的自由と異なる特別な資格を与えている理由であるとする立場が通説である。奥平康弘『なぜ「表現の自由」か』（東京大学出版会、一九八八年）五七頁以下、松井茂記『二重の基準論』（有斐閣、一九九四年）三一六頁以下を参照。
（6）高田純『承認と自由――ヘーゲル実践哲学の再構成――』（未来社、一九九四年）二六〇頁以下を参照。
（7）Piontkowski, A.A., Hegels Lehre über Staat und Recht und seine Strafrechtstheorie, 1960, S. 390 f. 柴田高好『ヘーゲルの国家理論』（日本評論社、一九八六年）一七五頁以下、高田、前掲書、二六七頁。
（8）なお、ヘーゲルの陪審制度論については、松生建「刑事裁判と人間の自由――ヘーゲルの陪審制度論――」（内田博文・鯰越溢弘編『市民社会と刑事法の交錯――横山晃一郎先生追悼論文集』成文堂、一九九七年）一七五頁以下を参照。
（9）アヴィネリ（高柳良治訳）『ヘーゲルの近代国家論』（未来社、一九七八年）二六七頁を参照。わが国においても、表現そのもの（演説、ビラ、出版物など）に対する刑事規制は、名誉毀損（刑法二三〇条）、侮辱（刑法二三一条）、わいせつ物頒布等（刑法一七五条）、内乱・外患の教唆または煽動（破防法三八条一項）、争議行為のそそのかしおよびあおり（国家公務員法一一〇条一項一七号）など多数存在する。
（10）この「明白かつ現在の危険」の理論の刑法学上の意義については、曽根威彦『表現の自由と刑事規制』（一粒社、一九八五年）一四頁、二三頁以下を参照。
（11）Piontkowski, a.a.O., S. 395 f. 神山伸弘「出版の自由」（加藤尚武ほか編『ヘーゲル事典』弘文堂、一九九二年）二二七頁。
（12）Piontkowski, a.a.O., S. 392.
（13）詳細は、松生建「ヘーゲルの市民社会論における犯罪と刑罰（二・完）」（『海保大研究報告』四四巻二号、一九九九年）四五頁以下を参照。
（14）奥平、前掲書、八頁以下。

当事者主義と刑事弁護

大久保　哲

はじめに

現在は、ここ一〇年ほどの当番弁護士制度を中心とした刑事弁護の活発化を受けて、刑事弁護を中心とした当事者主義論の再構築が必要とされている。それは、次に言われるように、一面では、刑事手続改革へ向けた動きのなかで、当事者主義を中心的な概念としつつ、弁護士を軸とする新たな刑事手続秩序の構築をさえ志向している。「学界としては、当番弁護士制度の豊かな経験を当事者主義的な刑事弁護論を構築していくために、どのように汲み取っていくのか、その方法を検討すべき時期だと思います。[1]」

当事者主義はすでに使い古された基本概念であるが、今なおその必要性は衰えてはいない。むしろ当番弁護士制度により刑事弁護が活発化した現在こそ、原理的基礎理論としての当事者主義の再評価と再構築が必要とされているといえるであろう。それは、次のような認識に如実に表されている。

「今日は、戦後の法改正当時を第一期とすれば当事者主義の第二期とよぶことができるでしょう。むしろ、今ほど『真の』当事者主義が必要な時期はないともいえます。私が願望をこめて『刑事訴訟のルネッサンス』と呼ぶのは、このことです。もっとも注意すべきは、いまや総論だけでなく各論の時代でなければならず、国選弁護、接見交通、取調べの適正、令状審査など、改善を待っている問題はめじろ押しです。これらの問題の背景に控えて全体を支える原理的基礎はといえば、当事者主義理論をおいて他にありません。(2)」

「弾劾的捜査観を中心的な一環として組み立てられている当事者主義的理論の現実変革性を際立たせるモデル論的手法は、いまなお理論的かつ現実的な有効性を失っていないといわなければならない。(3)」

さらにまた次のように言われるわが国の刑事訴訟のもとでは、糺問主義の対抗理念としての当事者主義については、いっそう捜査段階と第一審における刑事弁護の進展による当事者主義の進展の契機があるといわなければならない。

「わが国の刑事訴訟の実質は、捜査手続にある。しかもその捜査手続は、検察官・警察官による糺問手続である。そこにわが国の刑事訴訟の特色がある。(4)」

「第一審の当事者主義化というのは行われていない。少なくとも実質的な当事者主義は行われているといえない状況が続いている。(5)」

本稿では、第二次大戦後の現行刑事訴訟法施行後まもなく展開された井上正治博士の当事者主義論、いわば創生期の当事者主義論によりつつ、ささやかながら当事者主義のなかで刑事弁護をどのように位置付けるべきかを論じてみたい。

まず最初に井上正治博士の当事者主義論を振り返り、そこから現在の時点における刑事弁護論に生かせるものを探る努力をしよう。

そこから、当事者主義における刑事弁護人としての弁護士の位置付けを探り、さらには、刑事弁護の固有性の問題にもふれてみたい。

一　井上正治博士の当事者主義論

戦後いち早く当事者主義の法思想的基礎付けを明確に行ったのは井上正治博士である。博士の法思想の根底にあるのは、「法は階級間の抗争の中から生まれる」[6]との認識である。「この階級間の抗争を一つの秩序として見たとき、これを客観的法秩序と称することが許されるであろう。この客観的法秩序は、階級間の力関係を核心としつつ、その力関係の変動につれてたえず発展し、一瞬としてとどまるところはない。[7]」

階級闘争は、階級的に対立する当為的社会意識の闘争、権利のための闘争、「厳粛なる闘争」[8]であり、闘争の中に実定法の発展の契機が認められる。実定法は「静的な動かざる秩序」であり、刑事訴訟法学は「この動的秩序と静的秩序の限りない矛盾の現象を、動的な発展的な線でとらえようとする学問」[9]である。しかし、階級対立にあって一方の階級に荷担すれば、法学は科学性を失うと、博士は考えた。だが、このような階級闘争からの中立性は、階級闘争の場において現に生起している「あり得る法」を無視するのではなく、実定法をのみ取り扱うものでもない。

「重要なことは、このようなあり得る法と実定法との論理構造を問題としなくてはならないということである。」「即ち、厳密には具体的歴史的社会に存在する当為意識と実定法秩序との複合構造の中にあって、実定法よりその静的固定的性格を奪って顕われるその発展的一つの傾向、いわば固定的なものの中にあらわにされた法の抵抗と焦慮から、その歴史的必然の傾向へ質的に転化せしめんとする、複雑な現象の科学的認識こそ重要なのである。[10]」

当為的社会意識は、当該市民社会の大部分であり被支配階級たる労働者階級をその担い手とし、階級的実践を介して動力学的に構成され、法概念を成立せしめる構成的、規範的原理としての社会意識である。[11] この当為的社会意識と実定法の間での「立体的な事実的規範的複合構造」[12] を重視することが重要である。それは、「理性と自由とを回復した具体的人間」[13] としての市民が「当為的社会意識」を自主自律的に発見し、実践するところに生まれる。「自由に意欲する人々の協同体」[14] としての近代市民社会が希求される。かような近代市民社会の実現を理想としながらも、その手段としては「市民社会の本来の意義を回復せんとする努力」[15] としての「秩序の中における秩序の変革」[16] を、博士は提唱された。[17]

「近代市民社会の法」を求める博士の志向は、次のような主張[18] に顕現する。

近代市民社会は、資本主義的矛盾の結果、激しい階級的対立を巻き起こしている。制度としての裁判所は、国家の階級性に圧迫され、実定法である刑法の階級性に奉仕し、階級的国家機構へと後退してしまう。刑事手続は、このような階級的国家機構にならないように手続的に規制されなければならない。

「階級対立を手続において規制してこそ訴訟は、市民社会の秩序の保持者として、ぎりぎりの機能を果たすのである。[19]」

市民社会での刑事手続の性格に照らし、裁判所の職権に依拠する職権主義は、控制原理としてふさわしくない。「当事者主義としての訴訟の形態は、近代市民社会において、また近代社会が市民社会なればこそ、重要な意義を有する。[20]」

即ち、当事者主義それ自体が、階級的対立を手続的に規制することを通じて市民社会の秩序を保持することにより、本質的価値を有する。

当事者主義のこのような認識は、戦後の当事者主義への転換もこの意義から考えられなければならないという、博士の当事者主義論へと結びつく。博士は、この転換の歴史的意義を次のようにとらえる。[21]

明治以来の近代市民社会の展開に応じて、わが国も早くから当事者主義を採用してきた。しかし、その近代化は、半封建的社会構造に基づく絶対主義天皇制として実現されたがため、日本の近代化は政治的制度の近代化にとどまった。それゆえ、国家権力は小作農、プロレタリアートに対する階級的権力機構として作用し、訴訟での当事者主義は単なる形骸にとどまった。資本主義の矛盾激化に伴い、権力機構へ後退しやすい司法の性格により、「職権主義によって武装した暴力[22]」とも言うべき、戦時中の刑事訴訟制度の全体主義化へと進んだ。明治以来の近代化は、社会的、経済的に市民社会として展開すべき「社会の近代化」を伴っていなかった。敗戦を機にして、階級的権力としての国家権力は、その変革を余儀なくされた。

「僅かの期間のうちに国家主義が成立し発展し、」「みごとに崩壊した我が国においては、国家と国民との関係を新しく解決すべく迫られている。[23]」

「近代史にとっては、まず実践し、その中から生じる矛盾を解決しなくてはならなかった問題[24]」としての基本的人権の保障が憲法に規定され、「この基本的人権の保障が刑事訴訟法に投影して、職権主義の後退と当事者主義の強化として顕現した。[25]」

このようにして、刑事手続における当事者主義の強調は、「社会の近代化」、つまり「市民社会の本来の意義を回復せんとする努力」の中心的なものとしてとらえられたのである。

階級的対立の存する階級社会をその基礎に置いていること、階級闘争を規制する機能を刑事手続に求めていること、「市民」、つまり「当該市民社会の大部分であり被支配階級たる労働者階級」をその担い手として「市民主義的法の実現」「社会の近代化」を主張している点、そしてそれが「下からの近代化論」であるという点で、井上博士の近代化論と当事者主義論は際立っている。井上博士の近代化論は国家による刑事司法から市民による刑事司法への転換を意味し、その内実としての当事者主義を実質的に解する立場と、強く結びついていた。

二　当事者主義における刑事弁護

以上のように、井上正治博士の当事者主義論は、階級対立を前提としつつも、階級的機構としての国家の刑事手続の中でも、刑事手続が階級的な機構にならないように規制する方策として、当事者主義を位置付けるものである。そしてさらに、当事者主義を社会の近代化のための方策と位置付けるところに特色がある。それゆえに、当事者主義は個々の被疑者・被告人の主体性を尊重するシステムであると同時に、さらに普遍的・客観的な役割をも果たすものであると位置付けられているといえよう。

このような井上正治博士の当事者主義論は、階級対立の図式や社会の近代化論は井上正治博士の当事者主義論が展開された時代の制約があることはいなめないが、根底においては、非常にラディカルで先進的、本質的な当事者主義論であり、刑事手続構造論であると評価できよう。

以上のような井上正治博士の当事者主義論によれば、刑事手続における刑事弁護と弁護人はどのように考えられるであろうか。その時代性を割り引きながら考慮に入れつつ、現代の問題意識と重なりあう限りで、井上正治博士の立論によりつつ考えてみよう。

まず何よりも、当事者である弁護人たる弁護士は、当然のことながら、当事者として検察官と対等の存在でなければならない。

「裁判官、検察官と対等になること、それは戦前弁護士の夢であり、渇望してやまぬ最大の目標であった。」(26)

糺問主義のもとでは、被疑者・被告人は訴訟の客体であり、情報の収集源でしかなかった。糺問主義の手続構造では、被疑者・被告人に訴訟主体の地位は与えられておらず、被疑者・被告人の利益や権利という観点はなかった。

訴追者と判断者の分離を中核とする弾劾主義の「訴訟」構造のなかではじめて被疑者・被告人の利益や権利擁護の観点が生じたのである。弾劾主義のなかでも当事者主義のもとでこそ、被疑者・被告人に訴訟の主体としての地位が認められたのである。しかし、当事者主義のもとでは、訴追側としての検察官と対抗する当事者としての被疑者・被告人のあいだには、決定的な力量の差がある。それゆえ、被疑者・被告人が独自の主体性を確保し、当事者として真に訴追当事者と対抗しうる当事者対抗的な当事者主義構造のなかで、権利が認められるにいたるには刑事弁護人としての弁護士の援助が必要不可欠であった(27)。

当事者主義の刑事手続の中で、被疑者・被告人は受動的な捜査・取調べの対象ではなく、主体的・積極的な存在である。その実質的な意味は、刑事手続の中において、被疑者・被告人が自己実現をまっとうするところに意義がある。しかし、被疑者・被告人は、刑事手続の中では弱い存在でしかない。そこに、刑事弁護の存在意義があるのであり、刑事弁護は被疑者・被告人の自己実現を助けることにその主眼がある。

さらにまた、階級的な権力機構に後退しやすい司法の性格のなかで、刑事手続が階級的対立を手続的に規制する機能を果たすという井上正治博士の理解に添えば、刑事手続は社会的に公的なものとなる。それゆえ、当事者主義や適正手続による事件処理は「社会的コスト(28)」とも考えられるのであり、社会的に公的なものとして国民の税金を使って運営されるものである(29)。

また、井上正治博士のいう社会の近代化にとって、重要なのは、その推進者、担い手である。担い手としてだれを期待するかで立論は変わりうる。周知のように、戦後まもなくの新刑訴派と呼ばれた論者やデュープロセス論の提唱者たちは、その実現の担い手として裁判官に期待した。しかし、最高裁判所による裁判官統制のもと、裁判官は萎縮してゆき、刑事手続変革と当事者主義進展の担い手としては十分な機能を果たしえなかった。刑事手続改革推進と当事者主義の担い手は、理想的に言えば、井上正治博士が指摘するように市民をおいて他にない。「市民による刑事司法」こそ、めざされるべきあるべき刑事手続の姿であろう。しかし、法の素人である市民にいきなりその役割を期待するのは現実的に不可能である。そこで、市民により身近な存在としての法曹である弁護士が、担い手として登場してくる契機がある。

「まず、誰が主体になるか、なれるかが問題である。ということでいけば、もちろん、最終的には市民自らが改革の主体として立ち上がることがなければ、『市民のための司法改革』は不可能である。しかし、これまでほとんど関わりをもってこなかった市民に、いきなり中心的な役割を期待することも不可能である。とりあえずは、市民に一番身近な法律家である弁護士、司法書士に市民と手を携えた運動をつくってもらうことが肝要である。(30)」

社会の近代化の担い手論は、同時に刑事手続における当事者主義の担い手論にリンクする。刑事手続における当事者主義の担い手は、井上正治博士の言うように、市民としての被疑者・被告人をおいて他にない。しかし、ここでもまた、法の素人である市民としての被疑者・被告人の限界が現れる。そこに、次に述べられるような刑事弁護人の重要性と存在意義がある。

「裁判が、検察官の弾劾によって開始され、審理が裁判官面前での両当事者による攻撃防御によって進行することの当事者『訴訟』構造で、もっとも本質的、かつ不可欠のものは、被告人の『争う権利』、争う能力を補う『弁護を受ける権利』である。(31)」

このようにして、国家が権力作用として刑罰権を行使しうるのは、被疑者・被告人の防御権、弁護権が保障された場合のみである。そして、刑事弁護人は、被疑者・被告人の正当な利益の擁護者であり、被疑者・被告人のためにのみ有利な訴訟活動を行う権限主体となる。(32)

また、弁護人選任権・依頼権は個人の自由を基調とするものであり、刑事弁護人は被疑者・被告人の利益を追求し権利を擁護する義務を負うものであるが、同時に、刑事弁護人としての弁護士は、井上正治博士のいう「階級対立を手続において規制」する役割をも担うものである。刑事手続の制度の中で、市民としての被疑者・被告人の権利擁護のために、「国家機関等にも対抗してその不正不当の是正を求める機能を持つべき[33]」であり、国家権力の批判者としての職業的役割を担うことを期待されている[34]。

そこに、次に論じる刑事弁護の固有性の問題、すなわち刑事弁護人の存在の独自性を論じる余地がある。

三　刑事弁護の固有性

市民主義的法の実現をになう刑事手続において、刑事弁護は、市民としての被疑者・被告人の自己実現を助けることに、その主要なテーマが存在する。その意味では、刑事弁護権は被疑者・被告人のためにこそ存在する。しかし、弁護人は、依頼者である被疑者・被告人の意思や希望のままに動く従属的な存在ではない。弁護人である弁護士は、その職務上の判断と行動において、専門家として独自の独立したものでなければならない。それゆえ、弁護人の性格は、依頼者である被疑者・被告人自身の持つ防御権の行使を単に助けるだけの存在と割り切るわけにはいかないものが含まれている。刑事弁護人は、井上正治博士がいうように、「階級対立を手続において規制」する機能をも果たすものである。その意味でいえば、刑事弁護人は、依頼者としての被疑者・被告人の利益を追求し権利を擁護する義務を負うとはいえ、この利益には、被疑者・被告人の主観的利益のほかに、それとは別個の客観的な利益が存在し、刑事弁護人はこの客観的利益の追求をもなす義務を負うものであり[35]、独自の存在意義があるといえよう[36]。ここに刑事弁護の固有性の問題がある。後藤昭教授は、これを「弁護人が依頼者の利益を越えて、人権保障という法制度自体の利益を追求するべきかどうか」、また「弁護人が被疑者・被告人である依頼者の利益の追求に徹するべきか、それを超えて法の適正な実現という客観的な役割をも負うか」という問題であるとする[37]。

刑事弁護人は、被疑者・被告人からは独立した当事者として、独自の存在意義と活動領域を有する。刑事手続の批判的検討、司法過程の監視による適正手続の確保もその一つである。それは多くの弁護士が刑事弁護にあたって第一に心がけていることとして、つまり刑事弁護にあたっての自己の職務の一つとして、適正手続の実現を考えていることからも明らかである。[38]

これについては、刑事弁護観としては、刑事弁護人としての弁護士の「当事者的機能」を重視するか、「司法機関的機能」を重視するかで相違が生じる。[39] 刑事弁護人の当事者的機能を重視すれば、刑事弁護は本来の当事者である被疑者・被告人の意思や希望に添うものでなければならないということになる。刑事弁護人の司法機関的機能を重視すれば、時には依頼者である被疑者・被告人の意思や希望に反しても一定の弁護を果たすことが要求される。弁護人の司法機関としての性格を、刑事司法の目的の実現に協力するものとして、つまり、司法そのもののなかに組み込まれて弁護人の真実解明義務としての真実義務や裁判所への協力義務を導き出す見解があるが、そのような理解は、弁護人の地位を国家や裁判所に従属させるものであり、少なくとも協働して機能する国家や裁判所の協力者として捉えるものである。しかし、この司法機関とは、国家や裁判所と協働して機能するものではなく、それゆえ真実解明義務としての真実義務や裁判所への協力義務が導き出されるものではなく、「国家ないし裁判所から離脱した立場に立って、国家の利害に動かされることなく法律の定めるところを擁護[40]」する機関と考えられる。[41] 井上正治博士の当事者主義論の理解に添えば、当事者は当事者であっても、純粋に私的な当事者ではなく、このような意味で社会的に公的な役割を担ういわば「司法機関的当事者」であることが求められることになろう。

刑事手続上の重大な権利が被疑者・被告人の自由な意思にかからしめるものではないとの考え方に立てば、被疑者・被告人の自己防御権と自己決定権の関係で考えるとすれば、自己防御権は自己決定権にのみ帰着するものではないといえよう。[42] その意味では、弁護人は被疑者・被告人の自己決定権を尊重する義務を負うものではあるが、被疑者・被告人の自己決定に従属するものではない。たとえば、被疑者・被告人が争うつもりはないとの自己決定にいたったとしても、弁護人は証拠不十分を理由とした無罪の主張などをなさなければならない義務を負うと考えられる。また、死刑事件では、本人がたとえ早期の死刑執行を望んだとしても、弁護人は可能な限りぎりぎりまで争わなければならないと考えられる。いわば被疑者・被告人本人の意思や希望に反しても、刑事弁護人はその重大な権利を守らなければならないのである[43]。被疑者・被告人の自己決定権を重視する論者も、死刑事件では、被疑者・被告人の意思や希望とは別個に弁護人が上訴をなすべきことを認めている[44]。

一般に権利は放棄が可能であるが、憲法に規定されているような刑事手続上の重大な権利は一般的な権利の考え方と同様に論じられるのか疑問である[45]。軽微な事例では被疑者・被告人の自己決定にかからしめることが可能であることも考えられるが、刑事手続上の重大な権利は、被疑者・被告人の自己決定による放棄にかからしめないものもあることを認めなければならないであろう。それは、刑事手続上の重大な権利が、いわゆる私的な権利ではなく、被疑者・被告人の自由な処分にかからしめることのできないいわば公的な権利だからである[46]。

しかし、このように考えると、現実の刑事手続の中で、被疑者・被告人に負担を、時には重い負担を課すことになることにもなりかねない。重大な権利が自由な処分にかからしめられないのであれば、被疑者・被告人は権利のために闘うことを余儀なくされるからである。それは、刑事弁護人が被疑者・被告人に対して権利のために闘うことを強制することとなるという側面を持つ。それは、現実的には、説得を通じてなされるしかないと考えるとしても[47]、やはり重大な権利の実現のためには必要であると言わざるをえない[48]。

注

(1)「座談会　当番弁護士制度の五年——その成果と展望」(渡辺修発言)(『季刊刑事弁護』五号、一九九六年)。

(2) 田宮裕「刑事手続きをめぐる理論と現実」(『法学教室』一七〇号、一九九四年)二一頁。
(3) 小田中聰樹「刑訴改革論議の基礎的視点」(『平野龍一先生古稀祝賀論文集(下)』、一九九一年)二五九頁。
(4) 平野龍一「現行刑事訴訟法の診断」(『団藤重光博士古稀祝賀論文集』第四巻、一九八五年)四〇九頁。
(5) 「特別座談会　刑事訴訟法五〇年の歩みと今後の課題」(大野正男発言)(『現代刑事法』一九九九年五月号)一七頁。
(6) 井上正治『刑法総論』(一九四九年)一頁。
(7) 井上、前掲書。
(8) 井上『新刑事訴訟法原論』(一九四九年)九―一〇頁。
(9) 井上『刑法総論』、一頁。
(10) 井上『新刑事訴訟法原論』、一一頁。
(11) 井上、前掲書、九頁。
(12) 井上、前掲書、一一頁。
(13) 井上、前掲書、九頁。
(14) 井上、前掲書、九頁。
(15) 井上、前掲書、一〇頁。
(16) 井上、前掲書、一〇頁。
(17) 井上『全訂刑事訴訟法原論』(一九五三年)では、近代化と市民法への志向はより理論的に具体化されて展開されている。
(18) 井上、前掲書、八頁以下。
(19) 井上、前掲書、一一頁。
(20) 井上、前掲書、八頁。
(21) 井上、前掲書、八頁以下、及び二四頁以下。
(22) 井上、前掲書、二七頁。
(23) 井上、前掲書、二六頁。
(24) 井上、前掲書、二七頁。
(25) 井上、前掲書、二七頁。
(26) 小山稔「戦後弁護士論序説」(『変革のなかの弁護士　その理念と実践　上』、一九九二年)四一頁。なお、明治・大正時代の弁護士層の権利拡充と地位向上の運動を丹念にたどり分析したものとして、春日勉「弁護権の歴史的考察――明治・大正期を中心として――」（『九大法学』七七号、一九九九年）参照。

（27）イギリスにおける弁護人の援助と被疑者・被告人の刑事手続における地位と権利のあり方を論じたものとして、参照、松本英俊「一八世紀イギリスにおける弁護人の援助」（『九大法学』七〇号、一九九五年）五九頁。

（28）田口守一「刑事弁護の現代的課題」（『現代刑事法』一九九九年五月号）四七頁。

（29）有効な弁護を受ける権利を保障することを国家の義務としたアメリカの判例を丹念に分析したものとして、岡田悦典「有効な弁護を受ける権利と国家の義務――合衆国における弁護権論の一分析」（『一橋論叢』一一八巻一号、一九九七年）、参照。

（30）大出良知「司法を変えるために誰が何をすべきか、できるか」（『法学セミナー』四五九号、一九九三年）三二頁。

（31）横山晃一郎『誤判の構造』（一九八五年）二〇頁。

（32）石川才顕「わが国における刑事弁護人制度発展の軌跡」（『法制史学の諸問題』布施彌平治古稀記念論文集、一九七一年）四二八頁。

（33）福原忠男『増補弁護士法』（一九九〇年）四三頁。

（34）参照、笠井治「プロフェッションとしての刑事弁護――または二一世紀の弁護士にとっての刑事弁護――」（『変革の中の弁護士　その理念と実践　下』一九九三年）一七二頁。

（35）小坂井久「弁護人の誠実義務」『季刊刑事弁護』二二号（二〇〇〇年）四七頁、は、これを弁護人の「代理人機能」と対照させて、「保護者機能」と呼ぶ。しかし、このようなパターナリスティックな呼称で弁護人を位置付けるのではなく、直截に弁護人の社会的に公的な性格から導き出されるものと思われる。

（36）田口守一、前掲論文、四九頁はこれを「弁護人のもつ『公共性』」と呼んでいる。また、森下弘「刑事弁護ガイドラインへの一私案」『季刊刑事弁護』二二号四〇頁（二〇〇〇年）は、「刑事司法制度における弁護人の公的義務」と呼ぶ。

（37）後藤昭「刑事弁護人の役割と存在意義」『季刊刑事弁護』二二号（二〇〇〇年）一八頁。

（38）大久保哲「弁護士一〇〇人に聞きました――当番弁護士の実情と本音」（『季刊刑事弁護』二二号、二〇〇〇年）四三頁。なお、上田國廣、前掲論文、三五頁参照。

（39）参照、田宮裕『刑事手続とその運用』（一九九〇年）三六五頁以下、森下弘、前掲論文、四〇頁以下。

（40）福原忠男、前掲書、四三頁。

（41）森下弘、前掲論文、四〇頁参照。

（42）同旨、上田國廣「被疑者・被告人と弁護人の関係②」（『季刊刑事弁護』二二号、二〇〇〇年）三三頁、森下弘、前掲論文、四一頁等。

(43) 参照、後藤昭、前掲論文、一九頁。鴨良弼「国選弁護人の法的性格——国選弁護人をめぐる基本的な問題」(『ジュリスト』四八七号、一九七一年)一〇三頁は、「十分な正義」のための弁護の責任、被告人のための正当な利益の擁護者としての弁護人の地位として、弁護人の公的地位、客観的地位を強調する。

(44) 村岡啓一「被疑者・被告人と弁護人の関係①」(『季刊刑事弁護』二二号、二〇〇〇年)二七頁。その意味では、死刑事件の上訴期間中の国選弁護人の不在とそれに基づく被告人自身による上訴取下げによる死刑の確定の事例は法の不備によるものと言わざるをえない。この点を論じたものとして、石塚伸一「『M氏に対する人権救済の申し立て』と刑事法学者の責任——国選弁護の『空白』と死刑判決」(『ふくおか刑弁ニュース』第六号、一九九四年)、古賀康紀「上訴申立後の国選弁護人の空白問題とその改善策について」(『ふくおか刑弁ニュース』第七号、一九九四年)参照。

(45) 弁護人依頼権自体の放棄の可否について論じたものとして、鴨良弼、前掲論文、一〇〇頁以下。これは、弁護人依頼権の性質上、全面的な放棄や一度放棄すれば再び依頼権を持ちえないという意味での放棄は認められるべきではない、と説く。同旨、古賀正義「弁護人依頼権の放棄は許されるか」(『判例タイムズ』三五七号、一九七八年)。

(46) この点について、上田國廣、前掲論文、三三頁は「他の市民の利益」、「国民全体の利益」に大きな影響を与えるものであるとの説明を付する。また、田口守一、前掲論文、四七頁は、被疑者の刑事弁護に国費を支出すべきなのは、それが単に「被疑者の利益」となるためだけでなく、「国家の利益」ともなると述べているのも、同様の観点に立つものと思われる。

(47) 田口守一、前掲論文、四八頁は、弁護人としては被疑者・被告人と十分に話し合い、場合によっては説得活動をすべきであると述べている。

(48) この点につき、後藤昭、前掲論文、一九頁は、否定的である。後藤昭教授は、権利主張をする当事者となるのは、具体的な被疑者・被告人であって、抽象的な地位としての被疑者・被告人ではないことを強調するが、しかし、重大な権利の主張については、抽象的な地位、いいかえれば社会的に公的な地位としての被疑者・被告人に関わるのであり、現実の具体的な被疑者・被告人の主張にかからしめることでいいのか疑問である。

編集後記

井上正治先生は、一九九七年十二月十八日、七十七年の激動の生涯を終えられた。翌年、門下生が中心となって、追悼論集を刊行することを企画し準備を重ねてきたが、それから五年の歳月が流れ、この度やっと「法学博士井上正治先生追悼論集『刑事実体法と裁判手続』」を発刊する運びとなった。まず、締め切りを厳守して論考をお寄せいただいた先生方には、様々な事情があったとはいえ、発表の時機を失し多大のご迷惑をおかけしたことに対し、編集委員の一人として深くお詫び申し上げたい。

本論集は、井上祐司教授が中心になり、西山、坂口、吉村、内田、土井各教授と江藤が編集委員として加わるという形で進められた。もっとも、具体的な執筆交渉は井上教授が当たり、編集窓口としての細かい事務は、土井教授に在外研究をはさんで務めていただいた。本論集には、先生とゆかりの深い先生方と先生の門下生合わせて二一名の教授に論考を寄せていただいた。先生と最も親交の深かった平野龍一先生とその後故人となられた平場安治先生からの寄稿を実現できなかったのは大変心残りである。両先生には、平野先生のご助言もあって、先生がお亡くなりになった翌年の日本刑法学会の折に催された「井上正治先生を偲ぶ会」において、古き良き時代の学者の友情を彷彿させる思い出を熱く語っていただいた。平野先生は「私にとっても過失論争は懐かしい思い出です」と述懐され、平場先生は第一回刑法学会において井上先生とお二人が報告者となったことを想い起こされている。

先生は、アメリカにおける在外研究を終えて帰国後、我が国では理論と体系だけが先に立ち、悪くすれば、観念だけが空転して、裁判という実践の場とのつながりが絶ち切られていはしないだろうか、という反省を示され、裁判の学問は、先例とされるものを正しく読み取ることからはじめなくてはならない、と提唱された。いよいよ来年四月には、二十一世紀の司法制度改革の大きな柱の一つである法科大学院が発足する。法理論と実務との架橋を主張されていた先生は、このような改革の方向をどのように受け止めていられるだろうか。お聴きしたいものである。ここに本論集を井上正治先生のご霊前に捧げ、執筆者一同、先生のご冥福をお祈りしたい。

二〇〇三年九月十五日

編集者の一人として　江藤　孝

刑事実体法《けいじじったいほう》と裁判手続《さいばんてつづき》
——法学博士井上正治先生追悼論集——

2003年10月31日　初版発行

編　者　法学博士井上正治先生
　　　　追悼論集編集委員会

発行者　福　留　久　大

発行所　(財)九州大学出版会
〒812-0053　福岡市東区箱崎7-1-146
九州大学構内
電話　092-641-0515(直通)
振替　01710-6-3677

印刷／九州電算㈱・大同印刷㈱　製本／篠原製本㈱

　ISBN 4-87378-803-X